g GOLLENSTEIN

VI

I   Nicolas Sarkozy im Elysée-Palast
II Amtsübergabe durch Jacques Chirac am 16. Mai 2007 vor dem Elysée-Palast
III Nicolas Sarkozy und François Fillon nach der Kabinettssitzung in Straßburg am 7. September 2007
IV Vorstellung des Kabinetts am 18. Mai 2007 im Elysée-Palast
    Untere Reihe: Xavier Darcos, Rachida Dati, Bernard Kouchner, Jean-Louis Borloo, François Fillon, Nicolas Sarkozy, Alain Juppé, Michèle Alliot-Marie, Brice Hortefeux, Xavier Bertrand, Valérie Pécresse
    Obere Reihe: Martin Hirsch, Eric Besson, Roger Karoutchi, Christine Albanel, Christine Boutin, Hervé Morin, Roselyne Bachelot-Narquin,
    Christine Lagarde, Eric Woerth, Jean-Pierre Jouyet, Dominique Bussereau
V   Nicolas Sarkozy und Carla Bruni-Sarkozy am 27. März 2008 in Greenwich
VI Vor den Pyramiden von Gizeh am 30. Dezember 2007
VII Urlaub in Cavalière im August 2008

Jean-Paul Picaper

Nicolas Sarkozy
und die Beschleunigung
der Politik

Mit einem Vorwort von Rudolf Warnking

 GOLLENSTEIN

Alle Rechte vorbehalten
© 2008 Gollenstein Verlag, Merzig
www.gollenstein.de

Buchgestaltung www.timopfeifer.de
Schrift Rotis
Papier Focus Art Cream 100 g
Druck Merziger Druckerei und Verlag
Bindung Buchwerk, Darmstadt

Printed in Germany
ISBN 978-3-938823-36-1

MALSTATTER BEITRÄGE
Aus Gesellschaft, Wissenschaft, Politik und Kultur
Herausgegeben von Franz Schlehofer (†),
Rudolf Warnking und Markus Gestier

Inhalt

Vorwort · 15
Nur ein Wunder kann dieses Volk ändern · · · · · · · · · · · · · · · · · 21

Erster Teil
1. Kapitel · · · In diesem Land wird nie ein Sarkozy Präsident · · · · · 31
2. Kapitel · · · Auf keinen Fall die Nacht, auf keinen Fall die Stille · 40
3. Kapitel · · · Der Champion · 46

Zweiter Teil
4. Kapitel · · · Der Kandidat · 57
5. Kapitel · · · Die Kandidatin · 63
6. Kapitel · · · Wahlkampf in der Kälte · 74
7. Kapitel · · · Alles, nur nicht Sarkozy! · 92
8. Kapitel · · · Die Sarkozy-Mannschaft · 98
9. Kapitel · · · Cécilia kommt und geht · 108

Dritter Teil
10. Kapitel · · · Zum ersten Mal seit fünfundzwanzig Jahren · · · · · · · 119
11. Kapitel · · · Renne, renne nur, Sarko · 127
12. Kapitel · · · Es gibt kein Recht auf Faulheit · · · · · · · · · · · · · · · 135
13. Kapitel · · · Im Namen der Opfer · 146
14. Kapitel · · · Zuwanderung ohne DNA-Test · · · · · · · · · · · · · · · · 155

Vierter Teil
15. Kapitel · · · Scher' dich zum Teufel! · 163
16. Kapitel · · · Wer mehr Geld will, soll mehr arbeiten · · · · · · · · · · 174
17. Kapitel · · · Ich bin kein König – oder doch? · · · · · · · · · · · · · · 182
18. Kapitel · · · Prioritäten setzen · 188
19. Kapitel · · · Wir stehen auf und sagen Nein zu diesem Mann! · · 196
20. Kapitel · · · Als er da war, hatten wir was zu sagen! · · · · · · · · · 206

Fünfter Teil
21. Kapitel · · · Carla: „Als ob nichts gewesen wäre" · · · · · · · · · · · · 215
22. Kapitel · · · Die Einsamkeit des Langläufers · · · · · · · · · · · · · · · 232
23. Kapitel · · · Unterwegs zur Sechsten Republik · · · · · · · · · · · · · 239
24. Kapitel · · · Die Sozialisten: kopf- und ratlos. · · · · · · · · · · · · · · 246
25. Kapitel · · · Eine neue Außenpolitik · 251
26. Kapitel · · · Europa: Wir sind wieder da · · · · · · · · · · · · · · · · · · 262
27. Kapitel · · · Sarkophobie in Deutschland · · · · · · · · · · · · · · · · · 278
28. Kapitel · · · Ich liebe Angela · 288

Sechster Teil
29. Kapitel · · · Von Afrika bis zum Nordkap: alles Mittelmeer · · · · 309
30. Kapitel · · · Unterwegs nach Eurabien · · · · · · · · · · · · · · · · · · 319
31. Kapitel · · · Schwamm drüber! · 325
32. Kapitel · · · Im Zelt des Wüstenfuchses · · · · · · · · · · · · · · · · · 334

Siebter Teil
33. Kapitel · · · Wieder weltweit operieren · · · · · · · · · · · · · · · · · · 345
34. Kapitel · · · Das Auge Frankreichs · 352

Wende in Frankreich · 361

Bildteil
Bildnachweis · 380

Anhang
Rede von Nicolas Sarkozy in Montpellier am 3. Mai 2007 · · · · · · · 407
Bibliographie · 426
Dank des Autors · 429
Personenregister · 430

Vorwort

„Sarkozy muss man den Deutschen erklären" schreibt Jean-Paul Picaper im vorliegenden Buch. In Deutschland kannten im Winter 2006/2007, vor dem Beginn des Wahlkampfes um das Amt des Präsidenten der Französischen Republik, wohl nur einige Spezialisten aus Politik, Wissenschaft und Medien den Kandidaten Nicolas Sarkozy. Nach dem überlegenen und für viele Beobachter unerwarteten Wahlsieg über seine Mitbewerberin am 6. Mai 2007 begannen viele Deutsche, sich für den neuen Hausherrn im Palais de l'Elysée zu interessieren. Immerhin steht er an der Spitze eines für Deutschland besonders wichtigen europäischen Partnerlandes, immerhin wird er dieses höchste politische Amt in Frankreich noch mindestens dreieinhalb Jahre bekleiden und immerhin fällt in die Zeit der gegenwärtigen französischen EU-Präsidentschaft eine der schwersten Wirtschaftskrisen der Nachkriegszeit.

Auch mehr als 500 Tage nach seiner Amtsübernahme überlegt man: Wer ist Nicolas Sarkozy wirklich? Was findet er in Frankreich vor? Wohin will er Frankreich und die Franzosen bringen? Wie wird er sich als eine der wichtigsten Führungspersönlichkeiten in der Europäischen Union verhalten? Das sind Fragen, die sich die an politischen Entwicklungen interessierten Deutschen nach der Wahl von Nicolas Sarkozy zum Präsidenten der Französischen Republik stellten und weiterhin stellen. Auf diese Fragen gibt Picapers Buch Antworten.

„Frankreichs Uhren gehen anders", das war im Jahre 1954 der Titel einer viel beachteten Monographie des Schweizer Historikers und Publizisten Herbert Lüthy, die er unter dem Eindruck der Zustände in Frankreich während der Vierten Republik schrieb. Muss man diese Feststellung heute während der Fünften Republik und vor dem möglichen Übergang in eine Sechste Republik erneut treffen? In Deutschland waren wir doch ganz sicher, Frankreich, die Franzosen und die Verhältnisse in unserem Nachbarland zu kennen und eigentlich auch bereit, die bisherigen Zustände in Frankreich als gottgegeben hinzunehmen. Aber vielleicht kannte und kennt man in Deutschland die gegenwärtige Situation in Frankreich doch nicht so genau. Vielleicht unterschätzten wir die Bereitschaft der Franzosen zur Veränderung und vielleicht auch die Möglichkeiten und den Willen Sarkozys Veränderungen herbeizuführen.

Auf den ersten Blick könnte man vermuten, dieses Buch sei eine klassische Biographie, eine Lebensbeschreibung des französischen Staatspräsidenten Sarkozy. In der Tat enthält das Buch eine detaillierte Darstellung seiner familiären Herkunft, seiner Ausbildung, seines beruflichen und politischen Werdeganges. Es nennt seine Erfolge und klammert seine Niederlagen nicht aus. Charakterstärken und Ambitionen werden beschrieben, Schwächen nicht vertuscht. Im Blickfeld des Autors stehen selbstverständlich auch zahlreiche andere Personen aus dem politischen und privaten Umfeld des Präsidenten, die politischen Weggefährten und die politischen Gegner, die privaten Freunde und natürlich auch seine Ehefrauen.

Doch das Buch beschränkt sich nicht auf diese biographischen Schilderungen. Es bietet gleichzeitig eine Art Computertomographie des heutigen Frankreichs. Seine Leserinnen und Leser erhalten eine Vielzahl von Schnittbildern der unterschiedlichsten Problemfelder des französischen Lebens. Solche Bilder verbessern die eigenen Beurteilungsmöglichkeiten und erläutern gleichzeitig die Hintergründe der Diagnose, die Präsident Sarkozy zum Ausgangspunkt seiner therapeutischen Politik machen muss und offensichtlich auch machen will.

Der Präsident verfolgt weitgehende Umbaupläne für das „französische Haus". Die zahlreichen in den eineinhalb Jahren seit seinem Amtsantritt bereits erfolgten Umbauten werden in dem Buch ebenso beschrieben wie seine Visionen des künftigen Aussehens und der künftigen Bedeutung Frankreichs. Ob die schon vollzogenen Veränderungen und die Umsetzung der mehrfach verkündeten Visionen die Stellung der unmittelbaren Nachbarn Frankreichs und der anderen Mitglieder der Europäischen Union beeinträchtigen wird, müssen die Leserinnen und Leser dieses Buches selbst beurteilen.

Jean-Paul Picaper liefert ihnen für diese Beurteilung die notwendigen Grundlagen. Er tut es umfassend und mit scharfsichtigen Detailinformationen, deren Fülle seine umfassende Kenntnis der „Binnenbereiche" der französischen und deutschen Politik und der Stimmungen in beiden Ländern belegen. Er ist promovierter und habilitierter Politikwissenschaftler mit Schwerpunkten in der deutschen, der französischen und der deutsch-französischen Politik. In seiner langjährigen Tätigkeit als Deutschlandkorrespondent für eine angesehene französische Tageszeitung konnte er sich insbesondere in Frankreich und Deutschland wichtige Informationsquellen erschließen.

Jean-Paul Picaper ist Franzose und beobachtet, denkt und schreibt wie ein Franzose. Zur Scharfsichtigkeit gesellt sich gelegentlich die Scharfzüngigkeit eines in Pau, also in Südfrankreich, geborenen und aufgewachsenen Franzosen. Mit eigenen Beurteilungen hält er nicht hinter dem Berg. Seine Sympathie für Nicolas Sarkozy lässt er ebenso deutlich erkennen, wie seine Distanz zu anderen Personen und politischen Gruppierungen. Das wird nicht allen Leserinnen und Lesern gefallen. Auch die Herausgeber schließen sich nicht allen Bewertungen an. Das Buch gewinnt jedoch durch die Deutlichkeit mancher Aussagen einen besonderen Reiz.

Jean-Paul Picaper ist Deutschlandfreund. Er war bereits Deutschlandfreund zu einer Zeit, zu der solche Sympathien in Frankreich keineswegs als selbstverständlich galten. Der Verfasser dieses Vorworts kann es aus den persönlichen Erfahrungen des gemeinsam mit Jean-Paul Picaper an der Universität Bordeaux verbrachten Studienjahres 1957/58 bezeugen. Auch das von Picaper neben der Politikwissenschaft gewählte Studium der Germanistik belegt deutlich seine Sympathie. Das Manuskript zu dem vorliegenden Buch verfasste er übrigens in deutscher Sprache. Dem aufmerksamen Lesen bleiben einige frankophon beeinflusste Sprachkonstruktionen erkennbar.

Das Buch erscheint in der Reihe „Malstätter Beiträge" der Union Stiftung. Malstatt, ein Stadtteil Saarbrückens, deutet auf den Sitz der Stiftung hin. Für das Herausgeberkollegium der „Malstätter Beiträge" stehen neben dem Verfasser des Vorworts die Namen Franz Schlehofer, langjähriger, bereits verstorbener Vorstandsvorsitzender und Ehrenvorsitzender der Stiftung, und Dr. Markus Gestier, Studienleiter der Stiftung.

An dieser Stelle sind einige Anmerkungen zur Union Stiftung, ihrem Auftrag und ihrer Arbeit notwendig. Sie können helfen, Missverständnisse zu vermeiden. Die Union Stiftung entstand unmittelbar nach der Vereinigung des Saarlandes mit der Bundesrepublik Deutschland. Sie kann daher im Jahre 2009 auf ihr fünfzigjähriges Bestehen zurückblicken. Die Stiftung arbeitet, ihrem Satzungsauftrag gemäß, als gemeinnützige Einrichtung im Bereich der staatsbürgerlichen Bildung, sie unterstützt die grenzüberschreitende Zusammenarbeit mit dem Ziel der europäischen Einigung und fördert Kunst, Wissenschaft und Kultur. Die Stiftung orientiert ihre Arbeit, wie von der Satzung vorgegeben, am christlichen Menschenbild. Sie ist unabhängig und nicht die Einrichtung einer politischen Partei. Abgesehen von den steuerrechtlichen Erleichterungen, die für alle gemeinnützigen Organisationen gelten, erhält sie keine finanzielle Unterstützung aus öffentlichen Mitteln, sondern finanziert ihre Arbeit ausschließlich aus den Erträgen ihres Stiftungsvermögens. Das sichert ihr eine große Unabhängigkeit.

Berücksichtigt man die geographische Lage des Saarlandes und seine Geschichte wird es die Leserinnen und Leser nicht verwundern, dass die Nähe zu Frankreich auch die Arbeit der Stiftung beeinflusst. Den konkreten Anstoß zu diesem Buch gaben zwei Vorträge, die Jean-Paul Picaper kurz vor und kurz nach der Präsidentschaftswahl 2007 in Veranstaltungen hielt, die von der Union Stiftung gemeinsam mit der Deutsch-Französischen Gesellschaft des Saarlandes durchgeführt wurden. Es waren Veranstaltungen, die wesentlich auf die Initiative des damaligen, zwischenzeitlich verstorbenen Präsidenten der Deutsch-Französischen Gesellschaft des Saarlandes, Roland de Bonneville, zustande kamen.

Dieses Buch erscheint, wie schon zahlreiche Veröffentlichungen der Union Stiftung zuvor, im „Gollenstein Verlag", der seinen Sitz in der Stadt Merzig/Saar hat. Dieser Verlag, zeichnet sich durch die Vielseitigkeit seiner Titel und die anerkannte Qualität der Buchgestaltung aus.

Der Dank der Herausgeber gilt Jean-Paul Picaper, dem Autor dieses Buches. Er war bereit, sein Manuskript einem saarländischen Verlag und einer saarländischen Stiftung für dieses Buchprojekt zur Verfügung zu stellen. In dieser Bereitschaft liegt auch eine Anerkennung des Saarlandes als traditionell wichtiger Brückenpfeiler für die deutsch-französische Verständigung. Dank gebührt dem Gollenstein Verlag, seinem verlegerischen Leiter Alfred Diwersy für die unermüdliche Arbeit an diesem Projekt, Frau Gabriela Hoffmann für die Auswahl des Bildmaterials und die sorgfältige Gestaltung des Bildteils sowie Frau Karin Haas und Herrn Timo Pfeifer für den Satz und die Buchgestaltung. Die Veröffentlichung eines Buches mit einem sehr aktuellen Inhalt lässt sich nur bewerkstelligen mit der verständnisvollen Unterstützung einer leistungsfähigen Druckerei. Herrn Kutrieb, Geschäftsführer der Merziger Druckerei und Verlag GmbH (MDV), gilt besonderer Dank.

Die Herausgeber wünschen den Leserinnen und Lesern nützliche Informationen für die eigene Urteilsbildung und gelegentlich auch ein Schmunzeln über die zahlreichen ironischen Anmerkungen des Autors.

Saarbrücken, im November 2008
Rudolf Warnking
Vorsitzender des Vorstandes der Union Stiftung

Nur ein Wunder kann dieses Volk ändern

Seit dem 14. Mai 2007 ticken Frankreichs Uhren anders. Und vor allem schneller. Weht mehr Wind vom Atlantik bis zum Rhein? Liegt elektrische Spannung in der Luft? Anscheinend. Die Menschen arbeiten mehr und länger. Viele Geschäfte sind sonntags offen. Auf die öffentlichen Verkehrsmittel ist mehr Verlass. Und es gibt weniger Staus auf den Autobahnen. Weniger Unfälle auch. Woher kommt der neue Geist im Nachbarland?

Seit Mai 2007 bewohnt ein neuer Gast den Elysée-Palast in Paris: Nicolas Sarkozy, so heißt er. Was tut er in diesem alten Bau im Herzen von Frankreichs Hauptstadt? Ist er der Urheber des Wandels? Hat er dort den verlorenen Zauberstab oder den Gral wiedergefunden? Noch vor zwei, drei Jahren machte Frankreich wegen der Straßenkrawalle und Massendemonstrationen von sich reden. Von Wirtschaftsleistungen und von einer konstruktiven Außenpolitik war wenig die Rede. Die „Grande Nation" war auf dem besten Wege, zu einer „Petite Nation" zu werden. Waren François Mitterrand und Jacques Chirac schuld an der Misere? Sie hatten wohl gravierende Fehler gemacht, waren aber eher bemitleidenswert. Es ist bestimmt kein Zuckerschlecken, unter Franzosen „Staat" zu machen.

Für deutsche Urlauber ist Frankreich ein Land voller kulinarischer Genüsse, alter Steine und komfortabler Liegestühle, aber ohne die Franzosen wäre es sicher in besserer Verfassung. Aus der Sicht des ordentlichen und sittsamen Deutschen ist der Franzose rücksichtslos und gesetzlos. Es würde ihm nie einfallen, seinem Nachbarn zu helfen, wie der Deutsche das ständig tut. Er genießt einfach das Leben und zieht sich die Decke über. Anders als in Deutschland, wo Uneigennützigkeit und Nächstenliebe den Alltag bestimmen, findet man in Frankreich ausschließlich Nörgelei und Egoismus. Anarchie, ein typisch französischer Charakterzug, wird den jungen Franzosen von staatlich bezahlten Agitatoren, die man Lehrer und Lehrerinnen nennt, systematisch anerzogen falls ihre Eltern das versäumt haben. So sehen es doch Lieschen Müller und Fritz Schulze diesseits des Rheins, und sie müssen recht haben, denn die Deutschen (besonders die Berliner) haben immer recht.

Sollte das jetzt plötzlich anders geworden sein, weil ein neuer Gast den Elysée-Palast bewohnt? Nur ein Wunder könnte ein solches Volk ändern. Äußerlich hat sich der Franzose als Gattung kaum gewandelt, außer, dass die jüngeren Artgenossen etwas größer gewachsen sind, häufiger eine dunkle Haut haben und keine Baskenmütze mehr tragen. Das Klima im Lande der Gallier ist nicht noch milder und die Landschaften sind nicht grüner geworden. Die Weinsorten heißen nach wie vor „bourgogne" oder „bordeaux" und die Produktion von Gänseleberpastete läuft weiter auf Hochtouren. Die Franzosen schimpfen wie eh und je gegen alles und ernähren sich weiter von Austern und Froschschenkeln. Undiszipliniert wie ein Haufen Flöhe leben sie wie Asterix und Obelix ungeniert in Saus und Braus. Statt auf die Farbe ihrer Straßenampeln zu achten, lassen sie sich fröhlich überfahren, und sie blinken nicht, wenn sie im Auto abbiegen oder überholen, weil sie gerne bis zuletzt ihre Absichten geheim halten.[1] Zum Zeitvertreib bewerfen Jugendliche uniformierte Beamte am Tage mit Steinen und des Nachts mit Brandfackeln und demolieren Schaufenster und Autos. Sie praktizieren skurrile Spiele. So rennen sie zum Beispiel einem Ball nach, der nicht einmal rund ist und mit den Händen gehalten wird, statt wie in Deutschland einen runden Ball mit dem Fuß zu schieben. Wenn einer den Ball hat, werfen sich alle auf brutale Art und Weise auf ihn. Und so ein Volk will die Vernunft erfunden haben?

Französische Politik spielt sich ungefähr so ab, dass etwa ein Drittel der Bevölkerung Gewehr bei Fuß steht und auf einen Vorwand wartet, um „die da oben" zu stürzen. Dabei haben sie diese Leute freiwillig gewählt, niemand hat sie dazu gezwungen. Vielleicht gehört das zu den Spielregeln. Man stellt sich Schießbudenfiguren auf, um sie dann abzuschießen? Manche jüngeren Deutschen beneiden die Franzosen um diese Bereitschaft, massenhaft mit Transparenten, Hampelmännern und Trommeln oder Trompeten auf die Straße zu gehen und ab und zu Barrikaden zu errichten. Ältere Deutsche meinen, dass es besser ist, wenn die Revolution beim Nachbarn bleibt. Ist das aber Revolution oder Karneval? An anderen Orten singen Franzosen ihre blutdurstige Nationalhymne, salutieren der Trikolore und bewundern den Triumphbogen im Mittelpunkt ihrer

---

1   Der aufmerksamen Polizei von Nicolas Sarkozy ist das doch nach Jahrzehnten aufgefallen. Seit dem Sommer 2008 wird das Nichtblinken beim Abbiegen teuer bestraft, und drei Punkte werden vom Führerscheinkonto abgezogen.

Hauptstadt, in der immer mehr Clochards und Obdachlose unter den Brücken schlafen. Deutschland, wo Wohlstand und Glück jeden Morgen von Vater Staat frei Haus verteilt werden, hat es doch entschieden besser.

Trotz ihres ausschweifenden Lebensstils und ihrer täglichen Aufregung waren die Franzosen in den letzten Jahren gar nicht so glücklich. Das ständige Singen der Marseillaise bringt ja kaum etwas auf den Teller. Außer für den Aufbau Europas unter Federführung von Helmut Kohl und Theo Waigel hatte sich François Mitterrand hauptsächlich für Literatur und Architektur interessiert. Die Chirac-Ära war innen- wie außenpolitisch wie eine Fahrt im Rückwärtsgang. Jacques Chirac ließ 1995 eine oder zwei Atombomben explodieren, damit die Welt erfuhr, dass er endlich Staatspräsident war. Er herrschte bis 1997 wie ein Großfürst. Als er anfing, sich zu langweilen (man kann ja nicht ständig Atombomben hochgehen lassen), ließ er einen Premierminister aus den Reihen seiner Gegner wählen. Unter diesem Lionel Jospin richteten die Sozialisten dann fünf Jahre lang mehr Schaden an, als es Chirac allein geschafft hätte. Zwar lebte man noch von der Substanz der „30 Glorreichen Jahre" der Nachkriegsmodernisierung 1958-1981 (es waren eigenlich nur dreiundzwanzig gewesen). Aber der Spalt zwischen Anspruch und Wirklichkeit erweiterte sich in den späten 90er Jahren und zum Beginn des neuen Jahrtausends. Der Staat entwickelte keine neuen Ideen mehr. Die Politiker dachten an ihre Wiederwahl. Die Unternehmen konnten die Außenhandelsbilanz nicht verbessern. Der Haushalt war durchlöchert wie ein alter Strumpf. Die Jugendarbeitslosigkeit wurde zur höchsten in Europa, und die Verwaltung ernährte den höchsten Anteil an Schmarotzern in der EU.

Jospin hatte enttäuscht, indem er u.a. ein Gesetz erließ, das den Arbeitern verbot zu arbeiten (ein typisches Produkt der französischen Logik). So wandte sich ein Teil der Werktätigen von ihm ab und dem Rechtsextremen Jean-Marie Le Pen zu. Chirac ersparte dann 2002 dem Land durch seine Wiederwahl die vollständige Katastrophe, wurde aber selbst zur mittleren Katastrophe. Verfall und Dekadenz wurden zum Bestsellerthema der französischen Belletristik. Fast zeitgleich erschienen im Jahre 2003 die Bücher „Ade, verschwindendes Frankreich" von Jean-Marie Rouart, „Das französische Entsetzen" von Alain Duhamel, „Das fallende Frankreich" von Nicolas Baverez, während Romain Gubert und Emmanuel Saint-Martin sich über die „Französische Arroganz" in der Außenpolitik lustig machten.[2] Diese Selbstanklagen wurden wohlgemerkt nicht von Deutschen oder Engländern, sondern von Franzosen verfasst. Demo statt Dialog, Klassenkampf statt Verhandlung! Staat und Nation zeigten Auflösungssymptome. Die Staatsgewalt gehörte mitunter der Straße. In dem Machtvakuum wucherte der parasitäre Schimmel von allerlei Interessen- und Randgruppen, Lobbys und studentischen Subkulturen. Eine schallende Ohrfeige erhielt Chirac 2005, als 54,7 Prozent der Franzosen den Europäischen Verfassungsvertrag ablehnten, den er ihnen zur Volksabstimmung vorgelegt hatte.

In Deutschland wird man auf den Wechsel der Jahreszeiten durch die Blumen im Frühling und das fallende Laub im Herbst aufmerksam gemacht. In Frankreich gab es dafür die Frühlingsdemonstrationen und die Herbstdemonstrationen. Der Klassenkampf hatte Saison. Von Karl Marx so eigentlich gar nicht vorgesehen. Dass man auf den Straßen und Plätzen mit Transparenten im Mai und im Oktober marschierte, war unabwendbar wie die Wiederkehr der Sonnenwenden und der Mondwechsel geworden. Studenten fehlten nie bei diesen „natürlichen" Terminen. Und Studenten sind bekanntlich wie Zahnpasta: wenn sie einmal raus aus der Uni sind, ist es unmöglich, sie wieder hinein zu bekommen. Es gehörte zum Ritual, dass Politiker bei diesen Volksfesten im Büßerhemd auftraten. Der Präsident kapitulierte regelmäßig vor den Demonstranten. Frankreich entschuldigte sich bei allen Völkern der Welt für Missetaten, die es begangen – oder auch nicht begangen – hatte, und bezahlte großzügig mit Bußgeldern. Die Franzosen bedankten sich bei den Enkeln ihrer vermutlichen Sklaven, dass diese die Franzosen hassten. Jüngere Franzosen schämten sich, einem so verruchten Volk anzugehören und wären lieber Aliens geworden. Manche sahen auch so aus und pilgerten dann nach Berlin oder Katmandu.

Kann der von Nicolas Sarkozy wiederentdeckte Zauberstab das alles ändern? Dafür müsste der Präsident einen mächtigen Zauber besitzen. Aber vielleicht hat er ihn, denn es hat sich in anderthalb Jahren schon mehr geändert, als man mit bloßem Auge sieht. Früher war die Rede vom

---

2 Rouart: „Adieu à la France qui s'en va". Verlag Grasset. Paris; Duhamel: „Le Désarroi français". Verlag Plon. Paris; Baverez: „La France qui tombe?", Verlag Perrin. Paris; Gubert, Saint-Martin: „L'Arrogance française". Verlag Balland. Paris. Alle Titel sind 2003 erschienen.

deutschen Wirtschaftswunder und später vom englischen Modell. Man schielte nach Dänemark und Schweden. Jetzt übernehmen andere Staaten wie Italien und Spanien französische Reformmodelle und Ideen. Es ist dem neuen Staatsoberhaupt und seiner Regierung gelungen, eine Menge Reformen und Veränderungen durchzusetzen, ohne dass tausende von geparkten Autos in Flammen aufgehen und hunderte von Schaufenstern eingeschlagen werden (wenn das geschieht, ist es mehr aus Gewohnheit und um das Weihnachtsfest fröhlich zu begehen, da Autos mehr Flammen entwickeln als Kerzen am Weihnachtsbaum). Zwar marschieren noch hie und da Demonstrationszüge durch die Städte, aber die Zahl der Mitmarschierer schrumpft. Sie müssen die Lücken in ihren Reihen durch größere Transparente und wortgewaltigere Protestler tarnen. Die Eisenbahnen werden bestreikt, aber die meisten Züge fahren trotzdem. Das Lehrpersonal lässt den Unterricht ausfallen, aber ein Minimaldienst betreut jetzt an dessen Stelle die Kinder, damit die Streikenden begreifen, dass man ohne sie auskommen kann. Und immer mehr Arbeitnehmer machen Überstunden. Man kann die Ausgaben fürs Studium der Kinder und die Zinsen für den Kauf einer Wohnung von der Steuer absetzen. Die Arbeitslosigkeit ist insgesamt deutlich zurückgegangen. Das internationale Outfit des Landes gewinnt wieder an Konturen. Defizite in der Außenpolitik werden beglichen und die Scherben, die Chirac in den Beziehungen zu Freunden und Partnern hinterlassen hatte, werden weggeräumt. Die Blutsauger, die sich an Frankreichs Substanz heranmachten, beißen nun auf Granit. Was ist denn geschehen?

Der agile kleine Mann vom Elysée-Palast rüttelt seine Landsleute auf, packt sie am Arm, klopft ihnen auf die Schulter, schubst ihnen den Zeigefinger in den Bauch. Wie ein Wanderprediger durchzieht er Straßen und Plätze und wiederholt ihnen unablässig, dass der Kult der großen Vergangenheit nicht mehr ausreicht, sondern dass ihre Zukunft noch vor ihnen liegt. Wie hatte er es in seiner Rede am Abend seiner Wahl zum Staatspräsidenten formuliert? „Ich werde den Französinnen und den Franzosen ihren Stolz auf Frankreich zurückgeben, ich werde mit der Reumütigkeit Schluss machen, die eine Form von Selbsthass ist, und mit dem permanenten Aufrechnen des Vergangenen, das den Hass der anderen fördert." Bei seiner Amtseinführung unterstrich er seine Entschlossenheit, das geschädigte Vertrauen wiederherzustellen. Hierzu bedürfe es „Veränderungen", meinte Sarkozy, „da der Immobilismus mehr als jemals zuvor eine Gefahr für Frankreich in einer sich verändernden Welt" sei. Auch gelte es, insbesondere „die Zukunftsangst und das Gefühl der Verletzlichkeit zu bekämpfen, das die Eigeninitiative und die Risikobereitschaft lähme."

Staatspräsident Sarkozy geht aufs Ganze. Dabei beteuert er immer wieder, dass er kein Wunderdoktor, sondern ein Pragmatiker, ein Normalbürger mit seinem Leid und Glück sei. Sein Vorhaben, Frankreich wieder in den Sattel zu helfen, werde ihm nur gelingen, wenn alle, auch der Mann auf der Straße, mitmachen. Er spricht wie das Volk und nicht wie die „Haute Volée". Er mag trotzdem nicht den Leuten nach dem Mund reden. Gegen Chiracs theatralische Gestik und Mimik, sowie dessen schwülstige Reden, waren die meisten Franzosen allergisch geworden. Sarkozy dagegen spricht wie du und ich. Nur schneller. Er redet ohne Umschweife und nennt das Kind beim Namen. Mit 53 sagte er: „Ich bin gewählt worden, um zu entscheiden" und „Sie können Gift darauf nehmen, das tue ich." „Selbst, wenn ich mich unbeliebt mache, mache ich weiter. Mit 57 Jahren werde ich vielleicht nicht wiedergewählt, aber ich werde bis zum Schluss reformieren, bis zu meinem letzten Tag im Elysée-Palast. Ich werde in keinem Punkte loslassen." Er lässt Räder und Achse des alten Karrens Europa knirschen.

Mit Sarkozy hat Frankreich wieder ein Gesicht. Kein Hollywood-Gesicht, aber ein männliches, markantes Gesicht, das sich einprägt, ob man es mag oder nicht. Deutsche, habt keine Angst vor ihm! Natürlich lässt er euch nicht so in Ruhe wie seine Vorgänger, aber Sarkozy ist ein Demokrat wie wir alle. Kein Napoleon Bonaparte. Kein französischer Abklatsch des Führers. Wenn ihr ihn mit einem „Kärcher", einem Hochdruckreiniger, in der Hand antrefft, so signalisiert das nicht Ausmerzung, sondern bedeutet Frühlingsputz. Oder habt ihr noch Angst vor den Franzosen? Sie sind nicht so schlimm, wie sie hier dargestellt worden sind. Sie spielen sogar Fussball wesentlich öfter als Rugby. Und die Deutschen sind auch nicht so perfekt, wie die Franzosen es glauben.

„Passen Sie auf", sagte mir neulich Willi Steul, Stellvertretender Intendant des Südwestrundfunks in Stuttgart und Landessendedirektor des SWR Baden-Württemberg, „er pflügt Frankreich um. Er wird alles umdrehen, und das Land wird am Ende seiner Amtszeit nicht mehr zu erkennen sein. Außerdem hat er keinen Respekt vor der politischen Klasse. Er verachtet sie zutiefst. Er wird sie alle an die Wand drücken. Eines spricht auch für ihn: Er ist der erste Präsident, der erste Gewählte vielleicht, der alles tut, was er in seinem Wahlkampf angekündigt hat." Das denkt dieser deutsche Kollege, der von seinem französischen Wohnsitz aus die Politik des französischen Präsidenten beobachtet.

Nach Meinung von Patrick Wajsman, Politikwissenschaftler in Paris und außenpolitischer Berater der Sarkozy-Partei UMP,[3] folgt Sarkozys Politik drei Grundregeln: „Die erste", sagt er, „besteht darin, dass er nicht vor dem Status Quo kniet. Er weiß, dass man die Verhältnisse ändern kann. Bis zu einem gewissen Grade natürlich und nicht ohne Widerstände, aber wenn man das weiß, hat man schon den halben Weg hinter sich. Die zweite ergibt sich daraus, dass er von vorneherein nichts für unmöglich hält. Man muss es nur versuchen und oft klappt es besser, als man denkt. Die dritte geht dahin, mehrere Baustellen gleichzeitig zu öffnen. Ist es im Leben nicht so, dass Ereignisse und Probleme nicht in Reihenfolge hintereinander auftreten, sondern leider alle zusammen? Man kann nicht etwas tun und dann das nächste zwei Tage oder zwei Jahre später. Nicolas Sarkozy macht es dem Leben nach."

---

3 Professor Wajsman ist Direktor der Zeitschrift „Politique Internationale" (vgl. Bibliographie). Die Union für eine Volksbewegung (Union pour un Mouvement Populaire, abgekürzt UMP) ist eine bürgerliche Partei, die 2002 aus der Verschmelzung der neogaullistischen RPR (Rassemblement pour la République), der neoliberalen Démocratie Libérale und der Union für die Französische Demokratie (UDF) entstanden ist, die ungefähr der deutschen FDP entsprach. So entstand die mitgliederstärkste französische Partei, um die Kandidatur von Jacques Chirac zu seiner Wiederwahl zu unterstützen. Alain Juppé war 2002-2004 deren Vorsitzender, und Nicolas Sarkozy folgte ihm als UMP-Vorsitzender 2004-2007. Die UMP ist wie die CDU/CSU Mitglied der Europäischen Volkspartei und der Internationalen Demokratischen Union. Der UDF-Abgeordnete François Bayrou weigerte sich mitzumachen und ging eigene Wege, weil er selbst Präsidentschaftskandidat werden wollte. Das Programm von Bayrou ist seine eigene Kandidatur.

Erster Teil

*In diesem Land wird nie
ein Sarkozy Präsident*

*Auf keinen Fall die Nacht,
auf keinen Fall die Stille*

Der Champion

1. Kapitel
In diesem Land wird nie ein Sarkozy Präsident

Nicolas Sarkozy, mit vollem Namen Nicolas Paul Stéphane Sarközy de Nagy-Bocsa, den Anhänger wie Gegner oft „Sarko" nennen, ist der Sohn des Franzose gewordenen Ungarn Paul Sarközy de Nagy-Bocsa (auf Ungarisch Nagybócsai Sárközy Pál).[4] Paul oder Pál wurde in Budapest am 5. Mai 1928 in einer Familie des ungarischen Kleinadels geboren. Sein Sohn, der französische Staatspräsident, ist am 28. Januar 1955 im 17. Bezirk von Paris geboren. „In diesem Land wird nie ein Sarkozy Präsident", prophezeite einmal der Vater halb scherzend, halb ernst.

Wie war es denn in der Tat möglich, dass der Sohn von Zuwanderern der ersten Generation, der kein klassischer französischer Politiker war, Präsident eines derartig auf Traditionen erpichten Staates wie Frankreich werden konnte? Mit ihm hat Frankreich zum ersten Mal einen Präsidenten, dessen Vater und Mutter nicht als Franzosen geboren wurden. Er selbst rühmte sich, erst mit 14 Jahren einen französischen Ausweis erhalten zu haben. Er hat am 2. Februar 2008 eine Italienerin geheiratet, die erst drei Monate später die französische Staatsangehörigkeit erlangte. Seine erste Frau, Maria Culioli, war Korsin, also Französin aus einer Randprovinz, und die zweite, Cécilia, wurde in Frankreich geboren, hatte jedoch Eltern russisch-ukrainischer und spanischer Abstammung.

Total untypisch? Gar nicht so sehr. Große Franzosen, besonders Künstler, stammten aus anderen Staaten. War Pablo Picasso Spanier oder Franzose? Die Sängerin Dalida, den Schauspieler Louis de Funes, der aus dem spanischen Adel stammte, und den Sänger und Schauspieler Yves Montand, der als Italiener geboren wurde, würde kein Franzose als Ausländer betrachten. Und doch waren sie alle – wie viele Zugewanderte – Franzosen jüngeren Datums. Das einzig wichtige Kriterium, um als Franzose zu gelten, ist, dass man die französische Sprache perfekt beherrscht und möglichst akzentfrei spricht. Sarkozys Vater hat einen leichten ungarischen Akzent nicht verloren, aber seine Mutter, Rechtsanwältin, spricht

---

4 Sarkozy spricht sich auf Französisch wie auf Deutsch „Sarkosi" mit der Betonung auf dem „-si". Auf Ungarisch würde man den Namen „Scharkösi" aussprechen.

Französisch einwandfrei, und Nicolas Sarkozy, der in Frankreich geboren wurde, ist ein begnadeter Redner in seiner französischen Muttersprache. Carla Bruni, seine Frau, ist zweisprachig und redet mit ihrem Sohn nur auf Italienisch, aber sie spricht seit ihrer Kindheit, sie schreibt und sie singt die Texte ihrer Lieder in einem einwandfreien Französisch.

Die ethnische, religiöse, geographische Herkunft der Staatsbürger ist in Frankreich in den letzten Jahren immer weniger relevant geworden. Also stammte die Bemerkung vom Vater Pál Sarkozy aus einer vergangenen Epoche. Nur einer wird Präsident, aber (fast) jeder darf es werden. Die Karriere von Sarkozy hat trotzdem etwas Märchenhaftes, das umso deutlicher ins Auge sticht, als der Mann selbst keine außergewöhnliche Erscheinung ist. Er ist kein Adonis, kein John F. Kennedy, kein Arnold Schwarzenegger. Er spielt nicht Saxophon wie Clinton, trägt keinen Bart wie Castro, er hat nicht das Gardemaß von Kohl oder von Chirac und nicht das Medaillenprofil eines Brandt, eines Schmidt und eines Mitterrand. Er ist mit seinen 165 Zentimetern sogar klein geraten.

Aber er weiß selbst, dass er „untypisch" ist. „Wir gleichen einander", sagt er von seinem Minister Jean-Louis Borloo, „dadurch, dass wir untypisch sind. Ich habe ihm gesagt: ‚Bleib, was du bist.' Man kann ihn mögen oder nicht mögen, er hat Leistungen erbracht." Diese Worte von Sarkozy gelten auch für ihn selbst. Wie Borloo fällt er durch seine Chuzpe auf. Nicolas Sarkozy ist der geborene Nonkonformist. Er ist die Pariser Rotznase, der Gavroche, der die Sterne vom Himmel holt. Nicolas Sarkozy ist in jeder Hinsicht ein Quereinsteiger. Er hat eine „gute Kinderstube" genossen, aber er kommt aus eher ärmlichen Verhältnissen, aus der Immigration. Da liegt vielleicht die Erklärung, warum er selbst gerne über seinen Hang spottet, Geld verdienen zu wollen, um reich zu werden. Sein Leben zeigt ähnlich wie dasjenige der zwei letzten deutschen Kanzler und der deutschen Bundeskanzlerin sowie des Bundespräsidenten Köhler, dass der Fahrstuhl des sozialen Aufstiegs in unseren Demokratien immer noch Menschen von ganz unten nach ganz oben befördert.

Dieser junge Mann aus dem schicken Pariser Westen, der zur Not in der Mundart der Jungs der Unterschicht und wie ihm der Schnabel gewachsen ist, reden konnte, hat diese Eigenschaft nicht verloren. Sein manchmal sehr direkter Stil verblüfft oft die steife Umgebung von höheren Beamten und Diplomaten, mit denen er zu tun hat, und erfreut seine Widersacher, die sich seiner „Unworte" bemächtigen, um zu versuchen, aus ihm einen „Unmenschen" zu machen. Obwohl er tut, was er sagt, sollte man bei ihm nicht alles wörtlich nehmen. Der Engländer mag „understatements", der Franzose spricht gern „mit doppeltem Boden", was heißt, dass nicht alles ernst gemeint ist, was er sagt. Nur, Ernst von Unernst zu unterscheiden ist nicht immer einfach.

Als Sohn eines Flüchtlings, der mittellos vor den Kommunisten nach Frankreich geflüchtet war, wurde er nicht mit einem silbernen Löffel im Mund geboren. Seine Mutter, Andrée Mallah, war die Tochter eines ausgewanderten jüdischen Chirurgen aus Thessaloniki, Benedict Mallah. Dr. Mallah stammte aus einer Familie von sefardischen Juden, die aus Spanien vertrieben worden war und sich im 17. Jahrhundert in Saloniki angesiedelt hatte. Sarkozys Urgroßvater hieß Mordechai Mallah und war ein sehr wohlhabender Juwelier in Thessaloniki. Zusammen mit seiner Ehefrau Reina hatte Mordechai sieben Kinder. Aaron Benico Mallah, der Großvater Sarkozys, war das jüngste der Kinder. Später in Benedict umgetauft, heiratete er 1917 die katholische Krankenschwester Adèle Bouvier, eine 1891 in Lyon geborene Französin, und konvertierte zum Christentum. Das Ehepaar hatte zwei Töchter namens Suzanne und Andrée. Die Familie von Oma Adèle stammte aus Savoyen und war im Jahre 1860 französisch geworden. Ihr Mann Benedict war ihr nach Frankreich gefolgt. „Ich habe einen jüdischen Großvater, der eine Katholikin geheiratet hat", sagt Sarkozy. „Meine Mutter ist Katholikin, also bin ich kein Jude." Er hat recht, denn für die Juden ist die Mutter bestimmend. Und in seinem Falle zweifach, wegen der ebenfalls katholischen Großmutter. Nicolas Sarkozy ist also echt katholisch. Gut für ihn, da 80 Prozent der Franzosen (35 Millionen) zwischen 18 und 79 Jahren bei einer jüngsten Umfrage antworteten, sie seien katholisch oder katholisch erzogen worden.[5]

Seinen Großvater väterlicherseits, den Ungarn, hat Nicolas nie gesehen. Er war schon lange tot, als Nicolas geboren wurde. Aber mit dem Vater seiner Mutter hatte er als Kind intensive und häufige Kontakte. Wichtig für ihn war, dass seine Eltern aufgrund ihrer sozialen Herkunft eine gute Erziehung bekommen hatten. Sie kamen aus der intellektuellen Oberschicht, aber sie waren keineswegs wohlhabend. Während der deutschen Besatzung in Frankreich und der Jagd von Gestapo und SD auf

---

5 Weitere 5 Prozent (2 Millionen) sind Moslems und 2 Prozent (900.000) evangelisch. Laut Jüdischem Sozialfonds sind 575.000 jüdischer Konfession. Der Rest, 5 Millionen (11 Prozent), ist religionslos. Sarkozy hat sich wie kein Präsident vor ihm für die Förderung religiöser Werte eingesetzt. Es wurde ihm sogar vorgeworfen, den laizistischen Staat abschaffen zu wollen. Aber er spricht sich für einen „offenen, positiven" Laizismus aus.

die Juden hatte sich die Familie Mallah unter dem Schutz des französischen Widerstandes im Departement Corrèze[6] versteckt. Wichtig war für den jungen Nicolas, dass sein Großvater ein eifriger Verehrer des Generals de Gaulle war. De Gaulle hatte die Nazis bekämpft. Er war für viele der Mann, der die Werte der Freiheit verkörperte. Dr. Benedict Mallah, der nach dem Krieg als Chirurg im 17. Pariser Bezirk arbeitete, war ein sittenstrenger Konservativer, aber er wurde zu einem Opa, der seine Enkel verwöhnte und für ihre Bildung sorgte. Der Großvater hegte eine Leidenschaft für die Malerei und sammelte Briefmarken. Er hat Nicolas seine Sammlung geschenkt, die dieser mit Marken aus der UdSSR und aus Jugoslawien bereichert hat.

Vor allem schärfte er dem Enkel die Liebe zur „Mutter Frankreich" ein, der sie in der Familie ihr Leben verdankten. An der Hand des Großvaters ging Nicolas als Kleinkind zu den patriotischen Erinnerungsfeiern französischer Siege. Manche Initiativen, die er gleich nach seiner Wahl zum Präsidenten ergriff, müssen als Huldigung an seinen Großvater verstanden werden. Als er den letzten Brief Guy Mocquets an seine Eltern in den Schulen vorlesen ließ, eines Jungkommunisten, der von den Nazis mit 17 Jahren erschossen wurde, nachdem er beim Flugblattverteilen gefasst worden war, und als er zur Hochebene von Glières, dem blutgetränkten Ort einer Schlacht zwischen den französischen Partisanen und der deutschen Wehrmacht, pilgerte, kam der Impuls jeweils aus seinem tiefsten Inneren. Sarkozy hat auch als Präsident einmal vorgeschlagen, dass jeder französische Schüler ein Kind posthum adoptiert, das Opfer des Holocaust ist. Ein irrsinniges und nicht machbares Unterfangen, das seine Freunde ihm bald ausgeredet haben. Er hat 1994 eine Biographie über Georges Mandel, den ehemaligen Sekretär von Clemenceau, verfasst, der Minister der Dritten Republik war und als jüdischer französischer Patriot von der Miliz erschossen wurde.[7]

Warum ist es denn so wichtig, die Wurzeln zu suchen, um Sarkozy zu verstehen? Weil sich ihm zwei Möglichkeiten boten. Entweder hätte er alles Französische von sich abwerfen können. Für Heimatfeindlichkeit bei Kindern von Zugewanderten gibt es Beispiele. Während eines Fußballspiels der französischen gegen die algerische Mannschaft 2005 und dann

---

6   Die Heimat von Jacques Chirac.
7   Nicolas Sarkozy: „Georges Mandel. Le Moine de la Politique". Verlag Grasset. Paris 1994.

2008 bei einem Spiel zwischen Frankreich und Tunesien haben Franzosen aus der maghrebinischen Immigration nordafrikanische Fahnen geschwenkt und die „Marseillaise" ausgepfiffen. Präsident Chirac musste 2005 das Stadion verlassen. Die andere Lösung war, Frankreich einfach zu lieben. Mehr sogar als viele Franzosen es können. Sarkozy gehört zu den „Hyperfranzosen", worunter man erlesene Neubürger, dankbare Immigranten und identitätsbewusste Grenzstämme zählen kann. Ohne seine familiäre Herkunft direkt zu erwähnen, hebt er immer wieder hervor, dass er Frankreich alles verdankt.

Väterlicherseits war die Familie am 10. September 1628 von Kaiser Ferdinand II, König von Böhmen und Ungarn, in den Adelstand erhoben worden. Der Ahn, ein Bauer, der gegen die Türken gekämpft hatte, erhielt zwar kein echtes Adelsprädikat, wie Baron oder Graf, er durfte aber seinem Namen denjenigen seines Dorfes folgen lassen und ein Wappen tragen. Die Familie besaß Ländereien und ein kleines Schloss in dem Dorf Alattyán (unweit von Szolnok), 92 km östlich von Budapest. Es stimmt schon, dass es in Ungarn viele kleine Adelige gab, aber an den paar Tropfen „blauen Blutes" des Staatspräsidenten ist nicht zu zweifeln. Es ist nur einem Übersetzungsfehler der französischen Meldestelle bei der Registrierung seines Vaters zuzuschreiben, dass er nicht „de Sarkozy" sondern einfach „Sarkozy" heißt. Aber vor allem ist Nicolas Sarkozy ein „europäischer Mischling". Das liegt ihm am Herzen, auf den Adelstitel pfeift er.

Vater und Großvater von Pál Sárközy hatten Wahlämter in der Bürgermeisterei von Szolnok (der Großvater war stellvertretender Bürgermeister). Als die Rote Armee 1944 kam, wurden sie enteignet. Der Vater von Nicolas war der dritte Sohn dieser aristokratischen Familie von Gutsbesitzern. Die Familie war nicht unvermögend, ein weiterer Zweig soll in der Industrie tätig gewesen sein. Die Kommunisten haben das Schloss niedergebrannt und vom Familienerbe sind nur noch vergilbte Fotos und unter einigen wenigen Gegenständen der Säbel übrig geblieben, mit dem ein Sarkozy die Türken bekämpfte. „Ich bin der Sohn eines ungarischen Einwanderers, den der Kommunismus vertrieben hat", sagte Nicolas 1991 in einer Fernsehsendung, in welcher er gegen die „Kommunistische Internationale" loszog. „Mein Vater versteckte sich unter einem Zug, um aus Ungarn zu fliehen." Immerhin gehört er einer Generation an, die von den Großeltern und von den Eltern erfahren hat, was Totalitarismus ist. Das hat er mit Angela Merkel gemeinsam, die in der DDR als Pfarrerstochter aufwuchs. Manches im politischen Engagement von Nicolas Sarkozy lässt sich dadurch erklären.

Die antitotalitäre Einstellung muss der politische Bindestrich zwischen den Eltern von Nicolas Sarkozy, einem ungleichen Paar, gewesen sein. Der Vater Pál Sarkozy hatte in Ungarn eine Jugend „wie im Mittelalter", oft zu Pferd, von Dienern umgeben, auf einem Gut mit 200 Bauern. Man schickte Pál in eine Schweizer Pension im Wallis, wo er Französisch lernte. Als die Russen 1944 einmarschierten, war Pál gerade bei seinen Eltern zu Hause. Die ganze Familie flüchtete nach Österreich. Sie verbrachten zwei Jahre in Sankt Pauli bei Klagenfurt (Kärnten). Aber der Vater, Gyorgi, wollte trotz der sowjetischen Okkupation zurück in die Heimat. Dieser Mann, dem linke Gegner von Nicolas unterstellten, mit den Nazis kollaboriert zu haben, war gänzlich unpolitisch und begriff nicht, dass eine zweite totalitäre Zwangsherrschaft, der Kommunismus, der Nazi-Diktatur folgen würde.

Das Familiengut war beschlagnahmt worden. Man überließ ihnen 100 Hektar zum Bebauen, aber die Schikanen mehrten sich. Gyorgi starb Ende 1947 an Herzstillstand. Pál unterlag der Wehrpflicht. Das Gerücht ging um, dass sein Jahrgang in Sibirien Dienst leisten müsste. Ein ungarischer Damenschneider hatte seiner Mutter, Kottinka, geborene Csafordi Tott, angeboten, die Maison de Couture, die er in Paris öffnen wollte, zu leiten. Die Mutter konnte perfekt Französisch, sie war Internatsschülerin bei den Schwestern des Heiligen-Herzens in Paris gewesen. Sie bekam das Ausreisevisum und sagte ihrem 19-jährigen Sohn: „Geh weg von hier, wir treffen uns im Hotel Pierre-1er-de-Serbie in Paris." Die Familie identifizierte einen unbekannten jungen Mann, dessen Leiche in einem See gefunden worden war, als Pál Sarkozy, der dann offiziell für tot erklärt wurde. Er selbst versteckte sich, bis er nach Wien flüchten konnte.

Ob es stimmt, dass die Flucht so abenteuerlich war, wie Nicolas Sarkozy sie 1991 dargestellt hat, das bezweifeln die Biographen. In Köszeg war die ungarisch-österreichische Grenze noch relativ durchlässig. Nach einer erneuten Flucht, in einem Fass versteckt, aus dem sowjetisch besetzten Wien und nach einigen Irrwegen durch Europa, war Pál Sarkozy in Salzburg von einem Werber der französischen Fremdenlegion rekrutiert worden. Er wurde in Algerien in Sidi-Bel-Abbès ausgebildet, aber der ungarische Militärarzt, der ihn in Marseille untersuchte, kannte seine Familie und sogar seinen seligen Vater. Er erklärte ihn für dienstuntauglich, damit er nicht in Indochina kämpfen musste. Pál Sarkozy wurde in

Marseille in schäbiger Kleidung und mit geschorenem Schädel, mit einem Kilo Brot und einer Bahnfahrkarte nach Paris von der Legion entlassen. Der später reich geworden Chef einer Pariser Werbeagentur verbrachte infolgedessen seine erste Nacht in Paris auf der Place de l'Etoile als Clochard. Er schlief auf dem Bürgersteig über einem Wärmeschacht der U-Bahn. Seine Mutter fand er nicht sofort. Der ungarische Konsul verschaffte ihm den Kontakt zu entfernten Verwandten, die ihm halfen, Fuß zu fassen.

Aus der familiären Herkunft ergibt sich freilich nicht unbedingt eine eindeutige politische Linie. Sarkozy war trotzdem Zielscheibe von Fremdenfeindlichkeit und Antisemitismus. Der ultrarechte Jean-Marie Le Pen hat sich über seine Herkunft lustig gemacht. Kein Wunder, dass Sarkozy die Probleme der Immigranten versteht. Ähnlich wie sein deutscher Kollege und Freund Wolfgang Schäuble hat er einen Rat der französischen Moslems gegründet. Er hat sich für die „positive Diskriminierung", d. h. Sonderhilfen für die Jugend aus den Migrantenbezirken ausgesprochen, die einen erleichterten Zugang zur Berufsbildung, zur Armee und Polizei, zu Hochschulen und Superhochschulen genießen, soweit – dixit Sarkozy – sie „die Ärmel hochkrempeln und früh aufstehen". Drei weibliche Mitglieder seiner Regierung, Rachida Dati (Justiz), Fadela Amara (Stadtentwicklung) und Rama Yade (Menschenrechte), stammen unmittelbar aus der Immigration.[8] „Wenn Rama und Rachida neben mir stehen", hat er einmal gesagt, „sieht man, dass Frankreich sich verändert hat." Man könnte die perfekt gelungene Integration von Nicolas Sarkozy in der Polit-Kultur Frankreichs dadurch erklären, dass es für ihn nicht allzu schwer war, „dazu zu gehören", da er in einem Bildungsmilieu geboren wurde. Es gibt jedoch genug Beispiele, die zeigen, dass der Patriotismus in diesen Kreisen nicht selbstverständlich ist. Viele „vaterlandslose Gesellen" kommen aus der betuchten Bourgeoisie.

Pál Sarkozy hatte sich auf den ersten Blick in die hübsche halbjüdische Arzttochter in Paris verliebt, als er an der Tür ihrer Schwester klopfte, um sich auf Empfehlung nach Arbeitsmöglichkeiten zu erkundigen. Er machte ihr fortan den Hof, sie heirateten und bekamen drei Söhne, der

---

8 Wir schreiben hier definitiv „seine" Regierung, obwohl der Staatspräsident, der in Frankreich dem Ministerrat vorsitzt, nicht der Regierungschef ist. Er ernennt den Regierungschef, derzeit François Fillon, der das Vertrauen des Parlamentes haben muss, aber vom Präsidenten entlassen werden kann. Der Staatspräsident kann auch die Minister auswählen.

Reihe nach Guillaume (geb. 1951), Nicolas (1955) und François (1957). Guillaume wurde Textilunternehmer und war zwischen 2000 und 2006 zweiter Vorsitzender des Arbeitgeberverbandes MEDEF. François wurde Kinderarzt und Forscher im Fach Biologie. Als Pál Sarkozy die Familienwohnung 1959 verließ und sich scheiden ließ, nahm Andrée, Spitzname „Dadu", die drei Söhne mit. Sie absolvierte nach einer zehnjährigen Unterbrechung und mit außergewöhnlicher Energie ihr Jura-Studium und wurde Rechtsanwältin, um ihre Kinder zu ernähren. Sie war Anwältin am Gericht Nanterre bei Paris und plädierte in dem berühmten Fall Villarceaux. Pál Sarkozy heiratete noch dreimal. Aus seiner zweiten Ehe hatte er zwei weitere Kinder: Caroline und Pierre-Olivier, heute Banker in New York. Der großgewachsene, schöne Mann mit blauen Augen, mit romantischem Akzent sammelte zum Leidwesen der Familie weibliche Eroberungen. Der Großvater mütterlicherseits, Dr. Benedict Mallah, war inzwischen Chirurg „im XVI.", dem Pariser Westend Neuilly, dem schicksten Bezirk von Paris.

Schon als Kind war Nicolas „anders". „Als er klein war, war er ein sehr aufbrausendes Kind", verriet seine Mutter. Heute erspart er seiner Mutter, die er täglich anruft, seine Zornesausbrüche. Als Tausendsassa galt Nicolas schon als Kind. Wenn Gäste oder Verwandte kamen, sprach er lieber mit den Erwachsenen als mit seinen Brüdern. „Er unterhielt sich mit den Gästen des Hauses und zeigte ihnen, was eine Harke ist", berichtet seine Mutter. Die Brüder wurden groß wie der Vater, er blieb klein wie die Mutter. Der kleine Wuchs kann in der Politik ein Hindernis sein, das weiß er. Aber schließlich war Helmut Schmidt auch eher klein und galt als ein besonders energischer Kanzler der Deutschen. Auch Mitterrand war nicht sonderlich groß gewachsen. Jacques Chirac allerdings konnte Sarkozys Aussehen nicht gefallen. Für ihn wie für manche großen Männer sind alle Lebewesen der Spezies Mensch unter 1,80 Meter nicht lebensfähig und unter 1,90 Meter nicht zu Höherem berufen. Nicht von ungefähr hatte Chirac aus Dominique de Villepin, der die Mindestgröße erreichte, seinen Schützling und Kronprinzen gemacht. „Mein Großvater war größer als mein Vater, mein Vater war größer als ich, die Familie schrumpft und entartet", hat der 1,92 Meter „große" Chirac einmal gesagt. Die zweite Frau von Sarkozy, Cécilia, die ihn verlassen hat, aber rechtzeitig für seinen Wahlkampf an seiner Seite wieder auftauchte, als er ihr anbot, „First Lady" zu werden, überragte ihren Mann um mehr als 10 Zentimeter. Sarkozy überkompensiert augenscheinlich seine kleine, aber stämmige Statur mit dem Wuchs seiner Frauen, denn sein dritte Frau, Carla, die Mannequin gewesen ist, erreicht wie die zweite, Cécilia, auch fast 1,80 Meter.

Einige Menschen, die Nicolas Sarkozy nicht mögen, erzählten während seines Wahlkampfes eine Propagandafabel, die an den antikapitalistischen Roman von Jean-Paul Sartre „L'enfance d'un chef" (Kindheit eines Chefs) erinnerte: „Morgen fängt die Schule an. Papa und Mama haben dem kleinen Dummkopf und allen Kindern erzählt, morgen gehen sie in eine Privatschule, um nicht mit den Lausejungen der Arbeiter zusammen zu sein. Die Arbeiter, die sind alle Faulenzer und die denken nur daran, sich sonntags zu erholen, und die wollen die Revolution machen, um uns unser Geld wegzunehmen, weil sie Sozialisten-Kommunisten sind. ‚Sag mal Papa, was ist das, die Sozialisten-Kommunisten?' ‚Das sind ganz böse Leute, die ein Messer zwischen den Zähnen halten und die kleine Kinder essen.' Guillaume will nicht, dass man ihn und seine zwei kleinen Brüder isst. Er steht auf und sagt: ‚Wenn es so ist, dann werde ich, wenn ich groß bin, Chef der Bosse.' Nicolas will das letzte Wort haben. Er hat einen plötzlichen Einfall, steigt auf seinen Stuhl und verkündet: ‚Na, wenn ich klein bin (damals war er winzig), werde ich der Chef von Frankreich – wie Napoleon.' So bahnte sich an einem regnerischen Septembertag um den sonntäglichen Familienbraten das Schicksal des künftigen französischen Oberhäuptlings an."

Wäre diese zauberhafte marxistisch-leninistische Fiktion wahr, so hätte sich die Meinung des Friedensstifters Sarkozy über den Kriegstreiber Napoleon radikal geändert. Er sagt heute vom Kaiser der Franzosen: „Il a tout raté." – „Ihm ist alles misslungen..."

2. Kapitel

Auf keinen Fall die Nacht, auf keinen Fall die Stille

Mit Nicolas Sarkozy wird ein Stück Modernität in die Republik einziehen. Das hängt mit seiner Person zusammen. Schon als junger Mann und Mitkämpfer der neogaullistischen Partei RPR war er selbständig. Es fiel ihm umso leichter, sich von der Grandesse des gaullistischen Reiches loszueisen, als er mit dem Stallgeruch der Pariser Elite nicht behaftet war. Eine der Besonderheiten des jungen Möchtegernpolitikers bestand darin, dass er den in Frankreich typischen Elite-Kursus nicht absolviert hatte. Er gehört nicht zu den „Eierköpfen", die Frankreichs oberste Etagen bevölkern. Er ist nicht der Sohn eines Botschafters, eines Generals, eines Abgeordneten, eines Senators. „Man hat mir nie was gegeben", sagt er. „Ich habe es mir immer genommen. Wenn man in der Politik etwas in Reichweite hat, soll man es sich nehmen, statt zu warten, bis es einem die anderen geben."

Als bescheidene Rechtsanwältin mit drei Kindern, für die der Vater so gut wie keine Alimente bezahlte, nagte seine Mutter beinahe am Hungertuch. Aber als Tochter eines Immigranten, wohlwissend, dass Bildung das sicherste Gut ist, schickte sie ihre Kinder in die besten Schulen. Mit fünf Jahren besuchte Nicolas Saint-Louis-de-Monceau, „die schickste Privatschule in Paris", meint seine Mutter. Er war in der Schule ein intelligenter, aber kein fleißiger Schüler. Vom Elitegymnasium Chaptal in Paris, wo seine Disziplin ziemlich lax war, flog er dann, nachdem er die 6. Klasse wiederholen musste, weil er nur Spaß, Musik und Radfahren im Sinn hatte. „Ständiges Feiern", erinnert sich seine Mutter. Ein ehemaliger Schulkamerad weiß von den Nachmittagen zu berichten, die sie mit dem Fahrrad auf der Piste der Pferderennbahn in Auteuil verbrachten. Auch Reiten auf Springpferden machte ihm Spaß. Angst hatte er nie. Er war ein kleiner Kampfhahn und stritt oft mit seinem älteren Bruder, war aber auch immer zu Streichen aufgelegt. Stand Kuchen vor ihm, wurde er zum Vielfraß. Mit seiner Freundin Muriel war er ein häufiger Gast von Konditoreien, wo er auch gelegentlich jobbte, um sich Taschengeld zu verdienen. Die Mutter drückte immer ein Auge zu. „Ich war eine sehr, sehr liberale

Mutti", gesteht sie. „Ich stand ihnen sehr nahe und ging davon aus, dass Verbieten nur dazu führt, dass sie lügen." Wie seine Brüder blieb Nicolas sehr lange bei ihr. Er verließ die Wohnung der Mutter erst mit 28 Jahren, als er zum ersten Mal heiratete.

Mit 19 Jahren vertrat der tollkühne Nicolas in der linken Universität Paris X Nanterre in der Nähe von Paris, an der er Jura studierte, Gaullismus pur. Er war ein einfacher Mitkämpfer, der nützliche Aufgaben suchte. Dort erwarb er 1978 den Magister in Privatrecht. Darauf folgte die Wehrpflicht bei der Luftwaffe. Anschließend meldete er sich beim Pariser Institut für Politikwissenschaft an, wo er beim Diplom wegen einer 6 in Englisch durchfiel. Wer schlechter als 3 war, wurde ausgesiebt. 1980 erwarb er ein DEA (Promotionsäquivalent) mit einer Arbeit über die Volksabstimmung vom 27. April 1969 als Thema, deren Scheitern General de Gaulle zum Rücktritt bewog. Wegen des Misserfolgs im Institut für Politik wurde er nicht Absolvent der Kaderschmiede der französischen Verwaltungselite, der ENA.[9] Er wollte eine Zeit lang Journalist werden, legte jedoch die Anwaltsprüfung (CAPA) ab und wurde wie seine geliebte Mutter „nur" Rechtsanwalt. Er arbeitete in der Anwaltskanzlei von Guy Danet und führte dann mit zwei Partnern die Kanzlei „Leibovici – Claude – Sarkozy" mit elf Anwälten, die sich auf Immobilienprozesse spezialisiert hatten. Da Anwälten jede Nebenbetätigung verboten ist, verzichtete er später jedoch auf die Ausübung des Berufs, um politische Ämter zu übernehmen. Von Haus aus ist er also ein Vertreter der Zivilgesellschaft und kein Staatsdiener, was seine Distanz zur Beamtenschaft erklären kann. Kein Wunder, dass er es als Präsident unternommen hat, sie auszudünnen, um das Land schlanker und beweglicher zu machen. François Mitterrand hatte zwar eine Ausbildung als Anwalt bekommen, aber er hatte nie die Anwaltsrobe angezogen, während Sarkozy sich als Anwalt in Zivilprozessen betätigt hat. Chirac hatte seinerseits die ENA absolviert. Auch de Villepin, Chiracs Premierminister, war Absolvent der ENA.

Nicolas hatte in Neuilly, seinem Pariser Bezirk, eine kleine Funktion in der Jugendabteilung der neogaullistischen Partei RPR. Eines Tages stand ein Sitz in der lokalen Parteileitung zur Wahl an. Er hob die Hand als Erster und wurde anstelle des bisherigen Amtsinhabers gewählt, der nicht so schnell war wie er. „Ich wusste, dass es dir egal wäre", sagte er ihm hinterher. Seine Stärke war schon früh sein Rednertalent. Nicolas ist

---

9 Ecole Nationale d'Administration.

sehr kommunikativ, fast schwatzhaft, ein geborener Entertainer. Seine Art wird von Freunden geschätzt. Er trinkt zwar keinen Tropfen Alkohol, aber er mag gutes Essen. „J'ai faim", „Ich habe Hunger", diese Worte kommen oft aus seinem Munde. Sie sind auch politisch gemeint. Er ist seit eh und je Nichtraucher. Nur eine Havanna gönnt er sich ab und zu. Zigarrerauchen hat er von seinem ersten Boss, Premierminister Edouard Balladur, gelernt. Da er weiß, dass er seit dem Kindesalter jähzornig ist, zügelt er seine Emotionen. Ein Politiker seines Ranges, der den Finger auf den roten Knopf der atomaren Verteidigung hält und auch sonst über manche andere Zwangsmittel verfügt, darf sich keine Zornausbrüche leisten. Das hielt er Frau Royal vor, als sie in ihrem Fernsehduell am 2. Mai 2007 einen Wutausbruch wegen angeblicher sozialer Missstände simulierte.

Greift man ihn verbal an, dann reagiert Nicolas Sarkozy auf der Stelle und ziemlich unbeherrscht, wie es jeder Pariser Junge tut, der etwas auf sich hält. Daher warfen ihm Gegner Unreife vor. Er wirkt wie ein ewiger Knabe in Minister- und Präsidentenkluft. Seine sprießende Intelligenz und seine Zungenfertigkeit passen auch dazu. Auch der Wille, seine Träume so schnell wie möglich wahr werden zu lassen. Jugend glaubt, dass Träume zu Wirklichkeit werden können. Aber er ist kein Spinner, kein Erbauer von Luftschlössern. Er weiß, was machbar ist. Das ist seine Doppelnatur. Die Schriftstellerin Yasmina Reza, die ihn auf politischen Tourneen begleitete und ein Buch über ihn schrieb, sah das Kind in ihm. „Ich beobachte im Rathaus von Palavas-les-Flots, wie er demjenigen lauscht, der seine Rede einführt. Ich habe den Eindruck, einen Knaben zu sehen. Er steht da, kreuzt die Hände, hört artig zu", schreibt sie. „Ein Kind", fährt diese Frau fort, das „auf keinen Fall die Nacht, auf keinen Fall die Stille haben will. Nichts, was spüren lässt, dass die Zeit vergeht." Und vor allem will er nie allein sein.

Etwas anderes kennzeichnet diesen ewig jungen Mann. Nie ist er so rührend und einnehmend wie in emotionsgeladenen Situationen, so zum Beispiel als er neben den Kindern von Ingrid Betancourt an einem Juliabend 2008 die Befreiung ihrer Mutter aus den Krallen der FARC-Guerilla im Mikrophon verkündete. Die junge Tochter von Ingrid Betancourt umarmte ihn. Da war er in seiner Rolle. Er mag es, wenn sich die Leute freuen, und er kann echte Rührung zeigen. Wiederholung der Szene zwei Tage später, als Mama Ingrid ihn auf dem Flughafen küsste. Freilich, die Inszenierung war perfekt vorbereitet, aber die Emotionen waren spontan. Wenn es ihn packt, wirkt er fast linkisch. Kein Wunder, dass Frauen dieses

Energiebündel in Taschenformat mögen. Wie sein Vater, der Ungar, mag Nicolas Frauen. Tony Blair hat einmal als Gastredner auf einem Kongress der Sarkozy-Partei UMP auf den in allen Lebenslagen energiegeladenen Präsidenten eine zweideutige Anspielung gemacht. Diese humoristische Beilage im englischen Stil traf ins Schwarze.

In seiner Arbeit schätzt Sarkozy intelligente Frauen. Mit ihnen hat er ausschließlich professionelle Beziehungen. Beruf und Privates sind für ihn zwei Paar Schuhe. So war es töricht zu glauben, er „hätte was" mit seiner Ministerin Rachida Dati. Aber eine ganze Schar von Fans beiderlei Geschlechts folgte ihm im Wahlkampf auf Schritt und Tritt. Er badet gerne in der Menge, redet leidenschaftlich vor vollen Sälen. Er braucht die Nähe, den Körperkontakt, die Menschenwärme und strahlt selbst welche aus. Sein Sicherheitsdienst hat damit echte Sorgen. Die in Deutschland so hoch geschätzte „soziale Distanz" ist ihm kein Begriff. Der forsche und überaktive „Mr. 100.000-Volt-Sarkozy" kann ganz nett sein, aber wenn es darum geht, die französische Landwirtschaft gegen Aasgeier zu verteidigen, die sie als zu kostspielig für die EU halten, zeigt er die Krallen. Im Jahre 1986 sah ich einmal einen jungen Politiker namens Sarkozy, der im französischen Fernsehen in einer Debatte die Landwirtschaft mit überzeugenden Argumenten unterstützte. Als Nachfahre von Bauern gratulierte ich ihm in einem Brief. Er antwortete mit einem längeren, freundlichen Schreiben. Ganz unüblich kam mir eine solche Verbindlichkeit seitens eines Parlamentariers vor. Wer sich als Politiker die Mühe macht, den Brief eines Staatsbürgers zu beantworten, ist nicht arrogant, wie arrivierte Politiker es oft sind.

Sarkozys Antwort hatte sicherlich System und Methode. Als Bürgermeister des edlen Pariser Vorortes Neuilly-sur-Seine hatte er angeordnet, dass jede Post innerhalb von zehn bis vierzehn Tagen beantwortet werden sollte. Er las die Briefe, kritzelte am Rande Tipps für die Antwort. Sie wurde dann von ihm eigenhändig unterschrieben. Jeder Mitbürger, der einen Schaden oder einen Unfall erlitt oder Opfer einer Tätlichkeit war, wurde persönlich nach den Folgen und später nach seinem Wohlbefinden gefragt. Die Hilfe war sowohl materiell wie moralisch. Die Briefe an die Mitbürger gingen nicht durch die Post, sondern wurden von Boten des Bürgermeisters ausgetragen. Diese Boten sprachen mit Pförtnern, hörten Klagen, erfuhren von Umzügen, Todesfällen, Pleiten und Erfolgen, Sorgen um die alten Eltern und die Kinder. Sie wussten von Erziehungs- und Schulproblemen der Betroffenen. Sie berichteten im Rathaus davon. Diese

Praxis mündete nicht in einen Polizeistaat, sondern in Bürgernähe. In diesem Basisdemokratie-System steckte echte Zuwendung zu den Landsleuten. Nicolas Sarkozy wurde für die zum Teil wohlhabenden, manchmal aristokratischen Menschen des feinen Bezirks Neuilly allmählich zu einem Parvenü mit Herz.

Dabei erwies er sich als Jünger des österreichisch-englischen Philosophen Karl Popper,[10] der die Hauptgefahr für die Demokratie in ihrem Hang zur Abstraktion, also zur Menschenferne erkannt hatte. Das Problem sieht Sarkozy sowohl für Frankreich als auch für Europa. Sein Charakter treibt ihn dazu an, es zu lösen. Die zunehmende Entfremdung zwischen Staatsbürgern und Institutionen beklagen viele, aber recht wenige tun etwas dagegen. Kommt einer wie Sarkozy, der sowohl als Bürgermeister wie auch als Staatspräsident den unmittelbaren Kontakt zu den Menschen sucht, wird er gleich des Populismus und der Effekthascherei bezichtigt. Dennoch ist er in seinem Land dabei, die Dialogfähigkeit wiederherzustellen. Seine Verfassungsänderung, die wir später darstellen, zielt darauf hinaus. Der direkte Kontakt zum Menschen ist Sarkozy ein Urbedürfnis. Diese Grundhaltung seines Charakters und seines politischen Stils trat bereits zutage, als er der jüngste Bürgermeister Frankreichs war. Warum muss man von vornerein alles, was ein Politiker unternimmt, negativ sehen?

Sarkozy ist ein begnadeter Kommunikator. Chirac ließ ihn auf Veranstaltungen seiner Gaullistenpartei RPR auftreten, weil niemand besser als er eine Versammlung mitreißen konnte. Diesem Talent verdankte er anfangs Chiracs Protektion, die er später aus anderen Gründen verlor. Aber es hatte ihn unentbehrlich gemacht, wie Chirac einsehen musste. Komme was wolle, Staatspräsident Sarkozy wird sich immer die Zeit nehmen, seinen Amtssitz zu verlassen, um mit dem Mann auf der Straße, im Betrieb, im Krankenhaus, in der Schule, auf dem Sportplatz zu reden. Der frühere Spaßvogel, der ein bisschen studierte und viel jobbte, mutierte allmählich in der Politik zum Workaholic, weil er sie aus Leidenschaft betreibt. Von „Politik als Beruf", schrieb Max Weber. Bei Sarkozy kann man von „Politik als Leidenschaft" reden. Aber trotz der mörderischen Arbeitslast und

---

10 In der Emigration in Christchurch (Neuseeland) schrieb Karl Popper während des Zweiten Weltkrieges das Werk, das ihn als politischen Denker berühmt machte, „The Open Society and Its Enemies" (Die offene Gesellschaft und ihre Feinde). Ich glaube nicht, dass Nicolas Sarkozy dieses Buch gelesen hat. Aber man hat seit Poppers Zeiten dazu gelernt.

der schweren Verantwortung, die in einem Ausmaße, das er nicht erwartet hatte, auf seinen Schultern als Spitzenmann im Staate lastet, ist Sarkozy „auf dem Teppich geblieben". Seine Amtsführung zeigt, dass er ein Pragmatiker bleibt. Mit ihm ist alles relativ unkompliziert.

Ich erinnere mich, dass ich einmal Anfang 2002 ein Interview mit ihm für das Magazin „Valeurs Actuelles" über sein Verständnis der deutschfranzösischen Beziehungen führen musste. Ich wusste, dass er einen befreundeten deutschen Abgeordneten, Friedrich Merz, im Parlamentarierhaus an der Avenue „Unter den Linden" in Berlin besuchte. Ich erwischte ihn in der Vorhalle des Gebäudes, das er gerade verlassen wollte. Er war allein und hatte es eilig. Ich trug ihm kurz mein Anliegen vor. Ja, er war einverstanden, aber, wenn schon, dann sofort und schnell. Wir setzten uns, ich stellte meine Fragen, er antwortete. Ich nahm auf. Nach einer Viertelstunde hatte ich ein interessantes Interview, das kurze Zeit darauf im Wochenmagazin stand. Er verlangte gar nicht, dass irgendeiner seiner Mitarbeiter den Text vor der Veröffentlichung prüft. Er sucht nicht den Kümmel auf dem Käse. Das ist nicht sein Stil.

Wenn ich an die Umstände denke, die andere Politiker, insbesondere konservative Politiker, machen, weil sie der „Journaille" nicht trauen, kann ich sagen, dass diese kurze Zusammenarbeit mit Nicolas Sarkozy außerordentlich zeitsparend und effektiv war. Meine Erfahrung teilen andere, und sie betrifft die Frau des Präsidenten ebenso wie ihren Mann. „Hat Sie sie gebeten, Ihr Buch vor der Veröffentlichung zu lesen, zu dem sie doch selbst durch Aussagen beigetragen hat?" Diese Frage stellte neulich die französische Journalistin Caroline Bonacossa an ihre Kollegin Valérie Benaïm, die ein Buch über Carla Sarkozy geschrieben hat.[11] „Gar nicht. Sie hat es erst nach der Veröffentlichung gelesen. Ihre Einschätzung war positiv", lautete die Antwort. Als Carla im Juni 2008 der linken Zeitung „Libération" ein Interview gab, fragte sie vorher ihren Mann, ob sie es tun solle. Er antwortete: „Ich vertraue dir. Geh hin." Die Sarkozys vergeuden keine Zeit mit Haarspaltereien.

---

11 Valérie Benaïm, Yves Azéroual: „Carla et Nicolas, la véritable histoire". Verlag Editions du Moment. Paris 2008. Das Zitat hier oben ist dem Magazin „Télé Star" vom 21.-27. Juni 2008 entlehnt.

3. Kapitel
Der Champion

Im Jahre 1982 erhielt Jacques Attali, Berater von François Mitterrand, der im Jahr zuvor zum Staatspräsidenten gewählt worden war, einen Brief eines jungen Parisers, der ihn um einen Termin bat. Der Briefschreiber wollte sich die Arbeit eines Präsidenten erklären lassen. Es machte Attali Spaß, den Bittenden zu empfangen, zumal dieser ein Nachbar von ihm im noblen Pariser Vorort Neuilly-sur-Seine war und – immerhin – einen Sitz im Gemeinderat hatte. Der junge Besucher zeigte seinen Ausweis an der Pforte des Amtssitzes des Präsidenten: Nicolas Sarkozy, geb. am 28. Januar 1955 in Paris, Beruf: Rechtsanwalt. Im Gespräch machte er keinen Hehl daraus, dass er Staatspräsident werden wollte. Attali konnte natürlich ob dieses treuherzigen Bekenntnisses nur freundlich lächeln. Man kann sich die Szene durchaus vorstellen. „Machen Sie weiter so, junger Mann!", muss die Antwort, dem Ton nach jedenfalls, gewesen sein.[12] Diese wahre Story erinnert an die Legende von Gerhard Schröder, der einmal als junger Politiker die Gitterstäbe des Zauns am Kanzleramt umklammerte und rief: „Ich will hier rein."

Danach unterhielten Sarkozy und Attali ein freundschaftliches Verhältnis. Sarkozy bewunderte und beneidete die Nähe von Attali zu Mitterrand und das Vertrauen, das „Gott"[13] seinem Berater schenkte. Attali schätzte „den Nonkonformismus, den unbelasteten Blick, die Unabhängigkeit gegenüber administrativen und politischen Strukturen und die neue Vision, die Sarkozy eigen" waren. Er verglich Sarkozys geistiges Vermögen mit der „hemmungslosen geistigen Mechanik" eines Komikers jener Zeit, Coluche, dessen Respektlosigkeit gegenüber den Granden des Staates und den Institutionen beispiellos war. Aber zugleich empfand Sarkozy „eine Leidenschaft für Frankreich, für De Gaulle und für die nationale Identität", die dem Komiker bestimmt fehlten. Zu jener Zeit machte Nicolas ebenfalls die Bekanntschaft von Martin Bouygues, dem Sohn des

---

12 Das erzählte Jacques Attali im April 2008 hinter verschlossenen Türen vor Mitgliedern eines Pariser Rotary Clubs.
13 Man nannte Mitterrand ironisch „Gott", „Dieu".

Großindustriellen Francis Bouygues, der noch nicht der Erbe seines Vaters war. Er sagte Martin, dessen Leidenschaft für das Radfahren er teilte, wie sehr er seinen Vater bewundere, der ein Hoch- und Tiefbau-Imperium geschaffen hatte. Martin nahm ihn zu dem Sitz des Unternehmens in Saint-Quentin-en-Yvelines mit und stellte ihm seinen Vater vor. Man sprach über Wirtschaftsfragen. Die Bouygues staunten über die Neugier, den Wissensdurst und die ganz außergewöhnliche Klugheit ihres jungen Gesprächspartners. Die Freundschaft zur Familie Bouygues ist bis heute eng geblieben. Damals waren die Bouygues noch nicht Eigentümer des privatisierten Fernsehkanals TF1, das wurden sie erst später, was heute selbstverständlich von großer Bedeutung für das Image des Präsidenten ist.

Der junge Mann war konsequent. Er war 1974 der Union der Demokraten für die Republik (UDR) beigetreten, wie die zu diesem Zeitpunkt von Jacques Chirac gegründete Gaullistische Partei hieß. Dort hatte er den Altgaullisten Charles Pasqua kennengelernt. Ehrgeiz und Weltanschauung paarten sich immer bei ihm. Der junge Nicolas absolvierte die Ochsentour in der gaullistischen Partei, zuerst als einfacher Mitkämpfer, der sich dann langsam nach oben arbeitete. Er sammelte bereits damals Kampfgenossen um sich, darunter den treuesten, Brice Hortefeux, der damals zufällig eine Rede des Anfängers Sarkozy hörte und in ihm den Mann der Zukunft erkannte. Dann erkletterte der werdende Superstar nacheinander die Stufen der politischen Leiter. Er beichtete einigen Leuten um sich: „Ich will später Präsident werden. Wollen Sie mir dabei helfen? Kann ich mich auf Sie verlassen?". Ernst oder Jux? 1975 wurde er Lokaldelegierter der Jungen Gaullisten (Département Hauts-de-Seine); 1976 dann Mitglied der Sammlung für die Republik (RPR),[14] wie die Partei nun hiess, unter den Fittichen von Charles Pasqua, von dem er 1983 sagen wird; „Jeder weiß, dass ich sein Doppelgänger bin." 1976 wurde er Leiter der Neuilly-Abteilung der Partei.

Schon mit 22 Jahren machte er seine ersten Schritte im republikanischen Staatsgefüge. 1977 ließ er sich zum Gemeinderatsmitglied von

---

14 Die von Charles de Gaulle nach dem Krieg gegründete Partei „Rassemblement pour la France" (RPF) wurde 1959 zur „Union pour la Nouvelle République" (UNR) und nach Eingliederung kleinerer Parteien 1967 die „Union des Démocrates pour la République" (UDR), dann 1976 zum „Rassemblement pour la République" (RPR) und schliesslich 2002 nach der Fusion mit den Liberalen, wie bereits dargestellt, die „Union pour un Mouvement Populaire" (UMP).

Neuilly wählen und konnte sich auf diese Weise in der Zentrale der Gaullistischen Partei, Rue de Lille Nr. 122, sehen lassen. Der stellvertretende Generalsekretär der UDR, Robert Grossmann, suchte gerade junge Aktivisten. Sarkozys spontanes und nicht gekünsteltes Verhalten gefiel Chirac, der ihn in seine Mannschaft aufnahm. 1982/83 muss die Zeit gewesen sein, wo er seine Füße in die Startblöcke für die Karriere setzte. Aber anstelle eines Hundert-Meter-Laufes, hatte er einen Marathon vor sich. Für einen Anwalt wie ihn, der in seine Kanzlei zurückkehren konnte, falls er bei Wahlen durchfiel, war das Berufsrisiko jedoch geringer als für einen Beamten. 1983 eroberte er sein erstes Sprungbrett nach oben. Diese entscheidende Wende in seiner Laufbahn verdient erzählt zu werden.

Nach dem plötzlichen Herztod des altgedienten Bürgermeisters von Neuilly-sur-Seine am 14. April 1983 sollte dieser, Achille Peretti, von dem ebenfalls altgedienten Gaullisten und ehemaligen Widerstandkämpfer Charles Pasqua beerbt werden. So hatte es Jacques Chirac, der RPR-Chef, beschlossen. Sarkozy, der mit Peretti zusammenarbeitete und mit der Nichte des Verstorbenen, Marie-Dominique Culioli, verheiratet war, hatte zu jener Zeit schon einen Platz im engeren Kreis der Freunde des Pariser Oberbürgermeisters Jacques Chirac. Er gehörte zu dem Kreis seiner Unterstützer für die Präsidentschaft. Pasqua war ein Altgaullist reinsten Wassers, ein politisches Urgestein, der die Untergrundmethoden der Résistance nicht verlernt hatte und mafiöse Kontakte schätzte. Er hatte im Likörhandel Geld verdient und konnte sich einiges leisten. Sarkozy war arm und blutjung! Von Chirac in den Gemeinderat von Neuilly geschickt, um seine eigene Wahl zum Nachfolger durch die Ratsmitglieder vorzubereiten, sollte sich Pasqua auf den jungen Mann stützen, der in diesem Bezirk wohnte und den Gemeinderat gut kannte. Pasqua musste an einem Bruch operiert werden und beauftragte gönnerhaft den jungen Mitkämpfer, seine Wahl zu organisieren. Sehr unvorsichtig! Der Jüngere war der Meinung, dass er selbst der geeignetere Kandidat sei.

Der Haken für Pasqua war, dass die Gaullisten nicht über die absolute Mehrheit im Gemeinderat verfügten. Sie mussten sie mit Liberalen teilen. Das war Sarkozys Chance. Er war nicht als Urgaullist wie Pasqua abgestempelt. Einem Freund vertraute er an, dass er das Rathaus durchaus beerben könnte. „Tue das nicht, Pasqua macht dir politisch den Garaus!", lautete die Antwort. Dazu Sarkozy: „Du bist immer zu vorsichtig." Pasqua bestellte der Reihe nach alle Mitglieder des Gemeinderates zu sich und wähnte sich in Sicherheit. „Wir schaffen es schon, Nicolas", sagte er dem ergebenen Mitstreiter, der, wie an jedem Morgen, mit seiner kleinen Aktentasche voller Papiere vor ihm stand. „An Ihrer Stelle, wäre ich nicht so sicher, Charles", erwiderte Sarkozy, „denn Sie sind nicht von hier." Durch die Blume bedeutete das: „Ich dagegen wohne in diesem Bezirk." Dabei war Peretti auch nicht von dort, als er vor 36 Jahren gewählt wurde. Aber Nicolas Sarkozy hatte sich umgehört und wusste, dass für viele Bürger dieses schicken Vorortes der tollpatschige Bär Pasqua mit seinem Marseiller Akzent keine Lebensart hatte. Bei einer Volkswahl in Neuilly würde er die Bestätigung nicht bekommen. Das war ein Argument, womit Sarkozys Freunde hausieren gingen. Sarkozy überzeugte Chirac, dass er mehr Chancen als der doppelt so alte Pasqua hätte. Der Gaullistenchef ließ ihn gewähren, ohne ihn zu ermutigen. Nach der entscheidenden strategischen Diskussion im Bezirk kamen Pasqua ganz rot und Sarkozy ganz blass aus dem Saal heraus. Zur totalen Überraschung seiner RPR-Freunde und von Chirac wurde der junge Mann in Neuilly, einem der reichsten Bezirke Frankreichs, zum jüngsten Bürgermeister der Nation gewählt. Er war 28 Jahre alt. Er hatte seine Palastrevolution gemacht. Das sollte nicht die letzte sein.

Als ihn am 30. April 1983 sein Freund Hortefeux abholte, um mit ihm zum Rathaus zu fahren, war er seiner Sache keineswegs sicher. Er stürzte sich in die Arbeit, kam morgens um sieben im Büro angetanzt, bewältigte Berge von Akten, sorgte dafür, dass die Lokalzeitung „Neuilly Journal Indépendant" nach der Mai-Ausgabe, die einem Nachruf zu Ehren des toten Peretti gewidmet war, in der Juni-Ausgabe ihn in seinem Amtssitz im Rathaus zeigte. Das bourgeoise Neuilly entdeckte diesen Grünschnabel, der auf Fotos mit seiner Frau und ihren beiden Kindern zu sehen war und der sich um das Wohl des Bezirks abmühte, die U-Bahn-Linie verlängerte und Geld für städtebauliche Maßnahmen zusammenkratzte. Er ließ Kindertagesstätten, Kinos und Theater bauen, sorgte für Kunstevents. Am Anfang änderte er nichts am Verwaltungsstil seines Vorgängers, ließ sogar ehrfürchtig sein Büro so, wie es gewesen war. Erst zwei Jahre nach seiner Bestätigung durch die Kommunalwahlen erweiterte er seinen Aktionsradius und entwickelte einen eigenen, auffälligeren Stil.

Noch war seine Zukunft keineswegs abgesichert. Bei Chirac war er in Ungnade gefallen, weil er das RPR-Schwergewicht Pasqua gedemütigt hatte. Auch Freunde in der Partei verziehen ihm seinen „Staatsstreich" nicht, aber er machte sich in Neuilly populär und beliebt. Am Anfang staunten die Leute über seine Jungenhaftigkeit und kicherten darüber. Er überzeugte sie und wurde dort unabsetzbar. Von vorneherein forderte er als Bürgermeister, dass die ehemaligen Parteifreunde und Mitkämpfer ihn nicht mehr duzten. Er schaffte einerseits um sich Distanz, aber er pflegte andererseits die Volksnähe. Jeder sollte sich persönlich angesprochen, gehegt und gepflegt fühlen. Neuilly-sur-Seine wurde zu seiner Bastion. 1987/88 war er im Innenministerium Beauftragter für die Bekämpfung der chemischen und radiologischen Gefährdungen. Von 1986 bis 1988 wurde er zum Stellvertretenden Präsidenten des Departementrates von Hauts-de-Seine und anschließend, erst 34 Jahre alt, von 1988 bis 2002 zum Parlamentsabgeordneten des Departements Hauts-de-Seine gewählt. In diesem Zeitabschnitt trat eine seiner Eigenschaften zutage, die er mit Chirac teilte, aber in einem höheren Maße als der „Chef" besaß. Wie ein Schwamm saugte er die Verhaltensweisen und Methoden aller Leute, mit denen er zusammenarbeitete, in sich auf.

Inzwischen hatte er die Gnade des Pariser OB und Gaullistenchefs Chirac einigermaßen zurückgewonnen. Er war Trauzeuge seiner Tochter Claude und gehörte fast zur Familie. Nach der kurzen Entfernung von der Kerntruppe der Gaullisten, weil er Pasqua ausgetrickst hatte, fand er wieder Anschluss an den inneren Kreis. Er suchte die Nähe zu Chiracs Rivalen, dem neuen Premierminister Edouard Balladur. 1993 war er mit 38 Jahren sein Haushaltsminister und Regierungssprecher. Trotzdem blieb er Neuilly treu und sorgte sich weiter um seinen Bezirk. Sein Format hatte er aber noch nicht unter Beweis stellen können. Ausgerechnet in Neuilly sollte der junge Bürgermeister und Minister bald eine Gelegenheit bekommen zu zeigen, dass er nicht nur für „Public Relations" begabt war, sondern dass er auch Staatsmann sein konnte. Das Unerwartete geschah am Vormittag des 13. Mai 1993. Es ist eines der Ereignisse, die aufgrund ihrer Einmaligkeit und Gefährlichkeit das Leben eines Menschen verändern, wenn er sie mit heiler Haut übersteht. Diese Episode war aus deutscher Sicht mit dem energischen, lebensrettenden Management der großen Flut in Hamburg 1962 vergleichbar, als sich ein Senator namens Helmut Schmidt die Sporen zum Bundeskanzler verdiente.

An jenem Tag saß Nicolas Sarkozy im Ministerrat mit Kollegen zusammen. Der frühere Premierminister von Mitterrand, Pierre Beregovoy, hatte sich kurz davor das Leben genommen, und die Kollegen standen unter Schock. Ein Bote brachte Nicolas Sarkozy ein Papier, worauf stand, dass er den Innenminister Charles Pasqua sofort anrufen solle. Dieser teilte ihm mit, dass ein vermummter Gangster, der schwarze Handschuhe trug und bis an die Zähne bewaffnet war, in eine Schulklasse der Charcot-Lehranstalt im Bezirk Neuilly eingedrungen war. Der Mann schmückte sich selbst mit dem gar nicht freundlichen Tarnnamen „Human Bomb". 21 junge Schüler und die Lehrerin, Laurence Dreyfus, hatte er als Geiseln genommen. Die Polizei-Eliteeinheit RAID[15] war anwesend, konnte aber nicht eingreifen, denn der Eindringling trug eine Ladung Sprengstoff als Gürtel und einen Sack mit einer Bombe auf dem Rücken. Er hielt den Zünder in einer Hand und einen Revolver in der anderen.

Sarkozy fuhr hin. Er hörte dort, dass der Geiselnehmer hundert Millionen Francs, das größte Lösegeld aller Zeiten, verlangte, was schon ein Symptom von Größenwahn war, und dass die Tochter eines engen Mitarbeiters von Charles Pasqua unter den Schülern war. Aber es stellte sich bald heraus, dass der Täter die Schülerin nicht kannte. Er hatte diese Klasse zufällig gewählt. Am Nachmittag wurde Bürgermeister Sarkozy von dem Chef des RAID, Hauptmann Bayon, gebeten, das Klassenzimmer zu Verhandlungszwecken mit dem Geiselnehmer zu betreten und sich einen Eindruck der Lage zu verschaffen. Nicolas Sarkozy sprach mit dem gefährlichen Irren und überredete ihn, zwei Schüler gehen zu lassen. Gegen die Befreiung eines dritten Kindes erhielt der Mann einen Fernseher und wollte dann die Abschlussverhandlung mit einem Journalisten führen, den er gerade am Bildschirm gesehen hatte. Sarkozy organisierte das alles. Er leitete drei Tage lang die Verhandlungen mit dem Verbrecher und später dessen Überwältigung durch den RAID. Der Täter wollte im Fernsehen gezeigt werden. Charles Pasqua zog daraufhin die Angelegenheit an sich und führte eine letzte Verhandlung von seinem Ministerium aus. Das Lösegeld war da, aber die Verhandlungen um den Abzug des Geiselnehmers zogen sich in die Länge. Sarkozy blieb in der Schule, stellte sich nicht in den Vordergrund, betonte immer wieder, dass er nur der politische Arm des RAID-Chefs sei, übernahm die Verantwortung vor Ort und versprach den Eltern, dass er alles tun würde, um das Leben der Kinder zu schützen, die eine zweite Nacht in der Klasse mit ihrem potentiellen Mörder verbrachten. Am Morgen um 7 Uhr 25 stürmte der RAID das Gebäude und streckte den Geiselnehmer mit einer Kugel nieder.

Es folgte eine Polemik um dessen Tod. Die Gutmenschen im Lande bemitleideten den armen Kerl. Die Armut und die Herzlosigkeit unserer Gesellschaft hätten ihn zu seiner verzweifelten Tat gezwungen. Die

---

15 Nach dem englischen Wort „raid", Kommandounternehmen, benannt.

Polizei habe ohne Vorwarnung auf den Unglücklichen geschossen. „Eine Exekution!", schrien die guten Seelen. „Das Leben der Kinder hatte Vorrang", erwiderte die Regierung. Die Polemik ging eine Weile weiter, aber Sarkozy beteiligte sich nicht daran. Die ganze Nation hatte im Fernsehen verfolgt, wie er stets vor Ort gewesen und zu dem Verbrecher gegangen war und ihn zu Zugeständnissen überredet hatte. Das reichte ihm. Ein Stück Bescheidenheit schmückte fortan seinen Nimbus. Sein Mut, seine Opferbereitschaft wurden bewundert, und die übergroße Mehrheit der Franzosen teilte nicht die linke Argumentation zugunsten des toten Verbrechers. Dass Sarkozy zu den Menschen gehörte, die nie Angst haben, wusste nun jeder. Seine Kühnheit grenzt an Leichtsinn, das hat seine Mutter bestätigt. Er wurde mit der Tapferkeitsmedaille des RAID ausgezeichnet. Dieses neue Image brachte ihn weiter. Er wurde 1994-1995 Minister für Kommunikation.

An sich hätte der Aufsteiger Sarkozy noch schneller die Leiter erklettern können, wenn nicht 1995 ein Rückschlag, ein Knick in seiner Karriere eingetreten wäre. Sehr zum Ärger von Chirac hatte Sarkozy in der Fehde zwischen ihm, dem Gaullistenchef, und dem gaullistischen Premierminister Balladur für Balladur Partei ergriffen. Es ging um die Bewerbung des rechten Lagers um das Präsidialamt. Balladur scheiterte schon im ersten Wahlgang, was für seine Anhänger fatal war. Sie hatten auf das falsche Pferd gesetzt. Chirac wurde zum Präsidenten gewählt. Auf den steilen Aufstieg folgte für Sarkozy ein tiefer Fall. 1997 errangen die Sozialisten die Mehrheit bei den Parlamentswahlen und konnten die Regierung fünf Jahre lang bilden. 1999 glänzte Sarkozy nicht bei den Europawahlen. Er wurde zwar mit elf anderen politischen Freunden zum Europaabgeordneten gewählt, aber die Liste, die er führte, erhielt nur 12,82 Prozent der Stimmen.

Chirac hatte es 1995 als Sieger Sarkozy bezahlen lassen. Er versuchte, ihn kalt zu stellen. Chiracs Ehefrau Bernadette nannte ihn „Brutus". Der frisch gekürte Präsident warf ihn aus der Regierung, die Alain Juppé bildete. Sarkozy wurde auf mehreren Kongressen der RPR ausgepfiffen. Von einem solchen Schlag hätte sich eigentlich kein anderer erholt. Aber der fleißige Nicolas wusste, wie man sich unentbehrlich macht. Bei einem Wurst- und Weinfrühstück im Elysée-Palast konnte er sich mit Chirac oberflächlich einigermaßen versöhnen. Das politische Ausnahmetalent Nicolas Sarkozy wurde im Wahlkampf 2002 unersetzlich. Er durfte nach dem Mehrheitswechsel wieder in die Regierung eintreten. Zwölf

Jahre nach dem Drama der Charcot-Lehranstalt wurde er von 2002 bis 2004 Minister für Inneres, innere Sicherheit und lokale Freiheiten. Die Öffentlichkeit nannte ihn „Frankreichs Schupo Nr. 1".[16] Er war schon immens beliebt und immens umstritten.

Um sein Ziel zu erreichen, reichte aber ein Ministertitel nicht aus. Seit 1993 war Nicolas Sarkozy Mitglied des RPR-Vorstands und 1999 ein halbes Jahr lang Interimspräsident der gaullistischen Partei gewesen. Noch hing der kleine Satz von Alain Juppé in der Luft, der zwei Tage vor dem Kongress der UMP vom 20. Juni 2003 der Tageszeitung „Le Parisien" erklärt hatte: „Was mich betrifft, habe ich nie verraten" (gemeint war die „Brutus"-Episode von 1995). Im Nachhinein hatte Juppé seine Worte bedauert. Er versuchte auch den Rivalen Sarkozy auszustechen, indem er dessen Freund Brice Hortefeux den Posten des zweiten Sekretärs der UMP verweigerte. Sarkozy schritt ein und las den Parteibonzen die Leviten. Sie akzeptierten Hortefeux, der ihm dann zum Aufstieg an die Parteispitze die Hand reichen konnte.

Alain Juppé, der OB von Bordeaux, der ihm das Amt hätte streitig machen können, zog sich, nachdem die Justiz ihn Anfang 2004 wegen einer ziemlich unbedeutenden Parteifinanzierungsaffäre für drei Jahre unwählbar erklärt hatte, nach Kanada zurück. Sarkozy hatte die Möglichkeit, sich auf seinen leeren Stuhl zu setzen. Jeder konnte sehen, dass er den Vorsitz der Partei anstrebte. Jacques Chirac wollte ihm diesen Weg versperren. In seinem Interview vom 14. Juli 2004 sagte der Staatspräsident, man könne nicht Minister und zugleich Parteichef sein. Also trat Sarkozy von seinem Ministeramt zurück. Am 28. November 2004 gelang es ihm gegen Chiracs Willen, mit 81,6 Prozent der Delegiertenstimmen zum Vorsitzenden der Mehrheitspartei UMP gewählt zu werden. Er war damit so stark, dass Chirac ihn beschämt in die Regierung von Jean-Pierre Raffarin zurückrufen musste. Sarkozy übernahm von 2004 bis 2005 das Ministerium für Wirtschaft, Finanzen und Industrie, die wichtigste Position in der Regierung neben derjenigen des Premierministers. Nach dem Scheitern der Volksabstimmung zum europäischen Verfassungsvertrag im Mai 2005 musste Raffarin zurücktreten.

Sarkozy schielte auf die Stelle des Premierministers, aber Chirac verweigerte ihm diese Stelle und gab sie Dominique de Villepin. Unter

---

16 „Premier flic de France", was man auch mit „Oberbulle Frankreichs" wiedergeben könnte.

Villepin wurde Sarkozy von Mai 2005 bis März 2007 wieder Minister für Inneres und Raumordnung mit dem Titel eines Vize-Premierministers. Nebenbei war er auch Vorsitzender des Regionalrates der Hauts de Seine. Chirac hatte keine Autorität, keine Kraft mehr, aber er baute den großen, majestätischen und literarisch versierten Dominique de Villepin zu einem würdigen Nachfolger auf.

Angesichts dieser Entscheidung, die er als ungerecht empfand, beschloss Sarkozy, dass er nicht länger auf die Belohnung der Partei warten solle. Er war zu einem alten Hasen der Politik geworden. Er kannte die Listen und Tücken des Metiers, wusste von den Bananenschalen, die man jemandem vor die Füße wirft, damit er ausrutscht, und konnte den Kokosnüssen ausweichen, die einem unerwartet auf den Kopf fallen, wenn man an einem Baum vorbeigeht, d.h. er verstand es, den Stolpersteinen auf dem Weg nach oben auszuweichen. Seit den Zeiten unserer afrikanischen Ur-Ur-Urgroßmutter Lucy hat sich die Spezies Mensch in dieser Hinsicht, insbesondere was böse Streiche angeht, kaum gewandelt. Wer zum Oberaffen unter Affen werden will, riskiert viel. Sarkozy mochte das Risiko. Er beherrschte die Grundregel der Politik, die lautet: „Räume deinen Stuhl, damit ich mich darauf setze." Eine an sich recht einfache Regel, die in der Demokratie so gestaltet worden ist, dass ihre Anwendung ohne Blutvergießen zum Ziele führt – oder auch nicht.

Zweiter Teil

Der Kandidat

Die Kandidatin

Wahlkampf in der Kälte

Alles, nur nicht Sarkozy!

Die Sarkozy-Mannschaft

Cécilia kommt und geht

4. Kapitel
Der Kandidat

Vierundzwanzig Jahre nach seinem Besuch bei Attali im Elysée-Palast erhob Sarkozy den Anspruch, nach der zweiten Amtszeit von Jacques Chirac im Mai 2007 Staatspräsident Frankreichs zu werden. Es war kein Bekenntnis in Luthers Stil: „Ich stehe da und kann nicht anders." Es war moderner: „Ich sage es nicht jeden Morgen meinem Spiegel, wenn ich mich rasiere, aber warum sollte ich es nicht gestehen: Ich will es schon." Seit eh und je war es sein Ziel gewesen. Seine Strategie hatte darin bestanden, mit seiner Absicht nicht hinter dem Berg zu halten. Am Ende würden die Leute schon denken, dass er der geeignete Mann sei. Diese Offenheit schockierte manch einen in den Reihen der UMP. Als Innenminister in der Regierung von Dominique de Villepin, der offenkundig die gleichen Ambitionen hegte, sollte er doch diesen unterstützen, meinten Parteifreunde. Sarkozy hatte nicht einmal die Weihen von Staatspräsident Chirac bekommen. Sarkozys „outing" wurde im politischen Mikrokosmos, wo die Leute gerne um den heißen Brei herumreden und nie direkt sagen, was sie im Schilde führen, als provokativ empfunden. Aber er machte aus seinem Herzen keine Mördergrube. Er wusste, was er selbst taugte. Noch besser wusste er, dass andere nicht taugten. Warum sollte er sein Licht unter den Scheffel stellen?

Als Wirtschafts- und Finanzminister hatte er einiges getan, das ihn aus französischer Sicht auszeichnete. Er hatte nicht nur die Bankrotterklärung der Industriegruppe Alstom verhindert, sondern auch den Kauf dieses Unternehmens durch Heinrich von Pierer (Siemens) vereitelt, der sich dann des französischen Schnellzuges TGV[17] bemächtigt hätte. Auf dem Regal hinter seinem Schreibtisch stand ein TGV-Modellzug, der Stolz Frankreichs. Dann erreichte er die Fusion Sanofi/Aventis und verhinderte damit, dass das deutsch-französische Unternehmen Aventis in die Hände des Schweizer Unternehmens Novartis fiel. Damit machte er sich bei den Deutschen unbeliebt. Er bekämpfte auch die Preissteigerungen im Handel und bei den Banken, und trotz gewerkschaftlicher Kritik unterschrieb er Wohlverhaltensverträge mit den betreffenden Unternehmen.

---

17 TGV: Train à Grande Vitesse, Zug mit Großer Geschwindigkeit.

Er hatte seine Rettung und seinen Erfolg im Kampf um das höchste Staatsamt den eigenen Qualitäten zu verdanken, aber ein bisschen Glück hatte er auch. Als Innenminister gab ihm die Straße seine Chance. Nach den andauernden, heftigen, zum Teil „ethnischen" Straßenkrawallen in den Vororten der Großstädte vom Herbst 2005 erlebte Frankreich im Februar/ März 2006 zwei Monate lang ein anhaltendes Chaos mit Straßendemonstrationen, Blockaden von Gymnasien und Hochschulen, von Autobahnen und Bahngleisen durch aufgewiegelte Schüler und Studenten. Seit dem 15. Jahrhundert war die Pariser Universität, die Sorbonne, ein revolutionäres Nest gewesen. Es hatte in den Jahren und Jahrhunderten davor noch längere Aufstände und Streiks als die Mai-Revolte von 1968 unter der Führung von Daniel Cohn-Bendit und Alain Geismar gegeben, die immerhin vier Tote, darunter zwei Gymnasiasten und einen Arbeiter, auf dem Asphalt zurückließen. Aber die Franzosen, insbesondere die Studenten, mögen revolutionäre Wendepunkte ihrer Geschichte. Die Erstürmung der Bastille liegt etwas weit zurück, aber den Mai 68 inszenieren sie alle paar Jahre.

Der Anführer war diesmal ein älteres Semester, Bruno Julliard, gerade aus der Sozialistischen Partei, der Parti Socialiste (PS), scheinbar ausgetreten, um als neutraler Student im Sommer davor an die Spitze der Studentengewerkschaft UNEF gewählt zu werden, wohl um diese Aktion in die Wege zu leiten. Die PS hatte damit Erfahrung und hielt die meisten Fäden in der Hand. Denn so spontan war der „Studentenzorn" nicht. War nicht ein Anführer der letzten Studentenrevolte in den 90er Jahren, der ehemalige Trotzkist Julien Dray, inzwischen zu einem PS-Prominenten und Berater von Ségolène Royal aufgestiegen? Neben der UNEF war am 18. Februar 2006 in der besonders unruhigen Universität Rennes eine radikalere Struktur, die „Studentische Koordination", gegründet worden, die sich bald auf die meisten Hochschulen ausdehnte. Die „Koordination" war eine dieser lockeren, undurchsichtigen und scheinbar neutralen Organismen, denen Jugendliche eher als festgefügten Verbänden folgen. Events und Happenings, wie zum Beispiel eine öffentliche Verbrennung von Miniaturautos zur Erinnerung an die Vorstadtunruhen des Herbstes 2005 in der Stadtmitte von Poitiers, Unibesetzungen, Sit-Ins und Lock-Outs hielten die Studenten in Atem, wobei die Studentinnen besonders angesprochen wurden und sich immer in den ersten Reihen der Demos die Kehle aus dem Leibe schrien.

Den konkreten Anlass, den Funken lieferte aber die Regierung de Villepin mit einer Gesetzesvorlage zu einem bedeutungslosen Erstanstellungsvertrag für unter 26-Jährige (genannt CPE). Dieser Vertrag war praktisch ein Abklatsch des in Deutschland üblichen Einstellungsvertrages für Unternehmen mit weniger als 11 Mitarbeitern. Nur die Probezeit für den neuen Arbeitnehmer betrug zwei Jahre, statt sechs Monate in Deutschland, aber der französische Vertrag sicherte bei Entlassung eine finanzielle Entschädigung zu, was der deutsche Vertrag nicht garantierte. Es ging dem Premierminister darum, die Jugendarbeitslosigkeit zu vermindern und den Arbeitgebern durch flexiblere Einstiegskriterien die Anstellung von jungen Menschen attraktiver zu machen. Also im Grunde ein Schritt in die richtige Richtung, um die Jugendarbeitslosigkeit, besonders in den unterprivilegierten Bezirken, zu verringern. Das betraf kaum die Studenten.

Der Aufstand der Studenten hatte mitunter psychodelischen 68er-Stil, besonders, als die Sorbonne erstürmt wurde und dabei kostbare Werte, darunter historische Wiegendrucke, zerstört wurden. Dominique de Villepin schwor zunächst, „der Straße" nicht nachzugeben. Nach einigen Wochen ständiger Krawalle nahm er jedoch seinen CPE beschämt zurück. Dabei hatte die PS schon angefangen, die Bremse zu ziehen. Die Mutter von Bruno Julliard, PS-Mitglied und Bürgermeisterin der Stadt Le Puy, verurteilte die Aktionen ihres Sohnes. Die Revolte zeigte, dass Frankreich mit den bisherigen Methoden nicht reformierbar war. Alle Reformprojekte aller konservativ-liberalen Regierungen, insbesondere im Schul- und Hochschulwesen, wo der politische Schwerpunkt eindeutig links lag, waren seit den 80er Jahren an Straßendemonstrationen und Hochschulbesetzungen gescheitert. Die bewährte Methode der Linken hatte wieder einmal ihr Ziel erreicht, Reformpolitik von rechts zu lähmen. Wie sollte nun das Land international wettbewerbsfähig und national funktionsfähig gemacht werden?

Als „Oberbulle" Frankreichs wurde Sarkozy laufend über die Zustände informiert. Das Problem Frankreichs lag auf der Straße, und die Linken beherrschten die Straße. Für eine künftige Regierung musste die Lösung dieses Problems Vorrang haben. Man musste die Straße an den Verhandlungstisch zurückbringen. Premierminister de Villepin, ein Ästhet und Literat, Sohn des vornehmen und einflussreichen Senators Xavier de Villepin, hatte die Stimmung, die Methoden der linken Agitatoren und das Kräfteverhältnis falsch eingeschätzt. Es fehlte ihm eine „Antenne" für die Stimmung an der Basis. Bekanntlich war de Villepin von Chirac zum Premierminister auserkoren worden, aber er hatte sich, anders als Sarkozy, noch nie um ein Wahlmandat beworben und war im Nahkampf ein Novize. Er hatte seine Gesetzesvorlage in erhabener Einsamkeit geschmiedet, ohne die Sozialpartner zu konsultieren und zumindest ein wenig auf seine Seite zu ziehen.

Dieses wegen einer Lappalie organisierte Chaos machte jedenfalls Frankreich im Ausland lächerlich, belastete seine Wirtschaft, drückte die Stimmung des Volkes und beraubte de Villepin der Chance, Nachfolger von Chirac zu werden. Er musste öffentlich zugeben, dass er nicht mehr als Bewerber für das Präsidialamt zur Verfügung stand. Es war klar, dass die Linken diese Revolte angezettelt hatten, um die konservative Regierung zu stürzen und den Weg zu den Präsidenten- und Parlamentswahlen des Jahres 2007 für eigene Kandidaten frei zu schaufeln. Nicht anders war es gewesen, als im Mai 1968 Daniel Cohn-Bendit und seine Freunde, in wessen Auftrag auch immer, Studentenkrawalle in Paris organisiert hatten, um den Staatspräsidenten Charles de Gaulle zu stürzen. Die Revolte legte de Villepin derartig schachmatt, dass er sich nicht einmal mehr traute, ein bereits angekündigtes Rauchverbot an öffentlichen Orten einzuführen, obwohl 52 Prozent der Franzosen dem zustimmten. Im Januar 2006 waren ja auch 75 Prozent von ihnen für den CPE-Vertrag gewesen... Dominique de Villepin verwaltete die Regierungsgeschäfte mit Fassung und Bravour bis zum 17. Mai 2007. Er diskutierte mit den Studenten, mit der Bevölkerung, die einen bisher unbekannten Premierminister entdeckte, der viel besser als sein Ruf war.

Der Präsidentschaftskandidat Sarkozy musste einen Zweifrontenkrieg führen. Kurz vor seiner Bewerbung zum Kandidaten der Rechten stiegen immer wieder alte Querelen wie Methanblasen in einem Morast an die Oberfläche. Gegen Villepin, dem er mit einer Klage wegen Verleumdung drohte und diese später einreichte, sowie gegen dessen Anhänger in der eigenen Partei, die ihn des Verrats bezichtigten, musste sich Sarkozy heftig verteidigen. Er verdächtigte de Villepin, 2004 versucht zu haben, ihm einen Bestechungsskandal, die Clearstream-Affäre, anzuhängen.[18] Aber Sarkozy galt laut Umfragen als der aussichtsreichste Herausforderer der Rechten für den Präsidialwahlkampf.

---

18   Es hat sich inzwischen erwiesen, dass die ganzen „listings" von Personen, darunter Sarkozy, die Bestechungsgelder ins Ausland transferiert haben sollten, Fälschungen waren. Premierminister de Villepin bestreitet noch heute hartnäckig der Urheber gewesen zu sein. Der Autor dieser Machenschaft wird wohl nie identifiziert werden. Jedenfalls hatte Sarkozy seine Ehre mit Erfolg verteidigt.

In einem Buch[19] hat ein ehemaliger Mitarbeiter von de Villepin, Bruno Le Maire, dargestellt, dass der Kampf so intensiv war, dass man mit Handschuhen boxen musste, um sich nicht zu verletzen. Im Elysée wie im Matignon ging man auf leisen Sohlen. Jedes Wort konnte treffen. Sarko war wie immer sehr direkt. Am 27. April 2006 speiste er mit Dominique de Villepin. Er warf ihm den Fehdehandschuh hin: „Alle wissen es. Egal, was passiert, ich werde 2007 kandidieren. Seit dreißig Jahren bereite ich mich darauf vor, Präsident zu werden. Ich bin bereit. (...) Das ist doch keine Kränkung, das zu sagen. Es ist die Wahrheit. Jacques Chirac wird 75 Jahre alt. Wenn er die Franzosen überzeugen kann, dass er ihnen bis zum 80. Lebensjahr was bringen kann, dann sage ich, sollte man ihn nicht allein 2007, sondern 2012 bis 2020 wählen. Ehrlich, Dominique. Das kann doch nicht sein Ernst sein. Ich werde Ihnen sagen, was ich zum Präsidenten meine: das nimmt ein böses Ende!" Dann schloss er die Augen und artikulierte langsam: „Das nimmt ein böses Ende!".[20]

„Super-Sarko" konnte von seinem Amt als Innenminister kaum einen Bonus erwarten, obwohl es seinen Polizisten gelungen war, bei den gewaltsamen Demonstrationen Tote zu vermeiden. Von den Demonstranten eingefädelte Zwischenfälle hatten dieses Ziel. Aber die gut geschulte Polizei war in Deeskalation eingeübt. Die Krawalle konnten jederzeit wieder losgehen. Die geschwächte Regierungspartei UMP suchte also einen Retter aus der Not. Chirac war am Ende. Der Ruf nach Ablösung erschallte. Als Parteichef konnte Sarkozy nicht ausposaunen, dass innen- und außenpolitisch die Chirac-Bilanz verheerend war, aber durch die Blume sagte er es schon. Er musste publik machen, dass er kein Zögling und kein gesalbter Kronprinz war. Der Stallgeruch der „Chirakei" haftete nicht mehr an ihm. Er nabelte sich vom Elysée-Palast ab.[21] Würde er nach dem alternden, körperlich und psychisch geschwächten, 74-jährigen Chirac gewählt werden, wäre er der jüngste Staatspräsident Frankreichs. Le Maire hat beschrieben, wie Chirac im Ministerrat gähnte und aus der Unschlüssigkeit ein Regierungsprinzip machte. Er konnte Unvorhergesehenes kaum noch ertragen. Es war für

---

19 Bruno Le Maire: „Des hommes d'Etat". Paris 2008.
20 Diesen Satz hat 2008 der pensionierte Minister François Léotard als Titel für sein Anti-Sarkozy-Buch genommen: „Ça finira mal".
21 Die Situation ist irgendwie vergleichbar mit derjenigen von Angela Merkel, die zur Jahreswende 2001/2002 in einem Artikel der „FAZ" die Nabelschnur zu Helmut Kohl durchtrennte, die sie noch mit ihm verband.

Frankreich eine Wohltat, dass Chirac selbst dazu beigetragen hatte, seine Amtszeit um zwei Jahre zu verkürzen.

In ihrer Nibelungentreue zu Chirac führten noch bis Anfang 2007 einige UMP-Großkopfeten den Grabenkrieg gegen Sarkozy weiter. An Neidern mangelte es nicht. Die schlimmsten Feinde sind immer unter den Parteifreunden zu finden. Aber allmählich sahen die stursten ein, dass die Kandidatur von Sarkozy das kleinere Übel war. Anfang 2007 bekannte sich Michèle Alliot-Marie zu Sarkozy, und andere Kerngaullisten wie Roseline Bachellot und Alain Juppé folgten. Seit vielen Monaten wurde Sarkozy von dem bei Chirac in Ungnade gefallenen, früheren Premierminister Jean-Pierre Raffarin unterstützt. Nicolas Sarkozy hatte sich selbst nominiert und durchgeboxt. Er war ein Einzelkämpfer. Er war Zeit seines Lebens, wie die Engländer sagen, ein „self made man" gewesen. „Making of a president", „Making of a champion", sagen die Amerikaner. Ja, aber dieser Champion, dieser Präsidentschaftskandidat hatte sich selbst gemacht.

5. Kapitel
Die Kandidatin

Nicolas Sarkozy war nicht der einzige Politiker, der auf die gut dotierte und einflussreiche Stelle im Elysée-Palast in der schicken Straße des Faubourg Saint Honoré, Nr. 55, im 8. Bezirk von Paris ein Auge geworfen hatte. Der Streit um die Nachfolge von Chirac in der UMP gab den Sozialisten Aufwind. Am 11. April 2006 ließ Ségolène Royal, die neue Galionsfigur der Sozialistischen Partei (PS), im Sender „Canal +" verkünden, dass sie „wahrscheinlich" Kandidatin zum höchsten Amt im Staate sein würde. Wenige Jahre zuvor war der Name Royal den meisten Franzosen noch kaum bekannt.

Eine Ifop-Umfrage hatte ihr gerade 53 Prozent und Sarkozy nur 47 Prozent Wahlchancen gegeben. Sie wolle „versuchen, diesem Vertrauen gewachsen zu sein", äußerte sie. Als Nicolas Sarkozy den Fehdehandschuh aufhob, war seine Position demnach so gut wie aussichtslos. Eigentlich hätte er auf seine Kandidatur verzichten müssen. Die Anhänger von Ségolène Royal wurden täglich zahlreicher. Eine Welle der Mystik ging durch das Land. Umso beachtenswerter war die Leistung von Sarkozy, als dreizehn Monate später genau dieses Zahlenverhältnis aus den Wahlurnen herauskam. Aber es war dann umgekehrt: 53 für Sarkozy und für die Rivalin 47 Prozent.

Genau an jenem 11. April 2006 demonstrierten abermals Studenten gegen angebliche Grausamkeiten von de Villepin. Die Regierung sollte nicht zur Ruhe kommen, bevor die linke Kandidatin Präsidentin sein würde. Die Sache war gut eingefädelt worden. Im September 2006 sollten die Bewerbungen um die PS-Kandidatur fürs Präsidialamt eingesammelt werden. Die Bewerber würden im Oktober von der Tribüne ihre Pläne vorstellen. Im November würden die PS-Mitglieder in einer Art „primaries à la française" ihre Wahl treffen. Sie dachten, dass ihre Stunde gekommen sei und hofften, dass die Royal sie für die Schmach von 2002 rächen würde, als ihr Anführer Jospin die zweite Runde der Wahl nicht erreichte.

Wer war diese Frau Royal, die mit einer Reihe unkonventioneller Vorschläge den Sprung ins Rampenlicht geschafft hatte? Marie-

Ségolène Royal wurde 1953 in Dakar geboren. Sie wuchs in dem kleinen Dorf Chamagne (Lothringen) in einem „traurigen Haus ohne Garten" auf. Als ihr Vater, ein Oberst der Artillerie, sich von ihrer Mutter trennte, die ihm acht Kinder geschenkt hatte, war Ségolène, dritte Tochter und viertes Kind der Familie, 19 Jahre alt. Sie war eine fleißige Schülerin und bestand die Aufnahmeprüfungen der Pariser Hochschule für Politik (Sciences-Po) und der Akademie der Superbeamten (ENA). Dort lernte sie auf einem Ball ihren Lebensgefährten François Hollande kennen. Der Glaube an eine bessere, linke Welt hatte sie geeint. Sie heirateten nicht, aber sie brachte ihm vier Kinder zur Welt. Es war wohl so, dass sie als Tochter geschiedener Eltern der Ehe misstraute. Recht behielt sie, als sie sich am 17. Juni 2007, am Abend der Parlamentswahlen von ihrem Lebensgefährten trennte. Beide hatten im Wahlkampf die Sache geheim gehalten, aber sie wünschte dann ihrem Mann viel Glück mit seiner neuen Flamme, einer Journalistin von „Paris-Match", Valérie Trierweiler. Während des Wahlkampfes hatte sie beim Eigentümer dieses Magazins, Lagardère, interveniert, damit er verfügte, dass Frau Trierweiler über den Wahlkampf nicht berichtete. Er folgte ihrem Wunsch.

Ihr trotz ihres Alters jugendlich wirkendes Gesicht befand sich bereits lange vor der heißen Phase des Wahlkampfes auf zahlreichen Zeitschriftentitelseiten. Sie wusste, wie die Medien bedient werden müssen. Nach der Geburt ihres vierten Babys, Flora, ließ sie sich in der Entbindungsklinik von der Illustrierten „Paris-Match" fotografieren. Sie kam einmal zu dem jährlichen Empfang im Elysée-Palast als Unschuld vom Lande im folkloristischen Gewand mit einem Korb voll Käse aus ihrer Region Poitou-Charentes am Arm. Dem Berater von François Mitterrand, Jacques Attali, war sie als junge Sozialistin aufgefallen, und der damalige Staatspräsident hatte aus ihr 1981/82 eine technische Beraterin in seinem Sekretariat gemacht. Sie war gerade 28 Jahre alt. Nach einigen Wahlmisserfolgen auf lokaler Ebene wurde sie von Mitterrand in das Departement Deux-Sèvres geschickt, wo sie auf Anhieb ein Abgeordnetenmandat eroberte. Sie hatte oft interessante, wenn auch bizarre Ideen. So schlug sie zum Beispiel vor, dass die Landwirte in ihrem Wahlkreis zweimal die Woche Englischunterricht erhalten sollten, um ihren Käse besser im Ausland vermarkten zu können. Unter dem sozialistischen Premierminister Pierre Beregovoy war sie 1992/1993 Umweltministerin. Nach dem Tod von Mitterrand (1995) wurde sie nach dem sozialistischen Wahlsieg von Lionel Jospin 1997 Staatssekretärin[22] für Erziehung und blieb es bis 2000. Nach dem Rücktritt ihres Ministers, Claude Allègre, erhielt sie nur noch einen kleinen Stuhl in der sozialistischen Regierung: Staatssekretärin für die Familienpolitik, d. h. in der Werteskala der PS: gar nichts. Ihr Büro lag nicht einmal mehr im Regierungsviertel.

Aber die ehrgeizige Ségolène war ganz anderer Meinung. Sobald das Wort „Kind" ausgesprochen wurde, tauchte sie auf. Sie mischte sich in die Kompetenzen ihrer Regierungskollegen ein, denen sie auf die Nerven fiel. Sie war überall dort, wo eine Kamera erschien und galt aufgrund ihres Engagements für Familie und Kinder als der konservative Pfeiler der PS. Das half Jospin, den homosexuellen Ehevertrag PACS im Parlament durchzupeitschen. Homosexuelle können zwar bis auf weiteres keine Kinder adoptieren, aber er konnte die zahlreichen Kritiker immer auf die Familienpolitik der Royal hinweisen, die außerdem selbst Kinder hatte. Sie machte sich unentbehrlich.

Royal und Hollande waren kein Paar, das sich in der Öffentlichkeit umarmte, aber ein gutes Arbeitsteam. Hollande war seit 1997 Generalsekretär der Sozialistischen Partei PS. Ségolène hatte sich im September 2005 gegen ihren François durchsetzen müssen, der sich als Erster Sekretär schon als „natürlicher Kandidat" der Linken sah. Eric Besson, der ehemalige Berater von Frau Royal, der sich während des Wahlkampfes von ihr löste, meinte aber, dass Hollande die Bewerbung seiner Frau bereits 2004 auf den Weg gebracht hätte. Er nannte sie „meine Zapatera", eine charmante Anspielung auf den Sieg der Sozialisten 2005 in Spanien. François Hollande hielt ihr in der Partei den Rücken frei. Beide arbeiteten nach der Regel: „getrennt marschieren, vereint schlagen". Seit dem Beginn der CPE-Krise im Februar 2006 hatte sich Hollande in den Medien zum Wadenbeißer hochstilisiert. Dieser sonst rundliche und behäbige Mann ließ keine Gelegenheit aus, gegen die Regierung scharf zu polemisieren, wobei sein Gesicht immer wieder rot anlief. Ségolène spielte den umgekehrten Part: Sanft und aalglatt suchte sie die Nähe zu neogaullistischen Vorstellungen, gab sich bourgeois und neoliberal. Früher war es anders gewesen: Hollande war gutmütig und konfliktscheu und „Zapatera" revolutionär und bissig.

Ihr neuer Stil hob die „Gazelle" Royal von den PS-„Elefanten" ab.

---

22 Diese Ämter sind mit dem Titel eines „ministre délégué" versehen, entsprechen jedoch einem deutschen Staatssekretär. Auf keinen Fall handelt es sich um „Staatsminister".

Diese Dickhäuter waren die sozialistischen Altpolitiker, darunter der ehemalige Premierminister Lionel Jospin und ihre geschlagenen Rivalen, der Ex-Finanzminister Dominique Strauss-Kahn und der ehemalige Premierminister Laurent Fabius. Wochenlang als „Event" angekündigt, auf Schaubühnen präsentiert, war ihre fingierte Schlacht mit den Rüsseltieren eine mediengerechte Inszenierung. Jemand nannte sie in Anspielung auf Dumas' des Jüngeren Roman „Die Kameliendame" die „Kameradame". Und in der Tat: Sie war ein Produkt der Medien. Die 70.000 Neumitglieder der PS stimmten im Herbst 2006 weitgehend für sie: Mit unerwarteten 60,65 Prozent der Mitgliederstimmen ging sie als Siegerin aus den parteiinternen „Primaries" hervor.

Nicolas Sarkozy geriet indessen in den Medien in Vergessenheit. Ségolène Royal fand ihren neuen Stil. Die bewusst engelhaft und feministisch auftretende Ségolène wollte von den Franzosen liebevoll getragen werden. Sie versprach soziale Gerechtigkeit und Ausgleich, verschoss einige Pfeile gegen „die Reichen" und „die Konzerne", gab sich in pathetischem Tonfall als waschechte Demokratin und Humanistin. Das waren die Rechten natürlich nicht, konnten es nicht sein. Sie versuchte, Nicolas Sarkozy als „Brutalo" erscheinen zu lassen. Oftmals wandte sie sich über die Köpfe ihrer Partei hinweg ans Volk und grenzte sich dabei bewusst von der Partei ab. Vor Demagogie schreckte sie nicht zurück. So schlug sie zum Beispiel vor, kriminelle Jugendliche in Militäranstalten einzusperren oder auch sowjetähnliche Bürger-Gerichte einzurichten, vor denen sich die Abgeordneten verantworten müssten. Sie wollte, dass alle Bürger den Text der Marseillaise auswendig lernen und jede Familie eine französische Fahne besitzt, um sie bei nationalen Anlässen aus dem Fenster zu hängen. Solche Vorschläge hätten in Deutschland böse Erinnerungen geweckt und Proteste ausgelöst. Sie wurde auch von ihrer Partei manchmal wegen „unsozialistischer Ideen" zurückgepfiffen. Als sie es wagte, die 35-Stunden-Arbeitswoche auf den Prüfstand zu stellen, eine Initiative ihrer Intimfeindin in der PS, Martine Aubry, war für manche Genossen das Maß voll.

Aber die holde „Sieglinde Königlich" (so würde ihr Name, wörtlich übersetzt, auf Deutsch lauten) hatte ein Doppelgesicht. Für aufmerksame Beobachter erwies sich die Kandidatin der Linken, sowohl in ihrer Amtsführung in der Region Poitou-Charentes, wo sie die Vorsitzende des Regionalrats geworden war, als auch bei einigen öffentlichen Auftritten, zum Beispiel im Fernsehduell mit Sarkozy am 2. Mai 2007 in der Endrunde der Wahl, als eine recht autoritäre und schroffe Politikerin. Hinter der lieblichen Fassade herrschte Nibelungenkälte und -härte. Frau Royal trug immer ein unschuldiges und entwaffnendes Lächeln. Stellte man ihr eine unangenehme Frage, so lächelte sie, statt Stellung zu beziehen. Allerdings lachte sie weniger, wenn keine Kamera auf sie gerichtet war. Das veranlasste Gegner, ihre Mimik mit dem Lächeln der Cruela de Vil im Film „Die 101 Dalmatiner" zu vergleichen. Kollegen meinten, dass sie die autoritäre und unnachgiebige Art ihres Vaters, des rechtsradikalen Artillerieobersten Jacques Royal, geerbt hätte.

Sarkozy galt von vorneherein als weniger charismatisch. Er überzeugte durch Argumente und seine Begabung, komplexe Zusammenhänge mit einfachen Worten und Beispielen zu erklären. Frau Royal setzte dagegen auf ihre Schönheit und ihr Charisma. Ihre Diktion hatte etwas Lyrisches, sie betonte die Wortendungen und ließ die Endsilben in der Luft hängen. Eine Schwingung verhinderte, dass ihre Sätze einen richtigen Schlusspunkt fanden, als ob sie bei den Zuhörern noch nachwirken sollten. Diese Art Rhetorik ist in Ausnahmefällen vertretbar, aber nicht immer akzeptabel. Sie wollte Marianne, die Symbolgestalt der Republik, die holde, junge Heldin der Fahnen schwingenden Revolution sein, aber auch Mutterfigur, die besänftigt und schützt. Alter und Aussehen erlaubten ihr beides. Aber Ségolène war eher „messianisch" als „charismatisch". Teile ihrer Sprache gehörten in das Register der Offenbarung. Mehrmals sagte sie: „Je suis habitée..." (In mir wohnt...). In Ihrem „Blog" sprach sie mehrmals von einer „starken Erregung", von ihrem „großen Glück". Sie wollte „mit allen Franzosen den Berg erklettern". Ihre Ankündigung einer „gerechten Ordnung", die sie einführen wolle, stammte vom heiligen Augustinus. Sie würde Frieden ins Land, in die meuternden Ghettovorstädte, in die Konfliktherde des Planeten bringen. Während Sarkozy das Land vernünftig regieren wollte, beanspruchte die „heilige Ségolène", Wunder zu vollbringen.

Zur Schwärmerei hatte Frau Royal als überzeugte Feministin selbst beigetragen. „Sehr früh wurde ich den erniedrigenden Angriffen gegen das so genannte schwache Geschlecht ausgesetzt", schrieb sie in ihrem Buch „Die Wahrheit einer Frau". „Ich musste nicht weit gehen. Das geschah in der Familie." Sie versprach, ihre erste Amtshandlung würde ein Gesetz zum Schutze der geschlagenen Frauen sein. Dabei vergaß sie, dass es dieses Gesetz schon gab. Sie setzte gegen den Willen ihres Parteigenossen und Finanzministers Laurent Fabius durch, dass Väter nach der Geburt eines Kindes zwei Wochen zu Hause bleiben durften. Sie hatte sich als Erziehungsministerin unter Mitterrand dafür eingesetzt, dass „die Pille danach" den Schülerinnen freigegeben wurde, um die Zahl ungewollter Schwangerschaften bei jungen Frauen zu verringern. Als ehemalige Schülerin der katholischen Stiftung Notre-Dame in Epinal (Vogesen) führte sie eine Kampagne gegen das sichtbare Tragen des Strings durch die Schülerinnen der Sekundarstufe. Sie hatte als Ministerin Gewalt gegen Kinder, demütigende Aufnahmerituale in einigen Hochschulen und Video-Killerspiele aufs Korn genommen. Sie kämpfte gegen sexuellen Missbrauch und für die Rechte der Homosexuellen. Ähnlich wie Dominique Voynet bestand sie darauf, mit „Madame la Ministre" angesprochen zu werden, obwohl das Wort „Ministre" auf Französisch nicht weiblich ist, was in diesem sprachbewussten Land einen Streit zwischen Linguisten auslöste. Das alles hatte sie bekannt gemacht.

Als sie in den Wahlkampf einstieg, wob sie an der Legende der heiligen Ségolène, eines misshandelten Kindes, immer von der Peitsche bedroht, das die abgewetzten Röcke ihrer älteren Schwestern tragen musste und ihr Studium selbst mit Mühe und Not finanzierte. Diese demütigende Erfahrung hätte ihren eisernen Charakter geschmiedet und ihr vor allem den Willen gegeben, mit allen Machos der Welt abzurechnen. In allen Männern, die ihr den Weg versperrten, vermutete sie Tyrannen. Auch die Religion, alle Religionen, fanden bei ihr keine Gnade. „Sie haben alle immer die Frauen unterdrückt", sagte sie. Dennoch vernachlässigte sie nicht die Fragen des Geistes. Während ihrer Primaries in der PS las sie im Flugzeug das „Kleine Handbuch alltäglicher Geistigkeit" von Anselm Grün, einem Benediktinermönch der Abtei Münsterschwarzach in Deutschland.

Das Opfergewand, in das sie sich hüllte und in welchem sie in Deutschland in den Augen von Alice Schwarzer verklärt erschien, benutzte sie gegen ihre Gegner in der PS. Die zwei „bösen" Männer ihrer Partei, Laurent Fabius und Dominique Strauss-Kahn, die ihr die Präsidentschaftskandidatur streitig machten, hätten sie „verletzt", „gekränkt", ließ sie wissen. Sie bezichtigte beide öffentlich „Machismos" bzw. „Sexisten" zu sein. Sie ritt auf der Welle des weiblichen Machtzuwachses. Die Männer hätten sich diskreditiert. Sie führten, wie im Irak, Kriege, die sie verlören. Sie hätten keinen Einfluss mehr auf die Finanzmärkte. Sie ließen sich korrumpieren. So müsste man etwas Neues erproben: Frauen... Mütter... Ségolène versprach Hilfe und Gerechtigkeit. Alle, Frauen, Kinder, Behinderte, Minderheiten, würden unter ihrem Zepter mehr Rechte haben. Recht auf Arbeit, Wohnung, Mindestlohn. Sie wollte ihre Supermami sein.

Es war unvermeidlich, im Wahlkampf auf die Menschen zuzugehen, aber sie schreckte oft zurück, sobald jemand sie berühren wollte. Sie litt gelegentlich unter Platzangst. Alle erinnern sich an eine Szene in Saint Benoit, im Süden der Insel Réunion, wo der Versammlungsleiter ihren Eintritt ins Auditorium durch den Mittelgang des Saales ankündigte. Sie lehnte ab. „Sie werden mich berühren", sagte sie fast hysterisch und bestand darauf, den Saal zu verlassen. Bekanntlich küssen die Franzosen gerne. Das wusste sie zu vermeiden. Der Händedruck war bei ihr selten. Sie spielte zwar die verdiente Mutter des Volkes, die ihren Kindern zuhörte, sie vor Gefahren schützte, Menschenwärme ausstrahlte und Suppe verteilte. Aber die Widerspenstigen beaufsichtigte sie und bestrafte sie ganz streng. In ihrer Region Poitou-Charentes verließ sie sich ausschließlich auf Mitarbeiter, die ihr hörig waren, ließ aber nicht zu, dass sie initiativ wurden, sondern akzeptierte von ihnen nur Anregungen. Entscheidungen traf sie selbst und allein. Sie galt als eine tyrannische Chefin, die oft mit ihren Leuten Krach hatte und sie links liegen ließ, wenn sie sich ihrem Willen nicht fügten. „Unsozial" war auch ihr Verhalten gegenüber weiblichen Mitarbeiterinnen, denen sie ihren Lohn nicht bezahlte, die gegen sie nach dem Wahlkampf prozessierten und den Prozess gewannen. Dazu sagte Präsident Sarkozy seinen Freunden: „Wenn ich von den Problemen der Royal mit ihren Mitarbeiterinnen höre, habe ich Lust zuzubeißen."

Und doch zog sie viele Wähler in ihren Bann. Ihre 18 Millionen Stimmen (47 Prozent) beim zweiten Urnengang waren schon erstaunlich, wenn man bedenkt, dass Sarkozy ihr argumentativ und programmatisch haushoch überlegen war. Als sie durch eine Menschenmenge ging, versuchten Hände sie zu berühren, wie wenn Gläubige am Rande von Prozessionen Reliquien berühren wollen. Frauen waren ihr total ergeben, fast bis zur Selbstaufgabe. Eine Chilenin, die im Departement Ariège wohnte, sah in ihr die Wiederverkörperung von Salvador Allende und sagte einer Zeitung fast ekstatisch: „Ségolène hat eine magnetische Anziehungskraft, wissen Sie. Solche Menschen gibt es. Die Kinder laufen zu ihnen, ganz natürlich." Die untersten Schichten der Bevölkerung setzten auf sie. Leute, die von staatlicher Unterstützung leben und trotzdem möchten, dass Abgeordnete und Minister ihre Einkünfte mit ihnen teilen, weil sie nicht fähig sind einzuschätzen, wie wenig das im Gesamthaushalt ausmacht. Einfache Seelen, deren Herzensanliegen der Neid auf all diejenigen ist, die etwas aus ihrem Leben gemacht haben, und generell auf „die Reichen" schimpfen. Ältere Menschen aus dem Mittelstand, die die Nachlässigkeit, die Permissivität ihrer Kinder nicht mehr ertrugen, stimmten auch für sie. Sie verstanden nicht mehr, warum es so viele Arbeitslose und so viel Gewalt gab. Sie hatten den Eindruck, dass keiner ihnen mehr zuhöre, dass die Welt ungerecht sei, dass einige sich die Taschen füllten, während die anderen darbten. Sie sahen die Rettung in der „gerechten Ordnung" von Ségolène. Auf diese Weise profitierte sie vom Verfall der Nation. Sie versprach wenig Konkretes und bezog sich immer auf „die Werte". Es gab für sie das Gute und das Schlechte, die Wahrheit und die Lüge. Sie verlangte sogar im Fernsehen den Rücktritt des ungarischen Premierministers, weil er während seines Wahlkampfes gelogen hatte. Die sogenannten „Bobos", die „bourgeois bohèmes", die das Herz links und die Brieftasche rechts tragen, waren ihre wichtigste Klientel.

Frau Royal rühmte sich, ihre Kandidatur zum höchsten Staatsamt mit einer Handvoll Getreuen selbst „gebastelt" zu haben. Ihr erstes Team war klein. Sie wusste, dass es sich herumgesprochen hatte, dass sie eine „kühle Seele" hatte. So war sie in einer öffentlichen Diskussion mit dem Publikum auf Kanal TF1 bemüht, ein menschenfreundliches, humanitäres Bild von sich zu geben. Sie ging auf einen Behinderten in seinem Rollstuhl vor laufenden Kameras zu und berührte seinen Arm. Der gute Mann weinte vor Rührung. Diese Sendung wirkte etwas seltsam, weil Ségolène Royal zwei Stunden lang auf Fragen zur Gesundheits- und Sozialpolitik und nur ein bisschen zur Arbeitsbeschaffung antworten musste. Es war, als ob es darum gegangen wäre, die künftige Arbeits- und Sozialministerin oder eine Staatssekretärin für Behinderte und Krankenwesen zu wählen.

Was motivierte sie, erste Frau im Staate und Erbin von François Mitterrand sein zu wollen? Der Stallgeruch fehlte der Royal in der PS, obwohl sie bereits 1981 zum Mitterrand-Team gehört hatte. Manche unsozialistischen Vorschläge von ihr waren vielleicht doch nicht allein mit Populismus im Wahlkampf zu erklären. Was bewirkte ihren kometenhaften Aufstieg in der so konservativen Partei der Sozialisten? Doch nicht nur ihr schönes Gesicht?

Politologen und Psychologen orteten die Wurzel des Ehrgeizes beider Kandidaten im Hass auf ihre Väter. Der Ungar Pál Sarkozy hatte die Mutter Andrée verlassen, als Nicolas vier Jahre alt war. Nicolas Sarkozy ist seinem Vater weniger als seine Brüder ähnlich, aber an der Vaterschaft ist bei ihm nicht zu zweifeln. Insofern wirkte die Scheidung seiner Eltern bei ihm nach, da er vom Willen beseelt ist, ein guter Vater sein. Für seine Kinder ist sein Telefon immer offen. Zeit findet er stets für sie. Aber die Versöhnung mit dem flüchtigen Vater war bei Sarkozy umso leichter, als die Mutter Andrée immer eine korrekte Beziehung zu ihm und zu den Kindern aus späteren sukzessiven Ehen ihres geschiedenen Ehemannes gepflegt hatte. Bei Nicolas Wahlsieg am 6. Mai 2007 waren Andrée wie Pál mit allen ihren Kindern anwesend, ebenso wie die Söhne des Wahlsiegers aus erster Ehe.

Auch Ségolène Royal hatte sicherlich unter der Scheidung ihrer Eltern gelitten. Aber sie war schon 19, als es geschah. Für sie zählen ähnlich wie bei Sarkozy vor allem anderen ihre vier Kinder, Thomas, Clémence, Julien und Flora. Dass sie ebenso wenig wie Sarkozy bei ihren Kindern präsent sein kann, liegt auf der Hand. Sie verdanken der Amme Aurèle und der Schwiegermutter Nicole ihre Stabilität. Was Wut auf den Vater bei ihr zeitigen konnte, war die autoritäre und unnachgiebige Persönlichkeit des rechtsradikalen Artillerieoberten Jacques Royal, selbst Sohn eines Generals. Oberst Royal war von De Gaulle in der Armee ein bisschen beiseite geschoben worden, weil er dem extremrechten Flügel der rebellischen Offiziere nahe gestanden haben soll. Sein militärisch-religiöser Drill lastete auf der Familie wie Blei. Alle seine Kinder trugen den Vornamen „Marie", um unter dem Schutz der heiligen Jungfrau zu stehen. Ihren Zweikampf gegen den erbarmungslosen Haustyrannen, der seinen Töchtern Religionsunterricht, Nähen und Musik als Erziehungsfächer und die Heirat als Lebensziel vorschrieb, hatte sie gewonnen. Als der Offizier sich von Ségolènes Mutter trennte, verklagte ihn seine Tochter und gewann für ihre Mutter und für sich den Scheidungsprozess. Er wollte ihr Studium nicht finanzieren. Sie zwang ihn dazu.

Es fällt auf, dass Ségolène in ihrer Familie das schwarze Schaf oder vielleicht eher das „rote Schaf" war. Ihre Geschwister stehen politisch rechts und sogar ultrarechts. Ein Bruder, Gérard Royal, wurde Offizier beim Geheimdienst DGSE[23] und war in den Anschlag auf das Greenpeace-Schiff „Rainbow Warrior" involviert. Ségolène ging einen konträren Weg. Wenn sie auch von Jacques Royal einige Verhaltensweisen übernommen haben mag, muss sie sich als rebellisches junges Mädchen in ihrem katholischen Mädchenpensionat nach einem „ganz anderen" Vater gesehnt haben. Hat sie damals gewünscht, dass ihr „Freudscher Übervater" Royal nicht ihr Erzeuger gewesen wäre?

---

23 DGSE: Direction Générale de la Sécurité Extérieure, der französische Auslandsgeheimdienst.

Ein Frankreich-Kenner unter den deutschen Diplomaten vertraute mir einmal an, er habe aus sicherer französischer Quelle gehört, dass Frau Royal eine uneheliche Tochter von François Mitterrand sei. Einige Indizien könnten zur Not dafür sprechen. Ségolène wurde am 22. September 1953 in Dakar (Senegal) geboren, wo ihre Mutter sich aufhielt. Senegal gehörte damals zu Frankreich. François Mitterrand, der elf Mal Minister der Vierten Republik war, bevor er dreiundzwanzig Jahre lang in die Opposition gehen musste, war von 1950 bis 1953 Minister für die Überseeterritorien Frankreichs. Er trat 1953 aus Protest gegen den Indochina-Krieg und die Bekämpfung der Aufstände in Nordafrika von seinem Posten zurück. Er könnte als Minister im Senegal gewesen sein, als Ségolène gezeugt wurde. Es hieß, dass Oberst Royal zu diesem Zeitpunkt im Indochina-Krieg war.

Bekanntlich hatte Mitterrand Liaisons mit Frauen aus der guten Gesellschaft. In seiner letzten Lebensphase musste er offenlegen, dass er über Jahre eine Doppelehe geführt hatte. Einerseits lebte er mit seiner Ehefrau Danièle zusammen, von der er zwei Söhne hatte. Andererseits besuchte er fast täglich die Kunsthistorikerin Anne Pingeot, Direktorin des Orsay-Museums in Paris, und hatte von ihr eine Tochter, Mazarine Pingeot. Er hat für deren Erziehung rührend gesorgt und erkannte sie 1974 vor einem Notar als seine Tochter an. Mazarine ist inzwischen Philosophieprofessorin und Schriftstellerin, Mutter von zwei Kindern. Bei Mazarine zum Schluss Offenheit und bei Ségolène ein wohlbehütetes Geheimnis?

Warum hätte der todkranke Präsident am Ende seines Lebens das verschwiegen? Sicher war Mitterrand ein sehr verschwiegener Mensch, der viele Geheimnisse mit ins Grab genommen hat. Sein Schweigen ließe sich eventuell als Rücksicht auf die katholische Mutter von Ségolène Royal deuten, aber vielleicht hätte es auch der politischen Karriere von Frau Royal geschadet, hätte man gewusst, dass sie ihren Aufstieg in der PS als seine Protegée statt aus eigener Kraft gemacht hätte. Mazarine teilte die literarischen Interessen ihres Vaters. Sollte Ségolène in seine politischen Fußstapfen treten? Aber diese vermutliche Vaterschaft beruht bei Ségolène ziemlich sicher auf einem Missverständnis. Im Jahre 1988 hatte es Gerüchte gegeben, wonach Mitterrand eine uneheliche Tochter hatte. Da hatte der Pariser Mikrokosmos auf Ségolène getippt. Dass es Mazarine war, wurde erst nach Jahren bekannt.

Halten wir fest, dass die französischen Politiker sich gerne mit historischen Gestalten schmücken. Für Ségolène Royal ist diese Gestalt Johanna von Orléans. Wie dieser sagte auch ihr einmal eine Stimme aus dem Jenseits, dass sie berufen sei, das Vaterland und vielleicht die Welt zu retten. Oder hatte die Stimme durch den Mund ihres älteren Bruders Antoine gesprochen, der ihr noch im pubertären Alter prophezeite: „Du wirst Staatspräsidentin." Aber Jean-Marie Le Pen sieht sich auch als Verwalter des Erbes der Jungfrau aus Domrémy. Mit Frau Royal hatte der Chef der Nationalen Front auf diesem Felde also eine Konkurrentin. Sie durfte sich immerhin darauf berufen, dass sie in Lothringen in der Nähe des Dorfes Domrémy-la-Pucelle, dem Geburtsort der Johanna, aufgewachsen war. Allerdings ist Ségolène als Mutter von vier Kindern keine Jungfrau mehr. Wenigstens ein Wunder, das sie nicht vollbracht hat. Oft in Weiß gekleidet (man nannte sie auch „Schneewittchen" und „die weiße Madonna"), zog die lautere Sieglinde durch die Lande, aber nicht zu Pferd. Ihre 1,69 Meter Körpergröße verbesserte sie mit hohen Absätzen. Sie hatte zwecks „Keep-Smiling" ihre Vorderzähne retuschieren lassen. Sie galt als sparsam, aber die Werbeagentur Ogilvy-France, die ihr Image aufbaute, hatte ihre René Derhy-Röcke gegen teurere von Paula Ka signierte Jackenkleider ausgetauscht. Irgendwie hatte Frau Royal trotzdem nicht das Format zur Staatspräsidentin. Bei ihr war vieles täuschender Glanz. Ihre Schnitzer sind ein Kapitel für sich.

Sie wusste nicht, wieviele Atom-U-Boote Frankreich besaß. Geschenkt! Aber dass sie ein Projekt zum Schutz der Bürger vor Überschuldung auflegte, das bereits fast wortwörtlich Gesetzestext war, war weniger entschuldbar. Im Libanon traf sie einen Mann der Hisbollah, ohne die Tragweite dieser Geste zu ermessen. Sie empfahl die Unabhängigkeit Quebecs und lobte die chinesische Justiz, die die höchste Quote der Welt an Hinrichtungen erreicht und Dissidenten in KZ-Lager oder in tuberkuloseverseuchte Gefängnisse schickt. Sie ging in Weiß gekleidet auf der Großen Mauer in China spazieren, nicht wissend, dass Weiß in Asien die Farbe der Trauer ist. Zum Ausgleich warf sie auf den Sarg des legendären Wohltäters Abbé Pierre eine weiße Rose. Am Schlimmsten für sie war es, als ein Stimmenimitator sie anrief und sich als der Premierminister Kanadas, Jean Charest, ausgab. Er sprach von der Unabhängigkeit seiner Provinz. Sie warf ein, dass viele Franzosen Korsika das gleiche wünschten, um die Korsen endlich los zu werden. „Aber das bleibt ein Geheimnis unter uns", schloss sie. Das Tonband wurde natürlich sofort in den Medien abgespielt. Mit Mühe und Not gelang es der Sozialistischen Partei, diesen Fehltritt zu übertünchen.

6. Kapitel

Wahlkampf in der Kälte

Bis Anfang 2007 war Chirac noch der Meinung, dass Nicolas Sarkozy weder das Aussehen noch die Statur für das höchste Amt im Staate habe. Er würde bei der Wahl oder danach scheitern, dachte der scheidende Präsident. Lange verschleppte Chirac seine Entscheidung, nicht wieder zu kandidieren, obwohl alle wussten, dass er die Wahl verlieren würde und ein drittes Mandat nicht verkraften könnte. Das schaffte keine klare Lage für den Bewerber des rechten Lagers.

Sarkozy hatte sich am 29. September 2006 über die Medien überraschend selbst zum Präsidentschaftskandidaten nominiert. Seine Stellungnahme erreichte 18 Millionen regionale Zeitungsleser. Dann zeigte er am 30. November in einer fast dreistündigen Debatte vor Millionen Zuschauern auf dem Fernsehkanal France 2, dass er bei weitem der kompetentere Kandidat war. Er glänzte auf allen Gebieten durch Klugheit und Faktenkenntnis bis ins Detail.

Damit wurde klar, dass Ségolène Royal, die vor allem auf ihr Image setzte, in einem Rededuell mit „Sarko" unterlegen sein würde. Sie hatte gehofft, ihm mit einer Reise in den gefährlichen Nahen Osten die Schau zu stehlen. Das war ein Schlag ins Wasser. Nach einer mitreißenden Rede vor den versammelten Delegierten der Regierungspartei UMP wurde Sarkozy am 14. Januar 2007 zum Präsidentschaftskandidaten der Rechten gekürt. Bei diesem Kongress waren Chirac und de Villepin nicht anwesend.

Zu diesem Zeitpunkt war die Sozialistin Ségolène Royal seit fast drei Monaten die nominierte Kandidatin der Linken. Sie galt als Hoffnungsträgerin des „linken Volkes" und die Medien liebten sie. Es würde nicht einfach sein, „die Royal" zu besiegen. Es galt sogar als unmöglich.

Aber alle Gruppen des Regierungslagers, auch Sarkozys Rivalen, sahen ein, dass er der Einzige war, der es eventuell könnte. Einige befürchteten jetzt, dass der noch amtierende Präsident einen machiavellistischen Coup versuchen würde, um Sarkozy straucheln zu lassen. Er hätte zum Beispiel Ségolène Royal irgendeinen Dienst leisten können, um seinen Kronprinzen Villepin in die Startblöcke für die Präsidentenwahl 2012 zu hieven. Frau Royal hatte nicht das Zeug, Frankreich zu führen, das lag auf der Hand. Ihre Präsidentschaft würde in ein Wirtschaftsfiasko münden und die Rechtssicherheit beeinträchtigen. Anstelle von echten Reformen kündigte sie Experimente an, und bereits durchgesetzte Reformen stellte sie in Frage. Anstelle der von ihr gepriesenen Harmonie würde sie in Wirklichkeit lauter unnötige Konflikte auslösen. In dem sich ergebenden Ruinenfeld würde die Regierungsverantwortung nach einer Amtsperiode der Royal dann zwangsläufig in den Schoss der Rechten zurückfallen. So hätte Chiracs Kalkül aussehen können.

Bereits einmal war Chirac ein solches Manöver geglückt, als er 1981 seinem liberalen Partner Valéry Giscard d'Estaing ein Bein stellte und an dessen Stelle François Mitterrand wählen ließ. Chirac musste allerdings vierzehn Jahre warten, bis es ihm gelang, selbst Mitterrand abzulösen. Aber 2007 waren die Zustände nicht mehr stabil und die Kassen nicht mehr voll. Die amtierende Regierung hatte sich mehrmals in den Fuß geschossen. So zum Beispiel als Chirac die Wehrpflicht ersatzlos abschaffte oder als sein Premierminister Villepin seinen Ersteinstellungsvertrag beschloss, ohne die Gewerkschaften zu konsultieren. Der Parlamentspräsident Jean-Louis Debré, Sarkozys Erzfeind, hatte eine Verzehnfachung der Laufzeit der Diäten für diejenigen Abgeordneten beschließen lassen, die ihr Mandat verlieren. Das war ziemlich schockierend.

Neue Kriegsspiele unter Gleichgesinnten konnten zu Katastrophen führen. Es ging um das Schicksal der Nation. Kluge Leute sagten es. Chirac begnügte sich also damit anzudeuten, dass Sarkozy nicht ohne seine Unterstützung Präsident werden könne. Er würde ihm helfen, wenn er sich verpflichtete, die gaullistische Politik fortzusetzen. Das tat er auch, als Sarkozy ihm dies zusicherte. Ob Sarkozy ihm, Chirac, einen angenehmen Ruhestand ohne Strafprozesse wegen schwarzer Kassen aus seiner Zeit als Pariser Bürgermeister garantierte, das kann niemand sagen. Danach sieht es heute nicht aus.

Seit anderthalb Jahren stand in Erwartung des Wahlkampfes alles still. Am 29. Mai 2005 hatte das „Nein" bei der Volksabstimmung zum Europäischen Verfassungsvertrag der Regierung Chirac eine schallende Ohrfeige verabreicht. Darauf folgten die Vorstadtunruhen im Herbst 2005 und die Studentendemonstrationen im Frühjahr 2006. Immer wieder gab die Regierung nach, weil die Wahlen ihren langen Schatten vorauswarfen. Die Verfassungsvertragsablehnung, die Herbst- und Frühjahrsunruhen wurden von den linken Parteien als Rammbock gegen die Regierung de Villepin benutzt bzw. missbraucht. Wie labil die Lage war, zeigte eine durch die Kontrolle eines Schwarzfahrers ausgelöste Schlacht von herbeigeeilten Gewalttätern mit den Ordnungskräften am 27. März 2007 im Pariser Nordbahnhof. Ein Funke hätte gereicht, um einen Flächenbrand auszulösen. In den Vorstädten lagerte sozialer Sprengstoff. Würde der künftige Präsident Herr der Lage sein?

Nun, die Truppen waren aufgefahren und standen in Schlachtordnung. Die Zuschauer waren gespannt. Es versprach, eine große politische Schau zu werden. Die Präsidentenwahl sollte sich in zwei Wahlgängen am 22. April und am 6. Mai abspielen. Am 10. und 17. Juni folgten die Parlamentswahlen, bei denen das Land ein Mehrheitswahlrecht mit zwei Wahlgängen hat. Im ersten Wahlgang der Präsidentenwahl geht es um die Repräsentation der „politischen Familien". Da kann eine Reihe von Vertretern kleinerer Parteien antreten. Die zwei führenden Bewerber vom ersten Wahlgang machen dann das Rennen im zweiten Wahlgang. Bei den Parlamentswahlen geht es um Staatsbildung. Die Spielregel des Mehrheitswahlrechts begünstigt letzten Endes die größeren Parteien, weil es im zweiten Wahlgang zu Koalitionen von Gleichgesinnten zwingt. Das ist ein Grund, warum kleine Parteien, seien sie auch noch relativ stark wie etwa die rechtsradikale Nationale Front von Jean-Marie Le Pen, keine oder nur wenige Abgeordnete im Parlament haben. Dieses Wahlrecht ist mehrheitsbildend. Es trägt zur politischen Stabilität auf Kosten der Repräsentativität bei.

Soweit ein Vergleich zwischen einem Mann und einer Frau möglich ist, waren sich beide Hauptkandidaten, Royal und Sarkozy, ähnlich: langes, schmales Gesicht, eine hohe Nase, eine freie Stirn, beide schlank und beweglich. Geist und Temperament waren aber bei Sarkozy und Royal anders, ja fast konträr geschnitzt. Im Unterschied zu der Rivalin war der pragmatisch orientierte Sarkozy ein Feinschmecker und ein Sportfanatiker. Jeden Tag joggte er ein paar Kilometer oder fuhr bis 60 Kilometer Fahrrad, wenn die Zeit reichte. Ségolène Royal wirkte dagegen etwas träumerisch, ruhig und „fern von der Truppe". Sportliche Aktivitäten waren niemand aufgefallen. Sie setzte auf Harmonie und Friedfertigkeit, während Sarkozy quecksilbrig agierte, flammende Reden als Volkstribun hielt, weswegen Ignoranten das Gerücht verbreiteten, dass er „die Gesetze der Republik außer Kraft setzen" würde, eine böswillige Unterstellung. Tatsache war, dass er den Gesetzen wieder Geltung verschaffen wollte. Er war Pariser Zentralist. Frau Royal verkörperte die Provinz.

Von allen Wahlkampfrednern war Sarkozy derjenige, der sich am eindeutigsten zur Republik und ihren Werten bekannte. Keine Kritik bei ihm am „System"! „System" war ein pejoratives Wort des Rechtsextremen Jean-Marie Le Pen, der darunter den Parlamentarismus und die Parteien subsumierte. Auch keine Distanzierung von der Marktwirtschaft bei Sarkozy. Er wollte sie moralisieren, während die Extremlinken sie abschaffen wünschten, und Ségolène Royal ein ambivalentes Verhältnis zu ihr hatte. Der rechtsextreme Le Pen wie der linksextreme Besancenot glaubten von der sozialen Krise profitieren zu können. 2002 hatte Le Pen gewaltig bei den Arbeitern Stimmen gesammelt. Viele Beobachter dachten, dass Le Pen Bayrou und vielleicht sogar Royal überflügeln würde. Er war der Kandidat des Zorns, und der Zorn war groß. Er vertrat diejenigen Franzosen, die ihr Land durch Europa und die Deutschen, die Migranten und die Politiker, durch Amerika und China ausgeplündert und gedemütigt sahen. Seine Anhänger sagten: Er erhält diesmal 30 Prozent. Das war Wunschdenken. Er erhielt 10 Prozent, aber machte ein bisschen Angst.

Der Anführer der Liga der Patrioten und Regionalisten, Philippe de Villiers, ein konservativer Demokrat aus der Vendée, der nach wie vor, gegen die Jakobiner, gegen Paris kämpfte, erhielt nur 2,2 Prozent. Er hatte vernünftige Ideen, aber er gehörte zu den Gegnern Europas, zu denjenigen, die wie Jean-Marie Le Pen nicht begriffen, dass Frankreich nur noch 1 Prozent der Weltbevölkerung vertritt. Zwar ist es immer noch die fünfte Wirtschaftsmacht der Welt und ein Land mit einer Sprache, die auf drei bis vier Kontinenten gesprochen wird, aber allein auf sich gestellt, kann Frankreich die Welt nicht mehr bewegen.

Eines einte die Extremlinken und Extremrechten: sie wollten Frankreich abkapseln, von der Außenwelt isolieren und unter Verschluss halten. Der Urfranzose in dieser Riege, Jean-Marie Le Pen, stand wie ein bretonischer Felsen in der Brandung. Von vorne bis hinten, vom Scheitel zu den Füssen war er der ehemalige revoltierende Offizier im Algerienkrieg, der Fallschirmjäger geblieben. Der Mann hatte eine große Schnauze, zweifelsohne. Die französische Politik wird eine malerische Figur verlieren, wenn er sich auf sein Altenteil zurückzieht, obwohl er es sicher lieber hätte, wie ein alter Kapitän mit seinem Schiff Namens „Front National" unterzugehen. Der alternde Volkstribun und emeritierte Haudegen galt früher als „nicht salonfähig", aber man respektierte ihn inzwischen, denn er diagnostizierte Wunden und Krankheiten, die es wirklich gab. Seine Ablehnung Europas hatte er etwas abgemildert. Wie De Villiers wollte er nicht mehr aus der EU austreten, er wollte nur die Verträge neu verhandeln. Im Übrigen hatten ihm die anderen Parteien einige seiner Ideen geklaut, fast alle waren gegen illegale Zuwanderung und gegen freie Einfuhren aus Billiglohnländern.

Spannend wurde der Wahlkampf durch den Aufstieg des unscheinbaren Dritten, François Bayrou (der Name wird „Beiruh" ausgesprochen), von 6 auf 12 Prozent, anschließend auf 19 und sogar auf 22 Prozent, dann sackte er ab. Der Katholik, Vater von sechs Kindern, ist ein Bauernsohn, aber einer seiner Onkel war General gewesen. Ein bisschen unbeholfen gab er sich anfangs als der gute Bayrou, Bauer und Pferdenarr, Polit-Amateur „vom Lande", obwohl er bereits Minister gewesen war. Aber dieser Pyrenäenmensch war für die Pariser ein bisschen zu schwerfällig und zu verschlagen. Frau Royal, die anfangs ihren Mitbewerbern davon lief, verlor an Boden. Die Erotisierung der Politik war ihr nicht gelungen. Sie steckte in einem Widerspruch, sie wollte die Frauen als kompetent und fähig, aber gleichzeitig als Opfer darstellen. Im Übrigen mischten sich andere Frauen ein, zwar nicht alle so attraktiv aussehend wie die Royal, aber recht präsentable ältere Damen. Zwei prominente unterstützten den allzu männlichen Sarko in der Schlussphase des Wahlkampfes, Bernadette Chirac und Simone Veil.

Wie in Deutschland war in Frankreich die Zukunftsangst groß. Die soziale Spaltung[24], die Chirac 1995 zu schließen versprochen hatte, klaffte weiter auseinander. Die Hauptkandidaten boten deswegen in ihren Reden Zukunft an. Aber Zukunft kostet Geld. Das Programm des Zentristen François Bayrou sollte „nur" 27,5 Milliarden Euro kosten. Er wollte sie durch Einschränkungen des Lebensstils des Staates, insbesondere des Prunks des Präsidentenpalastes einsparen. Ob solche kosmetische Retuschen reichen würden? Sarkozys und Royals Programme sahen wesentlich größere Ausgaben vor, 50 bis 60 Milliarden, und setzten auf Wachstum, um die Kasse zu füllen. Aber Wachstum kann niemand aus dem Hut zaubern.

Sarkozy versprach aber auch einen „Bruch"[25] mit der bisherigen politischen Praxis, während die beiden linken Traditionsparteien, Sozialisten und Kommunisten, den „Wandel" bzw. „Wechsel"[26] forderten. Alle drei wichtigeren Kandidaten und andere bemühten sich auch um „Bürgernähe", um „partizipativen Dialog". Es war in diesem Wahlkampf viel von

---

24 La fracture sociale.
25 Une rupture.
26 Le changement.

den „wahren Leuten" neben den „wahren Problemen" die Rede. Offensichtlich war die Kluft zwischen Politik und Bürgern das Hauptproblem für alle Kandidaten. Sie versuchten krampfhaft vergessen zu lassen, dass sie Politiker waren. In den letzten Wahlaufrufen von Sarkozy, Royal und Bayrou befand sich merkwürdigerweise an herausgehobener Stelle das Wort „zusammen" („ensemble"), als hätten sie es voneinander abgeschrieben.[27] Dieses Wort war schon der Titel des extrem langweiligen, trivialen Bestsellers der Autorin Anna Gavalda, („Ensemble, c'est tout") des meistverkauften Buches in Frankreich: 600.000 Exemplare. Das sprach Bände über den geistigen Zustand der ehemals gebildeten Nation.

„Ensemble tout devient possible", „Zusammen wird alles möglich", proklamierte Nicolas Sarkozy auf allen Plakaten und „Ensemble" war auch der Titel seines zweiten Buches mit einer Auflage von 150.000. Was Sarkozys „Bruch" war, war Frau Royal die „Verlagerung der Linien", wie sie sagte. Könnte sie aber einen neuen Sozialismus verkörpern? In ihrer Umgebung wurden ideologische Mythen weiter propagiert. Das Problem der Unkenntnis des Wirtschaftslebens betraf hin und wieder leider auch den Literaten François Bayrou, der zum Beispiel befürwortete, dass alle Unternehmer, die vor Gericht stehen, zurücktreten sollten. Dabei haben 2,7 Millionen Unternehmer ständig Prozesse mit Kunden, Lieferanten oder mit dem Fiskus. Das gehört einfach zum normalen Alltag in der Wirtschaft. Wenn sie alle zurücktreten, was dann?

Wie Deutschland ein paar Jahre zuvor war Frankreich mit unter 2 Prozent Wachstum zur roten Laterne in Europa geworden, und mit 10 Prozent Arbeitslosigkeit stand es auch gar nicht gut da. Mit einem Defizit von 2,9 Prozent des Bruttoinlandsprodukts (BIP) lag der Haushalt gefährlich nah an der zulässigen EU-Obergrenze von 3 Prozent und die Staatsschuld gipfelte bei 64 Prozent des BIP deutlich über dem Strich. Einerseits boomte der Immobilienmarkt, insbesondere in der Südhälfte des Landes, mit schwindelerregenden, fast kriminellen Wohnungs- und Häuserpreisen, die durch die überhöhte staatliche Besteuerung von ca. 6 Prozent des Verkaufspreises eines Hauses oder einer Wohnung zusätzlich be-

---

27 „Ensemble, nous pourrons bouger les lignes. Ensemble, nous insufflerons un nouveau souffle démocratique pour notre pays. Ensemble, nous ferons vivre la France", schreibt Ségolène Royal. „Je serai le président qui réunira tous les Français pour les faire vivre ensemble", schreibt François Bayrou.

lastet wurden.[28] Andererseits stieg die Zahl der Armen rapide weiter an. Prekariat, dieses neudeutsche Wort, kommt nicht von ungefähr aus dem Französischen.[29] Aber die Rezession war nicht für alle spürbar. Die meisten Franzosen lebten eindeutig über ihre Verhältnisse und viele von ihnen konsumierten fröhlich und munter.

Sarkozy war seit mehr als drei Jahrzehnten der erste konservative Kandidat, der begriff, dass Europa der Ära des Luxus den Rücken kehrte. Der Trend, Urlaub an exotischen Küsten zu machen, der Spaß, Rebellion für gar nichts zu inszenieren, die Pflicht, Taugenichtse zu dulden und Schmarotzer finanziell zu unterstützen, war nicht mehr „in". Die Gesellschaft wurde kälter, die Beziehungen zwischen den Menschen härter. So ist es oft, wenn der Kuchen, den man aufteilen muss, kleiner wird. Draußen glühte nicht mehr das Morgenrot. Als Ausweg wollte Ségolène Royal die Schwachen auf Kosten der Starken unterstützen. Sie versprach Umverteilung von Arbeit und Reichtum. Ob das die Probleme der Nation löst?

Frau Royal profitierte vom Verfall der Traditionskommunisten und der Trendökologisten. Die linke Intelligenz hatte ihren Deutungsschlüssel für Gesellschaftsanalysen, den Marxismus, verloren. Umso drastischer beschimpften alle jetzt den neuen Teufel, und zwar den „Liberalismus", einen Ersatzbegriff für „Kapitalismus". Man konnte darunter allerlei subsumieren: genetisch veränderte Organismen, Kernreaktoren, reiche Unternehmer, „die Reichen" überhaupt, „die Reaktion", mit anderen Worten alle ideologische Mythen von links bis links außen. Zusammen mit Frau Voynet und dem Verein Greenpeace zog Ségolène Royal ein fettes Kaninchen aus ihrem Hut. Es war der Vorschlag, die Kernenergieversorgung Frankreichs von 80 auf 50 Prozent herunterzufahren. Das Ergebnis dieses Glanzstückes wäre ein Verlust von 100.000 Arbeitsplätzen, eine Steigerung der Abhängigkeit Frankreichs von auswärtigen Gas- und Öllieferanten, mehr CO_2-Ausstoss und eine Verteuerung der Elektrizität gewesen.

Das soll der Anlass gewesen sein, warum sich ihr Wirtschaftsberater Eric Besson von ihr trennte. Das einige Wochen meistgelesene politische Buch war das Pamphlet von Besson „Wer kennt Frau Royal?" („Qui

---

28 In Deutschland erhält der Notar bei einem Immobilienverkauf zwischen 1 und 2 Prozent, in Frankreich nach wie vor über 7 Prozent. Aber die Käufer wissen im allgemeinen nicht, dass 80 Prozent davon an den Fiskus als Steuern und Abgaben gehen und beklagen sich über die Honorare der Notare!
29 „La précarité", die Armutsgefährdung.

connaît Madame Royal?"). Dieser rechte Sozialdemokrat trat auch aus der sozialistischen Partei PS aus. Er unterstellte in dem Buch auf dezente Art und Weise Frau Royal profunde Inkompetenz in der Wirtschaftspolitik und unüberlegte Improvisation in ihrem Wirtschaftsprogramm. Der anerkannte Volkswirt entlarvte Machenschaften in ihrem Wahlkampfteam und in der Sozialistischen Partei. Das Buch schadete Frau Royal erheblich. Nach dem 22. April 2007 wurde Besson zum Supporter von Sarkozy und trat neben ihm auf Wahlveranstaltungen auf. Er wurde zu einer wichtigen Karte im Spiel von Sarkozy. Als Präsident übernahm Sarkozy ihn später in seine Regierung.

Erst ab Februar 2007 begann die Popularität der Ségolène zu sinken, und manche merkten dann, dass es einen Mann gab, der Sarkozy gefährlich werden konnte: Der gutmütige Pyrenäenbär François Bayrou wanderte viel hin und her auf der Suche nach Honig und Streicheleinheiten. Die allabendliche „Tagesschau" im französischen Fernsehen gewichtet die Kandidaten entsprechend ihren Quoten in den Umfragen. An einem Abend wurden beiden Hauptkandidaten, Ségolène Royal und Nicolas Sarkozy, je zwei kurze Minuten am Bildschirm gewidmet. Frau Royal besuchte eine Kleinstadt und einen Bauernhof. Vor laufenden Kameras nahm sie mit ihrem typischen Sieglinde-Lächeln ein neugeborenes Lamm in die Arme. Sarkozy besichtigte gerade die majestätische Autobahnbrücke von Millau im südlichen Zentralmassiv. Er hielt sich, sagte er, bei dieser größten Leistung französischer Baukunst „bestimmt länger als die zwanzig Minuten auf, die Frau Royal auf der Großen Mauer in China verbrachte". Die Pointe war nicht besonders gut. Ab und zu geschah es, dass Sarkozy einen Pfeil abschoss. Meist griff Frau Royal ihn an, während er sie ignorierte.

Aber dann wurden in der gleichen Sendung dem dritten Kandidaten, François Bayrou, mindestens satte zehn Minuten Sendezeit gewährt. Das französische Fernsehen nahm den selbsternannten Kandidaten aus den Pyrenäen ernst, seitdem er in der Tagesschau die Moderatorin Claire Chazal auf aggressive Weise mit der Begründung attackiert hatte, dass das Staatsfernsehen den beiden Matadoren Sarkozy und Royal die meiste Sendezeit widmete, während er immer zu kurz käme. Da hatte der Bär gebrummt und die Krallen gezeigt. Ein derartiges Verhalten in der Hauptsendezeit hätte man eher von einem linken Revoluzzer oder von einem Rechtsextremen erwartet. Aber das machte sich für ihn bezahlt. Bayrou wurde nach dieser Schimpftirade zum Liebling der Medien. Das seriöse

Wochenmagazin „Le Point" widmete ihm am 4. Januar 2007 sein Titelbild und einen langen, lobenden Artikel.

Der Katholik und europäische Föderalist Bayrou kommt aus der Nähe der Stadt Pau in den Westpyrenäen, der Heimat König Heinrichs IV. Der Abgeordnete aus dem Südwesten und ehemalige Erziehungsminister identifiziert sich gern mit der Gestalt des beliebten französischen Königs, der aus der Heimatstadt von Bayrou stammt und 1610 in Paris von Ravaillac niedergestochen wurde. Heinrich IV. hatte die verfeindeten katholischen und protestantischen Parteien nach Jahrzehnten von Mord und Totschlag einigermaßen versöhnt und dem Zusammenbruch des französischen Staates nach den Religionskriegen ein Ende gesetzt. Zwei Bücher hat Bayrou über den guten König geschrieben, eins für die Erwachsenen, eins für die Kinder. Man munkelte damals, er könne das in seiner Zeit als Erziehungsminister nicht allein geschrieben haben. Aber was soll's, die meisten Politiker haben Ghostwriter.

Bayrou hatte sich selbst im Kreise seiner Familie vor der prächtigen Kulisse der Pyrenäen zum Präsidentschaftskandidaten proklamiert, denn er wusste genau, wie man mit der Flimmerkiste umgeht, und die Kameras waren in nächster Nähe, wo immer er auftrat. Kamen sie nicht zu ihm, ging er zu ihnen. Seitdem zeigte das Fernsehen ausführlich, wie der politische Friedensstifter Bayrou die Regionen Frankreichs auf dem Kontinent und in Übersee erwanderte und ruhige, sanfte Worte „mit den Menschen ganz unten", den von der Politik vernachlässigten, austauschte, die er zu vertreten vorgab. Er artikulierte langsam und ruhig, er hatte sich wie der Altgrieche Demosthenes das Stammeln abgewöhnt, eine Leistung, die seine Anhänger als eine Heldentat priesen. Bei seiner Besichtigung einer Stadt im hohen Norden Frankreichs, ich glaube, es war Lille, sprach der Südwestfranzose in der Tagesschau vor einem breiten, zustimmenden Publikum. Anschließend wurde er auf dem zentralen Platz der Stadt gefilmt. Vor den Kameras wiederholte er seine Leitbotschaft, dass alle moralischen und politischen Übel und die Wirtschaftsrezession in Frankreich daher rührten, dass die Neogaullisten der UMP und die Sozialisten der PS bisher das Land regiert hätten.

Diesem ewigen Krieg zwischen den großen Parteien müsse ein Ende gesetzt werden, meinte er. Nicht etwa dadurch, dass man zwischen ihnen Frieden stiftet und eine Große Koalition wie in Deutschland schmiedet, auf deren Erfolge er sich oft bezog (die Franzosen wissen kaum, wie friedlich die Koalitionsparteien hierzulande miteinander umgehen...), sondern indem man ihn, den Kandidaten der Eintracht und des Burgfriedens wählt. Er würde alle Franzosen einigen und zur Rettung des Vaterlandes unter seine Fittiche führen, versprach er. Der Imitator des guten Königs Heinrich hatte seine Strategie mit echter Bauernschläue eingefädelt. Er hatte bei der Wahl 2002 nur 6 Prozent der Stimmen bekommen. Diesmal schlich er sich wie ein Aal in die Lücke zwischen den großen und den kleinen Parteien. Zunächst hatte er sich Ende 2006 als Einzelkämpfer im rechten Lager profiliert. Sozialisten, die Frau Royal für eine Usurpatorin hielten, rollten vor Bayrous Füßen den roten Teppich aus, um einen Rivalen des verhassten Sarkozy aufzubauen. Anfangs nahm das Schlitzohr auch Sarkozy um ein Vielfaches häufiger ins Visier als Frau Royal. Er machte dem linken Lager eindeutige Angebote, die in dem Vorschlag gipfelten, im Falle seines Sieges einen sozialistischen Premierminister zu nominieren. Das zeigte Wirkung, und von linken Wählern unterstützt, stiegen die Wahlchancen von Bayrou auf über 20 Prozent an. So gelang ihm der Sprung aus der Marginalität. Er schaffte es, durch die Hintertür in die erste Liga hineinzugelangen. Beim Durchschnittswähler galt er als das kleinere Übel. Bayrou gab sich als der unpolitische Politiker, der über allen Parteien schwebte. Er profitierte von der Staatsverdrossenheit. Er wollte seine Rache an der UMP bekommen, denn das war sein Ziel.

Immerhin hatte er in der populären Sendung „Ich habe eine Frage an Sie" von TF1 am 26. Februar über eine Stunde 6,6 Millionen Fernsehzuschauern eine gewisse Kohärenz in seinem Programm darlegen können. Er kritisierte nicht nur die beiden großen Parteien, sondern auch den Staat, der selbst endlich die Pflichten erfüllen solle, die er den Bürgern aufbürdete, besonders in Sachen Zahlungsmoral. Seine Vorschläge waren einfach und verständlich: die Erhöhung der Staatsschuld für verfassungswidrig erklären zu lassen; jedem großen und kleinen Unternehmen zwei Arbeitskräfte ohne Sozialabgaben zu erlauben; fordern, dass alle Schüler korrekt lesen und schreiben können, wenn sie in die Oberstufe kommen. Er wollte beim Staat sparen und würde mit einer Drosselung des Prunks im Präsidentenpalast anfangen. Dafür bekam er Applaus. Er hatte begriffen, dass viele Bürger das Parteiengezänk satt hatten. Er wollte der Bipolarität in der Politik ein Ende setzen und das Verhältniswahlrecht wieder einführen. Er setzte auf unentschlossene Wechselwähler, die je nach Stimmungslage abstimmen.

Der redliche Bürger Bayrou, der eine saubere Jacke trug, in keine Machenschaften und Affären verstrickt war, arbeitete jahrelang als

Gymnasiallehrer, bevor er vor zwanzig Jahren in die Politik einstieg. Wie Sarkozy, und anders als Frau Royal, hat er die Superbeamtenschule ENA nicht absolviert. Er enthüllte, dass er alle Angebote der Rechten und der Linken, ihm einen Ministerposten in der Regierung de Villepin zu geben, abgelehnt hatte und dass sie ihm jetzt noch attraktivere Angebote machten, damit er das Handtuch werfe, was er nicht tat. Ob das stimmte, konnte niemand überprüfen. Jedenfalls wollte er schon immer Staatspräsident werden und wenn er sich geweigert hatte, sich der heutigen Regierungspartei UMP anzuschließen, so lag es daran, dass Chirac ihm die Nachfolge nicht anbot.

Aus der Not eine Tugend machend, betonte Bayrou, dass er ohne Medien-Firlefanz und mit einer kleinen Mannschaft seinen Wahlkampf improvisiere. 74 Prozent seiner Landsleute hielten es für richtig, dass er den „Jahrmarkt der Versprechungen" kritisierte. Aber Bayrous Vorstellung barg die Gefahr einer Zerstörung der parlamentarischen Demokratie. Sie lief sogar auf eine Leugnung der Politik überhaupt hinaus. Frau Royal kritisierte zu Recht seinen „Dritten Weg" zwischen den Fronten, und die Umgebung von Sarkozy prangerte an, dass er die Regierungslabilität der IV. Republik, die bis 1958 bestand, wieder herbeiführen würde.

Als vier Jahre zuvor die Neogaullisten der RPR und die Liberalen der UDF miteinander fusionierten, um eine große rechte Partei, die mit der CDU/CSU in Deutschland und mit den Konservativen in England vergleichbare UMP, zu gründen, machte Bayrou nicht mit. Es war von vorneherein klar, dass er nie zum Kandidaten der Rechten auserkoren worden wäre, denn seine Amtsführung damals als Minister war nicht herausragend gewesen, zumal er kein Vorzeigeministerium führte. Er erbte die Leitung einer Rest-UDF und ging mit ihr einen Sonderweg zwischen allen Fronten. Anfangs gab er sich zwar als Verbündeter der UMP, entfernte sich aber allmählich von ihr und stimmte sogar gegen die UMP-Mehrheit im Parlament, als gehöre er zu den Linken. Dabei betrachteten ihn die Wähler nach wie vor als einen Kandidaten der Rechten.

Ob der gute und tolerante König Heinrich, dessen Ruhm François Bayrou für sich beanspruchte, gerne sein Schirmherr gewesen wäre, kann man bezweifeln. Bayrou beansprucht eher die Vaterschaft von François Mitterrand, dessen Vornamen er trägt. Die Sozialisten entdeckten dann den diskreten Charme des Südwestfranzosen. Der begeisterte Artikel über ihn in „Le Point" endete mit den Worten: „Vor einigen Wochen soll Michel Charasse, der ehemaliger Privatberater von François Mitterrand, Bayrou angerufen haben, um ihm eine Botschaft des verstorbenen Präsidenten mitzuteilen, die dieser kurz vor seinem Ableben an ihn weitergegeben hatte: ‚Folgt François Bayrou. Er wird Staatspräsident!'"

Eine Pariserin, die früher für Ségolène schwärmte und PS-Mitglied war, sagte mir: „Ich finde Ségolènes Reden ziemlich hohl. Ich glaube, ich werde für Bayrou stimmen." Der Bürgermeister meines Dorfes in Mittelfrankreich, Mitglied der PS und Funktionär der sozialistischen Gewerkschaft FO, vertraute mir an, dass er Bayrou „gar nicht so schlecht" finde. Er mailte mir einen positiven Artikel über Bayrou, der auch mit der Beichte von Michel Charasse bezüglich der Empfehlung des seligen Mitterrand zugunsten Bayrous abschloss. Was Bayrou anbot, war ein Traum von Harmonie, fast eine Utopie. Er war populär, weil er den sozialen Frieden herstellen wollte.

Vielleicht erscheint es seltsam, dass Sozialisten sich für Bayrou statt für die Royal einsetzten? Aber es war eine sehr geschickte Strategie: Alle Umfragen besagten, dass Bayrou ausschließlich Sarkozy Wählerstimmen abluchsen würde. Nahm er Sarkozy 6 bis 10 Prozent in der ersten Runde, so würde mit Sicherheit Ségolène Royal zur Präsidentin gewählt. In der zweiten Runde bekäme sie dann die Stimmen der Bayrou-Wähler.

Das Spiel von Bayrou hatte aber eine gefährliche Kehrseite. Dieser Christdemokrat sammelte auf populistische Art und Weise die unentschiedenen Wähler um sich, alle diejenigen, die Überdruss an der Politik und am Parteiensystem empfanden, mit anderen Worten: die bisherige Klientel des Rechtsaußen Le Pen. Dieser gleichmacherische Appell ohne genaues Programm an die „Unpolitischen" konnte die parlamentarische Demokratie aushöhlen, die bisher von der Abwechslung von linken und rechten Mehrheiten lebte.

Mag sein, dass Bayrou von der Krise der Demokratie profitieren würde. Sollte er zum Präsidenten gewählt werden, was käme dann nach ihm? Wer würde die Scherben der Republik beseitigen? Bayrou fehlte dafür die Kraft. Gegner der Ségolène Royal in der Sozialistischen Partei, die bereit gewesen waren, sie zu verraten, sammelten sich wieder um ihre Kandidatin. François Hollande erklärte, dass kein Sozialist je mit Bayrou zusammenarbeiten werde. Das zeigte Wirkung.

Das Land befand sich in einem eigenartigen Schwebezustand. Starr und beweglich zugleich, auf jeden Fall reformresistent, glich Frankreich einem englischen Wackelpudding. Man steckt den Finger hinein. Dann bebt dieser komische englische Stoff ein bisschen und bewegt sich leicht, kehrt aber gleich wieder in den alten Zustand zurück. Ob Gott noch gerne in einem solchen Schlaraffenland leben würde, wie Friedrich Sieburg es einmal behauptet hatte, war trotz des exquisiten Geschmacks der Substanz, aus der Frankreich bestand, nicht mehr hundertprozentig sicher. Vielmehr lockte das süße Gift der Dekadenz allerlei neomarxistische Teufelchen, von denen Olivier Besancenot, der Chef der Revolutionären Kommunistischen Liga (LCR), der prominenteste war und die größten Chancen hatte. Besancenot trat als Rivale der Sozialisten auf, aber er hatte in deren Partei gute Kontakte zu den ehemaligen Trotzkisten wie Julien Dray und Jean-Christophe Cambadélis.

Die kleinen Tiger aus dem linken Spektrum konnten nicht hoffen, jeweils mehr als 5 Prozent der abgegebenen Stimmen zu bekommen, was für die Kommunisten beschämend war, die in der Nachkriegszeit als „Partei der Erschossenen", wie sie sich nannten, fast ein Drittel der Wählerschaft hinter sich hatten. Über 70.000 von ihnen waren, behaupteten sie, unter den Kugeln von Wehrmacht, SS, SD und Gestapo gefallen. Sie waren auch nicht mehr die „Partei der Arbeiter". Der extremrechte Front National und die Sarkozy-Partei waren in die Arbeiterklasse eingedrungen. Außerdem hatte Mitterrand die KPF seinerzeit „verspeist", indem er sie mit ins Regierungsboot nahm. Die Kommunistenchefin Marie-George Buffet, eine Französin polnischer Abstammung, die unter Jospin Sportministerin gewesen war, steuerte auf die Wahlkatastrophe zu. Ihre abgedroschenen Tiraden gegen den Kapitalismus zogen nicht mehr.

Eigentlich hätte die drohende Klimakatastrophe den Grünen Aufwind geben müssen. Die Ökologie war doch die Geschäftsgrundlage der ehemaligen Schwimm-Meisterin und Chefin der Grünen, Dominique Voynet. Aber was sollte die Chefin der Grünen noch bewegen, wenn alle anderen, inklusive Sarkozy, Umwelttretter waren? Der diensthabende und populäre Naturschützer Nicolas Hulot verteilte sein „Bärenfell" unter allen Parteien, statt ein Exklusivbündnis mit den Grünen zu schließen. Ihm ging es um die Sache, nicht um die Partei. Die Kandidaten aller Parteien verpflichteten sich, das Erdklima zum Besseren zu bekehren, was ihnen eine göttliche Aura verlieh. Die Zeit der „Grünen an sich" war vorüber. Ihre Kampagne gegen die Kernkraftwerke war besonders in einem Staat nicht überzeugend, in dem die Atomenergie als Quelle von Billigstrom angesehen wurde und die größte Sorge der Jugendlichen und ihrer Eltern darin bestand, Arbeitsplätze zu finden. In den 60er und 80er Jahren war es anders gewesen. Als politische Sozialarbeiterin und besorgte Ärztin bemühte sich Frau Voynet, ihre Jünger aus ihrem Schlaf zu holen. Aber wie hätte gerade eine Person, die von Beruf Narkoseärztin ist, sie wecken können?

Darüber hinaus musste Voynet Stimmen an José Bové abgeben. Der kämpferische Pseudobauer aus Paris trug seinen Schnurbart stolz zur Schau wie Asterix der Gallier. Sein Bauch war runder geworden, als hätte er vom Zaubertrank der Kelten etwas zu viel getrunken. Wie einst die Kämpfer der Bauernkriege ging er mit der Sichel gewappnet an der Spitze seiner Berufsrebellen durch die Felder und mähte transgenetischen Mais ab. Für diese ländlichen Eskapaden und andere Konfliktstrategien sammelte er Gerichtsklagen ein, aber das war ja sein Ziel, denn die Fernsehkameras und die Fotografen warteten stets auf ihn am Ausgang des Gerichts oder des Gefängnisses. Doch das zündete kaum noch.

Ein anderer Mensch in dieser Riege, der Jägervertreter Frédéric Nihous, wollte ein Freund der Natur sein. Ein seltsamer Freund in der Tat, der zugleich ein Gegner Europas war, weil Brüssel die armen Tiere schützt. Wer denn sonst als die EU und der liebe Gott könnte die Kreaturen schützen, wenn die Staaten vor den Jägern einknicken? Immerhin zählt Frankreich bei einer Wohnbevölkerung von 62 Millionen Menschen 1,4 Millionen Jäger, während Deutschland mit seinen 82 Millionen Einwohnern nur 300.000 Jäger in seinen Grenzen duldet. Frankreich ist wirklich ein kurioses Land, in dem diese Privatarmee ein- bis zweimal im Jahr auf alles schießt, was sich auf dem flachen Lande bewegt. Ihre Sonntagssoldaten hatten manchen Gemeinderat mit dem Wahlzettel abgeschossen. Sein Vorgänger Josse hatte bei der letzten Präsidentenwahl 2002 mehr Stimmen als die Kommunisten, ca. 3 Prozent, bekommen. Da die Grünen die Tiere schützten, war Nihous auf Sarkozys Seite. Nihous musste sich mit 1,1 Prozent der Stimmen begnügen.

Der einzige ultralinke Mitbewerber mit Erfolgsaussichten war also doch der junge Trotzkist Olivier Besancenot, eine Art jüngerer Oskar Lafontaine in Pullover und Jeans. Besancenot war ein jugendlich aussehender Postbote, der sich gerne als Briefträger in Neuilly auf seinem Fahrrad fotografieren ließ. Das verlieh ihm einen proletarischen Touch. Aber er hat einen Hochschulmagister. Am Busen der Alma Mater hat er die Milch von Marx und Trotzki gesogen. Seine Lebensgefährtin Stéphanie Chevrier ist eine der wichtigsten Verlegerinnen in Paris. Besancenot ist einer dieser ewigen Studenten von über dreißig Jahren, die die Flamme der Revolution lebenslänglich schüren und den Verdammten dieser Erde das Ende des Profits versprechen. Er sieht mit seinem Unschuldsgesicht wie Tim aus, aber ohne von Struppi begleitet zu werden. Dadurch gibt er das Bild eines harmlosen Freundes der armen Leute, die denken, dass er sich ihnen zuwendet, während die PS sie als Wählermasse verwenden will. Später erfuhr man, dass dieser sozialbewegte Pfadfinder Jean-Marc Rouillan, einen ehemaligen Terroristen der Gruppe „Action Directe", in seine Partei aufgenommen hat und bereits mit ihm und seiner Komplizin Nathalie Menigon zusammenarbeitete, als beide den Unternehmer George Besse und den General Audran erschossen. „Eine Dummheit... vor zwanzig Jahren", sagt Besancenot und fügt hinzu: „Für mich bedeutet Revolution nicht eine Blutlache an jeder Straßenecke." Wenn man ein bisschen weiter zurückforscht, entdeckt man jedoch einen anderen Menschen hinter dem Unschuldsgesicht des roten Postboten, und zwar den Jünger von Alain Krivine, dem Gründer der LCR, der sich 1979 als einziger Politiker geweigert hatte, den Einmarsch der Russen in Afghanistan zu verurteilen. Der Geopolitiker Michel Gurfinkiel sieht in Besancenot einen der letzten Schützlinge des russischen KGB in der französischen Politik.[30]

Besancenot konkurrierte kameradschaftlich mit der Trotzkistin Arlette Larguillier, einer Überlebenden aus den heroischen Zeiten des Klassenkampfes, die sich mit Berufsproleten auf der Suche nach dem marxistischen Gral befand und mit ihnen in kleinen Versammlungsräumen und auf Volksfesten die Internationale sang. Die größte Leistung der Larguillier bestand darin, dass sie seit dreißig Jahren ihre Schlagworte nicht geändert hatte. Wie es die marxistische Thora vorschreibt, hat sich die Wirklichkeit der Doktrin anzupassen und nicht umgekehrt. Der Mensch muss theoriekonform gemacht werden und zu einer Form von kollektivem Glück gezwungen werden, das er sonst von sich aus gar nicht anstreben würde. Der Mensch war dumm geblieben, bis ein gewisser Karl Marx einen Schmöker namens „Das Kapital" verfasste. So einfach läuft die Welt.

Die Umfragen (laut BVA – Orange – Presse régionale) sahen am 10. April 2007 folgendermaßen aus: Sarkozy an der Spitze mit 28 Prozent, er verlor 1,5 Prozent; Royal stabilisierte sich auf 24 Prozent; Bayrou stand mit 18 Prozent deutlich hinter Frau Royal; Le Pen stieg leicht auf 14 Prozent, bekam 20 Prozent Unterstützung unter den Arbeitern und

---

30 „Géopolitique/La nouvelle guerre froide. L'ex-KGB a repris le pouvoir en Russie. Il contrôle toujours de puissants mouvements subversifs dans le reste du monde." So Michel Gurfinkiel am 9.9.2008 in einer Publikation des Institut Jean-Jacques Rousseau in Paris.

GOLLENSTEIN
VERLAG GmbH

Ja, senden Sie mir regelmäßig Informationen über das Programm von Gollenstein zu:

Name, Vorname

Straße

PLZ/Wohnort

Antwort

Gollenstein Verlag GmbH
Handwerkstraße 8 – 10
D-66663 Merzig

Unser Gollenstein-Programm:

Bücher sind für Sie, für die Leser da!

Unsere Bücher sollen im besten Sinne des Wortes unterhalten und geistige Impulse geben.
In diesem Sinne ist unser Programm regional und überregional ausgerichtet.

Wir bieten Ihnen:

Belletristik:
Romane
Erzählungen
Literatur aus dem Grenzraum
 Saar-Lor-Lux, Elsaß, Rheinland-Pfalz
Osteuropäische Literatur
Krimis
Lyrik

Sachbücher:
Zeitgeschichte
Hochwertige Bildbände

Diese Karte entnahm ich dem Buch:

Zum Lesen bzw. zum Kauf wurde ich angeregt durch:

☐ Prospekt
☐ Anzeige
☐ Buchbesprechung
☐ Schaufenster
☐ Empfehlung im Buchhandel
☐ Empfehlung von Bekannten
☐ Geschenk
(Zutreffendes bitte ankreuzen)

Meine Meinung zu diesem Buch:

Angestellten. Aber am 15. April wirkten die zwei „institutionellen" Bewerber gestärkt: Sarkozy bei 30 Prozent (+2) gefolgt von Royal mit 26 Prozent (+2,5), während Bayrou auf 17 Prozent (-3) herunterging. Le Pen verlor einen Punkt auf 12 Prozent. Royal punktete in der Jugend (30 Prozent) und hatte ebenso viele leitende Angestellte für sich wie Sarkozy (29 Prozent). Fast 60 Prozent der Rentner wählten Sarkozy.

Wir wollen hier die Ergebnisse der kleinen Gruppierungen in der ersten Runde der Wahl vorwegnehmen. Besancenots Vorsprung bei den Radikallinken (4,08 Prozent) war wohl ein Resultat des Studentenaufstandes gegen den Ersteinstellungsvertrag von Premierminister Dominique de Villepin. Bei den Gruppierungen am Rand des linken Spektrums dominierte er deutlich und errang einen Achtungserfolg, worauf er in Zukunft bauen konnte, denn die Kommunisten ernteten beim ersten Urnengang am 21. April nur 1,93 Prozent und die Grünen klägliche 1,57 Prozent. José Bové mit 1,32 Prozent und Arlette Larguilier mit 1,33 Prozent waren so gut wie tot. Viele radikale Studenten konnten ihre Abscheu vor den klassischen Sozialisten und Kommunisten nicht überwinden. Bové war ihnen nicht städtisch genug und die Larguillier zu vulgär.

Anders als 2002, als sie alle zusammen 19 Prozent der Stimmen auf sich sammelten, erreichten die sechs Extremlinksgruppierungen, inklusive Kommunisten und Grüne, insgesamt nur 10 Prozent der Wählerstimmen. Dies hatte nach den Wahlexperten zwei Gründe. Die linken Wähler wollten vermeiden, dass der Rechtsradikale Le Pen im ersten Wahlgang wie 2002 durchkommt und sie hatten Frau Royal stärker als damals den sozialistischen Kandidaten Jospin unterstützt. Darüber hinaus waren ihre Programme Fässer ohne Boden. José Bové zum Beispiel hatte 125 Maßnahmen vorgeschlagen, die allesamt 170 Milliarden Euro gekostet hätten, dreißigmal mehr als die Schulden der öffentlichen Krankenkasse.

Trotz seiner relativen Bescheidenheit war das Ergebnis von Besancenot ein Symptom für die schleichende Wirtschafts- und Sozialkrise Frankreichs. Während des langen Wahlkampfes traten immer wieder soziale Probleme auf. Ganz abgesehen vom Streit um die illegalen Zuwanderer, kumulierten eine Campingdemo der Obdachlosen am Ufer des St-Martin-Kanals in Paris und Unruhen in vielen Unternehmen wegen Schließungen oder Personalreduzierungen, etwa bei EADS, Areva und anderen. Bei den Hafenarbeitern von Marseille, bei den Fluglotsen und beim Personal der Krankenhäuser fanden Streiks statt. Die soziale Not klopfte an die Tür der Politik.

Nach der ersten Runde der Wahl am 22. April 2007 blieben die beiden Wortführer von links und rechts, Nicolas Sarkozy (31,2 Prozent der abgegebenen Stimmen) und Ségolène Royal (25,9 Prozent), im Rennen. Es bedeutete eine Rückkehr zur Normalität, nachdem sich 2002 der Spitzenmann der Rechten, Jacques Chirac, und die Galionsfigur der Ultrarechten, Jean-Marie Le Pen, in der Arena gegenübergestanden hatten. Bayrous Plan, die bewährte Zweiteilung der französischen Politik aufzubrechen, war gescheitert. Das Ergebnis dieser ersten Runde 2007 verstärkte den Eindruck, dass Frankreich zweigeteilt war. Der Pariser Beobachter der SPD-nahen und Sarkozy-kritischen Friedrich-Ebert-Stiftung, Winfried Veit, berichtete, dass dieses Ergebnis des ersten Wahlgangs nicht überraschend kam, lagen doch beide, Sarkozy und Royal, seit Monaten in den Umfragen vorn. Überraschend war jedoch, seiner Meinung nach, die Eindeutigkeit ihres Erfolges: Bis zuletzt schien es nicht ausgeschlossen, dass der Zentrumskandidat François Bayrou (18,6 Prozent) oder gar der Rechtspopulist Jean-Marie Le Pen (10,4 Prozent) wie 2002 in die Stichwahl kommen könnten. Nun lagen sie hinten und die anderen Parteien waren deutlich abgeschlagen. Wie Veit vermerkte, war „das Ergebnis nicht ohne Widersprüche: Einerseits eine Stärkung des Links-Rechts-Schemas in der französischen Politik, andererseits aber mit dem Achtungserfolg von Bayrou möglicherweise ein erstes Anzeichen für dessen Auflösung". „Gut für die französische Demokratie sind nach Jahren der Politikverdrossenheit und Wahlmüdigkeit die sehr hohe Wahlbeteiligung und das schlechte Abschneiden des rechtsextremen Front National", schrieb er abschließend.

Sarkozys Patriotismus, seine ruhige Hand während der vorangegangen Strassenkrawalle, seine dezidierte und treffende Kritik an der Ideologie vom Mai 1968 sowie sein Projekt eines Europas mit Grenzen nach Außen und Schutz für die Bürger, hatten Le Pen das Wasser abgegraben, ohne dessen Weltanschauung und Republikfeindlichkeit zu übernehmen. „Sarko" hatte den „Front National" enthauptet und gegen alle Prognosen die Hälfte des Bayrou-Potentials an sich gezogen. Das Argument der Überparteilichkeit war bei Bayrou nicht so glaubwürdig gewesen, weil Sarkozy von vielen als unabhängiger Kandidat statt als Nachfolger von Chirac und Erzgaullist angesehen worden war.

Ein Fehler von Le Pen war es gewesen, dem Rat seiner Tochter Marine zu folgen und den Zuwanderern die Hand auszustrecken. Er gewann damit nur wenige Stimmen von Migranten und verlor viele seiner

Stammwähler, die diese Selbstverleugnung nicht verstanden. Nur ein Prozent der Moslems gaben ihm ihre Stimme. Trotz seiner großzügigen Angebote an die Immigration, trotz seines Programms der „positiven Diskriminierung", um der Jugend der „sensiblen Viertel" überdurchschnittlich zu helfen, erhielt Sarkozy auch nur ein Prozent der moslemischen Voten. Egal, ob sie aus Schwarzafrika, dem Maghreb oder aus der Türkei stammt, die moslemische Wählerschaft wird immer mehrheitlich gegen die europäische Rechte sein.

Zwei Drittel der Moslems hatten Ségolène Royal ihre Stimme gegeben und 8 Prozent Olivier Besancenot unterstützt, doppelt soviel wie in der Wählerschaft insgesamt. Kein Wunder, dass die PS auch nicht eingebürgerten „Ausländern" lokal und regional das Wahlrecht geben möchte. Besancenot will sogar, dass sie bei Parlaments- und Präsidentenwahlen mit abstimmen dürfen. Dass die Linke die Homoehe unterstützt und die Religion häufig negiert, darum scheren sich die Moslems nicht. Ihnen reicht es vorerst, dass sie die Gesellschaft, in der wir leben, irgendwie ablehnt.

7. Kapitel
Alles, nur nicht Sarkozy!

„Sego contra Sarko!" Ein spannender Zweikampf war angesagt. Die Chancen von Ségolène Royal für die zweite Runde steckten weniger im Engagement ihrer Anhänger für den Sozialismus als im Aufruf: „Alles, nur nicht Sarkozy!" Daher musste der Kampf gegen den republikanischen Thronanwärter „Nicolas I." härter werden. Es mussten subjektive Attacken gegen den Mann geführt, Zweifel an seiner demokratischen Gesinnung gestreut, ja sogar ein Verdacht bezüglich seiner psychischen Zurechnungsfähigkeit gesät werden. Nach Sarkozys haushohem Sieg in der zweiten Runde blieb es bei Behauptungen dieser Art, denn das Repertoire kann gar nicht so schnell erneuert werden.

Anders als 2002, als Jacques Chirac sich gegen Jean-Marie Le Pen behaupten musste, war diesmal die Normalität eingekehrt. Der Zentrist Bayrou war „out". Die Links- und Rechtsradikalen ebenfalls. Die links-rechts „Bipolarität" der französischen Politik war wieder klar: Konservativ-Liberale der UMP gegen Sozialisten der PS und andere Linke. Würde der Merkel-Effekt Frau Royal zugute kommen? Es reicht aber nicht, eine Frau zu sein, um Merkel-Niveau zu haben. Die Wählerschaft der ausgeschiedenen Kandidaten war allerdings noch da. Frau Royal machte Bayrou eindeutige Angebote. Sarkozy ließ sich nicht dazu herab. Le Pen erteilte seinen Leuten den Befehl, nicht für Sarkozy zu stimmen. Der Kandidat Sarkozy hütete sich, die Wähler von Le Pen anzusprechen. Die vernünftigen unter ihnen sollten selbst entscheiden.

Es ging los mit der Zitterpartie. In seiner Befragung am 25. April 2007 im französischen Fernsehen hatte Sarkozy ein Frankreich dargestellt, das wieder Dynamik entwickeln und seinen Rang unter den Nationen, im Rahmen eines vereinigten Europas, zurückerobern würde. Sarkozy war im Wahlkampf, was er als Präsident geblieben ist: ein Draufgänger. Es kam ihm zu gute, dass die Programme der beiden großen Parteien, UMP und PS, so unterschiedlich wie noch nie waren. Alle Beobachter stimmten darin überein, dass diese Wahl richtungweisend wäre und dass die Karten in Frankreich neu gemischt würden. Nicht nur, weil Nicolas Sarkozy und Ségolène Royal zum ersten Mal antraten, sondern auch weil zwei Gesellschaftsmodelle, zwei unterschiedliche Menschenbilder einander gegenüberstanden.

Im Gegensatz zur emotional auftretenden Royal appellierte „Sarko" vorrangig an den Intellekt der Landsleute. Seine Leitmotive waren die Arbeitsleistung, der soziale Aufstieg, die „positive Diskriminierung" begabter Neubürger, unabhängig von Hautfarbe oder Herkunft, und die innere Sicherheit. Kein französischer Wahlkampf wurde je im Ausland so aufmerksam verfolgt. Die zwei Rivalen glichen sich ebenso wenig wie Katze und Hund. Sarkozy war der klassische Politiker, der Ideen und Argumente den Wählern weitergab und von ihnen bestätigen lassen wollte. Er ließ sich beraten, entschied und erklärte dann den Menschen Punkt für Punkt sein Konzept. Er versprach mehr Arbeit und demzufolge aus der eigenen Tasche bezahlbaren Konsum, während der „heiligen Sieglinde" Wunder vorschwebten. Den Wohlstand konnte man aus Sarkozys Sicht nicht zum halben Preis oder umsonst bekommen. Mehr war nur durch mehr Arbeit möglich. Er kritisierte, dass die Sozialisten gleiches Geld bei mehr bezahlter Freizeit versprachen. Die PS wollte die Restarbeit zwischen immer mehr Menschen aufteilen, ohne dass die glücklichen Inhaber von Arbeitsplätzen Einkommenseinbussen erleiden sollten. Aber Sarkozy hatte darauf getippt, dass viele Franzosen mehr arbeiten wollten, statt sich auf die faule Haut zu legen, wie die Linken es voraussetzten.

Die Unzulänglichkeiten von Frau Royal wurden von dem älteren großen Mann der Sozialistischen Partei, Lionel Jospin, in einem Buch angeprangert. Wohlgemerkt von einem Parteigenossen, der sie in seiner Regierung gehabt hatte. Ihr ehemaliger Minister Claude Allègre war auch sehr skeptisch. Was sie empfahl, waren Ketten von Maßnahmen, disparate Aufzählungen, deren Abfolge keinen logischen Zusammenhang besaß. Kaum gab sie eine Erklärung, so folgte immer eine solche Aufzählung von einzelnen Themen. Sie glich manchmal einer Schülerin, die in der Prüfung das Gelernte hersagt. Bewusst oder unbewusst war sie außerdem die neumodische Vertreterin des Konsumismus. Sie versprach Konsum und dann Freizeit und Frührente. Wer das bezahlen sollte, war klar: die „Reichen". Im Namen der radikaldemokratischen Transparenz wollte Frau Royal mit aller Welt über Produkte und Ideen öffentlich diskutieren und alle Handelsbetriebe von gewählten Überwachungsinstanzen kontrollieren lassen. Sie wirkte wie die Moderatorin eines Supermarktes, die die Kunden von Abteilung zu Abteilung führte und ihnen allerlei Erzeugnisse anbot, die dort ausgestellt waren. Demjenigen, der nicht bezahlen konnte, gewährte man Kredit. Andere würden schon später solidarisch für ihn bezahlen. Dass ein so verschwenderisch-großzügiges Programm nicht von Dauer sein konnte, wusste jede Hausfrau, die haushalten konnte. Die Sozialistische Partei und die Kommunisten wollten die Probleme des 21. Jahrhunderts mit den Ideen des 19. Jahrhunderts lösen. Dabei sagten alle Institute, auch linke Vereine wie der „Club of Rome", dass es mit dem unbegrenzten Wachstum zu Ende ging und dass man also nicht ewig auf mehr Geld, mehr Produkte, mehr Menschen und mehr Freizeit setzen konnte. Viele spürten, dass der Altgaullismus sich ebenfalls seinem Ende nahte. Die Allianzen der Nachkriegszeit waren überholt. Außerdem war es wie in Deutschland 2005 die erste Wahl nach dem Niedergang der 68er Ideologie. Die ehemalige 68er-Generation erreichte das Rentenalter. Es zeigte sich, dass die Mehrheit der Franzosen einen „umgekehrten Mai 1968" wollte und eine komplexfreie Rechte herbeiwünschte. In seiner letzten großen Wahlkampfrede im Stadion Bercy hatte Sarkozy „die Erben von 1968" gegeißelt, die seines Erachtens die Rangordnung der Werte auf den Kopf gestellt hatten.

„Sie hatten die Vorstellung durchgesetzt", sagte er, „dass alles gleichwertig war, dass es keinen Unterschied mehr zwischen dem Guten und dem Schlechten, zwischen dem Wahren und dem Falschen, zwischen dem Schönen und dem Hässlichen gab." „Sie versuchten glaubhaft zu machen, dass der Schüler so viel wie der Lehrer wusste, dass man keine schlechten Zensuren geben sollte, um die schlechten Schüler nicht zu traumatisieren und vor allem, dass es keinen Wettbewerb geben durfte. Sie waren auch der Meinung, dass das Opfer weniger wichtig war als der Täter." „Bei dieser Wahl", schloss er messerscharf, „wird entschieden, ob das Erbe von 1968 fortgeführt oder ein für alle Male getilgt werden soll." Dabei handelte es sich nicht um wirtschaftliche Belange, sondern um eine regelrechte Kulturrevolution. In der Gesetzgebung sollte die ehemalige Richterin Rachida Dati dem ehemaligen Anwalt Sarkozy helfen diese Umstellung der Werte schrittweise durchzusetzen, um zu erreichen, dass Opfer wieder mehr als Täter gelten. Viele sagten, Frankreich stünde am Scheideweg und vor stürmischen Zeiten. Diese Wahl war wichtiger als viele davor. Man spürte, dass das verkalkte und erstarrte Frankreich im Begriff war, eine neue Epoche zu betreten, und eine Grunderneuerung brauchte.

Noch nie hatten die Franzosen einen Wahlkampf so aufmerksam verfolgt. Man stellte eine „Repolitisierung" der Bevölkerung, selbst der Jugend fest. Auch das Ausland wusste, dass vieles in Europa von dieser

Wahl abhing. Frankreich schlitterte in eine Staats- und Identitätskrise hinein, die nur eine starke Hand aufhalten konnte. Falls der nächste demokratische Präsident scheitern sollte, egal wie er oder sie hieße, würden die Rechtsradikalen, Souveränisten und sonstigen Betont-Nationalen Aufwind bekommen. Noch nie waren die Angriffe von Extremrechts und von Extremlinks auf das verhasste „System" so bissig gewesen. Rechts- und Linksradikale wollten „das System", sprich die Republik, beseitigen.

Die Arbeitslosigkeit war die Hauptsorge bei 47 Prozent der Bürger, danach die Kaufkraft (34 Prozent). Die innere Sicherheit war rechts (40 Prozent) wichtiger als links (22 Prozent). Sarkozy hatte am 16. April im Fernsehen versprochen, die Arbeitslosigkeit von 10 auf 5 Prozent zurückzufahren. Um die Stimmungslage kurz zu schildern, sollte man zunächst festhalten, dass die innerparteilichen Auseinandersetzungen um die Positionierung der beiden Hauptbewerber, „Sarko" und „Ségo", das politische Geschehen des zweiten halben Jahres 2006 und des ersten halben Jahres 2007 bestimmten. Frankreich hatte wegen dieser formidablen Wahl ein Jahr politische Lähmung auf Staatsebene hinter sich.

Das Misstrauen der Bürger gegenüber den politischen Institutionen war stark, aber das Misstrauen des Staates gegenüber den Bürgern war es genauso. Die Politik ist bekanntlich ein Sündenpfuhl, das steht in allen Zeitungen zu lesen. Einer der Gründe für die zunehmende Politikverdrossenheit und für die Schwankungen der Wählerschaft war nach Einschätzung des Politologen Pascal Perrineau das Versagen der großen gesellschaftlichen Organisationen, die früher als Transmissionsriemen für die Bedürfnisse und Nöte der Bevölkerung funktionierten. Mit acht Prozent war der gewerkschaftliche Organisationsgrad in Frankreich einer der niedrigsten in der Europäischen Union. Die Parteien hatten seit einem Vierteljahrhundert einen permanenten Erosionsprozess erlebt und nur noch zwei Prozent der Bevölkerung waren Mitglied einer Partei. „Parteien und Gewerkschaften werden immer stärker zu ‚professionellen' Organisationen, die sich immer mehr von der Gesellschaft entfernen", stellte Perrineau fest.

Die Wähler hatten sich, wie gesagt, bereits weitgehend festgelegt. 71 Prozent waren sich im ersten und 87 Prozent im zweiten Urnengang ihrer Entscheidung sicher gewesen. Im Vergleich zu Frau Royal wurde Sarkozy von 45 Prozent der befragten Wähler in der letzten BVA-Umfrage als derjenige Kandidat bezeichnet, der „den Wechsel am besten verkörpere", gegen 38 Prozent, die der Sozialistin das zutrauten. Er war „derjenige, der die besten Lösungen für ihre Probleme" brachte (46 Prozent gegen 38 Prozent) und „derjenige, der am meisten das Format eines Staatspräsidenten" hatte (59 Prozent gegen 30 Prozent). So kann man sagen, dass zumindest zwischen beiden das Verhältnis sich seit dem Jahresbeginn gründlich verändert hatte. Die Meinung, dass Frau Royal ein „politisches Leichtgewicht" war, stand schon in der englischen Presse, allerdings nicht in der deutschen. Konnte „Sarko" dennoch seines Sieges sicher sein? Die Franzosen sind immer für eine Überraschung gut.

Im Februar 2007 hatte ich während des französischen Wahlkampfes bei Vorträgen in Saarbrücken, München, Hamburg und Berlin auf einen Sieg von Nicolas Sarkozy getippt und dafür von meinem deutschen Publikum weitgehend Applaus bekommen. Mag sein, dass mehr oder weniger Gleichgesinnte zu meinen Vorträgen kamen. Dennoch bedeutete es, dass es Sarkozy auch im Ausland gelungen war, der Faszination, die Frau Royal anfangs ausübte, entgegenzuwirken. Er war von allen Kandidaten der faszinierendste geworden. Er war nicht langweilig. Dafür, dass er sich selbst treu geblieben war, mehr Sarkozy denn je, siegte er am 6. Mai 2007 im zweiten Wahlgang der Präsidialwahl mit einem satten Vorsprung von 53,06 Prozent vor Frau Royal: 46,94 Prozent, 6 Punkte Abstand, 3 Millionen Stimmen. Angesichts der knappen Mehrheiten in unseren Staaten war das ein erdrutschartiger Sieg.

Die Beobachter der SPD in Paris gaben zu, dass das Wahlergebnis „letztlich eine langfristige Folge eines langfristigen Trends war" und „die französische Gesellschaft nach rechts gerückt" sei. „Die offen von Sarkozy propagierten Werte wie Arbeit, Autorität, Moral, Ehre der Nation und nationale Identität stießen auf Resonanz", wurde in der Friedrich-Ebert-Stiftung diagnostiziert. Eine „konservative Revolution" war tatsächlich im Gange. Freilich, hofften die sozialdemokratischen Analysten, würde sie auf Widerstände stoßen. Zu stark hätte sich die Vormacht organisierter Minderheiten, antirassistische Komitees, Kampf gegen Rechts, organisierte Feministinnen, Lesben- und Schwulengruppen und Moslemorganisationen, in den letzten Jahren etabliert, als dass die Regierungspartei UMP nicht vor ihnen einknicken würde. Bei Wahlen, wenn die schweigende Mehrheit des Volkes Farbe bekennen kann, sind diese Grüppchen so gut wie nicht existent. Und in der Tat war die Wahlbeteiligung am 6. Mai 2007 mit 85 Prozent sehr hoch gewesen. Zwischen den Wahlen können aber kleinste Minderheiten durch Polit-Aktivismus und lautstarke Proteste die Bühne beherrschen. Würde die französische „konservative

Revolution" auf Deutschland überspringen? Sie sei so „französisch geprägt", meinte die Friedrich-Ebert-Stiftung, dass die Deutschen sie sich nicht zu eigen machen könnten. Dagegen hoffte man, dass organisierte französische Protestbewegungen sich wie ein Lauffeuer europaweit verbreiten würden.

Die Franzosen hatten an ihren Präsidentschaftswahlen leidenschaftlich teilgenommen, und auch viele Europäer hatten sich für diese Wahl interessiert. Es war eine außergewöhnliche Zeit gewesen, die abgeschlossen war. Man hatte sich mit Haut und Haaren in die Schlacht geworfen und die Schritte der „Challenger" mit pochendem Herzen verfolgt. Viele Menschen hatten gefühlt, was auf dem Spiel stand. Entweder schaffte Frankreich die Wende in Richtung moderne Welt, oder es kehrte zu seinen alten Dämonen zurück. Es ging nun darum, das Blatt zu wenden. Sarkozy war bei Berücksichtigung der Werte und Traditionen der Bruch mit der Vergangenheit gelungen. Mag sein, dass seine fremde Herkunft ihn zu etwas befähigt hatte, was keinem Stammfranzosen gelungen wäre, dem die nötige Distanz zu dem „Ist"-Zustand seines Landes gefehlt hätte. Aber damit war nur ein Stück des Weges zu einem renovierten, dynamischeren Frankreich zurückgelegt. Die restliche Strecke sollte ebenso steinig werden.

8. Kapitel
Die Sarkozy-Mannschaft

Über ein Vierteljahrhundert politischer Arbeit, das Ziel eines Lebens, ist von den Wählern belohnt worden. Der Shooting Star bzw. der Meteorit der französischen Rechten ist dort gelandet, wohin er immer wollte. Er ist kein Apollo, aber sympathisch und beweglich, hochintelligent. Er redet schnell, aber deutlich, mit einer Samtstimme und findet immer das treffende Wort. Macht er den Mund auf, kann man nur zuhören. Weswegen sollten die Franzosen nicht zufrieden sein? Der Wahlsieger hat eine bestimmte Vorstellung der immensen Arbeit, die ihn erwartet, um Frankreich von Grund auf zu erneuern und Europa auf neue Gleise zu stellen. Er hat in Wahlkampfreden alles gesagt,[31] was er tun wird.

Dominique de Villepin verließ sein Amt als Premierminister am 15. Mai 2007. Sarkozy ernannte am 17. Mai François Fillon als dessen Nachfolger. Fillon, geboren 1954 in Le Mans, Dr. iur. und Dr. pol., früher Arbeitsminister, ein ruhiger Mann, in einem Dorf aufgewachsen, hatte sich zu Sarkozy schon bekannt, als dieser Innenminister war, und er war der Architekt seines Wahlkampfprogramms gewesen. Alter, Studium, Laufbahn einte sie. Beide hatten am Anfang ihres Berufslebens Journalist werden wollen, gaben das aber später auf. Fillon absolvierte sogar Praktika bei der französischen Presseagentur AFP.

Mit seiner damaligen Frau, die ihm im Wahlkampf gewissenhaft sekundiert hatte, erholte sich Sarkozy wenige Tage auf der Jacht eines Freundes, des Großindustriellen Vincent Bolloré, im Mittelmeer in der Nähe der Insel Malta. Der Präsident ging an Land und joggte mit seinen Leibwächtern. Indessen lief die Regierungsbildung auf vollen Touren. Ein paar Getreue wurden Minister, darunter Brice Hortefeux, Rachida Dati, Eric Woerth, sowie gaullistisches Urgestein wir Roseline Bachelot, Michèle Alliot-Marie, der aus seinem kanadischen Exil zurückgekehrte Alain Juppé und Talente wie die Amerika-Kennerin Christine Lagarde, geboren 1956, die in New York eine Anwaltskanzlei geleitet hatte, Valérie

---
31 Man lese seine letzte Wahlkampfrede in Montpellier im Anhang dieses Buches.

Pécresse, geboren 1967, Ministerin für Hochschulwesen und Forschung, und Christine Albanel, geboren 1955, Kulturministerin.

Sarkozy bereitete den Sozialisten und Bayrou eine kleine Überraschung, als er linke Leute aus ihren Reihen abwarb, um sie in die Regierung aufzunehmen. Untereinander waren die Sozialisten heillos zerstritten. Sarkozy verstärkte deren Querelen und Ratlosigkeit, indem er an einige ihrer Stars, wie Jack Lang, Bernard Kouchner, Jean-Paul Jouyet, Jacques Attali, und begabten Menschen wie Fadela Amara, Martin Hirsch, die von ganz links kamen, Regierungsposten und Aufträge verteilte. Das war natürlich Taktik, um Gegner zu entwaffnen. Aber auch Methode, um die Reichweite seiner Politik auszudehnen. Unter ihnen waren Leute, die Sarkozy im Wahlkampf bekriegt hatten. Alte Kämpfer der UMP waren damit nicht überaus glücklich, aber der Präsident wusste, dass sie zu ihm halten würden. Sie hatten keine Alternative und sein Stern glänzte zu sehr, als dass man ihn verlassen konnte. Er destabilisierte damit die PS und versetzte François Bayrou in Erklärungsnot, dessen Leitmotiv im Wahlkampf gewesen war, die Spaltung zwischen Links und Rechts zu überwinden.

Die Minister sollten Reformprogramme ausarbeiten, ihre Verwaltungen leiten und anspornen und Vorzeigefiguren sein. Aber es wurde gleich klar, wo die wirklichen Entscheider sich versteckten. Der Machtkern wurde vom Kabinett ins Präsidialamt verlagert. Zuallererst muss man die rechte Hand von Nicolas Sarkozy nennen: Claude Guéant, im Januar 1945 in Vimy (Nordfrankreich) geboren. Dieser Superbeamte wurde am 16. Mai 2007 zum Generalsekretär des Präsidialamtes ernannt. Er hatte in Paris Jura studiert, dort das Institut für Politikwissenschaften und die Verwaltungsakademie ENA absolviert. Er arbeitete zunächst in der Regionalverwaltung, auch auf der Insel Guadeloupe, aber seine eigentliche Berufung fand er ab 1977 im Innenministerium. Er verließ es vorübergehend, kam zurück und wurde von Charles Pasqua 1994 zum Generaldirektor der Polizei ernannt. Dann arbeitete er wieder in der Regionalverwaltung, aber Nicolas Sarkozy nahm ihn zu sich ins Innenministerium. Guéant ist nach dem Staatspräsidenten der mächtigste Mann in Frankreich und Sarkozys Vertrauensmann. Von den Medien hat die „graue Eminenz" des Präsidenten viele Beinamen bekommen: „der andere Premierminister", „der Vize-König", „der Präsident Nr. 2", „Kardinal Mazarin". „Ich habe nur einen Wunsch", sagt er, „bis 2012 hier zu bleiben." Disziplin ist eines seiner Lieblingswörter, und er hegt keine weiteren Ambitionen. Ihm war der Mut von Nicolas Sarkozy während der Geiselnahme in Neuilly 1994 aufgefallen, als er selbst im Innenministerium an der Seite von Charles Pasqua arbeitete. Von da an folgte er Sarkozy. „Ich bohre das Loch an, er haut den Tunnel", so definiert Sarkozy seine Zusammenarbeit mit ihm. Er ist „kaltblütig und ein Arbeitstier", sagte Charles Pasqua von ihm. Er gehört zu den wenigen, die ohne Gewitter heraufzubeschwören, dem Präsidenten Kurskorrekturen vorschreiben können. Auch dem Premierminister Fillon darf Guéant widersprechen. Aber vor allem ist er der Mann, der vor allen anderen etwas weiß, der alles weiß, was die anderen nicht wissen, und der seinen Mund hält. Ohne sich zu beschmutzen, kann er sich in die Grauzone zwischen den ehrbaren Leuten und den Politgangstern aller Art begeben, mit denen er manchmal paktiert, wenn er sie nicht festnehmen lässt. Als Polizeichef hat er allerlei Fäden auch ins Ausland gesponnen, von denen man besser nichts erfährt. Aber ein Mensch ist er trotzdem geblieben. Als es zwischen Cécilia und Nicolas kriselte, konnte er als Einziger zwischen den beiden mit viel Taktgefühl vermitteln. Cécilia sah in ihm nie „einen Politiker", sondern „einen klugen Kopf, der sich in allen Lagen" zurechtfindet. „Er ist ein Mann von Bildung und Verstand im Sinne des 18. Jahrhunderts", sagte sie. „Er ist weder verschlagen, noch pervers, noch hinterlistig. Er ist kerzengrade, den Werten verpflichtet, trotz des Anscheins überempfindlich, zurückhaltend und sehr höflich."

Während Guéant der Realpolitiker ist, spielt Henri Guaino die Rolle des Lyrikers des Präsidenten, genauer gesagt, er ist sein Sonderberater und Ghostwriter. Er wurde im März 1957 in Arles in der Provence als Sohn einer Putzfrau geboren. Seinen Vater hat er nie gekannt. Er wurde von seiner Großmutter erzogen. Er hörte in Paris Vorlesungen in Jura, Geschichte, Politikwissenschaft, erwarb ein Diplom des Instituts für Politikwissenschaft und machte die Aufnahmeprüfung der Verwaltungsakademie ENA. Zuerst arbeitete er im Bankenwesen, unterrichtete Volkswirtschaft als Dozent an verschiedenen Hochschulen, war wieder in der Privatwirtschaft und trat in die gaullistische Partei ein. An der Seite von Philippe Séguin bekämpfte er ohne Erfolg die Einführung des Euros und den Maastrichter Vertrag. Er ist zweifelsohne ein Souveränist und Patriot, ein Gegner Europas gewesen. Die Reihenfolge seiner Funktionen und Interessen, in der Sozial-, Wirtschafts- und Finanzpolitik, in der Technologie- und Energiepolitik, auch in der Umweltpolitik ist beeindruckend, und trotzdem ist er ein Literat, ein begnadeter Redenschreiber, fast ein Poet. Er hat mehrere Essays geschrieben, darunter 1999 einen über Europa gemeinsam mit Daniel Cohn-Bendit.

Guaino müsste „géant" (bloß nicht verwechseln mit Guéant) heißen, was auf Französisch „Riese" bedeutet, denn dieser großgewachsene Mann überragt deutlich die anderen nächsten Berater. Er ist in der geistigen Mannschaft von Sarkozy der Kontrapunkt zu Guéant. „Zwischen uns beiden muss Nicolas entscheiden", gesteht Guaino. Sarkozy braucht diese zwei konträren Seelen um sich. Wie Janus hat das Präsidialamt zwei Gesichter. Guaino behauptet von sich, dass er in die Zukunft blickt. Wohin blickt dann Guéant? Nach Guainos Erfolg bei der Gründung der Mittelmeerunion in Paris und nach der hervorragenden Rede von Tel-Aviv, die er für den Präsidenten schrieb, hat der sachliche Guéant wohl nicht mehr so viel an den Reden und Ideen seines Nachbarn auszusetzen. Einmal, nach einer Rede in Saint-Etienne, deren Entwurf Guéant veränderte, hatte es einen Knall gegeben. Cécilia und Nicolas mussten den Riesen überreden zu bleiben. Er blieb unter der Bedingung, Nummer 2 im „Elysée" hinter Guéant zu sein, ein großes Büro im ersten Stock unweit von demjenigen von Guéant zu besitzen und direkt mit dem Präsidenten verkehren zu dürfen. Er beanspruchte auch die Freiheit „eine sprechende Feder" zu sein, d.h. unmittelbar mit den Medien reden zu dürfen. François Fillon kritisierte einmal diese Situation, in welcher der eine, Guéant, nicht ohne den anderen, Guaino, existieren kann. Aber Sarkozy kann Guaino nie „nein" sagen. Er ist überzeugt, dass er ihm seinen Sieg im Wahlkampf verdankt.

Guaino rüstete Sarkozy im Wahlkampf unter anderem mit den patriotischen und nationalistischen Fakten und Namen auf, die die nationalistische, aber auch die gebildete Rechte an den Präsidenten banden. Er war derjenige, der den Brief des jungen kommunistischen Widerstandskämpfers Guy Mocquet entdeckte, der den Präsidenten so bewegte, dass er daraus ein Ereignis machte. Aber auch mit Johanna von Orléans, Victor Hugo, Charles de Gaulle, Léon Blum oder auch Jean Jaurès ist Henri Guaino posthum „per du". Er zwingt das Staatsoberhaupt, auch solche Leute zu zitieren, die Sarkozy nicht unbedingt schmecken. Er war auch derjenige, der den Kandidaten Sarkozy darauf aufmerksam machte, dass die „political correctness" und nicht die katholische Kirche die Mode der Reue durchgesetzt hatte und man damit aufhören sollte. „Man will die Söhne für die Sünden der Väter büßen lassen. Das ist absurd. Mein Frankreich war nicht Vichy. Sie sollten sich dieser Mode der Reue widersetzen, die den Selbsthass zum Ausdruck bringt und die zum Hass gegen die anderen führt", sagte er ihm ungefähr. Dafür haben manche, wie der ehemalige

Vorzeigephilosoph von Mitterrand, Bernard Henri Lévy (genannt BHL), Guaino gehasst. Sie sehen in ihm den verflixten ultrarechten Ideengeber des Präsidenten, was überhaupt nicht stimmen kann. BHL, der sich manchmal für den Nabel der Welt hält, hat Guaino öffentlich als „Rassisten" und „ Verrückten" tituliert, was noch weniger stimmt.

Jean-David Levitte, der dritte Mann im Elysée-Palast, wurde im Juni 1946 in Moissac als Sohn von Georges Levitte, Erzieher, und von Doreen Duggan, beide jüdischer Konfession, geboren. Mit seiner Frau Marie-Cécile Jonas ist er Vater von zwei Töchtern. Der promovierte Diplom-Politologe absolvierte außerdem das Institut für asiatische Sprachen und lernte Chinesisch und Indonesisch. Er war Diplomat bei den Vereinen Nationen in Genf und anschließend der „Sherpa", mit anderen Worten der diplomatische Kofferträger, von Jacques Chirac in den 90er Jahren. Dann war er Vertreter Frankreichs bei der UNO in New York und von 2002 bis 2007 Botschafter in Washington. Er leitete Frankreichs Versöhnung mit George Bush und den USA in die Wege. Am 16. Mai machte Nicolas Sarkozy aus ihm den Leiter der Präsidialabteilung für diplomatische Angelegenheiten, also seinen diplomatischen Berater. Levitte ist auch Mitglied des nach amerikanischem Modell neu gegründeten Nationalen Sicherheitsrates.[32]

Andere Mitarbeiter des Präsidenten, wie sein persönlicher Referent[33] Cédric Goubet, gehören zum „Inneren Kreis". Mit seinem Stellvertreter Samuel Fringant ist er nebenbei für die Korrespondenz mit den Staatsbürgern, Bittstellern, Gratulanten und Nörglern aller Art zuständig. Beide erledigen das mit so viel Fingerspitzengefühl wie nur möglich, denn der Präsident (und auch seine neue Gattin Carla Sarkozy) legen großen Wert auf diese Ebene der persönlichen Kommunikation mit den Menschen. Der großgewachsene Protokollchef Jean-Pierre Asvazadourian, offensichtlich armenischer Abstammung wie der UMP-Generalsekretär Patrick Devedjan, sorgt dafür, dass das Kommen und Gehen im Palast an der Rue du Faubourg Saint – Honoré „Klasse" behält.

Ganz prominent und wichtig sind auch diejenigen Mitarbeiter, die für die Imagepflege von Nicolas Sarkozy sorgen. Aus dem antiken Badezimmer der Kaiserin Eugénie, der Gattin von Napoleon III., hat man im Elysée-Palast ihr Büro gemacht. Diplom-Politologin Catherine Pégard, geboren im August 1954 in Le Havre, war eine prominente Journalistin,

---

32 Er gehört auch der Académie des Sciences Morales et Politiques an.
33 In Frankreich heißt er „Chef de cabinet".

insbesondere beim Magazin „Le Point". Sie schrieb über die parlamentarische Rechte, führte Kolumnen, war in Talkshows zu sehen. Über den Einstieg ihrer ehemaligen Kollegin in die Kommunikationsabteilung des Elysée-Palastes nach dem Sieg von Sarkozy zogen die Journalistenkollegen her, die überall heimliche Bindungen zwischen Politik und Medien wittern. Schließlich war doch auch Thierry Pfister von „Le Monde" unter Mitterrand in die Regierungsmannschaft aufgestiegen. Kein Geringerer als der große John Vinocur von der „International Herald Tribune" verteidigte Frau Pégard. Er wolle nicht, sagte er dem „Express" am 31. Mai 2007, dass man aus ihr einen Sündenbock für sowieso bestehende Zustände mache. Die Journalisten sind oft die Zielscheibe einer Gesellschaft, klagte er, „die in Dissens mit ihren Eliten lebt". Die Arbeit von Frau Pégard war so gut, dass der Präsident ihr dann am 15. März 2008 die Leitung des „Politischen Pols"[34] des Elysée-Palastes anvertraute.

Ein nicht weniger wichtiger Mann ist der joviale und aufgeschlossene Franck Louvrier. Mit kaum 40 Jahren leitet dieser Mann aus Nantes am Atlantik die Kommunikations- und Presseabteilung des Präsidenten. Seit zehn Jahren ist er der Kommunikationsberater von Nicolas Sarkozy. Das fing im Rathaus von Neuilly an. Dann war er persönlicher Referent Sarkozys in dessen Zeit als Minister für Inneres, Wirtschaft und Finanzen. Als Sarkozy 2004 UMP-Vorsitzender wurde, wurde Louvrier Kommunikationschef der Partei. In der RPR von Alain Juppé hatte er bereits diese Stelle inne. 2006 arbeitete er an der „Popularisierung" der Politik von Sarkozy und umgab ihn mit Künstlern und Sängern wie Doc Gynéco und Johnny Halliday. Er war der „Macher" des modernen Images von Sarkozy. Mit François Fillon, Claude Guéant, Laurent Solly und Emmanuelle Mignon war er im Wahlkampfstab des Kandidaten Sarkozy, insbesondere für die Beziehungen mit den Medien zuständig. Man sagt spaßeshalber von ihm: „ Franck hat einen Vorzug: er kennt die Public Relations, und einen Fehler: er kennt nur das." Es ist für ihn eine Leidenschaft und sein Hobby. Seine Kontakte mit den Journalisten sind selbstverständlich hervorragend.

Nach Sarkozys Wahl wurde Louvrier zum einfachen Presseattaché degradiert, weil Cécilia ex-Sarkozy ihn nicht mochte. Er durfte sechs Monate lang am Morgenbriefing um 8 Uhr 30 mit den nächsten Beratern nicht teilnehmen. Die ehemalige Präsidentengattin warf ihm vor, dass er

---

34 „Le pôle politique" ist die politische Abteilung, sie hat nichts mit „pool" zu tun.

sie nicht wie Rachida Dati und David Martinon in den USA anrief, als sie dort in den Armen ihres Liebhabers Zuflucht gesucht hatte. Die beiden hatten sie über die Lage in Paris informiert. Louvrier tat das nicht. Dass sie von ihm keine telefonischen Streicheleinheiten erhielt, ließ Cécilia ihn bezahlen. Sie warf ihm vor, „zu neutral" gewesen zu sein. David Martinon erhielt die Stelle des Elysée-Sprechers, Louvrier durfte mit ihm nur ein ganz klein bisschen die Kommunikation teilen. In diesen tristen Monaten boten mehrere prominente Fernsehprogramme und die berühmte Produktionsfirma Endemol Louvrier vergoldete Verträge an, die er allesamt ablehnte. Er war für Sarkozy der Treueste unter den Treuen. Erst nach der Scheidung von Nicolas und Cécilia fand er wieder Gnade und wurde alleiniger Chef der Kommunikationsabteilung.[35] Man strich die Stelle von Martinon, der als Konsul nach Los Angeles geschickt wurde. Offiziell hat jetzt der Elysée-Palast keinen Pressesprecher. Aber Louvrier ist es faktisch. Er gehörte zu den wenigen Vertrauten, die nach der Heirat von Nicolas und Carla zum Geburtstag der neuen Frau des Staatsoberhauptes in deren Wohnung eingeladen wurden. In der Pressestelle des Präsidialamtes ist unter anderen der immer hilfsbereite Pierre Régent in der Kommunikationsabteilung[36] tätig. Régent war zuständig für die internationalen Beziehungen der UMP. Er wurde von David Martinon als stellvertretender Kommunikationschef in den Wahlkampf-Stab von Nicolas Sarkozy berufen. „Es war ein schönes Abenteuer", sagt Régent heute. Seine Natürlichkeit im Umgang mit den Menschen und seine Neugier nach neuen Trends und Ideen eröffnen ihm eine schöne Zukunft.

Nicht zu vergessen: Nicolas Sarkozy zeigte dem sogenannten „schwachen Geschlecht" seine Achtung, indem er unter den fünfzehn Ministern der Fillon-Regierung sieben Frauen ernennen ließ. Er hatte im Wahlkampf versprochen, seine Regierung paritätisch zu besetzen. So machte er aus der kleinen und charmanten Richterin Rachida Dati seine Justizministerin. Sie war die erste Person aus der nordafrikanischen Immigration in einem prominenten Regierungsamt. Ihre Auftritte wurden im französischen Wahlkampf zur Sensation. Ein Mädchen aus der nordafrikanischen Zuwanderung, Tochter eines marokkanischen Maurers und einer Algerierin, im Jahre 1965 als Zweite in einer Familie von zwölf Kindern geboren und in einem ärmlichen Immigrantenviertel in Chalons-sur-Saône

---

35 Pôle Communication-Presse de l'Elysée.
36 Cellule de Communication de l'Elysée.

aufgewachsen! Solch ein Mädchen profilierte sich als Wahlkampfsprecherin des konservativen Präsidentschaftskandidaten Nicolas Sarkozy! Das war sie seit dem 14. Januar 2007, dem Tag der Kür Sarkozys zum Präsidentschaftsanwärter. Kaum war er Staatspräsident, vertraute er ihr schwierige Aufgaben an: die Verschärfung des Strafmaßes für minderjährige Wiederholungstäter, die Sicherheitsverwahrung für Wiederholungstäter und Schwerverbrecher sowie die Neugestaltung der Gerichtsbezirke, was ihr viele Feinde unter den Parlamentsabgeordneten verschaffte. Sie bekannte sich immer wieder zu „den Grundsätzen der Republik", einer Republik, welcher sie wie Sarkozy alles verdankt. Niemand war besser als sie dazu geeignet, die Kriminalität zu bekämpfen, um aus den Tätern des Milieus, aus dem sie selbst stammt, Normalbürger zu machen.

Rachida hatte eine katholische Privatschule und ein Privatgymnasium besucht. Während ihres Jura- und Volkswirtschaftsstudiums musste sie jobben, weil die Familie arm war, bis sie als Hochbegabte ein Stipendium des Matra-Konzerns erhielt. Später arbeitete sie für Elf Aquitaine und dann für Matra Communication, sie war auch ein Jahr in London bei der Entwicklungsbank tätig, der der Sozialist Jacques Attali vorstand. Die Ministerin Simone Veil empfahl ihr, die Richterschule zu absolvieren. Ab 2003 war sie Richterin in schwierigen Bezirken. Sie bereitete für „Sarko" das Gesetzespaket gegen die Jungdelinquenten vor. Natürlich wird sie viel kritisiert. Sie erhielt nicht die Leitung der Pariser Sektion der UMP. Sie machte den Fehler, die Scheidung eines moslemischen Paares zu billigen, bei der der Mann seiner frisch vermählten Frau vorgeworfen hatte, dass sie bei der Heirat keine Jungfrau mehr war. Scheidung aus frauenfeindlichen bzw. religiösen Gründen lässt die Republik nicht zu. Um sie zu verstehen, muß man wissen, dass sie sich selbst von einem Moslem nach einem Jahr hatte scheiden lassen. Im Sommer 2008 lief das Gerücht, dass sie in Ungnade gefallen sei, aber der Präsident nahm sie während einer Sitzung des Ministerrates in Schutz und verbat sich Beschuldigungen gegen seine Ministerin. Gegner nennen sie „die Favoritin". Dumme Gerüchte liefen, als die Unverheiratete mit 42 Jahre schwanger wurde.

Nicolas Sarkozy hatte in seinem ersten präsidialen Fernsehinterview angekündigt, alle Facetten der neuen französischen Gesellschaft sollten in seiner Umgebung vertreten sein. Er sorgte für weitere Überraschungen. Als die schwarze Schönheit Rama Yade im Fernsehen am Parlamentswahlabend für Sarkozys Partei das Wort ergriff, waren die Zuschauer ziemlich verblüfft. Nicht nur, weil man bei ihrem Erscheinen den Ruf

„black is beautiful" schwer unterdrücken kann, sondern auch, weil ihre Diktion, ihre Logik und ihr politischer Instinkt, eine Perfektion erreichen, die bei Stammfranzosen selten anzutreffen ist. Die Frau hat Köpfchen, das merkt man gleich. Im Film oder in der Mode hätte sie glänzend Karriere gemacht. Und doch ging sie einen anderen Weg, trotz ihres Doppelhandicaps, Frau und schwarz zu sein. Ramatoulaye Yade-Zimet, wie sie eigentlich heißt, wurde 1976 in Dakar als Tochter eines senegalesischen Geschichtslehrers, Diplomaten und Beraters des Dichter-Präsidenten Léopold Sédar Senghor, geboren. Ihr Vater hat sie in jungen Jahren mit der Politik vertraut gemacht, bevor die Familie 1987 nach Frankreich auswanderte.

Nachdem der Vater die Familie verlassen hatte, wurde sie mit ihren drei Geschwistern in dem unansehnlichen Bezirk Colombes, einem Vorort von Paris, von ihrer Mutter großgezogen. Nach dem Abitur schaffte sie das Diplom des Pariser Instituts für Politikwissenschaft und bestand eine Prüfung als wissenschaftliche Mitarbeiterin des Senats. Rama Yade ist Moslema und mit Joseph Zimet, Mitglied der Sozialistischen Partei und Mitarbeiter der französischen Agentur für Entwicklungshilfe, verheiratet. Trotz ihrer Mitgliedschaft in Sarkozys Partei UMP gibt sie unkonventionelle Stellungnahmen ab und hat manchmal ein lockeres Mundwerk. Da sie in politischen Zirkeln für „aktive Minderheiten in den Medien" kämpft, wurde sie dazu berufen, als Staatssekretärin an der Seite des sozialistischen, aber Sarkozy-nahen Außenministers Bernard Kouchner die Frankophonie und die Menschenrechte zu vertreten.

Nicht die unauffälligste unter den zwölf Frauen in der Regierung ist Fadela Amara, wie ihre vier Schwestern und sechs Brüder in der Industriestadt Clermont-Ferrand als Tochter eines algerischen Bauarbeiters aus der Kabylei 1964 geboren. Sie ist körperlich ebenso klein wie Rama Yade groß ist. Sie war dem Linksradikalismus verfallen, nachdem ihr Bruder Malik von einem Auto überfahren wurde. Der Sterbende hatte kein Mitleid von den Polizisten erhalten. Nach dem brutalen Mord an dem arabischen Mädchen Sohane, die von Verwandten verbrannt wurde, weil sie mit einem jungen Mann ausging, gründete sie den Verein für die Befreiung moslemischer Frauen „Weder Huren noch Unterworfene".[37] Als ehemaliger Gegnerin des Kandidaten Sarkozy und nach eigenen Worten nach wie vor „in der Opposition" bekleidet sie als Staatssekretärin das

---

37   „Ni putes ni soumises."

schwierigste aller Ämter, die „Stadtpolitik", d. h. die Konfrontation mit den rebellierenden Vorstädten, im Ministerium für Stadtwesen der Katholikin Christine Boutin. „Der Urmensch hat zwei Steine aneinander gerieben, das machte Krach, das war unangenehm, aber daraus entstand das Feuer", so beschreibt sie ihr politisches Verhältnis zu Sarkozy.

Bei den Parlamentswahlen vom 10. und 17. Juni 2007 bekam Sarkozy die satte Mehrheit, die er brauchte, allerdings nicht die zwei Drittel Mehrheit, die er wünschte. Anhänger von Bayrou, die bei der Präsidialwahl gegen Ségolène gestimmt hatten, stimmten diesmal bei den Parlamentswahlen für die Sozialisten, also gegen die Sarkozy-Partei. Alain Juppé war in Bordeaux bei diesen Wahlen durchgefallen und konnte nicht mehr Nummer Zwei der Regierung in Paris werden. Er musste sich darauf vorbereiten, das Rathaus von Bordeaux wieder zu erobern. Das passte Sarkozy wahrscheinlich sehr gut, der anstelle von Juppé, dem ehemaligen Stadtplanungsminister Jean-Louis Borloo, Anführer einer Gruppe von rechten Sozialdemokraten, das Superministerium für nachhaltige Entwicklung und Umweltpolitik übertrug. Als Beigabe erhielt Borloo eine begabte junge Frau, Nathalie Kocziusko-Morizet, als Staatssekretärin, die mit Herz und Seele der UMP ergeben ist. Man sagt von beiden, dass sie „grüner als die Grünen" sind.

Monate später stellte ein prominenter ehemaliger 68er, der Philosoph und Essayist André Glucksmann, in einem Interview mit der Wiener Zeitung „Standard" und dann später mit seinem Sohn Raphaël in einem Buch[38] Sarkozy ein unerwartetes Anerkennungszeugnis aus. Nach Glucksmann war der Anfang der Sarkozy-Ära „ein totaler Bruch mit dem konservativen Frankreich". Indem er durch seinen Lebenswandel das Präsidentenamt „entheilige", sei Sarkozy „eher ein 68er als seine linken Gegner". Er hielt ihm zugute, dass er „im Rahmen einer parteipolitischen Öffnung frühere 68er wie Bernard Kouchner mit einem wichtigen Ministerium betraut hatte". „Selbst unter Mitterrand hätte ein 68er nie einen solchen Posten erhalten", meinte Glucksmann. Der Philosoph erinnerte daran, dass ein Schlagwort von 68 gelautet hatte: „Seid Realisten, verlangt das Unmögliche." Genau das tut Sarkozy.

Aber als Epigone der Studentenrebellion von 1968 sieht sich der Staatspräsident sicher nicht.

---

38 André et Raphaël Glucksmann: „Mai 68 expliqué à Nicolas Sarkozy". Edition Denoël. Paris 2008.

9. Kapitel
Cécilia kommt und geht

Nun war Nicolas Sarkozy mit seiner damaligen Frau Cécilia einige Tage auf einer Yacht gewesen. Sie hatte diesen Kurzurlaub eingefädelt. Sie war die Mutter seines dritten Sohnes. Nicolas Sarkozy hat ein ziemlich kompliziertes Gefühlsleben hinter sich. Macht und (oder) Reichtum machen einen Mann attraktiv. Er hätte das nicht gebraucht, um Frauen zu gefallen. Reich war er nicht, mächtig wurde er, aber ein attraktiver Typ ist er für manche Frauen auf jeden Fall.

Man hat in den verschiedenen Ehen des Nicolas eine gewisse Steigerung festgestellt. 1982 heiratete er als einfaches Gemeinderatsmitglied von Neuilly zum ersten Mal. Seine Trauzeugen waren sein Mentor, der Altgaullist und Freund von Chirac, Charles Pasqua, und sein Freund Brice Hortefeux. Eine politische Hochzeit! 1996 heiratete er zum zweiten Mal als bekannter Geschäftsanwalt und ehemaliger Haushaltsminister. Die Trauzeugen waren Martin Bouygues und Bernard Arnault, zwei Großindustrielle. Eine CAC 40-Hochzeit![39] Von der dritten Ehe wird später die Rede sein.[40] Weder Politik noch Geld haben da eine Rolle gespielt. Es war eine Märchenhochzeit. Trotzdem sagte er zum Spaß nach seiner Verehelichung mit Carla Bruni: „Seit meiner Ehe mit Carla bin ich endlich reich geworden."

Werfen wir einen Blick auf das bewegte Gefühlsleben des Nicolas Sarkozy. Am 23. September 1982 hatte Sarkozy Marie-Dominique Culioli, die Tochter eines Apothekers aus Vico (Korsika) und Nichte des damaligen Bürgermeisters des Pariser Bezirks Neuilly, Achille Peretti, geheiratet, dessen Nachfolger er später werden sollte – allerdings erst nach dessen Ableben. Zwei Söhne wurden geboren: Pierre (1985) und Jean (1986).

Aber schon 1984 traf er ein Mädchen aus gutem Hause, das er als Bürgermeister von Neuilly mit dem Fernsehmoderator Jacques Martin, einem guten Bekannten, traute. Sie gefiel ihm auf den ersten Blick. Martin war zwanzig Jahre älter als die Braut. Er hatte sie vor ein paar Monaten getroffen und gleich geschwängert. Einige Tage nach der Trauung

---
39 Der französische CAC 40 entspricht dem deutschen DAX an der Börse.
40 Vgl. Kapitel 21: „Carla: ‚Als ob nichts gewesen wäre' ".

rief Sarkozy die schlanke Frau mit den Mandelaugen an. Sie dachte, er sei nicht bei Trost, aber seine Hartnäckigkeit schmeichelte ihr. Sie gingen eine heimliche Liaison ein. Beide Ehepaare, die Sarkozys und die Martins, speisten jahrelang zusammen bei gemeinsamen Bekannten, ihre Kinder waren gleichaltrig und spielten miteinander, aber Cécilia und Nicolas hatten eine geheime Liaison.

Cécilia stammte wie Nicolas aus einer Zuwandererfamilie. Väterlicherseits lebte ihr Großvater, halb Zigeuner, halb Jude russischer Herkunft, in der Ukraine. Die Familie besaß in der Ukraine große Ländereien und wurde von den Bolschewiken massakriert. Eine Enteignungsmethode, die bei Kommunisten beliebt ist. Sie erspart den Tätern, die für das Glück der Menschheit so schwer arbeiten, lange Prozeduren und anstrengende Debatten. Wie Sarkozys Vater, der sich als ganz junger Mann vor dem Zugriff der Sowjets in Ungarn retten musste, flüchtete der Vater Cécilias, André Ciganer, mit 13 Jahren vor „den Roten", reiste durch die Welt, wo er mehr Frauen als Königreiche eroberte. Er begleitete eine Weile den großen französischen Schriftsteller Joseph Kessel, traf dann seine Liebste an der baskischen Küste. Sie war Halbwaise und eine Schönheit, sah wie Ava Gardner aus und ließ sich Diane nennen. Nach vierzehn Tagen heirateten sie. Er war 39, sie 18. Sie führten eine anständige, katholische Ehe. Mutter Teresita oder Diana hatte einen belgischen Botschafter als Vater und ihr Großvater mütterlicherseits war Isaac Albéniz, einer der ganz großen spanischen Komponisten. André Ciganer wurde schließlich in Paris als Pelzhändler in der schicken François-Premier-Straße und auf der Place Beauvau sesshaft. Cécilia war dreizehn Jahre lang Schülerin bei den „Damen von Lübeck", einer vornehmen Pension für höhere Töchter. Sie studierte ein wenig Jura an der Universität in der Rue d'Assas in Paris, sie jobbte und arbeitete als Mannequin; sie war 1,78 Meter „groß" und überragte Nicolas um 13 Zentimeter.

Nicolas und Cécilia verließen ihre jeweiligen Ehepartner und richteten dann eine gemeinsame Wohnung ein. Sie nahm ihre beiden Töchter mit. Die jüngste war sechs Monate alt. „Es war zwei Jahre lang die Hölle", sagte sie. „Es hat uns voll erwischt. Wir waren Gesprächsthema Nummer eins der feinen Diners." Die vornehmen Damen aus Neuilly tuschelten über „die Dirne des Bürgermeisters". Es war nicht unproblematisch, auch nicht mit dem Ehemann. Jacques Martin sagte einmal im Fernsehen, dass es einen Mann auf der Welt gibt, dem er den Tod wünscht. Eines Tages erschien Nicolas Sarkozy in seinem Büro mit einem blauen Auge. Dem

Gerücht nach soll ihn Jacques Martin verprügelt haben. Cécilia behauptete, ihr Freund sei vom Pferd gestürzt. Doch Martin knickte ein und gab nach vier Monaten der Betrügerin den Laufpass, während Frau Marie-Dominique Sarkozy weniger versöhnlich war und die Scheidung verweigerte. Als Sarkozy 1993 seinen ersten Ministersessel bekam, hatte er seine Lebensgefährtin noch nicht heiraten können. Die Leute fragten hinterlistig: „Wer ist denn die Dame neben dem Minister?" Sarkozy wurde berühmt, man sah die beiden überall. Cécilia gab erste Interviews. Ihre Allgegenwart erzeugte Aggressionen. Die satirische Zeitung „Le Canard Enchaîné" behauptete, dass sie das Geld des Haushaltsministers aus dem Fenster werfe. „Das macht mich kaputt", klagte sie. „Ich habe kein dickes Fell." Aber sie war nicht ganz unschuldig. Männer mit Ruhm und Macht, die sie weiter bringen konnten, beeindruckten sie. Sie sagte, dass sie sich „von atypischen, charismatischen Männern, die aus der Reihe tanzen" angezogen fühle.

Nicolas wurde von Marie-Dominique Culioli erst nach einem acht Jahre dauernden Prozess geschieden. Er heiratete Cécilia kurz darauf am 23. Oktober 1996. Ihr Sohn Louis, genannt Petit-Louis, wurde am 28. April 1997 geboren. Cécilia war ein bisschen kühl, nie weit von ihrem Mann entfernt, aber man sah sie nie auf den Fotos lächeln. Sie begleitete ihn zu politischen Veranstaltungen, stellte sich immer in die vorderste Reihe, hörte ihm zu und beriet ihn. Sie war nicht immer mit ihm einverstanden, fand ihn zum Beispiel zu repressiv in Sachen Prostitution, aber es ging darum, voranzukommen und die Gegner zu schlagen. Sie führte seinen Terminkalender, entfernte die Störer, vertrat ihn, wenn er „overbooked" war. Sie war nicht sehr beliebt. Zu groß, zu schön, zu einflussreich, zu kalt und schroff. „Ich bin schüchtern", wehrte sie ab.

Als Nicolas Sarkozy die Flügel wuchsen, um zu noch Höherem hinaufzufliegen, kriselte es in der Ehe. 2005 trennten sie sich vorübergehend. Sie ließen sich nicht scheiden. Laut eines Pariser Chronisten deponierte einmal der französische Geheimdienst auf dem Schreibtisch von Cécilia ein Blatt mit dem Hinweis, dass der Ehemann sie betrogen habe. Das kann heute nicht überraschen, wenn man weiß, dass der damalige Chef der Inlandsaufklärung Yves Bertrand, ein Chirac-Protégé, gegen Sarkozy konspirierte, sein Privatleben beschatten ließ und vielleicht noch Schlimmeres tat. Als Präsident entließ Sarkozy ihn und verklagte ihn sogar wegen übler Nachrede. Cécilia tauchte im Frühling 2005 ohne Ehering mit dem Chef der Werbeagentur „Publicis", Richard Attias, in New York auf. Die schweizerische Zeitung „Le Matin de Genève" erfuhr von der Eskapade und offenbarte die Liaison mit einem Foto des Liebespärchens. Als Nicolas diese Zeitung mit Erfolg auf Schadensersatz verklagte, kam Cécilia im Januar 2006 wieder nach Hause. Danach gab es wohl bei ihr für die Regenbogenpresse nicht mehr viel zu holen. Ihr zusammen mit Valérie Domain geschriebenes Buch „Entre le cœur et la raison" (Zwischen Herz und Verstand) mit einer Druckauflage von 250.000 Exemplaren wurde ein Flop. Der Verleger hat daran 300.000 Euro verloren.

Aber Cécilia reiste wieder nach New York. Es spricht schon für Sarkozy, dass er in dieser Gefühlsschieflage den dornigen Aufstieg zur Krönung seiner Laufbahn schaffte. Manch ein anderer wäre depressiv geworden. Aber er ist ein Kämpfer. Er flog dreimal nach New York, wollte sie überreden zurückzukommen. Die Ehedramaturgie mit Cécilia füllte im Sommer 2006 die Spalten der Regenbogenpresse. Freunde sagten ihm eine Affäre mit der Journalistin des „Figaro", Anne Fulda, nach. Gerücht und Eifersucht taten das ihre. Cécilia kam zurück. Zu welchem Preis, das weiß niemand. Vor allem brauchte er sie, um den Wahlkampf mit emotionaler Rückendeckung zu meistern. Nicolas mag Herausforderungen. Er mag Siege. Er mag glücklich sein. Er genoss es, sie zurückgeholt zu haben. Bei seiner Amtseinführung im Elysée-Palast streichelte er ihre Wange. Das hatten diese pompösen Räume wohl noch nie erlebt.

Das Auftreten als Paar ist in Wahlkämpfen amerikanischer Prägung immer richtig. Im Endspurt hielten Cécilia und Nicolas wieder Händchen und das war gut so. Ihren gemeinsamen Sohn Louis zeigte Sarkozy gerne. Die beiden größeren Söhne aus erster Ehe zeigte er auch, während die Kinder seiner Gegnerin Ségolène Royal fern vom Rampenlicht blieben. Immerhin hatte ihm Cécilia den Sohn „Petit-Louis" geschenkt, den er liebte, und sie hatte ihm geholfen, den zermürbenden Irrsinn des Wahlkampfes zu verkraften. Dafür musste er ihr ewig dankbar sein, obwohl die Beziehung zum Alptraum geworden war. Wahrscheinlich war es bei ihr die Erfüllung eines alten Paktes gewesen. Sie hatten gemeinsam beschlossen, dass er es über die Politik ganz nach oben schafft, und sie mitnimmt, wenn sie ihm dabei hilft. In der Vergangenheit hatte sie zeitweise mit ihm zusammen gekämpft. Sie hatte ein Büro, ein Sekretariat gehabt und zwang sich, Politik zu machen, obwohl es nicht nach ihrem Geschmack war. Aber die restaurierte Idylle war nur von kurzer Dauer. Sie hielt bis zum Wahlabend am 6. Mai 2007. Dann war der Vertrag erfüllt.

Ehekrach trübte die Freude des Wahlsieges. Cécilia schmollte. Ihre gemeinsame Freundin, die Ministerin Michèle Alliot-Marie, soll Cécilia zu der Siegesfeier auf die Place de la Concorde geschleppt haben. Sie schob ihre Hand in diejenige ihres Mannes, und alle sangen die Marseillaise im Chor. Mehrmals tauchte die Ehefrau des Präsidenten in der Öffentlichkeit auf, zog sich dann aber rasch zurück. Immerhin besetzte der Sarkozy-Clan, sagen wir: eine moderne „patch-work"-Familie mit Kindern aus mehreren Ehen, im Mai 2007 das Präsidialamt in Paris. An der Spitze natürlich der Kronprinz, Petit-Louis. Er war der eigentliche Urheber der Wahl seines Vaters zum Präsidenten gewesen. Im November 2004 bei der Kür seines Vaters zum Vorsitzenden und damit praktisch zum Präsidentschaftskandidaten der Mehrheitspartei UMP war Petit-Louis vor Tausenden von Mitkämpfern auf einer Riesenleinwand erschienen und hatte geschrien: „Bonne Chance, Papa!". „Viel Glück, Papa!"

Bei der Amtseinführung von Nicolas Sarkozy im Elysée-Palast am 16. Mai 2007 waren sie alle da. In der Mitte neben ihm die amtierende Ehefrau Cécilia, auf deren Seiten links und rechts ihre beiden Töchter aus der ersten Ehe mit Jacques Martin, Judith, geboren 1984, und Jeanne-Marie, geboren 1987. Ganz vorne stand der zehnjährige Louis, der sich von dem Zeremonienmeister die Riten der Ernennung seines Vaters zum Ersten Staatsbürger Frankreichs erklären ließ. Cécilias Eltern und Brüder, Patrick Ciganer, Christian und Antoine, fehlten am 16. Mai. Es fehlte auch Nicolas' Mutter Andrée und deren geschiedener Mann, Sarkozys Vater, Pál. Bei seiner Wahl zum Präsidenten am 6. Mai 2007 waren allerdings die Eltern dabei gewesen. Einen Moment hatte er seine Mutter draußen auf dem Bürgersteig „vergessen", bis er sie in den Saal hereinholen ließ. Sonst telefoniert er mit ihr jeden Tag. Im Hintergrund dieser glücklichen Schar stand noch der künftige Verlobte von Jeanne-Marie, Gurvan Rallo, 24, der Sohn eines bekannten Arztes auf der Insel Réunion. Der ausgesprochen gesellige Sarkozy lässt sich gerne von Familie und Freunden umgeben. Und die dazugehörige Symbolik mag er auch. Anstelle der Marseillaise ertönte ein Musikstück des Spaniers Isaac Albeniz, des Großvaters mütterlicherseits von Cécilia. Cécilia hatte auch Musik im Blut. Sie hatte in ihrer Schule einen Preis bei einem Klavierwettbewerb erhalten. Nicolas Sarkozy kann ohne Musik nicht leben.

Jacques Martin, der ehemalige Mann von Cécilia, dessen erste Frau sie nicht gewesen war, vielleicht auch nicht die einzige, starb, kaum 67 Jahre alt, im Jahre 2007. Cécilia und die Sarkozy-Kinder erschienen sittsam Hand in Hand bei seiner Beerdigung. Aber der Krach zwischen den Eheleuten fing bald nach der Amtseinführung wieder an. Ihr Streit wurde offenbar auf dem G8 in Heiligendamm im Juni 2007. Sie muss ihn damals geohrfeigt haben und gab die Vorbereitung eines Geburtstages als Vorwand an, um vorzeitig abzureisen. Er suchte den Trost im Alkohol, was er sonst nie tut, und verhielt sich auf einer Pressekonferenz ein bisschen eigenartig. Das fiel den Journalisten auf. Auf einer späteren Pressekonferenz hat er sehr offen von der Qual der Scheidung gesprochen. Neun Monate später belohnte er seine Scheidungsanwältin mit dem Kreuz der Ehrenlegion. Sie hatte kurzen Prozess und einen sauberen Schnitt gemacht.

Das Leben mit einem Minister war nicht das gewesen, was Cécilia erwartet hatte. In ihrer Kindheit und Jugend hatte sie immer dieselbe Adresse wie ihre Eltern, also ein sehr ruhiges Leben. Die chaotischen Termine ihres Mannes, die Wohnungswechsel, ihre Kinder, die sie sehr bemutterte, und der gemeinsame Sohn, der seinen Vater meist nur in Begleitung von Leibwächtern sah, dazu der lange Weg durch ganz Paris zur Schule nach Neuilly, das sollte sich bei ihr als Präsidentenfrau noch verschlimmern. Ihre Töchter hatten sich bereits wegen dieses permanenten öffentlichen Lebens beklagt. Sie rief sie zur Ordnung, ließ sie pauken und studieren: „Sie sollen auf sich selbst gestellt sein, nicht von einem Mann abhängen." Man muss nicht unbedingt daraus schlussfolgern, dass Politik für die Liebe zwischen Ehepartnern schädlich ist, aber der Stress da oben ist so enorm und die Luft so dünn, dass es sicher nicht die Idealsituation ist. Wie das in manchen alten Ehen üblich ist, wo man immer wieder versucht, sich auszusöhnen, das konnten Cécilia und Nicolas nicht mehr „schaffen". Auf ihrer Seite stand außerdem ein Mann zwischen ihnen, Richard Attias.

Cécilia Ciganer-Sarkozy hatte noch ihre Ruhmesstunde, als sie Ende Juli 2007 die Geiseln in Libyen befreite.[41] Es wird ihre historische Leistung bleiben. Als ob ihr ganzes Leben davor, ihre vorübergehende Rückkehr zu ihrem Mann, dieses Ziel gehabt hätten. Das Schicksal folgt schon seinen Wegen. Dann hat sich das Blatt gewendet. Am Mittag des 17. Oktober 2007 war die Nachricht, die in Paris seit Wochen kursierte, offiziell geworden, und die Zeitungen trauten sich endlich, darüber zu schreiben. Am 18. Oktober 2007 verkündeten Cécilia und Nicolas ihre Trennung „in gegenseitigem Einvernehmen". Kurz darauf kam die Botschaft ihrer Scheidung unter den gleichen Bedingungen. Cécilia war gekommen, um ihrem Mann im Wahlkampf zu helfen, aber der vitale Präsident wurde von anderen Frauen umgarnt. Sie war bestimmt eine schwierige Frau,

---

41 Vgl. Kapitel 32: „Im Zelt des Wüstenfuchses".

unberechenbar und launisch. Er war zu beschäftigt, um das normale Familienleben zu führen, das er gerne gehabt hätte. Eine Scheidung ist eine Befreiung und doch immer wie ein bisschen sterben.

Cécilia flog wieder nach New York zu Richard Attias, der geduldig gewartet hatte, und heiratete ihn. Der überaktive Nicolas Sarkozy, der Wirbelwind im Präsidialamt konnte nicht ewig ohne den Ruhepol einer Lebensgefährtin auskommen. Seine geschiedene Justizministerin Rachida Dati, die ihm total ergeben ist, folgte ihm auf Schritt und Tritt. Einige tippten auf sie. „Rachida ist ein kleiner Soldat", hat er einmal von ihr gesagt. Seine neue Frau, Carla, ist anders. Sie hat eine gewisse Ähnlichkeit mit Cécilia, verträgt aber, im Gegensatz zu ihr, die Öffentlichkeit sehr gut. Sie ist kompromissbereit und verträumt, während Cécilia herrisch und berechnend war.

Für Sarkozy sind Kinder wichtig. Carla sagte einer Zeitung im Juni 2008, sie wäre nicht schwanger, würde es aber gerne sein. Also blicken wir erstmals auf die bestehenden „Erben" zurück. Die Söhne Sarkozys, Pierre und Jean, hatten sich verpflichtet, bis zum Ende des Präsidentenmandats ihres Vaters keine Interviews zu geben, aber Jean, der eine politische Karriere mit „Tempo Mach 4", der vierfachen Schallgeschwindigkeit, angefangen hat, muss heute schon mit den Medien reden. Mit Fotos und Erklärungen steht er in ihrem Focus. Das erste Mal, 2006, als Opfer, dem man den Roller gestohlen hatte. Das zweite Mal am 11. September 2007 als Täter vor Gericht. Er hatte den BMW eines gewissen Mohamed Bellouti mit seinem Roller gerammt, Fahrerflucht begangen und seinem wütenden Opfer den mittleren Finger der rechten Hand gezeigt. Die Tageszeitung „Le Monde" machte den Vorfall bekannt.

Es war nicht das erste Bubenstück des frechen Jean. Während eines Praktikums in der Landwirtschaft auf Korsika hatte er sich von den autonomistischen Ideen seines Arbeitgebers anstecken lassen. Der Vater musste nach einem Wink des Geheimdienstes eingreifen. Beide Söhne sah man oft auf den nächtlichen Partys des jungen Pariser Jet-Sets, und mit ernsthafter Arbeit war es nicht weit her. Was soll's? Auch Papa Nicolas war kein Eiferer auf den Schulbänken. Der hohe IQ und die richtigen Gene gleichen schon einiges aus. Es scheint, dass sie sich beruhigt haben und „sich musikalisch betätigen". Jean zog mit Fleiß sein Jurastudium durch und der ruhigere Pierre studierte am Institut für Politikwissenschaft in Paris.

Dann passierte es. Jean Sarkozy machte seinen ersten Schritt in der Lokalpolitik. Während der Parlamentswahlen hatte er an einem kleinen

Putsch gegen den offiziellen Kandidaten der Partei seines Vaters, David Martinon, im schicken Vorort Neuilly teilgenommen, wo die Sarkozys ansässig sind. Natürlich liefen die Fotografen ihm immer nach. Er wurde interviewt, sagte Allgemeinheiten. Niemand ahnte, dass diese Aktion für ihn ein Sprungbrett war, um sich als Politikanfänger zu profilieren. Vielleicht hatte er auch persönliche Gründe, Martinon nicht zu mögen.

Im März 2007 kam der zweite Schritt. Es gelang ihm auf Anhieb, als Abgeordneter in den Regionalrat von Neuilly gewählt zu werden. Er ist mit 22 Jahren der jüngste Regionalratsabgeordnete Frankreichs, ähnlich wie sein Vater, der mit 28 der jüngste Bürgermeister des Landes war. Gleichzeitig bereitete er sich auf seine Prüfungen im vierten Semester des Jurastudiums vor. Dann gelang ihm gleich nach bestandener Prüfung ein neues Glanzstück: er wurde gegen den Wunsch des Ratsvorsitzenden und Generalsekretäres der UMP, Patrick Devedjan, zum Vorsitzenden der UMP-Fraktion im Regionalrat gewählt.

Im Juli 2008 wurde er vom Internet-Fernsehen „Talk Orange-Le Figaro" interviewt. Da versuchte er wie ein alter Hase der Politik seine Aktion zu entdramatisieren. „Die Kollegen in der Fraktion haben mir gesagt: ‚Mach es mal, Kleiner.' Es gibt kein Unbehagen in der Partei." Er hatte seinen Vater nur kurz davor unterrichtet. Im Elysée-Palast schwor man, dass der Präsident von einem Brief nichts wusste, den Jean den Abgeordneten des Departements geschickt hatte, um für sich selbst zu werben. Der Senkrechtstarter ist vor den Kameras total cool. Er beantwortet alle Fragen. Vor allem diejenigen über Neuilly. „Stell dir vor", sagte Nicolas Sarkozy einem Freund, „Jean ist nicht mal 22 Jahre alt, ich war 28... Er hat alles früher als ich begriffen. Er ist gut, der Kleine." Und dann: „Nicht, weil er mein Sohn ist, aber er ist toll. Er ist jung? Was macht's? Wir müssen die politische Klasse erneuern. Er gibt der Jugend Lust dazu. Er engagiert sich."

Befragt, ob er die neue CD von Carla Bruni bereits gehört habe, mit welcher er sich sehr gut verträgt, sagte Jean „nein", er habe bisher keine Zeit gehabt. Das Programm „Hoffnung-Banlieue" der Regierung habe er gelesen. Am 9. September 2008 heiratete er seine Freundin Jessica Sebaoun, die Tochter des Gründers der Supermarktkette Darty. Ob der Staatspräsident bald Großvater wird?

Dritter Teil

Zum ersten Mal seit fünfundzwanzig Jahren

Renne, renne nur, Sarko

Es gibt kein Recht auf Faulheit

Im Namen der Opfer

Zuwanderung ohne DNA-Test

10. Kapitel

Zum ersten Mal seit fünfundzwanzig Jahren

Als ihm am 14. Mai 2007 im Elysée-Palast das Zepter überreicht wurde, huldigte der neugekürte Staatspräsident seinen Vorgängern, den Präsidenten der Fünften Republik: „Ich denke an General de Gaulle, der die Republik zweimal gerettet hat, der Frankreich seine Souveränität und dem Staat seine Würde und seine Autorität zurückgegeben hat", fing er an. „Ich denke", sagte er anschließend, „an Georges Pompidou und Valéry Giscard d'Estaing, die beide auf ihre Weise so viel getan haben, um aus Frankreich ein modernes Land zu machen. Ich denke an François Mitterrand, der die Institutionen zu bewahren wusste und den politischen Wandel zu einer Zeit verkörperte, in der dieser Wandel notwendig war, damit die Republik für alle Franzosen da war." Schließlich lobte er denjenigen, der ihm die ersten Schritte in die große Politik ermöglicht und dann alles daran gesetzt hatte, dass er nicht Präsident wird: „Ich denke an Jacques Chirac, der sich zwölf Jahre lang für den Frieden eingesetzt und dafür gesorgt hat, dass die universellen Werte Frankreichs in der Welt Aufmerksamkeit finden. Ich denke an die Rolle, die er gespielt hat, als es darum ging, das Bewusstsein der Menschen für die ökologische Katastrophe und die Verantwortung jedes Einzelnen gegenüber den künftigen Generationen zu schärfen."

Dann dachte Nicolas Sarkozy an sich selbst in einer besonderen Form und zwar als Gesprächspartner des französischen Volkes, das ihn gewählt hatte: „In diesem feierlichen Augenblick sind meine Gedanken in erster Linie beim französischen Volk, unserem großen Volk mit seiner großen Geschichte, das sich erhoben hat, um seinen Glauben an die Demokratie zu bekräftigen und klar zu machen, dass es nichts mehr erleiden wollte. Ich denke an das französische Volk, das Prüfungen stets mutig zu überwinden wusste und darin die Kraft fand, die Welt zu verändern." So führte er sich selbst als derjenige ein, der die Erwartungen des Volkes am besten kannte und den Auftrag hatte, sie zu erfüllen, während die anderen vor ihm bis auf De Gaulle nur in wichtigen Teilbereichen gehandelt hatten. Er sprach deutlich von „den Erwartungen, Hoffnungen und von dem Bedürfnis, an eine bessere Zukunft zu glauben", die in seinem Wahlkampf an ihn herangetragen worden waren. Sein „Mandat" bestand darin, diesen

Sehnsüchten zu entsprechen und sie in Fakten und Taten umzusetzen. Er würde „Wort halten und die Versprechen einlösen". Und nach dem Lob und den Floskeln kam die Kritik an seinen Vorgängern, insbesondere natürlich an dem unmittelbaren Vorgänger Jacques Chirac: „Das Vertrauen war noch nie so erschüttert und so brüchig (...), die Krise der Werte war noch nie so tief" und „das Bedürfnis nach Bezugspunkten war noch nie so stark" wie heute.

Niemand an der Spitze des Staates hatte sich vor ihm erlaubt, Negatives derart klar und eindeutig zu benennen. Einen solchen Ton waren die Franzosen nicht mehr gewohnt. Für Leute mit feinem Gehör schien die Zeit an diesem historischen Vormittag still zu stehen. Mit wenigen Worten hatte Sarkozy eine Hoffnung geweckt, die Menschen angesprochen, denen das Wasser bis zum Halse reichte, die die Zustände im Lande, die geballte Macht der Dummheit, die Lobpreisung der Abnormität, die Duldung der Verwerflichkeit und der Selbstzerstörung anekelten. Und das von der Spitze des Staates, von einem Politiker ausgesprochen, der notorisch kein Rechtsradikaler war! Nach Mitterrands rätselhaften Sprüchen und Chiracs weitausschweifenden Phrasen war da jemand, der die Ursachen identifizierte.

„Frankreich hatte sich seit fünfundzwanzig Jahren nicht mehr mit demselben Tempo wie der Rest der Welt entwickelt", sagte Sarkozy. Vor ihm war das Land von zwei alten, in ihrer Endphase kranken Männern regiert worden. So war das Land auch krank geworden. Würde die Therapie des Dr. Sarkozy wirken, bevor der Patient gestorben wäre? Der Schriftsteller Jean d'Ormesson hatte vor Sarkozys Wahl geschrieben, dass er der klügste Politiker sei, den Frankreich seit Jahrzehnten gehabt hätte. Sarkozy hatte eine Vision der Politik wie noch keiner vor ihm, aber es musste ihm jetzt gelingen, sie umsetzen. Ein Kampf gegen Lähmung und Konservatismus. Von einem Konservativen geführt.

Seine Fähigkeiten hatte er schon unter Beweis gestellt. Er hatte u. a. als Finanzminister den inflationären Preisauftrieb mit harten Bandagen bekämpft; als Innenminister die Polizei gestärkt und moralisch aufgewertet; die Justiz ob ihrer Nachsicht mit jungen Gewalttätern gegeißelt. Seine Bilanz ließ sich sehen. Die Kriminalität ging zurück, während sie unter den sozialistischen Vorgängern gewaltig zugenommen hatte. Er wollte nun Staat und Gesellschaft zum Positiven umkrempeln, wie aus seinem programmatischen Buch „Témoignage (Zeugenaussage)"[42] hervorging. Die

---

42 Nicolas Sarkozy: „Témoignage". xo Edition. Paris 2008.

Aufgabe, die auf ihn wartete, war gewaltig. Er musste nicht nur das Land kurieren, sondern es topfit machen. Von seinen Vorgängern Mitterrand und Chirac hatte er eine lahme Ente übernommen. Konnte er unter diesen Umständen aus Frankreich den modernsten Staat Europas machen? Im Schulterschluss mit Angela Merkel die Europäische Union zu einem prosperierenden Friedens- und Demokratiemodell weiterentwickeln?

Der neue Mann und seine Mannschaft erkannten einige Schwächen mit einer Deutlichkeit wie kaum jemand zuvor. Frankreichs Hauptproblem war aus der Sicht des Sarkozy-Teams, dass die Franzosen zu wenig arbeiteten und ihr Einkommen infolgedessen zu knapp war. Die Arbeitslosigkeit war eine Krankheit. Die Remedur würde das Schlachten heiliger Kühe erfordern. Gewerkschaftlich organisierte Krokodilstränen würden fließen. Sarkozy wollte den organisierten Widerstand der Linksverbände nicht frontal brechen. Ob es möglich sein würde, ihn zu umgehen? In den Gewerkschaften und in der Opposition waren gesprächsbereite Menschen, die man bisher draußen gelassen hatte. Das politische System war zu herrschaftlich gewesen. Man musste mit den Praktikern in der Opposition reden.

Wollte er sein Land modernisieren, so war der Muff von zweihundert Jahren zu entfernen. Frankreich hat aus der Zeit der glorreichen Revolution von 1789 die unzeitgemäße Departementsstruktur behalten, statt Provinzen mit europakonformen Dimensionen zu bilden, sowie einige vorsintflutliche Regeln aufbewahrt, die den heutigen Sitten und Bräuchen nicht entsprechen. Abgesehen von seinen Schnellzügen und einigen Towers, von seinen glatten Privatautobahnen mit Mautgebühren und von der Hängebrücke zu Millau, die Norman Foster entworfen hat, der größten der Welt, gar nicht zu reden von seinem billigen Atomstrom und von seinen köstlichen Weinen und Käsesorten, war Frankreich in den letzten fünfundzwanzig Jahren auf der Stelle getreten.

In diesem weitgehend reformunfähigen Land fielen politische Entscheidungen oft auf der Straße. Erst wurde demonstriert und demoliert, dann erst erfuhr man vielleicht am Verhandlungstisch, was die Leute wollten oder nicht wollten. Sarkozys Ziel war, eine Kultur des Dialogs zu schaffen. Schwierig... Revolution ist eine typische französische Sportart. Die Franzosen haben die Barrikaden erfunden. Hätte es nicht die kirchlichen privaten Schulen und die Elitehochschulen gegeben, wäre Frankreich zur roten Laterne der zivilisierten Welt in Wissenschaft und Technik, ja, vielleicht zu einer Bananenrepublik ohne Bananen mutiert.

Nach fünfundzwanzig Jahren permanenter Demonstration dämmerte es der schweigenden Mehrheit im Lande, dass man sich dem Diktat der Straße nicht unbedingt fügen musste. Als die Studenten damals gegen den Ersteinstellungsvertrag demonstriert hatten, hatte sich das Gerücht verbreitet, dass sie gegen die Interessen ihrer Altersgenossen in den unterprivilegierten Bezirken demonstrieren. Dort war man bereit, jede Arbeit, sei sie auch noch so prekär, dankbar anzunehmen. Viele Mitbürger waren die Schlachten der Chaoten mit der Polizei allmählich leid. Vor allem wollten die Eltern, dass ihre Sprösslinge studieren, statt zu demonstrieren. Die Franzosen missbilligten die Absperrungen des Zugangs zu den Hörsälen der Universitäten durch militante Minderheiten. Die Mehrheit der Staatsbürger und der Studenten bejahte die Teilprivatisierung der Universitäten und Hochschulen, was diesen ermöglichen würde, Geld von Privatbürgern und von Industriestiftungen zur Modernisierung ihrer Ausstattung anzunehmen. Diejenigen, die sich nach mehr Lohn und mehr Arbeit sehnten, wollten, dass den chaotischen Zuständen in den Vororten ein Riegel vorgeschoben werde. Sie wollen keine Graffiti mehr an ihren Wänden und missbilligten, dass die Jugend mit Haschisch- und Alkoholkonsum ihre Feste feierte und tödliche Verkehrsunfälle baute.

Zu dem Erbe gehörten auch die Macht der kommunistischen Partei und ihrer Gewerkschaft, der CGT, die Staatsbetriebe und die Hyperverwaltung, der aufgeblähteste Beamtenapparat der Neuzeit, der sage und schreibe 45 Prozent des Staatshaushaltes an Gehältern und Pensionen für die mehr als 5 Millionen Beamte und Staatsangestellten verschlang. Sarkozy wollte jeden zweiten Staatsdiener nicht ersetzen, wenn er in den Ruhestand trat. Er wollte in seiner ersten Amtszeit 150.000 Stellen im öffentlichen Dienst streichen. Die Aufgaben der nunmehr besser besoldeten „Überlebenden" würden sich grundsätzlich ändern. Der Austausch zwischen privatem Sektor und Berufsbeamtentum würde intensiviert. Arbeitslosenkassen und Beschäftigungsagenturen sollten fusionieren.

Er hatte es in seiner letzten Wahlkampfrede gesagt: Seit einem Vierteljahrhundert habe man Frankreich geplündert und schlecht gemacht. Der letzte ausgeglichene Haushalt ohne Staatsschuld stammte aus dem letzten Amtsjahr von Valéry Giscard d'Estaing: 1981. Mitterrand, 1981 gewählt, hatte aus vollen Kassen geschöpft. Aber die geistige Krise und die Ideologisierung aller Bereiche war noch weiter zurückzudatieren: vierzig Jahre;

seit Mai 1968. Leere Kassen, verbreitete Protesthaltungen mit Großdemos, schwache Kaufkraft, niedrige Löhne und hohe Arbeitslosigkeit bei einem Niedergang des internationalen Prestiges des Landes, das alles ergab den Nährboden für chaotische Zustände, denen Frau Royal nicht gewachsen gewesen wäre. Zu den eben genannten Problemen kamen die strukturellen Schwächen hinzu. Frankreichs Geburtenrate war erfreulich hoch, knapp über 2 Kinder pro Frau. Aber die hohe Geburtenrate hing stark von der moslemischen Bevölkerung ab, die sich schneller als die Stammfranzosen vermehrte.[43] Mitterrand hatte erst Großbetriebe verstaatlicht und dann wieder versucht, sie zu privatisieren. Nun wurde sinnlos privatisiert. Der Staat hatte keine Weitsicht mehr und auf vielen Gebieten das Heft nicht mehr in der Hand, wenn ausländisches Kapital französische Unternehmen kaperte.

Historische Schlacken lasteten schließlich wie Blei auf dem Land. Sarkozy hatte mehrmals betont, dass er zu dieser Geschichte stehe. Er ließ in allen Schulen den Abschiedsbrief des auf Befehl der Gestapo in Paris erschossenen Jungkommunisten Guy Mocquet an seine Eltern vorlesen. So pflegte er, der Sohn von europäischen Immigranten, das gaullistische Nationalerbe. Aber er musste die Staats- und Gesellschaftsstrukturen ändern und eine Kulturevolution durchführen, mit anderen Worten den Zeitgeist ändern. Im Inneren wollte er ein erneuertes, effizientes Frankreich aus der Retorte ziehen, und zwar nicht am Sankt-Nimmerleins-Tag, sondern innerhalb einer Zeitspanne von 50 Tagen bis zwei Jahren, so lange er sich noch im Zustand der „Gnadenfrist" befand („Gnadenfrist?" fragte er. „Ich befinde mich immer in der Gnadenfrist.").

Der jugendlich wirkende Mann stellte gleich den Elysée-Palast in Paris auf den Kopf. Nach der strengen Noblesse von François Mitterrand und der einstudierten Feierlichkeit von Jacques Chirac passte die hemdsärmelige Art von Nicolas Sarkozy nicht in diese hehren Räumlichkeiten mit den kristallenen Kronenleuchtern und der antiken Einrichtung. Die Franzosen und die Bürger dieser Welt sollten wissen, dass kein Sonnenkönig, sondern ein Normalsterblicher diesen Palast bewohne, der Abend für Abend zu seiner Frau kam, um mit ihr Abendbrot zu essen. Die Deutschen stört es nicht, dass ihre Kanzlerin jeden Abend nach Hause fährt und selbst einkaufen geht. Aber die Franzosen? Würden sie sich mit solch einem Volkspräsidenten abfinden. Die Präsidenten der „Fünften Republik",

---

43 Dazu mehr in unserem Schlusskapitel.

insbesondere der erste, Charles de Gaulle, und die beiden letzten, François Mitterrand und Jacques Chirac, hatten sich bemüht, den sakralen Charakter des Präsidentenamtes zu pflegen.

„Speedy Sarko", der Mann, der immer gleich zum Tatort läuft und nichts ungeschehen lässt, damit seine Minister und Mitarbeiter die schnellste Lösung finden, war ein Politiker, wie es ihn in Frankreich bisher noch nicht gegeben hatte. Eine neue Spezies, ein „Polit-Mutant". Nicht nur sein Stil, spontan und ungezwungen, auf die Schultern der Männer klopfend und die Damen auf beide Wangen küssend, unterschied den quirligen Sarkozy von dem feierlichen Chirac. Er war ein „Politiker neuen Typus". Er redete Klartext. Dank seines sagenhaften IQ mit Giga-Festplatte hatte er zu allen Fragen präzise, konkrete Antworten. Er scheute keine Kontakte. Gewerkschafter und Unternehmer gaben sich gleich nach seiner Amtsübernahme im Elysée-Palast die Türklinke in die Hand. Dass der Staatspräsident mit streikenden Arbeitern in Betrieben diskutierte, war neu. Er hatte keine Angst, sich schmutzig zu machen. Er sei nicht „der Präsident der UMP", seiner Partei, betonte er. Er praktizierte die „Öffnung". Eine Politik der Offenen Tür. Er konnte nach eigenen Worten seine treuesten Gefolgsleute enttäuschen und „Politik für alle" machen. Er ging gleich in die Betriebe, Verwaltungen, Kliniken und Altenheime, Schulen und Vereine, befragte Arbeiter, Insassen, Schüler, Menschen wie du und ich. Er war und ist noch allgegenwärtig und omnipotent in dem Sinne, dass er alles gleichzeitig tut.

Couragiert und forsch mischte sich Sarkozy also unter die Leute, lief auf offener Straße von einem Termin zum anderen und drückte vielen Bewunderern, aber auch Gegnern die Hand. Das „Zoon Politikon" Sarkozy verführte viele, die sich ihm näherten, aber deshalb fokussierte er auf sich die fundamentale Abneigung vieler Franzosen gegen die Staatsmacht überhaupt. Man fühlte, wie in ihm immer der Sportler, der Jogger vibrierte. Helmut Kohl hat siebzehn Jahre an der Spitze durchgehalten, aber er war Experte im „Aussitzen", und Mitterrand, der vierzehn Jahre Präsident war, mochte „sich Zeit lassen". Sarkozy tut genau das Gegenteil. Er ist zugleich Lang- und Schnell-Läufer. Um sein Tempo zu halten, muss er gesund bleiben. Er lebt fast spartanisch: kein Alkohol, keine Zigaretten. „Ich passe sehr gut auf meine Ernährung auf, ich bemühe mich, magere Kost zu mir zu nehmen", erklärt er. Er spricht gerne über seine sportliche Betätigung: „Ich bin ein sportlicher Kerl. Ich jogge. Und zweimal die Woche kommt ein Trainer, der mich schuften lässt. Innerhalb einer Stunde verliere ich 800 bis 1000 Kalorien. Das brauche ich. Tue ich es nicht, fühle ich mich nicht wohl. Alles, was ich tue, tue ich physich." Zum Laufen sagt er: „Dreimal die Woche mache ich jeweils eine Stunde Jogging, mit Vorliebe im Park (des Elysée-Palastes). Es ist für mich ein Mittel, den Stress abzubauen. Sonst erhole ich mich gut in Flugzeugen." Radfahren kann er nicht mehr so oft wie früher. Er ist auch einmal schwer gestürzt. „Ich habe seitdem ein bisschen Angst, wieder auf ein Fahrrad zu steigen", beichtet er. Aber er erinnert sich gern an frühere Heldentaten: „Ich liebe das Radfahren. Ich bin mehrere Male den Mont Ventoux hochgeradelt. Kommen Sie, tun Sie das mit mir."

Der nimmermüde kleine Mann erfreute sich anfangs einer Popularität, wie kein Präsident vor ihm. Er spielte ein gewagtes, spektakuläres Spiel. Das gefiel seinen Landsleuten außerordentlich gut, denn so sind die Franzosen. Würde er physisch durchhalten? Er fordert Gleiches von seiner Mannschaft. Es ist, als ob es nirgendwo und niemals genug Sarkozy gäbe. Immer ist er einen Schritt weiter als sein Premierminister. Anders als seine Vorgänger benutzt er diesen nicht als Puffer zwischen sich und dem Volk. Man spricht von einem neuen „Präsidentialismus". Sarkozy will sich von anderen Politikern absetzen, indem er seine Wahlversprechen einhält. Im Wahlkampf versicherte er immer wieder, dass er keine leeren Phrasen dresche. Bei jedem Interview beteuert er, dass er tut, was er im Wahlkampf angekündigt hat. Er steht auch zu seinen fast provokativen Ankündigungen.

Sarkozy ist ein Entertainer in der Politik, aber nicht nur das. Er regt an, er schubst, er fordert heraus. Von ihm durften die Franzosen kein Leben auf dem Sofa erwarten. Weil er im Widerspruch zu der vorherrschenden Ideologie stand, die man „links" nennt (man fragt sich warum, da die linke Tradition in Frankreich rationalistisch und nicht ideologisch sein müsste), wurde Sarkozy gleich in die Schublade „Kapitalist" gesteckt. Egal, was er tat und sagte, es war alles Kapitalismus. Diese reduktionistische Sicht wurde dadurch unterstützt, dass er mit Vertretern der Geldelite befreundet war. Er erkannte allerdings schon früh, dass es besser ist, reich und gesund als arm und krank zu sein, wenn man aus seinem Leben etwas machen will. Diese Evidenz wird in Frankreich als sündhaft und schockierend angesehen. Sarkozy lässt sich nicht durch solche Verdrehungen beirren.

Er verteidigt die Interessen aller, die etwas erreicht haben, und möchte, dass diejenigen, die nichts haben, auch endlich etwas besitzen. Er ist der Fürsprecher der französischen Industrie und der französischen Landwirte und Fischer, aber auch der französischen Staatsbürger insgesamt. Zur Not würde er europäische Interessen gegen Brüssel verteidigen. Eigentlich tut er das schon. Nicolas Sarkozy war wie seine Mutter Anwalt und ist es zum Glück in seinem tiefsten Inneren geblieben.

11. Kapitel

Renne, renne nur, Sarko

Kaum hatte er die Türschwelle des Elysée-Palastes überschritten, da sagte der Sieger: „Regieren ist leichter, als die Macht zu erobern." Vielleicht hat er inzwischen seine Meinung geändert. Sarkos Worte klangen ein bisschen wie Schröders Wort vom Herbst 1998: „Regieren macht Spaß." So viel Spaß auf die Dauer wohl doch nicht... Wenn man sich vorgenommen hat, Frankreich in die Erste Liga zurückzuführen und aus den Franzosen Champions zu machen, ist Regieren schwer. Jacques Chirac redete Frankreich gerne schön. Sarkozy tat das nicht. Ganz im Gegenteil. Das gefiel nicht jedem.

Nach den Jahren sozialistischer Utopie unter dem ehemaligen Trotzkisten Lionel Jospin und nach den hohlen Phrasen der patriarchalischen „Chirakei" hatte Sarkozy gleich zu verstehen gegeben, dass er sich nicht mit repräsentativen Aufgaben begnügen würde. Er wollte sich nicht auf die Außen- und Sicherheitspolitik als Symbol Frankreichs und innenpolitisch auf die Verkörperung der Institutionen beschränken und als Moralprediger fungieren. Er wollte tatkräftig eingreifen. Er wollte nicht wie seine Vorgänger ein Präsident sein, der dauert, sondern einer, der handelt. Das machte ihn für seine Gegner umso bedrohlicher. Er wusste, wo seine Chancen lagen, Geschichte zu machen. Frankreich mit derzeit 62 Millionen Einwohnern wird 2030 die Schwelle der 70 Millionen Staatsbürger überschreiten, während so gut wie alle anderen Mitgliedsstaaten der Europäischen Union demographisch schrumpfen. Im Land an der Seine steckt Wachstumspotential.

Er machte Tempo. Alle Menschen, die ihn nicht mochten, warteten nur darauf, dass er nach ein paar Monaten Amtsführung zusammenbricht. So geschwind kann doch keiner lange laufen! Zumal er sich im ersten Jahr seiner Amtszeit benahm, als wäre er noch im Wahlkampf. „Renne, renne nur, Sarko. Nimm Doping. Du übernimmst dich. Du wirst schon stürzen", spekulierten sie. Was hat Bayrou damals gesagt? Dass Sarkozys Popularität abbröckeln würde: „Er ist wie die Klippen, die stehen da, und sehen beeindruckend stabil aus, aber eines Tages brechen sie zusammen."

Das erinnerte an die ersten Amtsjahre von Helmut Kohl 1982/83. Damals dachten die Kohl-Hasser: „Der Depp aus der Pfalz wird nach kurzer

Zeit stolpern." Die Hetze gegen den „kleinen Mann" der UMP erinnerte an diejenige gegen den „schwarzen Riesen" der CDU. Aber Kohl drückte sie alle an die Wand, schaffte die deutsche Wiedervereinigung, das vereinte Europa, den Euro und den einheitlichen europäischen Markt. Sarkozy machte schon in seinem ersten Amtsjahr 55 Reformen, davon eine ganze Reihe, an denen sich seine Vorgänger die Finger verbrannten und sie aufgegeben hatten.

Am Abend seiner Wahl zum Staatspräsidenten hatte Sarkozy betont, dass er „Präsident aller Franzosen sein wolle". „Den Wandel", sagte er, „würde er vollziehen, ohne dass jemand das Gefühl haben müsse, ausgeschlossen oder vergessen zu sein." Er „träume von einem Frankreich, das niemanden fallen lässt". „All diejenigen, die das Leben verletzt hat, die das Leben missbraucht hat, sollen wissen, dass sie nicht aufgegeben werden, dass ihnen geholfen wird. All diejenigen, die das Gefühl haben, keinen Ausweg zu finden, egal was sie tun, müssen die Gewissheit haben, dass sie nicht allein gelassen werden und dass sie die gleichen Möglichkeiten wie alle anderen haben werden." In seiner Rede am ersten Tag seiner Amtszeit im Elysée-Palast nannte er hintereinander drei „Ansprüche" an seine künftige Regierung, und zwar den „Anspruch auf Sicherheit und Schutz (...) gegen die Angst vor der Zukunft und gegen das Gefühl der Verletzbarkeit (...), die die Initiativbereitschaft und die Risikofreudigkeit beeinträchtigen"; dann „die Forderung nach Ordnung und Autorität, weil wir der Unordnung und der Gewalt zu sehr nachgegeben haben, die in erster Linie die Schwächsten und Benachteiligten trifft", wozu er noch „die Forderung nach Ergebnissen" zählte, „weil die Franzosen genug davon haben, dass ihr Leben immer schwerer und härter wird" und „weil sie genug davon haben, die Opfer zu bringen, die man ihnen abverlangt, ohne dass etwas dabei herauskommt"; schließlich nannte er den „Anspruch auf Gerechtigkeit", weil, sagte er, „seit langem nicht mehr so viele Franzosen ein so starkes Ungerechtigkeitsgefühl empfunden haben, und auch nicht das Gefühl, es würden allen die gleichen Opfer abverlangt und es würden die gleichen Rechte für alle gelten".

Beide, Sarkozy und Fillon, hatten das Glück, dass ihnen keine starke Oppositionspartei gegenüberstand. Zwar gab es noch Ségolène Royal, die nicht begreifen konnte, dass die Franzosen sie trotz ihrer Schönheit, ihrer Talente, ihrer Klugheit und ihrer unglücklichen Kindheit nicht zur Staatspräsidentin auserkoren hatten. Sie strebte an, Erste Sekretärin der PS zu werden, um sich an ihrem „Ex" François Hollande zu rächen, der immer noch diesen Hebel in der Hand hielt. Ihren Genossen schien es aber langsam zu dämmern, dass sie mit ihr an der Spitze noch tiefer nach unten abrutschen würden. Von befragten französischen Staatsbürgern hielten 26 Prozent den ehemaligen sozialistischen Minister Dominique Strauss-Kahn für den besseren Kandidaten der Linken, während nur 13 Prozent Frau Royal und 13 Prozent Bertrand Delanoë bevorzugten. Unter Sympathisanten der PS verteilten sich im Frühjahr 2008 die Stimmen folgendermaßen: 28 Prozent (+ 9) für Strauss-Kahn, 22 Prozent für Royal (-3) und 16 Prozent für Delanoë (-1). Nicolas Sarkozy half also gleich Strauss-Kahn, Vorsitzender des Internationalen Währungsfonds zu werden. Ein geschickter Schachzug, um einen gefährlichen Gegner zu entfernen. Die Anämie verschonte nicht andere Linke: Die Kommunisten und die Grünen waren mausetot. Die Ganz-Linke der Linken mit Alain Besancenot an der Spitze war noch relativ klein, kam aber gut voran. Nur 10 Prozent gaben Olivier Besancenot, dem Chef der Revolutionären Kommunistischen Liga (LCR), den Vorzug für die Führung einer vereinten Linken. Das sollte sich bald ändern: Mitte 2008 sah die Mehrheit der Franzosen in ihm den Anführer der Linken. Der Rechtsaußen Le Pen, dessen Absturz abgrundtief war, stellte keine Gefahr mehr dar. Im September 2008 kündigte er an, dass er sich 2010 auf sein Altenteil zurückziehen und seiner Tochter Marine das Zepter überreichen werde.[44]

Ein bisschen beunruhigend war die neue Zentrumspartei „Modem"[45] von François Bayrou, der tagtäglich gegen die Regierung im Allgemeinen und gegen Sarkozy im Besonderen Giftpfeile schoss. Bayrou konnte nicht verdauen, dass Sarkozy ihn bei der Präsidentenwahl ins Abseits geschickt hatte. Manche Wähler, die mit der Lage oder mit dem Leben unzufrieden waren, neigten zum Modem, weil sie sich nicht trauten, ausgesprochen links zu sein. So wurde Modem, objektiv gesehen, eine linke Partei. Bayrou hatte es auf die 18- bis 24-Jährigen, Abiturienten und Studenten, junge Arbeitslose oder Arbeitssuchende, abgesehen, die sich in den klassischen Parteien nicht zurechtfanden. Einige dachten, dass sie in einer neuen Partei leichter Karriere machen würden. Andere wollten sich einbilden können, dass sie anders als die anderen Staatsbürger

---

44 Marine Le Pen hat die Konkurrenz von Bruno Gollnisch zu befürchten, aber ihre Chancen sind zur Zeit besser. Le Pen ist jetzt 80 und hat angekündigt, dass er seine Memoiren schreiben wird.
45 Mouvement Démocratique.

seien. Angesichts der Zerstrittenheit in der PS beanspruchte Bayrou nun der Sprecher der Opposition zu sein. Er träumte sogar davon, die PS seiner Partei einzuverleiben.

Sarkozy machte schnell Nägel mit Köpfen. Er konnte davon ausgehen, dass die Stimmung für sein Programm aufnahmebereit war. Bei den fleißigen Menschen müsste die Akzeptanz groß sein. Angst beherrschte das Land. Angst vor der Globalisierung, vor dem Verlust des Arbeitsplatzes empfanden über 70 Prozent der Franzosen. Angst davor, in Urlaub zu gehen und Geld oder die Arbeitsstelle dabei zu verlieren. Was nützt Freizeit, wenn man kein Geld hat? Der Urlaub wurde immer kürzer, vierzehn Tage im Allgemeinen, wo früher drei Wochen und mehr üblich waren. Im Urlaub blieb eine Mehrheit in Verbindung mit dem Unternehmen, per Telefon oder E-Mail, nahm Aufträge auf, informierte sich. Das war ein neuer Trend bei den Aktiven. Er stand in krassem Gegensatz zur vorherrschenden Utopie der Sozialisten, wonach entlohnte Freizeit die Zukunft des Menschen war.

Seiner Ankündigung folgend, machte sich Sarkozy mit seinem Team in Eilschritten an die Arbeit. Vorerst kümmerte sich die Regierung dabei nicht um die Haushaltsdefizite. Es wurde „keynesianisch" angekurbelt. Die Steuerfreiheit für Überstunden wurde auf die leitenden Angestellten und auf die Zeitarbeiter, die Steuerentlastung der Baukredite auf Altverträge erweitert. Sarko eröffnete sofort die großen Baustellen der neuen Ära. Nichts geschah ohne Konsultation mit den Sozialpartnern, insbesondere den Gewerkschaften. Das war westlich des Rheins ganz neu. François Fillons Rentenreform, die die Renten bis 2020 sicher gemacht hatte, musste vervollständigt werden. Die Zuwanderung sollte im Herbst durch ein neues Gesetz eingedämmt und die Jugend aus den schwierigen Vierteln in den Lern- und Arbeitsprozess integriert werden. Um diejenigen, die straffällig werden, kümmerte sich Rachida Dati, die Justizministerin. Schulen und Hochschulen würden um Bestergebnisse wetteifern. „Ich will die Schlacht der Klugheit gewinnen", äußerte Premierminister Fillon. Insgesamt geriet das gelähmte Frankreich in Bewegung.

Aber das Problem mit der revolutionären Gewalt in den Vorstädten wurde wieder akut. Nichts Neues, Sarkozy hatte sie als Innenminister kennen gelernt. Mit ihren Dealern und Gangstern einerseits verbrecherisch, aber mit ihren Tagern, Rappern und Breakdancern andererseits künstlerisch, war da eine weitverzweigte Subkultur entstanden, die die Jugend in einigen Banlieues ziemlich fest im Griff hatte. Seit mehreren Jahren riefen verschiedene Rapper-Gruppen wie NTM,[46] Booba, Super ft Bakar und Tandem zur Revolte auf. Nach einigen Problemen mit der Justiz waren ihre Texte vorsichtiger geworden. Bakar sang mit Pariser Akzent: „Fick das System – sie bekommen das Feuer, weil sie den Hass gesät haben – man verbrenne sie, man hänge sie auf, man werfe sie in die Seine – der Jugend der Ghettos fließt die Wut in den Adern". Aber in dem Lied wird ihm von einem Normalbürger mit Marseiller Akzent widersprochen, der sagt: „Manchmal höre ich Leute, die auf Frankreich spucken – auf eine Regierung – auf ein Parlament – auf einen Senat – aber, wenn sie das Kindergeld holen, spucken sie nicht auf den Scheck, den sie bekommen".[47] So wird ein Text unangreifbar. Einige Gruppen riefen jedoch seit Jahren klipp und klar zur Intifada und zum Angriff auf die bürgerlichen Stadtbezirke auf.

Am Abend der Präsidentenwahl vom 6. Mai 2007 wurde die Niederlage der linken Kandidatin, Frau Royal, mit Angriffen auf die Polizei und Sachzerstörungen gerächt. Die heilige Ségolène hatte ihre Niederlage als einen „Nicht-Sieg" charakterisiert. Statt dem Sieger sportlich die Hand zu reichen, hatte sie an das „linke Volk" appelliert, Widerstand zu leisten. Das traf nicht auf taube Ohren. Jugendliche probten gleich den Aufstand in Paris und in mehreren Städten. Diesmal machten nicht nur junge Leute aus den unterprivilegierten Bezirken, sondern auch Schüler und Studenten, darunter Mädchen, mit. Zum Glück war dieser Aufstand in mehreren Städten nur ein Strohfeuer. Die Sozialistische Partei machte anschließend einen Rückzieher. Weil die institutionelle Opposition machtlos war, war die Straße in Aktion getreten. Natürlich kann keiner behaupten, dass die legale Opposition die Jugend aufwiegelte.

Das „Gespenst der Gewalt" spukte wieder in den „sensiblen städtischen Zonen"[48]. Im Herbst 2005 waren über 10.000 Pkws, davon 4.200 im Raum Paris, in Brand gesetzt und 274 öffentliche und private Gebäude zerstört worden. In Montfermeil und Clichy, von wo aus die Meutereien damals ausgegangen waren, dauerten Ende Mai 2007 Straßenschlach-

---

46 NTM, Abkürzung für „Nique ta mère" (Fick deine Mutter).
47 „Nique le système, ils auront le feu, car ils ont semé la haine – qu'on les brûle, qu'on les pende, qu'on les jette dans la Seine – la jeunesse des ghettos a la rage qui coule dans les veines." – „Parfois j'entends des gens qui crachent sur la France – sur un gouvernement – sur une Assemblée nationale – sur un Sénat – mais quand ils vont aux allocation familiales, ils ne crachent pas sur le chèque qu'on leur donne."
48 Zone urbaine sensible (ZUS).

ten mit der Polizei geschlagene vier Stunden. Die bewaffneten Angreifer waren extrem gewalttätig. Sie beschädigten den Rathauseingang, zündeten das Haus des zur Sarkozypartei UMP gehörenden Bürgermeisters an und bedrohten ihn. Er hatte durchsetzen wollen, dass Zusammenrottungen von Jugendlichen verboten werden. Sein Dekret wurde vom Verwaltungsgericht annulliert.

Im November 2007 versuchten wieder Krawallmacher die Regierung zu destabilisieren. Die Drahtzieher wussten, dass die Zeit gegen sie arbeitete, da Fadela Amara ein Programm für die Banlieues vorbereitete. Sarkozy hatte einen „Marshall-Plan" für die Cités angekündigt. Wieder standen Pariser Vororte in Flammen. In anderen Regionen, insbesondere in Lyon und Toulouse, nahmen die Spannungen erneut zu. Wie beim letzten Aufstand wurde der Aufruhr mit dem Tod von zwei Jugendlichen aus dem Milieu der Zuwanderung gerechtfertigt. Das letzte Mal hatten zwei von ihnen in einem Umspannwerk Zuflucht vor einer Polizeifahndung gesucht und wurden durch einen elektrischen Schlag getötet. Dieses Mal hatten zwei sehr junge Menschen auf einem Minimotorrad einen Wagen der Polizei gerammt, der im Schritttempo in ihrem Bezirk patrouillierte. Diese sehr unstabilen Kleinfahrzeuge darf man ohne Führerschein benutzen. Die Jugendlichen fuhren ohne Helm und ohne Licht. Ihr Kleinfahrzeug war für den Straßenverkehr nicht zugelassen.

Aber die Politiker hatten dazugelernt. Diesmal gab es keine Pauschalbeschuldigung. Niemand behauptete, dass der Fahrer des Polizeiwagens keinen Fehler gemacht hätte. Ein Richter sollte es untersuchen. Nach drei Nächten Randale hatte die Polizei die Sache diesmal schneller im Griff. Aber die Schäden waren umfangreich: eine Bibliothek, Schulen, Geschäfte und Unternehmen wurden zerstört. Hauptkommissar Illy, der mit Eisenstangen geschlagen wurde und dem Tod nur knapp entkam, erzählte in der Klinik: „Als ich kam, um ein amtliches Protokoll des bedauerlichen Unfalls zu machen, erschienen gleich zahlreiche junge Männer, die das Leben von zwei Polizisten verlangten, weil man zwei von ihnen getötet hätte." „Die erste Welle der Angreifer", berichtete er, „sind junge Menschen von 15 bis 25 Jahren, aber hinter ihnen steht eine zweite Reihe von Älteren, 25 bis 35 Jahre alt, die sie anspornen und strategisch lenken." Er wurde zu Boden geworfen und mit Hieben traktiert. Er sah seine letzte Stunde kommen, er dachte an seine Familie, raffte sich auf, kämpfte mit der Faust und konnte halb erschlagen davonlaufen.

In diesem Fall waren wieder keine Toten und nur wenige Verletzte in den Reihen der Aufständischen zu beklagen, was bei der Härte und der Angriffslust der Meuterer erstaunlich war. Es wurden aber 84 Polizisten verletzt. Ein Großteil von ihnen durch Schusswaffen. Das Phänomen ähnelte also zum ersten Mal einer urbanen Kriegsführung. Kein Beamter machte jedoch von seiner Waffe Gebrauch. Ein Polizist, der einen Schuss im Gesicht abbekommen hatte, sagte in der Klinik dem Staatspräsidenten, er hätte den Schützen im Visier gehabt, abgedrückt hätte er aber nicht. Die Lage beruhigte sich. Moslemische Trauerrituale fanden statt. Der eine der beiden toten Jugendlichen wurde in „seiner Heimat" Senegal, der andere in „seiner Heimat" Marokko, bestattet. Dem Richter bestätigten Augenzeugen, dass die Polizisten aus dem Auto herausgekommen waren, um den verletzten Jugendlichen nach dem Verkehrsunfall zu helfen. Sie konnten es aber nicht, weil sie umgehend bedroht wurden. Einer Information zufolge soll sogar der Notarzt bedroht worden sein.

Um die Jahreswende 2007/2008 und am 14. Juli 2008 brannten wieder Hunderte an Straßen geparkte Autos. Die Täter wurden so gut wie nie gefasst. Mit Ausnahme von Polizeikordons, die zu verhindern versuchten, dass die Gewalttätigkeiten auf die Stadtzentren übergreifen und Eigentum und Leben in den Bezirken der alteingesessenen Franzosen bedrohen, waren die Vororte rechtsfreie Zonen geworden, wohin sich nicht nur die Polizei, sondern auch Bedienstete der Verwaltungen und Handwerker aller Berufe nicht trauten. Ihre Zahl wurde auf 750 geschätzt. Sarkozy war der Erste, der sich als Innenminister auf diesen verminten Boden gewagt hatte. Er wollte zeigen, dass die Republik in allen Teilen ihres Staatsgebietes zugegen war und nicht zuließ, dass Inseln des Faustrechts entstehen.

Kam es zu Krawallen, so wurden immer wieder die Taten entschuldigt bzw. gerechtfertigt. Immer wieder wurde auf das Unbehagen in den so genannten „Banlieues" hingewiesen, auf die schlechten Wohnbedingungen, auf die hohe Jugendarbeitslosigkeit und auf die schwache Integration der Maghrebiner und Schwarzafrikaner. Den Randalierern wurde keinerlei Verantwortung abverlangt. Hielt man sie für Wilde oder Kinder oder geistig Debile, denen immer nur geholfen werden musste, weil sie unzurechnungsfähig waren? Ein französischer Kommunalpolitiker verstieg sich gar zu der These, dass die Jugendlichen den Aufstand geprobt hätten, weil eine Bahnlinie noch nicht fertig gewesen sei, die ihnen ermöglicht hätte, eine Arbeitsstelle zu finden. Soziologen und Sozialarbeiter waren mit soziokulturellen Erklärungen erfinderisch: Die „Jugendlichen" seien halt „sozial benachteiligt". Dass der „Staat" für die „Migrantenkinder" nichts tue, war jedoch notorisch falsch.

Eine gewisse Angst vor diesen Unruhen machte sich breit. Das verbesserte nicht die Wertschätzung von Sarkozy, dessen Ansehen zu bröckeln begann. Aber diesmal verstummten die Besserwisser. Wenn man das angespannte Gesicht von Innenministerin Michèle Alliot-Marie – wahrhaftig kein „Weichei" – sah, erkannte man den Ernst der Lage. Natürlich zielte die Schuldzuweisung auf Seiten der Sozialisten auf Nicolas Sarkozy, als ob er die Krawalle selbst organisiert hätte. Der Staatspräsident reagierte nicht darauf, warnte aber davor, dass Frankreich in eine „Voyoucratie" abgleiten könnte. Laut Wörterbuch bedeutete das eine Herrschaft junger Strolche und Taugenichtse, der Flegel und Schlägertypen. Da war dem Präsidenten der Beifall sicher. Und auch für seine Bemerkung: „Ich lehne jede Art von Seligsprechung ab, die in jedem Delinquenten gleich ein Opfer der Gesellschaft und in jedem Aufruhr gleich ein soziales Problem sieht."

Zum ersten Mal wurden die kriminellen Jugendlichen, die gegen die Polizei Schusswaffen gezogen hatten, mit detektivistischer Akribie gesucht. Die Polizei verteilte Flugblätter, die Geldbelohnungen für Anzeigen versprachen. In Zusammenarbeit mit der Polizei bot Sarkozy den Menschen, die sich bei der Polizei meldeten und Informationen über Täter brachten, 15.000 Euro und eine neue Wohnung an einem sicheren Ort. Ihre persönlichen Daten blieben vertraulich. Nicht alle in den Banlieues waren gegen Ruhe und Ordnung. Die Ordnungskräfte hatten damit Erfolg. Aber der Hilfsplan für die Banlieues gewann gleichzeitig an Aktualität und Dringlichkeit. Sarkozy kam von einer China-Reise mit Mega-Geschäften zurück, die in Frankreich (und Deutschland!) Arbeitsplätze sichern würden. Das sollte am Ende auch den Jugendlichen in den Banlieues zugute kommen. Auch wenn diese das nicht so sahen. Viele wollten schnelle Chancen. Aber einige wollten eben nur Krawall.

12. Kapitel
Es gibt kein Recht auf Faulheit

Unter der Sozialistischen Regierung von Lionel Jospin (1997 bis 2002) hatte sich die Liste der französischen Absurditäten um einiges verlängert. Eine Maßnahme war der rechten Opposition ein Dorn im Auge. Man wusste nicht genau, warum der im Prinzip konservative Staatspräsident Jacques Chirac sie hatte durchgehen lassen. Dieses Gesetz der Jospin-Regierung engte die Freiheit der Arbeitgeber und der Arbeitnehmer ein und war Gift für die Wirtschaft. Es hatte Tausende von kleinen und mittleren Unternehmen insolvent gemacht, die Produktion in den Großbetrieben gebremst, die Arbeitslosigkeit verstärkt und Wirtschaftszweige ruiniert.

Die sozialistische Arbeitsministerin Martine Aubry, Tochter des ehemaligen EU-Kommissionschef Jacques Delors und inzwischen Bürgermeisterin von Lille, hatte die 35-Stunden-Arbeitswoche per Gesetz dekretiert. Von nun an galt diese Stundenzahl als gesetzliche Obergrenze der „Mühsal" für das ganze werktätige Volk in allen Betrieben der Nation. Alles, was an Arbeitsleistung darüber hinausging, nannte sich „RTT".[49] Diese Restarbeitszeit konnte der Arbeitnehmer bilanzieren und als Urlaubszeit geltend machen. In vielen Betrieben konnte sogar von den Gewerkschaften verboten werden, Überstunden über die 35-Stunden-Woche hinaus zu machen. „Es ist schon ein Unding, dass man den Arbeitswilligen verbieten kann zu arbeiten", äußerte der Staatspräsident. Dabei litt Frankreich am Ausfall vieler Arbeitsstunden durch Streiks, Bummelantentum, Krankheiten und sonstige Gründe, und die Frührentner wurden immer zahlreicher.

Das Leben in diesem Land ist, wenn man ein bisschen gespart hat, an vielen Orten angenehm. Trotz der hohen Einkommensteuern, die Aktive wie Rentner in Frankreich stärker als in Deutschland treffen, lohnt es sich dort allemal, der Arbeit fern zu bleiben. Arbeit wird in Frankreich vielerorts nicht wie in Deutschland als ein Lebensziel, sondern als eine unumgängliche Last betrachtet, so dass natürlich die Linken mit ihrer restriktiven Arbeitspolitik viele Wählerstimmen an Land zogen. Und da unter

---
49 Reste de Temps de Travail, auf Deutsch: Restarbeitszeit.

den Wählern die Arbeitnehmer zahlreicher als die Arbeitgeber sind, kann man sich den Rest ausmalen. Aber die Linke täuschte sich trotzdem. Die Menschen drängt es, etwas für sich selbst und für die Allgemeinheit zu tun, zudem arbeitslos sein auch in Frankreich als eine Schmach empfunden wird. Außerdem lohnt sich die Arbeit, wenn sie ausreichend entlohnt wird. Deswegen wollten viele Leute mehr arbeiten, um mehr zu verdienen. Das liebe Geld reichte, insbesondere aufgrund der steigenden Angebote der Massenelektronik, nicht aus.

Woher kam die seltsame Ideologie, die Frau Aubry und ihre Genossen dazu trieb, diese aberwitzige Arbeitszeitbegrenzung auf die mythische Zahl von 35 Stunden gesetzlich festzulegen. Sicherlich wollten sie als Alt- oder Neomarxisten der PS anfangen, das Paradies auf Erden aufzubauen, bevor die Menschheit die von Karl Marx angekündigte Endstufe des Kommunismus erreicht, wo Friede, Freude und Eierkuchen das Los aller Menschen sein werden, nachdem man den Kapitalisten den Garaus gemacht hat. Drei oder fünf Stunden, in denen die früheren Proleten lesen, malen, musizieren und Rad fahren könnten, statt zu arbeiten, das, was seit eh und je ihr innerster Herzenswunsch war...

Aber Karl Marx selbst, der in Deutschland aufgewachsen war, hat nie behauptet, dass die Menschen nicht mehr arbeiten müssten. In seiner Kommunismus-Endstufe sollten sie sogar aus lauter Freude arbeiten. Der Ideengeber der PS-Genossen war ein Franzose, Paul Lafargue, der im Exil in London 1865 Marx und Engels kennen gelernt und Marxens Tochter Laura 1868 geheiratet hatte. In seinem 1880 veröffentlichten Buch „Das Recht auf Faulheit"[50] übernahm Lafargue nur einen geringen Teil der Ideen seines Schwiegervaters, indem er die wahre Ausbeutung nicht in der Entlohnung der Arbeiter unter dem Preis des Mehrwertes ausmachte, sondern im Zwang zum Arbeiten, den die Kapitalisten den Arbeitern mit verschiedenen Tricks aufbürdeten.

Dieser Feind der Arbeit war als Kreole in Santiago de Cuba 1842 geboren worden. Er hatte in Bordeaux ein Medizinstudium angefangen, wechselte nach Paris, wo er den französischen Sozialutopisten Proudhon kennen lernte, wurde aber wegen einer Protestaktion auf einem Kongress von der Pariser Universität lebenslänglich ausgeschlossen. So wanderte er nach London aus, beteiligte sich später am Aufstand der Pariser

---

50 Neu übersetzt und herausgegeben als Sondernummer der „Schriften gegen die Arbeit", Ludwigshafen 1988.

Kommune und an verschiedenen anderen revolutionären Aktionen, wurde ein paar Monate in Frankreich inhaftiert und machte zusammen mit seiner Frau 1911 durch Selbstmord seinem Leben ein Ende. Beide waren gesund und materiell abgesichert, wollten aber nicht an den nahenden Gebrechen des Alterns leiden, obwohl sie, aus heutiger Sicht, noch gar nicht so alt waren. So stand es in ihrem Abschiedsbrief.

Lafargue war im Grunde genommen eher ein Rousseauist als ein Marxist. Er glaubte nicht an den Fortschritt, sondern an eine Rückkehr zu einem natürlichen Leben ohne Zwang und ohne Arbeit. An sich war er ein Urvater des „Club of Rome" und vor allem der Lehrmeister der Arbeitszeitverkürzung heutiger Sozialisten und Gewerkschafter. Er kritisierte die Einkommensituation der kapitalistischen Produktion, die die Arbeitsklaven an die Produktionsstätten kettete und der schlecht bezahlten Zwangsarbeit auslieferte. Die DDR lehnte später seine Doktrin als „Untergrabung der Arbeitsmoral" ab, aber verschiedene Denker jener Zeit wie Iring Fetscher und Ernst Benz befassten sich damit. Letzterer verfasste 1972 eine „Theologie der Faulheit". Die Ideen von Lafargue haben neomarxistische Trends unter den 68ern des 21. Jahrhunderts genährt.

Klar, dass ein Gegner von 1968 wie Nicolas Sarkozy sich von Lafargues Faulheitsideologie distanzieren musste. Der Gaullismus hat nie besondere Sympathien für die Träumereien von 1968 gehegt, hatte doch die damalige Studentenrebellion in Paris den Sturz De Gaulles als höchstes Ziel gehabt. Immerhin hatte Sarkozy ein überzeugendes Argument gegen das Aubry-Freizeit-Gesetz, und zwar, dass mehr Arbeitsstunden neue Arbeitsplätze und dass mehr Geld und mehr Kaufkraft Wachstum und Dynamik schaffen, während Frau Aubry die Restarbeit unter vielen bei gleichzeitiger Verkürzung der Arbeitszeit aufteilen wollte, ohne dass die Arbeitnehmer weniger Lohn erhalten sollten. Tatsächlich sollten sie für 35 Stunden wie für 40 Stunden entlohnt werden. Dabei wurden die Rohstoffe und die Modernierungsinvestitionen in der Industrie immer teurer.

Nicht nur, dass es eine Sünde gegen die Logik der Wirtschaft war, wurde es auch von vielen Menschen, nicht allein von Sarkozys Anhängern, als totalitär empfunden, dass man „par ordre de Mufti" den Arbeitswilligen verbot, mehr zu arbeiten. Diese Maßnahme zeigte einfach, dass Ideologien von gestern und vorgestern die linken Parteien inkompetent und unfähig machten, einen modernen Staat zu führen. Per Dekret verfügen lassen, dass kein Franzose mehr als 35 Stunden pro Woche arbeiten durfte, war das radikalste Gleichschaltungsprogramm, das es geben konnte. Viele Menschen hatten den Ehrgeiz, besser zu sein und das ging nicht ohne mehr Leistung. So wäre es legitim gewesen, diese gesetzliche Bestimmung einfach wegen Unzuträglichkeit mit der menschlichen Natur abzuschaffen. Aber Sarkozy wagte es nicht, als er auf dem Höhepunkt seiner Popularität war. Er befürchtete einen Aufstand der Gewerkschaften. Dennoch versprach er, die Aubry-Bestimmung bis Ende 2008 außer Kraft zu setzen, ohne sie rückgängig zu machen, eigentlich die Quadratur des Kreises. Seine Regierung erfand aber Wege, sie wirkungslos werden zu lassen.

Da wetzten die Gewerkschaften natürlich ihre Messer gegen den Neuen im Elysée-Palast. Einige ihrer Anführer, die der PS und PC[51] nahe standen, träumten sichtlich davon, ihn bald zur Strecke zu bringen. Dazu hätten sie einen Generalstreik durchführen müssen.

„Drei Millionen Demonstranten! Generalstreik!" Drei Wochen lang hatten im März 2006 die Anführer der französischen Gewerkschaften und der studentischen „Koordination" sowie die sozialistischen und kommunistischen Abgeordneten in der Nationalversammlung diese Drohung wiederholt. Die ausländischen Medien hatten sie ungeprüft übernommen. Sie wurde dadurch nicht wahrer. Aber die Gewerkschaftsbosse konnten im ganzen Land immerhin über eine Million Demonstranten auf die Straßen bringen. Eine gewaltige Zahl! Allerdings waren achtzig Prozent Schüler und Studenten. Statt wirklicher Streiks gab es kurze Arbeitsunterbrechungen in einigen Wirtschaftsbereichen, meist bei staatseigenen Dienstleistungen: Schulen, Bahn- und Bustransporten, Abfertigung an Flughäfen, Arbeit der öffentlichen Medienanstalten und öffentlichen Krankenhäuser. Die Kurzstreiks nahmen auch bald ab, während die Zahl der jungen Demonstranten einigermaßen stabil blieb. Bei den Verkehrsbetrieben waren die Arbeitspausen im Frühjahr 2006 so geringfügig gewesen, dass Studenten und Schüler Autobahnen und Bahngleise blockieren mussten, um den Verkehr einigermaßen zu behindern.

Sarkozy musste aber vorsichtig sein. Aktionistische Minderheiten konnten die stille Mehrheit unter Druck setzen und die öffentliche Meinung medial beeinflussen. Es schwebte ihnen eine Gesellschaft mit lauter Staatsbetrieben ohne Verfallsdatum, mit unkündbaren Arbeitsstellen, mit immer kürzeren Arbeitszeiten, mit garantiert steigenden Löhnen und einem von den „Reichen" finanzierten Wohlfahrtsstaat vor. Aus solchen

---

51 Parti Socialiste und Parti Communiste.

demagogischen Antiquitäten besteht das Programm der Ligue Communiste Révolutionaire (LCR) von Olivier Besancenot, das wir hier als Leckerbissen sozialer Demagogie zusammenfassen möchten: Keine Kündigungen; sonst wird das Unternehmen beschlagnahmt; eine 32-Stunden-Arbeitswoche ohne Lohnminderung; Anstellung aller Arbeitslosen; die Teilzeitarbeit wird gesetzlich verboten; 1.500 Euro-Mindestlohn; 300 Euro mehr Sofortverdienst in allen Zweigen und beim Staat; volle Rente ab 55 und 60 Jahren in Höhe von 75 Prozent des letzten Lohnes; völlig kostenlose medizinische Behandlung, die Arbeitgeber bezahlen das; Verstaatlichung aller Unternehmen; keine steuerliche Entlastung mehr für Arbeitgeber; Erhöhung der Vermögenssteuer; keine Mehrwertsteuer mehr; Schluss mit allen „gefährlichen Industrien", Rüstungsindustrie, Nuklearindustrie, Chemie; keine Ausweisung mehr von Zugewanderten; alle Illegalen erhalten ein Bleibe- und Arbeitsrecht für zehn Jahre; alle Ausländer bekommen das Wahlrecht und die Wählbarkeit auf allen Ebenen; alle Gesetze der inneren und äusseren Sicherheit werden aufgehoben; die Schulden der Dritten Welt werden getilgt; Ausstieg aus der Atomkraft.

Dieses Programm ist Besancenot wahrscheinlich vom Erzengel Gabriel diktiert worden. Rebellische junge Menschen und Menschen mit schwachem IQ könnten sich aber schon dafür begeistern. Die Sozialisten ihrerseits wollten die Gesellschaft nicht direkt, sondern stufenweise in ein Paradies umwandeln. Ihr Finanzexperte, Dominique Strauss-Kahn, machte sich für einen „Übergangsvertrag zur Arbeit" stark, der ähnlich wie das Berufseintrittsprojekt „Eva" (Entrée dans la Vie Active) seiner Genossin Martine Aubry eine Grundbezahlung für alle arbeitenden und nicht arbeitenden Jugendlichen vorsah. Woher sollte das Geld kommen? Die neuen jungen Anhänger des Linkskartells kümmerten sich nicht um Buchführung. Teile der Jugend, vor allem Mädchen, waren sehr aufgebracht und spielten die angelesenen Revolutionen nach: Robespierre 1792/93, die Pariser Kommune 1870, „Cuba libre" und „Mai 68". Diese französischen Jugendlichen neigten, wie die Jugend überall auf der Welt, zum romantischen Fanatismus, das wussten die Drahtzieher. Sie hatten diese jungen Menschen als Manövriermasse missbraucht, um die Regierungsmacht zurückzuerobern. Aber die Aufwallung ebbte allmählich ab.

Die Situation war schlecht, aber doch nicht so verzweifelt, dass eine Revolution bevorstand. Unsere Gesellschaften befinden sich in einer Mutationsphase, die sich bei immer stärkerer Automation anstelle von körperlicher Arbeit und angesichts der Sättigung mit einfachen

Industrieprodukten in eine Gesellschaft der Information und Kommunikation umwandelt, deren Beschaffenheit wir heute kaum erahnen können. Eines ist schon sichtbar: man wird mehr arbeiten, weniger körperlich als geistig, jedenfalls mehr Zeit der Arbeit widmen. Wir sind auch bereits in einer Gesellschaft angelangt, wo alles aufgrund gesteigerter Kommunikationsmöglichkeiten und leichteren Transports schneller geht und wo wir weniger Zeit zur Reaktion haben. Es kommt die Zeit der Schnelldenker und Schnellentscheider. Wie Marx hatte sich Laffargue getäuscht. Die Zeit der Sarkozys ist angebrochen. Das schafft natürlich Engpässe und Verluste an klassischen Arbeitsstellen, aber auch neue qualifizierte Stellen in neuen Bereichen.[52] Zur Zeit (im Herbst 2008) schätzen die Statistiker die unbesetzten Arbeitsstellen auf eine halbe Million. Natürlich nicht alles hochqualifizierte Stellen, aber die meisten im Dienstleistungssektor. Zu den Problemen der Arbeitslosigkeit, die allerdings deutlich zurückging und im Jahre 2007 auf 7,5 dann 2008 auf 7,2 Prozent absank, dem niedrigsten Stand seit 1983, gesellten sich leider bei leicht sinkender Kaufkraft und einer Rückkehr der Inflation (zunächst nur ca. 2 Prozent, aber dann bald auf 3 Prozent und mehr steigend) die strukturellen Schwächen.

Professor Jacques Marseille, Historiker und Volkswirt, hatte schon vor Sarkozys Wahl zum Präsidenten hervorgehoben, dass die Arbeitslosenrate unter den Jugendlichen, wenn man die ganze „Jugendgeneration", Studenten einbegriffen, betrachtete, nicht bei 23 Prozent lag, wie behauptet, sondern im Durchschnitt bei 9 bis 10 Prozent wie in der übrigen Bevölkerung. Die überhöhte Zahl ergab sich daraus, dass man die Jugendlichen mitrechnete, die nach der Lehre relativ kurze Zeit auf Arbeitssuche waren. Die Regierung, meinte der Professor, überschätze auch die Schwierigkeiten der jungen Diplomierten, einen Job zu finden. Drei Jahre nach dem Diplom hätten 70 Prozent von ihnen einen befristeten, erneuerbaren Arbeitsvertrag. Probleme gebe es allerdings für die 150.000 Jugendlichen, die Schule und Lehre nicht abschließen. Für diese müsste sich die Regierung einsetzen. Aber sicher nicht für die Hochschulabsolventen...

Schließlich fand der Generalstreik nicht statt, und Sarkozy überstand sein erstes Amtsjahr. Er kam den Gewerkschaften zuvor und berief Mitte Dezember 2007 eine große Konferenz mit den Sozialpartnern ein, um eine Sozialagenda für 2008 und Maßnahmen zur Revitalisierung der Nation

---

52 Man lese dazu insbesondere das Buch von Henri Conze: „Plaidoyer pour une ère nouvelle". Vorwort von Norbert Prill. Editions DiversGens. Berlin/Paris 2008.

vorzubereiten. Die Berufsbildung und die Absicherung der Berufswege waren im Gespräch. Das Paket enthält viel Entgegenkommen gegenüber den Gewerkschaften, mit denen er dann einen Sozialpakt aushandelte. Nach einer Analyse der SPD-nahen Friedrich-Ebert-Stiftung (FES) in Paris war es „die Haltung der ehemals kommunistischen Gewerkschaft CGT und ihres Vorsitzenden Bernard Thibault, die dafür den Ausschlag gab". „Ausgerechnet die CGT, ausgerechnet Thibault!", schrieb die FES. Bernard Thibault, selbst Eisenbahner und über deren CGT-Sektion an die Spitze der Gesamtorganisation gelangt, war die zentrale Streikfigur von 1995 gewesen, als die Streiks die Juppé-Regierung scheitern ließen. Diesmal aber sandte er schon am Vorabend des Streikbeginns ein Zeichen des Verhandlungswillens. Durch diesen Coup, der Thibault wütende Kommentare in den Streiklokalen und im Internet einbrachte, sahen sich all diejenigen Eisenbahner bestärkt, die diesmal keinen absoluten Konflikt wollten. Die Streiks flauten ab, am „Aktionstag 21. November" war ihr Ende schon eingeläutet. So wurden Thibault und die CGT zu – keineswegs konfliktscheuen – Bündnispartnern einer Sarkozy-Reform. Nach dieser Analyse einer durchaus gewerkschaftsfreundlichen deutschen Stelle in Paris hatte Thibault diese Strategie gewählt, weil die CGT immer noch eine große Gewerkschaft war, die mehr am Verhandlungstisch erreichen konnte als in radikalen Aktionen, die kleine aktionistische Gruppen schon besetzten. Fazit der FES: „Will die CGT aber eine große Gewerkschaft bleiben, so muss sie sich auf die große Bandbreite heutiger Arbeitssituationen einlassen. Sie muss die Konkurrenzzwänge der Privatwirtschaft akzeptieren, sie muss Hightech-Ingenieuren ebenso wie Maschinenhelfern eine Heimat bieten, und sie muss am Ende vielleicht sogar einen großen Niedriglohnsektor akzeptieren, um wieder Massengewerkschaft zu werden."

Weiter machte diese bemerkenswerte Analyse klar, dass „der Grund für diese Wendung weniger in der Persönlichkeit des Bernard Thibault und gewiss nicht in der marxistischen Ideologie zu suchen war, die die CGT immer noch mit sich schleppte. Er lag vielmehr in der Größe der CGT. Sie ist die größte Gewerkschaft in Frankreich, knapp vor der schon länger reformbereiten CFDT, aber sie ist erheblich kleiner als die DGB-Gewerkschaften in Deutschland. Wählt die CGT einen radikalen Kurs, so ist ihr Weg in die Gruppen- und Splittergewerkschaften vorgezeichnet, denn nur sehr exklusive soziale Gruppen, wie der radikale Eisenbahner Kampfverband ‚SUD Rail', können sich den Radikalismus leisten. So ist es das Interesse an Größe, das die CGT an den Verhandlungstisch der Reform treibt.

Je größer die Gewerkschaft, umso weniger kann sie sich auf eine reine Blockadehaltung kaprizieren – diesen Zusammenhang sollten sich auch hierzulande die marktliberalen Freunde der Lokführergewerkschaft GDL einmal durch den Kopf gehen lassen."

Nicolas Sarkozy hatte es also nicht mit einem französischen DGB zu tun, aber die CGT war ihm als Partner wichtig genug. Viele Bemerkungen von ihm zeigen, dass er eine Art „Hass-Liebe" für Bernard Thibault empfindet. Er achtet ihn als Partner jedenfalls sehr. Der Preis, den die CGT und die CFDT bezahlen mussten, war, dass der Streik in Zukunft das letzte Mittel nach erfolglosen Verhandlungen sein würde und dass er wie in allen zivilisierten Staaten im Voraus angekündigt werden muss, damit die Dienstleistungsnutzer sich darauf einstellen und die Regierung oder die Betriebe einen Minimaldienst organisieren können. Pflicht war fortan die Anmeldung des Streiks 48 Stunden vor Beginn und eine Urabstimmung aller Beschäftigten nach 8 Tagen Arbeitsniederlegung. Da waren also für die Arbeitnehmervertreter ein paar Kröten zu schlucken.

Schließlich drehte sich doch alles um das Motto von „Sarko": „Mehr arbeiten, um mehr zu verdienen." Er unterstrich, dass er die 35-Stunden-Woche als „soziale Errungenschaft" nicht in Frage stelle, aber er wolle sie unschädlich machen. Er hatte unter anderem in einem Fernsehinterview angekündigt, dass es möglich sein müsse, für bisher unbezahlte Überstunden, die man in Urlaubstage verwandeln konnte, die so genannten „RTT", künftig Geld zu bekommen, wenn sich der Angestellte mit seinem Arbeitgeber darüber einigt. Damit wurden die RTT von Freizeitstunden oder -tagen, die sie waren, in Überstunden verwandelt. Überstunden sollten auch im Rahmen von individuellen Verträgen zwischen Arbeitnehmer und Arbeitgeber steuer- und beitragsfrei sein und übertariflich entlohnt werden. Die Regierung wollte die Kaufkraft verbessern.

Ein anderes Ziel würde die Freiheit sein, sonntags „freiwillig" zu arbeiten und an diesem Tag „doppelt" bezahlt zu werden. Ein weiteres Projekt war noch, dass Unternehmen auf der Basis von Verhandlungen zwischen der Betriebsleitung und den Gewerkschaften sich von der 35-Stunden-Woche unter der Voraussetzung befreien können, dass die Löhne steigen. Die Betriebe, die keine Lohnverhandlungen mit ihrem Personal führten, sollten bestimmte staatliche- bzw. fiskalische Hilfen nicht mehr bekommen. Die Überstunden in der öffentlichen Verwaltung würden in Zukunft wie in der Privatwirtschaft mit einem Zuschlag von 25 Prozent bezahlt. Darüber hinaus ging es um Steuerfreiheit für Prämien, die Unternehmen ihrem Personal gewähren, und dergleichen mehr. Damit sollte der Wirtschaftskreislauf wieder in Schwung gebracht werden.

Der soziale Schutz der Schwächeren wurde nicht aufgegeben. Aber die Absage an die öffentliche Versorgung von Arbeitsunwilligen wurde zum Leitmotiv der Sarkozy-Regierung. Es war höchste Zeit, im 21. Jahrhundert den elementarsten Regeln normalen Wirtschaftens wieder Geltung zu verschaffen. Nach dem ideologischen Zeitalter sind viele Menschen heute nicht mehr imstande, sachbezogen zu denken. Die Finanz- und Wirtschaftsministerin Christine Lagarde unterstrich vor dem Parlament den Wert der Arbeit zur Identitäts- und Substanzbildung und widersprach energisch der These von Paul Lafargue, dass es ein „Recht auf Faulheit" gibt. Arbeit ist aus der Sicht der Sarkozy-Regierung keine Quantität, die man scheibchenweise, in Stunden gemessen, zwischen den Arbeitenden aufteilen kann, sondern ein Prozess, der sich selbst nährt und wächst, solange Antrieb da ist. Der Druck zur Übernahme von Arbeit wurde verstärkt: Innerhalb von 14 Tagen wird eine Stelle angeboten. Nach zwei Absagen wird man mit einer Kürzung des Arbeitslosengeldes bestraft. Nach sechs Monaten muss man jede vernünftige Stelle annehmen, vorausgesetzt, sie wird wenigstens in der Höhe der Arbeitslosenunterstützung entlohnt, sonst wird letztere gekappt.[53]

Darüber hinaus wollte der Staat die Lebenshaltungskosten herunterdrücken, damit die Konsumenten ihr Geld „besser und richtiger" ausgeben. Obwohl das Statistikinstitut INSEE unterstrich, dass die Kaufkraft in den letzten vier Jahren zugenommen hatte, drei Jahre lang um 1,9 Prozent und 2006 um 2,1 Prozent, stiegen die Preise für Produkte des täglichen Bedarfs: so die Brotpreise, die seit der französischen Revolution ein Merkmal der sozialen Stabilität sind, sowie die Mieten und das Benzin (das Benzin natürlich nicht seit der Zeit Robespierres). Es wurde also ein Index erarbeitet, der die wirklichen Lebenshaltungskosten im Alltag widerspiegelt. Zwar sanken die Preise für Fernsehgeräte und Haushaltsmaschinen kräftig, aber die kauft man nicht täglich. Eine Gesetzesvorlage zur Verstärkung des Wettbewerbs zwischen den Produzenten und Verkäufern von Gütern des täglichen Bedarfs wurde dem Parlament zugeleitet, aber Sarkozy sagte, dass er noch weiter gehen wollte und mit den Groß-

---

53 Dafür erörtert die Regierung allerdings eine neue Maßnahme, die die Arbeitsaufnahme attraktiv macht: die RSA. Darüber mehr im letzten Kapitel dieses Buches. Die RSA wird am 1. Juli 2009 in Kraft treten.

märkten diskutieren würde, um die Preise in den Supermärkten zu senken. Schließlich sollten die Mietpreise nicht mehr nach den Kosten der Bauwirtschaft, sondern nach den Lebenshaltungskosten festgesetzt werden. Die Kaution von zwei Monaten sollte für die Mieter auf einen Monat gesenkt werden, und öffentliche Anleihen sollten denen unter die Arme greifen, die dieses Geld nicht flüssig hätten.

Die Fristen, die sich Sarkozy gesetzt hatte, waren sehr kurz. Kaum hatte er sich getraut, an einige Privilegien zu rühren, da traf es gleich seine Landsleute. Eines seiner Versprechen aus der Wahlkampfzeit war die Abschaffung der Sonderregelungen in der Rentenversicherung von Beschäftigten der Staatsunternehmen wie der Staatsbahn SNCF, der Pariser Nahverkehrsbetriebe RATP, der Elektrizitäts- und Gasversorger EDF und GDF bis zum Jahresende. Sie müssen nur 37,5 Jahre lang Beiträge bezahlen, während alle anderen Franzosen 40 Jahre lang einzahlen, und sie dürfen sich bereits mit fünfzig Jahren auf das Altenteil zurückziehen. Die Eisenbahner und Nahverkehrsangestellten der kommunistischen CGT und der neuen, revolutionären Sud-Rail streikten Mitte Oktober 2007 und dann wieder Mitte November.

Der Reformeifer des Präsidenten verbesserte also zunächst die Situation einer großen Zahl von Staatsbürger nicht, die stundenlang, tagelang auf Bahnsteigen auf eventuelle Züge und U-Bahnen warteten oder in riesenlangen Staus eingeklemmt waren; die nachts um 3 Uhr aufstehen mussten, um ihre Arbeitsstelle um 8 Uhr zu erreichen; die den Lohn von mehreren Arbeitstagen verloren; die in ärztliche Behandlung gehen mussten, um die Schäden dieses Stresses zu kurieren. Dass es den betroffenen Werktätigen weh tat, ihre erkämpften Privilegien zu verlieren, kann man schon verstehen. Aber sie hatten diese Privilegien wegen der physischen Schwere ihrer Arbeit bekommen. Nun war die Arbeit eines Lokführers körperlich nicht mehr so schwer wie vor hundert Jahren. Der Kampf gegen die Kappung ihrer Pensionsprivilegien fruchtete diesmal nicht.

Die Regierung hatte die Jahreszeit gut gewählt. Sowohl den Streikposten wie den U-Bahn- und Bahnpassagieren war die Luft draußen zu feucht und zu kalt. Anders als 1995 brach diesmal nach neun Tagen der Streik zusammen.

Die Gewerkschaften versuchten, Zeit zu gewinnen. Sie mussten aber an den Verhandlungstisch zurückkehren. Verhandelt wurde über finanzielle Entschädigungen, aber die Verlängerung der Lebensarbeitszeit von 37 auf 40 Jahre für Beschäftigte dieser Kategorien wurde erreicht. Die

Einsicht hatte an Boden gewonnen, dass es ungerecht war, wenn die Beschäftigten einiger Staatsunternehmen früher in den Ruhestand gehen durften als der Rest der Bevölkerung und dass es keinen Grund gab, warum der Steuerzahler dies mit jährlich fünf Milliarden Euro finanzieren sollte. Für diese Reform, die seine Landsleute als Akt der Gerechtigkeit betrachteten, hatte Sarkozy die Mehrheit der Franzosen hinter sich. Mehr als 60 Prozent der Franzosen gaben bei Umfragen an, dass sie die geplante Verlängerung des Arbeitslebens befürworteten.

Sarkozy und Fillon hatten für den Fall eines längeren Streiks ein Gesetz geschmiedet, das eine minimale Versorgung der Bürger mit öffentlichen Verkehrsmitteln im Streikfalle sicherte. Aber die Zwangsverpflichtung von Bediensteten stand nicht im Text. Alle hier oben erwähnten Maßnahmen sind inzwischen Gesetz geworden, und es geht weiter, so zum Beispiel mit der Zahl der Jahresbeiträge für die Rente. An das Ruhestandsalter von 60 Jahren ging man noch nicht heran, aber Arbeit bis 65 und darüber hinaus wurde möglich gemacht.

Sarkozy war seit Jahrzehnten der erste Politiker, der Arbeitsförderung statt Arbeitslosenunterstützung predigte. Es war das Ende der Sozialromantik. Denn solche Romantik kostet leider Geld.

13. Kapitel

Im Namen der Opfer

Nach der Amtsübernahme von Nicolas Sarkozy spukte in der linken Phantasie das Gespenst Deutschlands nach der hitlerschen Machtergreifung im Januar 1933. Natürlich wurde ein direkter Vergleich nicht ausgesprochen, aber sie witterten den Angriff auf die Grundwerte, die Einschränkung der Freiheiten, den Abbau der Demokratie...

Auf jeden Fall wollte die Linke den „Oberbullen" Sarkozy bei Übergriffen gegen „die Jugendlichen" in den Banlieues erwischen. Hatte denn „Sarko" nicht gesagt, dass er die Problem-Vorstädte „mit dem Dampfstrahler"[54] reinigen werde und hatte er straffällige Jugendliche und Ruhestörer nicht als „Gesindel"[55] bezeichnet? So wurden ihm Genozidintentionen unterstellt. Man schien vergessen zu haben, dass sein Vorgänger, Präsident Charles de Gaulle, das Gebaren der studentischen Rebellen von 1968 als „Mummenschanz" und „Pöbelherrschaft"[56] bezeichnet hatte. Ein Deut weniger scharf vielleicht, aber immerhin...

Das Vokabular von Sarkozy war sicher in diesem Falle ziemlich schematisch gewesen. Aber man muss berücksichtigen, dass der Politiker nicht überall feine Unterscheidungen machen kann. Die Sprache der Menschen ist meist situations- und zusammenhangsbezogen. Nach einer bekannten sozialpsychologischen Erkenntnis steht die Reichweite einer Botschaft in umgekehrtem Verhältnis zu ihrer Komplexität. Will der Politiker viele Menschen erreichen, muss er undifferenziert reden. Dennoch war die Akzeptanz der angeblichen Entgleisung von Sarkozy in der Bevölkerung größer, als die Opposition es verlautbaren ließ oder gerne glauben lassen wollte.

Als er noch Innenminister war, hatte er auf dem Gebiet der inneren Sicherheit Flankenschutz von unerwarteter Seite erhalten. Im Herbst 2006 war eine Medizinstudentin aus dem Senegal, Mama Galledou, Tochter

---

54 Druckluftreiniger, auf Französisch „Kärcher" (nach dem Namen des deutschen Herstellers), mit Betonung auf der zweiten Silbe „Karchär" ausgesprochen.
55 „La racaille". Man lese im Anhang, wie Sarkozy in seiner Rede in Montpellier zu diesen Bezeichnungen selbst Stellung nahm und sie erklärte.
56 „La chienlit".

eines Arztes, durch jugendliche Brandstifter lebensgefährlich verletzt worden, die in den Bus der Linie 32 im Norden von Marseille, in dem sie sich befand, einen Brandkörper geworfen hatten. Nach mehr als einem Jahr Krankenhausaufenthalt überlebte sie wie durch ein Wunder die Folgen der Aggressionstat. Das war der Anlass für eine Diskussion über die Gewalt, die von dem Journalisten und Schriftsteller Jacques Julliard, der im linken „Nouvel Observateur" schrieb, ausgelöst wurde.

Das Phänomen der Gewalt sei in den 90er Jahren von den damals regierenden Linken kaschiert worden, meinte Julliard. Es galt die Parole: die Assimilierung der Migranten ist erfolgreich. Mehr Gewalt als die Stammfranzosen entwickeln sie nicht. Er brach jetzt dieses Tabu. Er beschrieb die Tat in Marseille als „barbarisch" und sagte, „die Zeit der Entrüstung" sei jetzt überfällig. Julliard verwarf die Ursachenforschung der Linken und der militanten Menschenrechtler von „SOS Rassismus", dass Arbeitslosigkeit, Ghettoisierung, rassische Diskriminierung die Primärquellen der Gewalt seien. Er sprach von einem „Übel", vom „Bösen". Gewalt gegen Menschen sei eine Sache für sich. Mit anderen Worten: man sollte aus Tätern nicht mehr Opfer machen.

Das Opfer war im Fall Galledou eine ausländische Studentin. Dennoch solidarisierten sich die „Blacks" in den „Cités" mit ihr. Das half. Zwei Tage nach dem Anschlag konnte die Polizei vier der Täter festnehmen. Sie wurden von Zeugen aus der Umgebung denunziert. Das „Gesetz des Schweigens" bzw. das „Gesetz der Angst" wurde damit zum ersten Mal gebrochen. Nach 48 Stunden intensiven Verhörs wurde einer der Jungs wieder freigelassen, ein fünfter, ein siebzehnjähriger, der Haupttäter, wurde inhaftiert. Sie waren alle zwischen 15 und 17 Jahren alt. Wegen der Schwere ihrer Tat durften die Richter sie nicht als Minderjährige einstufen. So riskierten sie Haftstrafen bis zu dreißig Jahren. Aufgefallen waren sie bislang „nur" durch Diebstähle von Mopeds, Zerstörungen von Briefkästen, kleine Gewaltdelikte und Verbalinjurien gegen Polizisten, die merkwürdigerweise keine strafrechtlichen Folgen hatten. Insgesamt kamen zwölf junge Straftäter vor den Richter. Im Dezember 2007 wurden fünf von ihnen zu fünf Jahren Haft und zwei zu neun Jahren mit Bewährung verurteilt. Im Februar 2008 folgte ein zweiter Prozess, der mit einer sechsjährigen Haftstrafe für zwei Täter und mit einer fünfjährigen Haftstrafe mit Bewährung für einen weiteren ausging. Zwei waren noch unter 16 Jahren zur Zeit der Tat und wurden freigelassen. Der Staatsanwalt hatte höhere Strafen gefordert.

Solche Jugendliche waren häufig als unzurechnungsfähige Trottel dargestellt worden, die die Folgen ihrer Taten nicht erwogen hätten. „Weiß aber ein Fünfzehnjähriger nicht, dass Brandsätze verletzen?", fragte man. Die Neigung von immer Jüngeren zur Gewalt nahm zu. Im Jahre 2004 wurden von französischen Richtern 80.000 jugendliche Gewalttäter verurteilt. Fünf Prozent von ihnen waren unter 13 Jahren. Sieben- und Achtjährige wurden immer häufiger wegen Angriffen auf Kameraden und Lehrer von den Schulen verwiesen. Das Verlangen nach geschlossenen Anstalten artikulierte sich immer deutlicher. Das führte 2008 zu den von der Ministerin Rachida Dati ausgearbeiteten Gesetzen: das eine ermöglichte das Vorgehen gegen die Bandenbildung, während das andere die Altersgrenze der Strafmündigkeit von Jugendlichen, insbesondere von Wiederholungstätern, herabsetzte. Seither werden straffällige Jugendliche ab 13 Jahren in der Polizeidatei Edvige (Exploitation documentaire et valorisation de l'information Générale) erfasst, die im September 2008 zu heftigen Diskussionen Anlass gab. Die Innenministerin Alliot-Marie verteidigte im Fernsehen deren Nutzen. Sie wies darauf hin, dass 46 Prozent der Diebstähle mit Gewaltanwendung und 25 Prozent der Vergewaltigungen von Jugendlichen unter 16 Jahren begangen werden.

Eine andere Polemik hatte sich inzwischen entwickelt. Der Leiter der Sicherheitskräfte im Lande, Philippe Laureau, unterstellte den Medien Sensationshascherei, die Imitatoren erzeugt. Soziologen diagnostizierten einen „sportlichen" Wettbewerb der Gewalt. Die Jugendbanden bildeten sich nach strategischen, marktwirtschaftlichen und territorialen Spielregeln. In Bobigny (Departement Seine-Saint-Denis bei Paris), wo sich das wichtigste Jugendgericht der Republik befindet, war es ihnen gelungen, das Gelände des Tribunals zu kontrollieren. Sie belästigten das Wachpersonal, rauchten Hasch in den Räumen und saßen einfach dort als Drohung für die Richter. Das sakrosankte französische Prinzip der territorialen Einheit der Republik wurde auf diese Weise an vielen Orten außer Kraft gesetzt, indem es zunehmend Freizonen gab, wo das organisierte Recht des Stärkeren galt und Polizei und Verwaltung keinen Zugriff mehr hatten.

Julliard empfahl einen kollektiven Widerstand der Bürger Frankreichs gegen die Steigerung der Gewalt. Geschähe das nicht, käme die Stunde der Rechtsradikalen, warnte er. Plötzlich galt der Kampf von Nicolas Sarkozy nicht mehr als „neofaschistisch", sondern als Rettung der Demokratie. Einer der damaligen sozialistischen Präsidentschaftsbewerber,

Laurent Fabius, bezeichnete die Täter von Marseille als „Lumpen". Eric Raoult, Mitglied der Sarkozy-Partei UMP und Bürgermeister von Raincy in der Seine-Saint-Denis, sagte durch die Blume, dass die von seiner Partei bewilligte millionenschwere finanzielle Unterstützung der „banlieues" unter Berücksichtigung der Unruhen von 2006 und 2007 ein Fehler gewesen sei. Es ging ihm offensichtlich darum, die Menschen, die zu den demokratischen Werten standen, aus den „cités" herauszuholen und letztere auszutrocknen.

Daher richtete sich das neue Förderprogramm von Sarkozy an die Menschen in den Vorstädten, statt zur Renovierung von Gebäuden verpulvert zu werden. Ohne Rücksicht auf den Grundsatz der Gleichbehandlung setzte der Präsident mehrere Sonderförderungsprogramme für unterprivilegierte Jugendliche der Banlieues, an erster Stelle den „Plan Hoffnung Vorstadt", in Kraft, die Zehntausende von Jugendlichen aus der Immigration von der Straße in die Werkstätten und in die Dienstleistungsbetriebe holten. Dieses von der Staatsekretärin aus der algerischen Immigration, Fadela Amara, verfasste Programm, das in der Vorstadt Meaux bei Paris am 20. Juni 2008 startete, bekommt 1 Milliarde Euro in fünf Jahren, davon 200 Millionen im ersten halben Jahr. Es geht um „Busing", d. h. um den Transport von Jugendlichen zur Arbeitsstelle und zur Schule; um Nahverkehrsanbindungen; um Arbeitsbeschaffung und um die Sicherheit der Einwohner. Sarkozys Politik in den Banlieues war wider Erwarten sehr differenziert. Mit seinem Konzept der „positiven Diskriminierung" bemühte er sich, die Spreu vom Weizen zu trennen. Diejenigen, die aus der Misere heraus wollen, sollen eine Chance dazu bekommen. „Aber sie müssen früh aufstehen", sagte der Präsident, „und dem Land durch Leistungen das zurückgeben, was es für sie tut." Es berücksichtigt, dass die Moslems und die Blacks jetzt gleiche Rechte und Vorteile wie die anderen Staatsbürger fordern. Sie sind schließlich Franzosen, und in der nationalen Fußballmannschaft und im Sportstadion, aber auch zunehmend in der Wirtschaft bringen sie gute Leistungen. Sie leben aber in trostlosen Vorstädten und sind häufig bis zu 50 Prozent ohne Arbeit. Es gibt bei ihnen eine berechtigte Inflation der Forderungen, und sie sind leicht erregbar.

Als ehemaliger Anwalt und Jurist verfolgt Sarkozy die Repression der Kriminalität aufmerksam. Er hat auf diesem Gebiet und im Kampf gegen den Terrorismus eng mit Wolfgang Schäuble in der Zeit zusammengearbeitet, als beide Innenminister waren. Im Büro des Staatspräsidenten steht an sichtbarer Stelle das Wappen der Antigang-Einheit RAID. Als

Innenminister hatte Sarkozy angedeutet, dass er stärker gegen die Täter vorgehen wollte. In dem Fall Nelly Cremel (es handelte sich um eine junge Frau, die von zwei Wiederholungstätern misshandelt und getötet worden war) hatte er einen Konflikt mit den Richtern gewagt, die die Mörder auf der Grundlage von zweifelhaften Gutachten nach etlichen Jahren freigelassen hatten. Er führte dann mehrere Attacken dieser Art gegen die Judikative und nahm immer wieder die Polizei in Schutz. Seine Gegner unterstellten ihm einen Verfassungsbruch, da er als Exekutive sich nicht in die Judikative einmischen dürfe. Aber die Zustände waren so skandalös geworden, dass seine Kompetenzen überschreiten musste. Mag auch sein, dass er als Anwalt die Parteilichkeit mancher Richter erlebt hatte. Dabei sollte Sarkozys Frankreich keine Strafanstalt sein, sondern ganz im Gegenteil ein Land, wo Leistung und Talent belohnt und gute Taten ausgezeichnet werden.

Aber Justiz und Polizei sollen verstärkt für Ruhe und Sicherheit sorgen. In Rachida Dati fand Nicolas Sarkozy eine kompetente und ergebene Helferin. Vorsichtshalber setzte er unter der Schirmherrschaft der Innenministerin Michèle Alliot-Marie seine Vertrauensleute in Schlüsselstellungen der Polizei. So wurde sein Jugendfreund Frédéric Péchenard zum Chef der 125.000 französischen Polizisten am berühmten „Quai des Orfèvres" ernannt. Péchenards und Sarkozys Mütter, beide Anwältinnen, wohnten in der gleichen Straße und luden sich regelmäßig zum Tee ein. Péchenard war anwesend bei der Geiselname des „Human Bomb" in Neuilly, wo Sarkozy die Hauptrolle gespielt hatte. Ein anderer „Sarko boy" ist Michel Gaudin, der Polizeipräfekt von Paris, der während der Krawalle vom November 2005 vierzehn Nächte lang zusammen mit Sarkozy die Eindämmung der Straßenschlachten plante. Dieser Ersatzinnenminister hat 33.000 Personen unter sich. Der Dritte im Bunde ist Bernard Squarcini, der Sohn von korsischen Hirten, auch ein Freund von Sarkozy, der den Inneren Nachrichtendienst mit 3.400 Personen führt. Er könnte bald Staatsekretär werden. Nicht unwichtig sind Martine Monteil, die Chefin der Kriminalpolizei (5.000 Personen) und der General Roland Gilles, Chef der 103.000 Gendarmen und Bediensteten der Gendarmerie, die zur Armee gehörten und nun dem Innenministerium unterstellt wurden.

Um die Zielrichtung der Justiz vom Täter auf das Opfer umzulenken, bedienten sich Nicolas Sarkozy und Rachida Dati eines Falles, der dazu geeignet war. In der Nacht vom 17. zum 18. Dezember 2004 war ein junger Mann, 20 Jahre alt, durch ein Fenster der psychiatrischen Heilanstalt in der südfranzösischen Stadt Pau eingestiegen. Er zerbrach eine Glasscheibe und schraubte den Fensterrahmen ab. Er trug eine Art Säbel und stach unzählige Male auf zwei Krankenschwestern ein, die ihren Nachtdienst verrichteten. Der einen, Chantal Klimaszewski, schnitt er die Kehle durch und die andere, Lucette Gariod, köpfte er. Er stellte den Kopf als Trophäe auf den Fernseher und schlich sich unbemerkt aus dem Haus.

Nach drei Tagen wurde der Täter, Romain Dupuy, in der Stadtmitte von Pau zufällig festgenommen. Polizisten wollten ihn wegen Drogenbesitzes kontrollieren. Da zog er eine 7,65 mm Pistole und feuerte dreimal auf sie. Zum Glück bekam die Waffe eine Ladehemmung. Er gestand dann im Verhör, dass er der Krankenschwesternmörder sei; er konnte für seine Tat keinen Grund angeben. Die DNA-Prüfung bestätigte sein Geständnis. Dupuy wurde in die geschlossene Heilanstalt Cadillac in der Nähe von Bordeaux eingewiesen. Drei psychiatrische Untersuchungen ergaben, dass er an einer schweren Schizophrenie litt. Der junge Süchtige war schon einmal zur Behandlung in der Saint-Luc-Klinik eingeschlossen worden, kannte aber seine Opfer nicht. Sie starben nur, weil sie sich in der Nähe der Abteilung befanden, wo er früher gepflegt worden war. Vor der Tat hatte er Rauschgift konsumiert, um sich aufzuputschen.

Das Verbrechen löste damals eine heftige Debatte über die Sicherheit psychiatrischer Heilanstalten und von Krankenhäusern überhaupt aus. Inzwischen sind in der Anstalt in Pau alle Eingänge abgesichert, es patrouillieren Wachleute. Zu spät leider für die toten Frauen, die Familienmütter waren. Maria Mouledous, die Schwester von Chantal, und Hervé Gariod, der Ehemann von Lucette, wollten nicht, dass Dupuy für unzurechnungsfähig erklärt werde. Sie wollten einen ordentlichen Prozess vor dem Schwurgericht und hatten sich deswegen an den Staatspräsidenten Sarkozy gewandt. Anlässlich eines Besuchs in der Nachbarstadt Bayonne bot dieser ihnen unerwartet ein Gespräch an. Der Präsident kam offensichtlich sehr gerührt aus der Unterhaltung mit ihnen heraus und betonte sofort in seinen Reden vor Ort, dass die Justiz sich in Zukunft den Opfern mehr als den Tätern zuwenden müsse und dass es für die Trauerarbeit von Nahverwandten immer wichtig sei, dass ein ordentlicher Prozess stattfindet.

Rachida Dati empfing ebenfalls die Verwandten der Dupuy-Opfer. Dass Sarkozy Justizskandale mit missverstandener Milde gegenüber den Tätern nicht mehr dulden würde, erkannten die Richter. Einige protestierten gegen Sarkozys Schelte. Aber die meisten verspüren, dass der Fall

Dupuy Schule machen könnte und dass ein neuer Wind weht, weil die bisherige Rechtsprechung uneffektiv war. Zu Weihnachten 2007 hatte Sarkozy die traditionelle Präsidialamnestie zugunsten von Kleinverbrechern nicht ausgeübt. Kein Verbrechen sollte unbestraft bleiben. Schon während seines Wahlkampfes hatte Sarkozy die Nachsicht der Richter, insbesondere gegenüber jungen Wiederholungstätern, angeprangert. Eine seiner ersten Maßnahmen als Präsident war die Verabschiedung eines Gesetzes zur Verschärfung der Strafen für diese Kategorie von Tätern, zusammen mit der Schaffung einer Mindeststrafe, die die Richter nicht mehr unterschreiten können. Für schwere und wiederholte Verbrechen wurde nach Verbüßung der Strafe eine Verlängerung der Haft eingeführt. Diese „Sicherheitsverwahrung" für Zwei- oder Mehrfachverbrecher existiert auch in Deutschland. Gerhard Schröder hatte sich nach einem brutalen Mord an einem Kind dafür eingesetzt. Das wussten zwei prominente französische Sozialisten, die diese Maßnahme von Dati und Sarkozy mit Nazigesetzen verglichen, offensichtlich nicht.

Es geht aber nicht allein um eine Verschärfung der Strafen zur Eindämmung der grassierenden Kriminalität. Eine andere Auffassung der Justiz deutet sich an. Kurz nach seiner Wahl zum Präsidenten tauschte Staatspräsident Giscard d'Estaing 1974 vor laufenden Kameras in Lyon einen Händedruck mit einem Gefängnisinsassen aus. Straftäter seien auch Menschen, meinte er. Kaum war er gewählt, empfing Sarkozy im Gegenteil Familien von Opfern. Seine Justizministerin soll ein spezielles „Richteramt für die Opfer" schaffen.

Der Präsidialempfehlung zum Trotz hatte der zuständige Richter in Pau das Verfahren gegen Dupuy eingestellt. Diese Prozedur, die die irreführende Bezeichnung „non-lieu", auf Deutsch „nicht stattgefunden"[57] trägt, halten der Präsident und die Ministerin für eine Beleidigung der Opfer, denn Schlimmes hat tatsächlich stattgefunden. Mag sein, dass Dupuy nicht erkannte, weswegen er sein Verbrechen beging, aber er hat vorsätzlich gehandelt und seine Tat sehr systematisch geplant und ausgeführt. Anderer Meinung ist natürlich Marie-Claire Dupuy, die Mutter des Täters, die im Fernsehen die Unzurechnungsfähigkeit ihres Sohnes verteidigte.

Noch vor der Verabschiedung der Reform der Ministerin bekam Dupuy im November 2007 einen Miniprozess vor einer Untersuchungskammer des Tribunals in Pau in Anwesenheit der Familien, der Sachverständigen

---

57 Aussetzung des Verfahrens.

und der Polizei. Die Familien lehnten den Ausschluss der Öffentlichkeit ab. „Man kann doch nicht einen Wahnsinnigen zur Schau stellen", ärgerte sich die Sozialistin Elisabeth Guigou, früher Justizministerin von Mitterrand. „Ich verstehe die große Aufregung der Familien, aber man darf und man kann nicht Verrückte richten." Das Verfahren dauerte drei Tage, aber der Täter sollte nur einen Tag anwesend sein, „weil man ihn nicht dreimal zwischen Pau und Cadillac hin und her befördern kann", meinte einschränkend Oberstaatsanwalt Lorans..

Ein anderes Verbrechen leitete Wasser auf die Mühlen des Präsidenten. Ein Wiederholungstäter, Francis Evrard, 61, der nach einer 23jährigen Haft entlassen worden war, hatte ein fünfjähriges Kind entführt und missbraucht. Der Junge, ein Türkfranzose, war auf einem Jahrmarkt der Obhut seiner Oma entlaufen. Evrard wurde zufällig in einem Parkhaus von einem Taxifahrer entdeckt, als er – selbst halb ausgezogen – den jungen Enis entkleidete. Evrard war schon 1975 zu fünf Jahren Haft wegen Vergehens gegen die Sittlichkeit gegenüber Minderjährigen verurteilt worden. 1985 erhielt er aus demselben Grund wieder eine Freiheitsstrafe von vier Jahren und wurde schließlich 1989 zu 27 Jahren Haft verurteilt, davon zwei Drittel in Sicherheitsverwahrung, wegen Vergewaltigung von zwei minderjährigen Jungen. Seine Tat hat eine Debatte um die Sexualkriminalität ausgelöst.

Vor seiner Entlassung hatte sich Evrard unter einem fadenscheinigen Vorwand vom Gefängnisarzt Viagra-Tabletten gegen männliche Impotenz verschreiben lassen. Eine typische Erscheinung der allzu großzügigen Justiz. Nicolas Sarkozy empfing den Vater des Kindes, der vor Journalisten im Hof des Präsidentenpalastes eine scharfe Erklärung abgab. Ganz im Sinne des Präsidenten. Anschließend erschien letzterer und kündigte eine Reform der Strafverbüßung bei Sexualdelinquenten an, „damit eine solche Situation, die viele Franzosen schockiert hat, nicht wieder eintreten kann". Rachida Dati hat eine Gesetzesänderung vorbereitet, die eine automatische Entlassung von Sexualverbrechern wegen guter Führung in der Haft verhindert. Sie werden nach Ablauf ihrer Strafe mit anderen psychisch labilen Straftätern in geschlossenen Anstalten verwahrt werden, es sei denn, sie unterziehen sich einer Behandlung mit Medikamenten, die Nicolas Sarkozy als „chemische Kastration" bezeichnete. „Ich habe keine Angst vor Vokabeln", merkte er an.

Oppositionelle Medien wie die linke Zeitung „Le Monde" regten sich wegen der neuen Justizpolitik des Präsidenten und seiner Ministerin auf.

Zu Weihnachten 2007 hatten sie vorgetragen, dass die Gefängnisse überfüllt seien und deswegen nicht noch voller werden dürften. Diesmal prangerten sie die voraussichtliche Wende der französischen Rechtssprechung von der Resozialisierung der Delinquenten zur Bestrafung als Abschreckungsmethode an. Ein „amerikanischer Trend" im französischen Strafvollzug, meinten sie. Sie glaubten nicht an die Abschreckung. Aber Frau Dati ließ sich nicht beirren. Sie besichtigte in Rotterdam eines der 12 „TBS-Zentren" der Niederlande. Diese psychiatrischen Haftkliniken für Sexualstraftäter und geistesgestörte Delinquenten verfolgen das Ziel, diese Leute, wann immer möglich, durch Arbeits- und Kulturtherapie in die Gesellschaft zurückzuführen, eventuell mit Hilfe von Medikamenten und unter strikter Aufsicht, wenn sie noch eine Gefahr darstellen. Aber in Holland werden unzurechnungsfähige Täter trotzdem schuldig gesprochen. Also schließt das eine das andere nicht aus. Aber die Widerstände von Richtern, von Psychiatern und linken Medien und Politikern sind gewaltig.

Im Oktober 2008 probten „fortschrittliche" Richter einen Aufstand gegen die Justizministerin Dati wegen angeblicher Inkompetenz im Amt. Dabei wusste sie aus eigener Erfahrung, wie falsch und parteiisch Gerichte oft entscheiden. Gerade in dem Moment kam ihr zu Hilfe, dass ein notorischer und aggressiver Vergewaltiger namens Jorge Montes aus dem Gefängnis Fresnes aufgrund eines Gerichtsirrtums freigelassen wurde. Das Büro des Untersuchungsrichters in Paris hatte in der Gefängnisakte „Strafe unbestätigt" statt „Strafe bestätigt" geschrieben. Etwa zur gleichen Zeit ging es um den Fall eines Lehrers aus der Gemeinde Saint-Michel im Departement Aisne, der sich Anfang September 2008 das Leben genommen hatte, nachdem er mehrere Stunden in Polizeigewahrsam geblieben war, weil ein Schüler ihn beschuldigte, ihm einen Fausthieb als Strafe für eine verspätete Ankunft im Unterricht verabreicht zu haben. Einen Monat später gab der Junge zu, dass er gelogen hatte. Der Anwalt der Familie des Lehrers, erinnerte dabei an den Justizfehler in Outreau, einer Gemeinde im Departement Pas-de-Calais, als ein Strafgericht im Jahre 2003 unschuldige Bürger wegen Unzucht mit Minderjährigen verurteilt hatte. Zwei Jahre später erwies sich die gesamte Anklage als Fantasieprodukt einer verwirrten Klatschtante. Der Richter hatte ohne materielle Beweise diese Staatsbürger angeklagt und entehrt, davon sechs Personen zu hohen und sieben weitere zu leichteren Strafen zu Unrecht verurteilt.

14. Kapitel
Zuwanderung ohne DNA-Test

Die Regierung von Nicolas Sarkozy und François Fillon hat in ihren Reihen Menschen aus der Immigration. Der Staatspräsident selbst und manche seiner Minister und Mitarbeiter haben ausländische Wurzeln, wie übrigens ein Großteil der Franzosen. Es liegt nahe, daran zu erinnern, weil im September/Oktober 2007 ein Gesetzentwurf zur Eindämmung der Zuwanderung heftige Diskussionen auslöste. Dieser Text sollte nicht nur die Rückführung illegaler, arbeitsloser Zuwanderer an Grenzen erleichtern, sondern er forderte eine DNA-Analyse, um die Verwandtschaft von mitgebrachten Kindern mit den Migranten zu testen. Bis in die Reihen der Regierungsmannschaft löste der Gesetzentwurf Debatten aus. Als Tochter von zugewanderten algerischen Eltern fand die Staatssekretärin für Stadtentwicklung, Fadela Amara, deren drastische Ausdrucksweise bekannt ist, die DNA-Analysen „zum Kotzen". Die linke Opposition nahm sich aus diesem Anlass das Recht heraus, sich als Hüterin der Menschenrechte zu profilieren und agitierte massenhaft gegen das Gesetz.

Dass Nordafrikaner und vor allem Schwarzafrikaner in Großfamilien leben, hätte Staatspräsident Valéry Giscard d'Estaing bekannt sein sollen, als er in den 70er Jahren die Familienzusammenführung für die Migranten erlaubte. Jetzt hatte Frankreich die Bescherung. Frauen und Kinder der Einwanderer folgten ihnen scharenweise. Sie hausten in elenden Vorstädten, waren trotz großzügiger Zuschüsse des Gastlandes nicht in der Lage, ihre Kinder ordentlich aufzuziehen, und viele von ihnen campten in Hallen, Sportanlagen oder draußen, bis man ihnen mit der tatkräftigen Unterstützung der linken Parteien und der antirassistischen Vereine, wie „SOS Rassismus" und „Liga der Menschenrechte", die Aufenthaltsberechtigung überreichte. Die Krankenkassen sprangen für sie ein und sie wurden ordentlich versorgt. „Die Zuwanderung ist eine unumkehrbare Tatsache, die nichts mit einer Invasion zu tun hat", verkündete Jean-Pierre Dubois, der Vorsitzende der Menschenrechtsliga. Freilich, aber die Zahlungsfähigkeit und die Aufnahmekapazität des Staates setzten dieser humanitärer Hilfe eine Grenze.

Um zu belegen, dass Frankreich seit eh und je für Zuwanderung offen war, wurde am Ostrand von Paris die „Cité de l'immigration" im Prachtpalais der Kolonialausstellung von 1931 feierlich eröffnet. Und das just zu dem Zeitpunkt, wo das neue Einwanderungsgesetz im Parlament durchgepaukt werden sollte. Obwohl diese ständige Ausstellung nicht weniger als vier Ministerien untersteht, weil die Behörden einander diese „heiße Kartoffel" weitergereicht haben, ließ sich am Abend der Einweihung nur die Kulturministerin kurz blicken. Sie machte sich dann schnell aus dem Staube, und der Direktor der neuen Cité suchte sie in den Etagen vergeblich. Kein Wunder! Einwanderung bedeutete früher Zuzug von Weißrussen, von Arbeitern aus Polen und Italien, von spanischen Republikanern und Flüchtlingen vor dem Kommunismus in Osteuropa, wie zum Beispiel Sarkozys Vater, schließlich von Arbeitern aus Portugal und Spanien, aus Algerien und der Türkei, kurzum Menschen aus Kontinentaleuropa oder benachbarten Staaten, aber keineswegs die Flutwelle der Ausgehungerten und Mittellosen aus bevölkerungsreichen und kriegsgeplagten Entwicklungsländern, die sich jetzt über das Land ergoss.

Diese Cité de l'Immigration hat nichts mit den Realitäten von heute zu tun, wenn es auch als „politisch unkorrekt" gilt, es zu behaupten. Wer das Thema Einwanderung propagiert und eine solche Einrichtung bezuschusst, gewinnt in Frankreich keine Wählerstimmen. Dabei fanden wichtige Kommunalwahlen im März 2008 statt. Präsident Chirac, der immer wieder mit modischen Trends liebäugelte, hatte dieses „rohe Ei" seinem Nachfolger vererbt, der eine restriktive Immigrationspolitik zu einem der Zentralthemen machen wollte. Um der Invasion einen Riegel vorzuschieben, schlug ein Abgeordneter der Regierungspartei, Thierry Mariani, also vor, von den Kindern und Kindeskindern der Migranten einen DNA-Test zu verlangen, damit sie beweisen können, dass die Kleinen, die sie mitbringen, wirklich von ihnen stammen. Es sind wegen der Geburtenfreudigkeit dieser Völker immer viele an der Zahl, aber es sollten wenigstens keine weiteren mitkommen. In manchen afrikanischen Ländern gibt es keine Standesämter, kein Familienstammbuch. Familie ist in diesen Breitengraden ein Gummibegriff. Es wäre also selbst für diese Leute hilfreich, argumentierte der Urheber des Vorschlages, wenn sie den genetischen Nachweis der Vaterschaft oder gar der Mutterschaft erbringen könnten. Das wird in mehreren europäischen Staaten so gehandhabt, etwa in England, in Spanien, in Italien und in Nordeuropa, und dort hat es dagegen nur wenig Protest gegeben. Heutzutage die natürlichste Sache der Welt und eine absolut schmerzlose Untersuchung, nur ein bisschen Speichel auf einem Wattestäbchen!

Sofort erschallte aus den Reihen der Gutmenschen großes Gezeter. Als hätte die Regierung die Guillotine auf der „Place de la Concorde"[58] wieder aufgestellt. Diese Verfahrensweise, die sich eher zugunsten der Betroffenen ausgewirkt hätte, wurde von den Sozialisten, Kommunisten und von François Bayrou als ein Rückgriff auf die Rassengesetze der Vichy-Regierung (1940/45) verunglimpft. Der oppositionelle François Bayrou sekundierte der sozialistischen Opposition, mit PS-Generalsekretär François Hollande an der Spitze, um die Fillon-Regierung als moralisch niederträchtig und faschistoid abstempeln zu lassen. In vielen Städten wurde gegen diese Ergänzung des Zuwanderungsgesetzes demonstriert. Gegen den Minister für Nationale Identität und Zuwanderung Brice Hortefeux wurde ein „nationaler Tag der Solidarität mit den Ausländern" organisiert. In Paris versammelten sich 3.000 Personen auf der Straße und im sozialistischen Lyon marschierten 2.000 bis 3.000 Leute mit Transparenten, die „rechtsgültige Personalausweise für alle Illegalen" und „das Ende der Ausweisungen" forderten. In Marseille, Bordeaux, Toulouse, Straßburg, Nantes, Rennes und Dijon gab es ebenfalls starke Demonstrationen. In Lille, Nancy, Angers und Poitiers kamen weniger Demonstranten zusammen. Der Klamauk bewog nur zwei oder drei Abgeordnete der Mehrheitspartei UMP, in dasselbe Horn zu stoßen. Auf einer Großdemonstration in Paris, wo Künstler, Intellektuelle und Politiker zum Kampf gegen dieses Gesetz aufriefen, traten einige Sänger auf, die diese Untat der Regierung missbilligten. Eine der Sängerinnen, auch sie eine Frau aus der Einwanderung, hieß Carla Bruni... Das war noch Monate bevor sie den Staatspräsidenten kennenlernte...

Von den Zuwanderern zu verlangen, dass sie durch einen DNA-Test ihre Verwandtschaft mit den von ihnen hergeholten Kindern nachweisen, war für viele Menschen eine Forderung aus dem Bereich der „Science Fiction". Der Bildungsstand der französischen Bevölkerung ist offensichtlich noch nicht ausreichend, um Begriffe wie DNA, Genetik, genetisch modifiziert und Chromosom, ebenso wie nuklear, Kerntechnik und CO_2 als wertneutral zu empfinden, obwohl die amerikanische Erfolgsserie „Die Experten" sich im französischen Fernsehen einer großen Beliebtheit erfreut.

---

58 Auf diesem Pariser Platz, ehemals „Place Louis XV", umbenannt in „Place de la Révolution", fanden in der Zeit des Robespierre-Terrors die Exekutionen statt.

Daher eignete sich die DNA-Debatte zu einer Agitationskampagne gegen Rassismus, obwohl es sich doch nur darum handelte festzustellen, ob der vermutliche Vater der wahre Erzeuger seiner Kinder war.

Arlette Larguillier, die alternde Galionsfigur der trotzkistischen „Kommunistischen Liga", denunzierte „die Bestrebung der Regierung, sich damit bei den rechtsradikalen Wählern beliebt zu machen". Von Dankbarkeit gegenüber Sarkozy, dass er die rechtsradikale Front von Jean-Marie Le Pen so gut wie vernichtet hatte, keine Spur. Ganz im Gegenteil. Der rechtsradikale Popanz Jean-Marie Le Pen war weg vom Fenster, und man versuchte, Sarkozy zu dessen Nachfolger zu machen. Der Philosoph der linken Intelligenz, Bernard Henry Lévy, schleuderte dem Redenschreiber des Präsidenten, Henri Guaino, das Wort „Rassist" an den Kopf. Guaino bezeichnete seinen Kritiker als einen „angeberischen Vollidioten". „Ich liebe Frankreich, er nicht", sagte Guaino. „Er hat Schaum auf den Lippen, sein Hass dringt aus allen Poren."

Dann passierte das Unfassbare, als Premierminister François Fillon die DNA-Analyse als „ein Detail im Zuwanderungsgesetz" einstufte. Er meinte, diese Marginalie, dieses „Detail" würde zu Unrecht aufgebauscht. Was für einen Aufschrei dieses landläufige und harmlose Wörtchen auslöste! Le Pen hatte einmal den Holocaust der Juden als „Detail der Geschichte" bezeichnet. Zweifelsohne in Anbetracht dieses systematischen Massenmordes von Millionen von Menschen eine fast kriminelle Äußerung! Aber das Wörtchen „Detail", auf Deutsch „Einzelheit", nur, weil Le Pen es in diesem ganz bestimmten Zusammenhang in den Mund genommen hatte, unter Nazismusverdacht zu stellen, war natürlich ein Irrsinn. Nichtsdestotrotz wurde der französische Premierminister zu einem Werkzeug des Satans erklärt. Sprachtabus sind also bereits Bestandteil des „Newspeaks", der zu unserer allgemeinen Sprachregelung wird. Sie haben sogar schon Eingang in das Strafgesetzbuch gefunden (denken wir etwa an Begriffe, die die Wortendung -phobie zu Straftaten macht). Daran merkt man, wie unsere Gesellschaften unter dem Mäntelchen der Demokratie unterschwellig totalitär werden.

Nachdem die zweite Kammer, der Senat, den Gesetzentwurf abgeschwächt und abgesegnet hatte, wurde der Text von der Nationalversammlung verabschiedet. Vom Mariani-Vorschlag war so gut wie nichts geblieben. Die DNA-Prüfung ist jetzt nur noch freiwillig. Sie wird den Zuwanderern helfen, die darauf zurückgreifen wollen, um ihre Vaterschaft nachzuweisen. Nur noch einige Einschränkungen bleiben erhalten. So kann nach Prüfung denjenigen illegalen Zuwanderern die Aufenthaltsgenehmigung „von Fall zu Fall" erteilt werden, die seit drei Monaten eine ordentliche Arbeitsstelle haben. Das Bleiberecht richtet sich jetzt nach Quotenzahlen, die den Bedürfnissen des Arbeitsmarktes in bestimmten Berufen entsprechen. Minister Hortefeux rief die Präfekten zu sich und schärfte ihnen ein, diese Bestimmungen strikt zu beachten.

Dabei verspürte man die Neigung der linken Opposition, dem Staatspräsidenten immer noch ein rechtsradikales Etikett auf die Stirn zu kleben. Wie kann man denn an der demokratischen Gesinnung von Sarkozy zweifeln? Alle sozialen Vorteile, die De Gaulle und Mitterrand gewährt hätten, wolle er ändern, behaupten seine Gegner. Das ist schlicht und einfach falsch. Die vierte und fünfte Urlaubswoche hat er nicht abgeschafft. Er führt keinen Arbeitsdienst für Langzeitarbeitslose und rebellierende Studenten ein. Er hat den Mindestlohn nicht heruntergedrückt, sondern erhöht. Die Gewerkschaften sind seine Gesprächspartner. Zum ersten Mal sitzen die Sozialpartner mit Vertretern des Staates zusammen. Die Abtreibung mit Indikation bleibt zugelassen. Man darf weiter mit achtzehn Jahren wählen. Die Todesstrafe wird nicht wieder eingeführt.

Sarkozy will nur die Entgleisungen verhindern, die für die Gesellschaft auf Dauer tödlich wären. Leistung, auch die von den Großeltern und Eltern ererbte Leistung, soll wieder etwas gelten. Paare mit Kindern sollen gegenüber Paaren ohne Kind bevorzugt werden. Der Einzelne soll für seine Taten verantwortlich sein. Rechte soll es nicht ohne Pflichten geben. Die Autorität von Wissen, Kompetenz und Alter soll wieder anerkannt werden. Schließlich soll die Rechtsunsicherheit beseitigt werden. Das ist umso legitimer, als die Schwächeren in der Gesellschaft unter den Verzerrungen der Moral und des Rechts immer am meisten leiden, während Profiteure aus der Pervertierung der Werte Kapital schlagen.

Die Franzosen nennen die Verkrüppelung von Denken und Fühlen durch die sogenannte „political correctness" „Einheitsdenken". Einheitsdenken hängt mit einer Sprachkontrolle zusammen, die Debatten zu bestimmten Themen untersagt. Es muss wieder erlaubt werden, alles, nicht nur Reichtum und Macht, sondern auch abnorme Verhaltensweisen und aggressive Minderheiten zu kritisieren, ohne vor Gericht geladen zu werden. Ist das konservative Politik? Nein, es ist eine positive Kulturrevolution, es ist die Rückkehr zum gesunden Menschenverstand.

Vierter Teil

Scher' dich zum Teufel!

Wer mehr Geld will, soll mehr arbeiten

Ich bin kein König – oder doch?

Prioritäten setzen

*Wir stehen auf und sagen Nein
zu diesem Mann!*

Als er da war, hatten wir was zu sagen!

15. Kapitel
Scher' dich zum Teufel!

Nicolas Sarkozy ist, was man eine Frohnatur nennt. Er lacht gerne. Er nimmt Menschen gerne auf die Schippe. Er kann auch bissig werden. Muss man alles, was er sagt, ernst nehmen? Muss man jedes Wort von ihm auf die Goldwaage legen? Wahrscheinlich nicht! Präsident und Spaßvogel? Ja, beides vielleicht. Die Journalistin Sylvie Pierre-Brossolette sammelte im Magazin „Le Point" einige seiner Sprüche.

„Ich bin derjenige, der am meisten an mir selbst zweifelt", sagte er einmal. Wird ein solcher Spruch durch die Verfassung gedeckt? Ein Staatsoberhaupt darf doch nicht von Zweifeln geplagt werden! Ein anderes Mal sagte er einem Freund: „Ich sehe den ganzen Tag Idioten. Du kannst dir nicht vorstellen, was ich für Vollidioten sehe." Ein Staatsoberhaupt sieht doch nur Staatsbürger! Keine Idioten! Oder?

Über Kunst und Literatur hat Sarkozy viel zu sagen. Etwa: „Haltet mich nicht für einen Banausen!" Wer hätte denn so etwas gedacht? Ganz im Gegenteil. Er gestand zwar, die Werke des berühmten französischen Schriftstellers Albert Camus nicht gelesen zu haben. Na und? Man kann durchaus ohne Camus leben. Nicht jeder Nobelpreisträger für Literatur muss jedem gefallen. Manchen fallen die Bücher von Günter Grass nach einer Seite aus den Händen. Einmal kam Sarkozy aus einer Theateraufführung der Comédie française, immerhin die ruhmreichste Bühne Frankreichs, mit der Bemerkung: „Es ist doch nicht normal, dass man sich dort so schrecklich langweilen kann." Ein echte Blasphemie! Viele Menschen denken so: Aber darf er es als Präsident sagen? Liegt seine Langeweile aber nicht daran, dass ein Mann der Tat wie er „action" braucht. Daher vielleicht seine Abneigung vor dem Leben außerhalb von Paris: „Die Provinz? Es ist dort todlangweilig." Wenn man lebt, wie er, zwischen der Provinz und der Comédie française, muss das Leben unerträglich sein. Zum Glück hat er „den Job", wie er sein Amt manchmal nennt.

Es ist für einen Energieprotz wie Sarkozy wahrscheinlich überall dort langweilig, wo er das Geschehen passiv ertragen muss. Zu lange hat er sich während seines langen Marsches durch die Institutionen zurückhalten müssen. Daher sind seine Ausdrucksweise wie sein Tatendrang explosiv geworden. Mit Anstand und Konvention steht er oft auf Kriegsfuß. Es ist bei ihm aber auch Methode. Den Leuten gehörig die Leviten zu lesen, ist ein Mittel, um sie anzutreiben. Leider versetzen manche seiner Sprüche seine Gegner in Rage. Einer dieser Zwischenfälle ereignete sich auf der Pariser Landwirtschaftsausstellung, wo das Ambiente vielleicht zu solchen Reaktionen verführt. Ein Unbekannter, dem er in der Menge die Hand zum Gruß ausstreckte, zog seine Pranke zurück und warf ihm in schlechtem Französisch an den Kopf: „Berühre mich nicht!". Da gab Sarkozy wie aus der Pistole geschossen zurück: „Dann scher' dich!" „Du machst mich schmutzig", insistierte der Mann. „Scher' dich zum Teufel, du Arschloch!", wiederholte der Präsident.[59]

Ähnlich wie das berühmte Wort des Götz von Berlichingen ging dieser lapidare Satz von Sarkozy in die Geschichte ein. Er wurde von einem Handy gefilmt und kam gleich ins Internet auf die Webseite von „Le Parisien". Das präsidiale Schlusswort entfachte eine scholastische Diskussion. Muss man, weil man Präsident der Republik ist, sich wie Jesus Christus beleidigen lassen oder dem Angreifer zeigen, was eine Harke ist? Muss ein Staatsoberhaupt die linke Backe hinhalten, wenn man ihn auf die rechte schlägt? Das ist nicht Sarkozys Stil. Viele Franzosen fanden das wunderbar. Aber manche Intelligenzler waren entrüstet. Für sozialistische Gutmenschen war das der definitive Beweis, Sarkozy sei ein Menschenverächter. Er habe diesen armen Teufel, der sich nicht beschmutzen lassen wollte, brutalisiert. Und das sei sehr grob von ihm gewesen. Manche stellten aber die Frage, warum man es Sarkozy übel nahm, während François Bayrou, ehemals Erziehungsminister, keine Probleme hatte, als er einmal in der Öffentlichkeit ein Kind ohrfeigte, das versuchte, ihn zu beklauen?

Gerade gab es den Fall eines französischen Lehrers, der einen Schüler ohrfeigte, der ihn wüst beschimpft hatte. Der Lehrer, nicht der Schüler, zog den Zorn aller Elternvertreter, Verwaltungs-, Gerichts- und sonstiger Instanzen der Nation auf sich und wurde suspendiert. Auf die Gefahr hin eine Konventionalstrafe bezahlen zu müssen, gab der Premierminister François Fillon dem Mann trotzdem Recht und nahm ihn in Schutz. Dabei hatte Fillon, soweit man weiß, den landwirtschaftlichen Ausfall von Sarkozy nicht verteidigt. Allerdings kann ein Präsident im Unterschied zu einem Lehrer nicht wegen eines Unwortes suspendiert werden. Auf dieser Landwirtschaftsausstellung wurde der Premierminister sowieso von...

---

59 „Touche moi pas!" „Alors casse-toi!" „Tu me salis." „Casse-toi, pauvre con!"

einem Huhn abgelenkt. Landwirte schenkten ihm ein Huhn namens „Carla". „Ich hoffe, dass sie sich in den Gärten von Matignon[60] wohl fühlen wird", sagte der Züchter. „Sie legt sechs Eier pro Woche, aber ich weiß nicht, ob sie richtig singt."

Dem französischen Präsidenten liegt die übliche politische Phrasendrescherei nicht. Man sieht, dass es für ihn ein Zwang ist, „offiziell" zu reden. Henri Guaino, der seine Reden bearbeitet, ist gewiss ebenfalls ein unkonventioneller Typ. Viele, die in den Medien nicht zu Wort kommen, empfinden die Offenheit von Sarkozy als wohltuend, weil sie sich endlich von jemandem vertreten sehen, der frei von der Leber weg spricht. Aber vielen Medien liefert seine manchmal ätzende Art etwas zu knabbern. So entsteht der neue französische Nationalsport, den ein Abgeordneter der Mehrheitspartei aus dem Departement „Alpes-Maritimes" die „Sarko-Jagd" nannte. Da werden die Fotografen zu Jägern. Es wurde ihm anfangs oft vorgeworfen, dass sein Image in den Medien „überbelichtet" sei.[61] War es seine Schuld oder die Schuld der Fotografen? Jedenfalls hat Sarkozy Flagge gezeigt.

Was die Gegner des Präsidenten, Neider und sonstige Gutmenschen ihm in erster Linie übelnehmen, ist die Tatsache, dass er Bewegung in das Land gebracht hat und es nach vorne schubst, wo sie bremsen. Im Ausland schauen viele Leute neidisch auf dieses Frankreich, das einen Nonkonformisten an seiner Staatsspitze hat. Die Franzosen haben endlich einen echt revolutionären Präsidenten. In diesem Amt und besonders, wenn man Sarkozy heißt und so handelt und redet wie er, muss man ein dickes Fell haben. Muss er aber immer alles einstecken, ohne zu reagieren, zumal die Sprachkontrolle, wenn es sich um Verbalinjurien handelt, zu einer Einbahnstraße geworden ist? Die 68er wollten die Höflichkeit abschaffen.[62] Wohl nur die eigene... Wie kaum ein anderer französischer Staatspräsident vor ihm zog Nicolas Sarkozy die Häme von Gegnern aller Schattierungen auf die eigene Person.

Vor allem beanstandeten die Oppositionellen zunehmend den politischen Stil Sarkozys als Schnellentscheider und als Rednertalent, der aus ihrer Sicht den Menschen blauen Dunst vormache. Sie gingen davon aus, dass derjenige, der viel redet, viel lügen muss und konnten sich nicht vorstellen,

---

60 Das Hotel Matignon ist der Sitz des Premierministers in Paris.
61 „Surexposé" sagen die französischen Medien.
62 Diethart Krebs: „Das Ende der Höflichkeit". Juventa Verlag. Weinheim 1970.

dass es umgekehrt sein kann. Wenn früher so viel gelogen wurde, musste man doch viel reden, um der Wahrheit eine Gasse zu öffnen. Vor allem erzeugte in der Bevölkerung die Fokussierung der Angriffe auf die Person und den Charakter des Staatsoberhaupts Groll und Neidgefühle „gegen Sarko", die dem Präsidenten auch physisch hätten gefährlich werden können, zumal er sein Privatleben, ja sogar seine Amouren, stark in Szene setzte. Der Neid ist ein niedriger Instinkt. Er weckt Aggressionen.

Der fabelhafte Aufstieg von Sarkozy, sozusagen vom Pflasterstrand ins höchste Amt im Staate, erzeugt natürlich Neid bei seinen Rivalen in der politischen Klasse. Kurz vor den Gemeindewahlen zum Jahresbeginn 2008 bildete sich eine Dreierbande, Villepin-Bayrou-Royal, die in den Spalten der Zeitung „Marianne", ein Oppositionsblatt, das Sarkohetze heftig betreibt, eine Erklärung veröffentlichte, die Inhalt und Stil seiner Amtsführung mit geballter Kraft kritisierte. Mitunterzeichner dieser giftigen Erklärung war unter anderen der Bürgermeister von Paris, Bertrand Delanoë. Bei diesem sozialistischen Menschen hätte man nicht so viel Groll erwartet. Sarkozy hatte ihm doch nie etwas getan! Ein anderer Unterzeichner war der Kommunist André Gérin! Eine sehr große Koalition gegen Sarkozy war das zweifelsohne. François Fillon gab die richtige Antwort, indem er „den Groll einiger Politiker" geißelte, „die nicht von den Franzosen gewählt worden sind, die vom Wähler an den Rand des politischen Spektrums geschoben worden sind und jetzt mit anderen Mitteln versuchen, das Staatsoberhaupt zu destabilisieren".

Nichtsdestotrotz verlor der französische Staatspräsident Punkte in den Meinungsumfragen mit einer Geschwindigkeit wie kein Präsident vor ihm, nachdem er übermäßig lange in kaum erreichbarer Höhe geschwebt hatte. Noch nie hatte ein Staatspräsident drei Monate nach seiner Wahl eine solche Beliebtheitsquote wie Sarkozy erreicht. Noch nie war einer auf einen Tiefstand so schnell abgesackt wie er.

Nicolas Sarkozy hatte seine Promotionsarbeit an der Universität über die Volksabstimmung von 1969 geschrieben, deren Negativergebnis den General de Gaulle zum Rücktritt zwang. De Gaulle hatte dreimal die Nation gerettet: 1944 mit der Neugründung der Republik, 1958 vor dem Putsch der Generäle in Algier und 1968 vor dem Umsturzversuch von Daniel Cohn-Bendit. Dann gaben ihm die Franzosen die Quittung, und er musste das Handtuch werfen. Sarkozy wusste also, wie undankbar die Völker sind. Er hatte die Franzosen vor Ségolène Royal gerettet, die anderen Linken und die Nationale Front gewaltig schrumpfen lassen, und sie dankten ihm nicht einmal dafür! Seine sechs, sieben Punkte Vorsprung vor dieser Dame, die das Land mit Sicherheit in den Bankrott geführt hätte, hatten zunächst wie ein Elektroschock gewirkt. In der Beliebtheitsskala der Umfrageinstitute hielt sich sein Prestige drei bis vier Monate lang auf dem Höhepunkt. Am 6. Mai 2007 bescherten ihm die IFOP-Umfragen 65 Prozent positive Meinungen. Selbst das nicht mehr so gute Abschneiden bei den Parlamentswahlen vom 10. und 17. Juni 2007 konnte seinen Nimbus nicht ankratzen: weiterhin 65 Prozent Zufriedenheit am Tag nach diesen Wahlen. Am 24. Juli gelang es seiner Frau Cécilia die bulgarischen Krankenschwestern aus den Krallen der libyschen Kerkermeister zu befreien, und die Wertschätzung des Präsidenten stieg um einen Punkt auf 66 Prozent. Sie kletterte auf sage und schreibe 69 Prozent positive Meinungen, nachdem er am 26. Juli den Franzosen sein Steuerpaket in Lackpapier mit Rosaband auf den Tisch legte, das saftige Steuererleichterungen zusicherte. Das hatte keiner vor ihm erreicht.

Aber der Abstieg fing im September an, als die Punkte in der Skala auf 61 Prozent zurückgingen. Das war normal, lauteten die Kommentierungen, denn alle gewählten Präsidenten hatten nach einiger Zeit an Boden verloren. Normal war es noch, als im Oktober und November 2007 die Quote auf jeweils 59 und 55 Prozent sank. Was war passiert? Am 10. Oktober hatten Nicolas und Cécilia sich überraschend scheiden lassen. Er galt nunmehr als Verlierer. Die Menschen wandten sich wie seine Frau von ihm ab. Dann kam am 23. Oktober die Polemik über die DNA-Tests für Zuwanderer. Der Verdacht, Nicolas Sarkozy und François Fillon seien „Extremrechte", schien sich zu erhärten. Die Wirkung war verheerend. Als der libysche Staatschef Muammar al-Gaddafi in Paris vom 10. bis 15. Dezember als Gast von Sarkozy seine Zelte aufschlug und sich arrogant und provokativ verhielt, sackte die Quote des Staatspräsidenten auf klägliche 52 Prozent. Das war für den armen Mann aber noch nicht das untere Ende der Fahnenstange. Am 23. Januar 2008 veröffentlichte der ehemalige Berater von François Mitterrand, Jacques Attali, den Sarkozy als Berater gewonnen hatte, seine Maßnahmen zur Modernisierung Frankreichs. Der Schock war gewaltig. Gleich organisierten die Taxifahrer, die Friseure und andere Zünfte, zu denen Attali den Zugang für Neubewerber erleichtern wollte, Streiks und Demonstrationen. Er hatte vorgeschlagen, die kostspieligen und zu kleinen Departements zu beseitigen, was ihm natürlich den Zorn lokaler Interessenten zuzog. Da ging es richtig abwärts mit der Popularität des Staatspräsidenten: 43 Prozent.

Schlimm für Sarkozy war es vielleicht, dass der Wertverfall damals ausschließlich ihn traf. Während seine Beliebtheit sank, stieg diejenigen des Premierministers, als ob die Franzosen Sarkozy doppelt bestrafen wollten, indem sie den Mann zu hohem Ansehen bringen wollten, der laut Verfassung ihm unterstellt war. Da lief das Gerücht, Sarkozy wolle sich von Fillon trennen und Bayrou als Premierminister nehmen. Wer solche Gerüchte in Umlauf setzte, kann man sich ausmalen. Eine solche Behauptung war natürlich ein absoluter Irrsinn. Dieses Hirngespinst zeigte, auf welche perversen Kunstgriffe die Desinformation zurückgreifen kann. Was allerdings stimmte, war die Tatsache, dass die Rollen zwischen Präsident und Premierminister wie vertauscht waren. Der Premierminister galt vom Herbst 2007 bis zum Frühling 2008 als der seriöse und ruhige Schiedsrichter und der quirlige Präsident bekam die Prügel. Eine Umfrage von OpinionWay stellte eine ununterbrochene Wertesteigerung des Premierministers auf 55 Prozent gegen 41 Prozent Abstieg für Nicolas Sarkozy fest. Die Wertschätzung François Fillons stieg sogar auf 66 Prozent.

Gleich ging die Zunft der Politologen ans Werk. Würde diese Umwertung der beiden führenden Köpfe der Exekutive die Verfassung nicht aus dem Gleichgewicht bringen? Der „Hyperpräsident" war im Keller und sein „Handlanger", der Premier, schwebte über den Wolken? Der betroffene Fillon verneinte das. „Wir sind einer Meinung. Wir verteidigen beide die gleiche Auffassung der Organisation der Staatsmacht. Ich weiß, dass es in der Fünften Republik eine absolute Regel gibt: der Premierminister steht dem Präsidenten und der Parlamentsmehrheit jederzeit zur Verfügung", sagte er am 6. März 2008 auf France 2. In der Umgebung von Fillon wurde die Vorstellung einer Rivalität zwischen ihm und Sarkozy als „absurd" zurückgewiesen. Aber die satirische Wochenzeitung „Marianne" betitelte eine Ausgabe: „Morgen der Putsch von Fillon..."

Es sollte noch schlimmer werden. Sarkozy erreichte in Rekordzeit einen in der Geschichte der Republik fast einmaligen Tiefpunkt. Eine Beraterin des Präsidenten hatte die schlechte Idee, ihm zu suggerieren, dass jeder Schüler der Grundschule (CM2-Klassen in Frankreich) ein verschollenes jüdisches Kind der Shoah „adoptieren" sollte, sein kurzes Leben und sein tragisches Schicksal studieren, um den Holocaust für die Kleinen greifbar zu machen. Das verkündete Nicolas Sarkozy in einer Rede am 13. Februar 2008. Der Gedanke war lobenswert, aber nicht realisierbar. Pädagogen, Psychologen meldeten sich. Jüdische Verbände befürchteten, die Initiative des Präsidenten würde latenten Antisemitismus fördern.

Es half Sarkozy nicht, dass er am 2. Februar sein Verhältnis zu Carla Bruni durch Heirat in Ordnung brachte. Die Meinungsinstitute stuften den Präsidenten auf 38 Prozent positive Meinungen, die kurz darauf noch um einen Punkt auf 37 Prozent zurückgingen, nachdem seine Partei die UMP bei den Gemeindewahlen am 9. Und 16. März eine Schlappe erhielt. Im April fiel dann 2008 die „Beliebtheitsquote" von Nicolas Sarkozy im freien Fall auf sage und schreibe nur noch 28 Prozent positive Meinungen. Tiefer ging es nicht. Dabei hatten sich der Präsident und seine Regierung redlich bemüht, den französischen Karren aus dem Dreck zu ziehen. Sie hatten eine noch nie dagewesene Leistung in der französischen Geschichte erbracht. Würden die Staatsbürger das anerkennen? Ende Mai 2008 bewerteten in einer telefonischen Umfrage der linken oppositionellen Zeitung „Nouvel Observateur"-LH2 unter 1998 ausgewählten Franzosen 36 Prozent Sarkozy positiv, was eigentlich eine leichte Verbesserung war, aber nicht sehr signifikant.

Sarkozys Fehler besteht darin, dass er den Politikerberuf verändert. Er ist ein „unpolitischer Politiker". Die Menschen werden in den Wahlkämpfen gerne belogen. Wenn ein Politiker seine Ankündigungen verwirklicht und Wort hält, sind sie frustriert. Ein solcher Politiker verfälscht die Spielregeln und stört die Gewohnheiten. Politik ist zum Show-Business geworden. Der Pakt zwischen Wahlkandidaten und Wählern besteht seit eh und je darin, dass der gute Politiker in seinen Reden die Menschen von einer besseren, schöneren Welt träumen lässt, aber, wird er anschließend gewählt, nicht versucht, die Gesellschaft zu verändern. Oder er muss das so unauffällig und so geringfügig tun, dass keiner merkt, dass die Verhältnisse nicht mehr so sind, wie sie waren. So lebt man von Traum zu Traum. Das erklärt den dauernden Zuspruch, den die Linken bekommen, deren Geschäftsgrundlage die Utopie ist.

Ganz anders verhielt sich Sarkozy. Er kritisierte die bestehenden Zustände heftig, versprach mehr Arbeit, geißelte die Träumer und, nachdem er gewählt war, führte er massive Veränderungen durch. Er verstieß damit gegen alle Regeln der Kunst. „Speedy Sarko" machte alles wahr, was er gesagt hatte, und er knetete sofort das soziale Gefüge um. Er ist kein Freund von Utopien, kein Träumer, kein Fantast. Kein Präsident, ja kein Politiker wurde mit so viel Elan und Begeisterung wie er gewählt, und keiner zog hinterher so viel Kritik und Häme auf sich wie er. Erst himmelhochjauchzend und dann zu Tode betrübt, sagen die Deutschen von sich selbst, aber die Franzosen sind ein noch unsteteres Volk. Sie verbrennen gerne, was sie angehimmelt haben.

Obwohl er die Grenzen zwischen links und rechts geöffnet hat, und gerade vielleicht deswegen, kommt Sarkozy den Linken ins Gehege. So etwas tut kein anständiges Mitglied einer politischen Klasse, in der der Grundsatz gilt, dass man sich zwar vor den Kameras beschimpft, wobei aber keine Krähe einer anderen ein Auge aushackt. Gegenüber Sarkozy kann man aber kaum neutral bleiben. Es gibt Sarkozy-Fans und Sarkozy-Hasser, „Sarkophile" und „Sarkophobe". Er hat sich die unverbrüchliche Feindschaft derer zugezogen, die im April und Mai 2007 seiner Kontrahentin Ségolène Royal ihre Stimme gegeben haben. Ein Großteil der Wähler von Royal wollte nur, dass Sarkozy nicht Präsident wird. Sie ahnten schon, dass dieser ideologiefreie Mensch die Hohlheit ihres politischen Glaubens entlarven würde. Sie können ihre Niederlage nicht verwinden. Kein Mensch sieht gerne seine Irrtümer ein. Auffällig ist aber, dass sie vor allem den politischen Stil und die Person von Sarkozy kritisieren. Den Inhalten seiner Politik haben sie wenig entgegenzusetzen. Ein Alternativkonzept haben sie nicht.

Es gibt eine andere Kategorie von Sarkozy-Gegnern, die unter den ehemaligen Sarkozy-Wählern zu finden sind. Ein Teil von ihnen hatte nicht begriffen, was in seinem Programm steckte. Sie hatten ihn gewählt, weil seine Konkurrentin Ségolène Royal ganz offensichtlich ein politisches Leichtgewicht war. Diese Franzosen wollten, dass sich alles zum Besseren entwickelt, ohne das sich etwas ändert. Sie nennen sich Republikaner, aber sie sind zutiefst konservativ und auf Erhaltung der Privilegien erpicht. Unter ihnen sind viele „Salonlinke", die links denken, aber rechts leben und vor allem den einfachen Mann auf der Straße für minderbemittelt halten. Man darf nicht vergessen, dass Sarkozy auf einem konservativen Ticket gewählt wurde, aber dass er paradoxerweise einen „Bruch" mit dem Bestehenden versprach. Sie rechneten mit einem stilistischen „Bruch". Aber Sarko geht aufs Ganze und gräbt allen anderen das Wasser ab. Auf seine ureigenste Art ist er ein Bilderstürmer unter Frommen, ein Chaot mit Schlips und Kragen und ein Partisan im höchsten Staatsamt.

Inzwischen haben verschiedene linke Medien diese Kreise überzeugt, dass Sarkozy in eine Zwangsjacke oder wenigstens in eine Entziehungsanstalt gehört. Sie verteufeln ihn regelrecht, und manche streuen den Verdacht, dass er Aufputschmittel schluckt. Dieses Gerücht ging ihm voraus, als er noch Anstalten machte, Präsident werden zu wollen. Obwohl er im Fernsehduell mit Frau Royal Anfang Mai 2007 derjenige war, der ruhig blieb und die Nerven behielt, während sie in Rage geriet und in einen heiligen Zorn ausbrach, haftet diese Verleumdung an ihm wie Pech und Schwefel. Das zeigt nur, wie kurz und unpolitisch die Argumente gegen ihn sind. Für meinen Gesprächspartner Dr. Neunmalklug, ein Mitglied des Lehrkörpers einer Hochschule, mit dem ich mich hüte zu brechen, weil ich von ihm die Argumente der Gegenseite frisch geliefert bekomme, ist Sarkozy eigentlich kein normaler Mensch, weil er in jungen Jahren nie links war.

„Es ist doch normal", sagt mein Bekannter, „dass man in den stürmischen Jahren der Jugend zuerst links ist und sich nach der Revolution sehnt. Später kann man ruhiger werden und die Gesellschaft reformieren wollen. Aber wer als junger Mensch nicht links war, hat nicht das Herz am rechten Fleck." Da pflege ich immer zu antworten, dass ich selbst nie links war und ganz gesund bin. Ich sage ihm, dass ich einen Mann wie Sarkozy, der im Kindesalter gegen linken und rechten Totalitarismus in seiner Familie geimpft worden ist, einem Chirac vorziehe, der als Sohn des Direktors einer Flugzeugfabrik den Aufruf der kommunistischen Internationale, genannt „Aufruf von Stockholm", unterschrieb und sogar die kommunistische Zeitung „L'Humanité" verkaufte. Nun, Chirac hat später ein paar gute Sachen gemacht. Positiv ist insbesondere sein Bekenntnis zum vereinten Europa zu werten, nachdem er dagegen gewesen war. Es zeigte, dass er seinen Verstand benutzen konnte. Auch zu Deutschland hatte sich sein Verhältnis im Positiven gewandelt. Zu den drei Anforderungen des De Gaulle-Adenauer-Paktes „Versöhnung", „Zusammenarbeit" und „Solidarität" zwischen Deutschland und Frankreich hatte Chirac am Ende seines Mandates die „Brüderlichkeit" hinzugefügt. Das verdient Lob.

Wenn man von der französischen Landwirtschaft absieht, die er mit Klauen und Zähnen verteidigte, konnten Schröder und Fischer allerdings von Chirac vieles verlangen und bekommen. Dabei hieß es in seiner Umgebung, dass er beide nicht mochte. Aber sie verbannten zusammen mit ihm Österreich aus der Riege der demokratischen Staaten, sie zerstörten die Beziehungen zu Amerika, und er machte sich bei den Staaten Mittel- und Osteuropas so unbeliebt, wie es Berlin passte. Chirac ließ sich dafür einnehmen, die Türkei in die EU aufnehmen zu wollen, wie Schröder und Fischer es ihm diktiert hatten. Zum Glück zwangen ihn in dieser Sache seine Partei und die übergroße Mehrheit der Franzosen zu einem Rückzieher. Er hatte die glänzende Idee, den europäischen Verfassungsvertrag per Volksabstimmung zu verabschieden und war selbst nicht in der Lage dieses Projekt in Diskussionen zu verteidigen. Er schaffte auch die Wehrpflicht ab, ohne die Verbündeten zu konsultieren. Am Ende war es zur bedeutendsten Tätigkeit von Chirac geworden, der deutschen Bundeskanzlerin Handküsse zu verabreichen.

Schwierig wird es schon für die Partner sein, sich mit der neuen französischen Gangart abzufinden. Mit der erdrutschartigen Wahl von Sarkozy zum französischen Staatsoberhaupt hatte im Nachbarland Deutschlands nicht nur ein Präsidenten- und Regierungswechsel stattgefunden. Eine neue Epoche der Politik hat für Frankreich, vielleicht für Europa angefangen. Der französische Staatspräsident ist einer dieser Männer, die man verdächtigt, den Karren aus dem Dreck herausziehen zu können, in welchen sie ihn hinein geschubst haben. Aber die Produktion von Bremsklötzen läuft in der französischen Politik wie in Europa auf Hochtouren, sobald einer etwas bewegen will. Hochbegabte und Aufsteiger werden in der Demokratie mit Pfeilchen beworfen. Sie können von Glück reden, wenn diese nicht vergiftet sind. Wird Sarkozy über die Initialzündung hinaus sein Tempo durchhalten? Wird er sich im Netz der politischen Intrigen verfangen? Über den roten Teppich zu seinen Füssen stolpern? Vor den offensiven Minderheiten und sonstigen Berufsmotzern einknicken? Wird der Groll der Linken, aus deren Reihen er einige Prominente abgeworben hat, die Luft, die er atmet, verpesten? Wird Parteienmuff und Bürokratenträgheit seine Initiativen ersticken? Wird die Last der Traditionen und die Sturheit der Technokratie sein Konzept verwässern? Wenn er sich nicht selbst eine Kugel ins Knie schießt...

Wird seine Ehre von den Verleumdern derart verletzt, dass er sich nicht mehr davon erholen kann? Wenn einmal in der Politik ein Trend sich andeutet, verfestigt er sich. So wird er über kurz oder lang zu einem Selbstläufer, der nicht mehr aufzuhalten ist. Er wächst lawinenartig an, weil sich immer mehr Menschen zu ihm bekennen und ihn dabei verstärken. Der Herdentrieb ist im Menschen wie beim Lemming stark verankert. Es hat dann keinen Sinn zu versuchen, die Welle aufzuhalten. Sie muss erst anschwellen, dann ihren Weg gehen und schließlich im Sande verlaufen. Sie hinterlässt geistige Verwüstungen und soziale Kosten hinter sich, hoffentlich nicht nur Ruinenfelder, so dass der gesunde Menschenverstand nicht untergeht und die Gesellschaft sich irgendwie regenerieren kann. Denn nach der Flut kommt die Ebbe. Die Frage, die sich dann eines Tages stellt, ist: Sind die Franzosen ihres Präsidenten würdig? Wissen sie zu schätzen, was Sarkozy tut?

Sein Tief in den Umfragen war paradoxerweise für Sarkozy eine Chance. Er ist für fünf Jahre gewählt. Ihm kann politisch nichts passieren. Erste Erfolge seines Programms, das sein fleißiger François Fillon umsetzt, werden nach anderthalb Jahren Regierungszeit schon sichtbar, obwohl der Mann im Elysée erleben musste, dass die Bäume im Präsidialgarten nicht in den Himmel wachsen. Er selbst musste zugeben, dass er nicht perfekt ist und Fehler machte.

16. Kapitel

Wer mehr Geld will, soll mehr arbeiten

Wähler, die für Nicolas Sarkozy und gegen Ségolène Royal im Mai 2007 gestimmt hatten, zweifelten ein paar Monate später, ob sie sich nicht verschätzt hatten. Zu Beginn des Jahres 2008 unterstützte laut Umfragen nicht einmal ein Drittel der Franzosen den neuen Staatspräsidenten.

Während des Wahlkampfes hatten die Journalisten von der Dynamik, von dem Mut, von dem Charisma des Kandidaten Sarkozy geschwärmt. Nach der Wahl war nur noch von seiner Aggressivität und von seinem Narzissmus, von ihm als Amateur und Nichtfachmann die Rede. Nach den Liebeserklärungen, der Liebesgram... Ab Februar, März, April 2008 trauten sich viele Frustrierte und Sarko-Feinde, aus ihren Löchern herauszukriechen: Jean-Louis Debré, der Sohn des seligen Premierministers von De Gaulle und Altgaullist reinsten Wassers, François Léotard, ein Liberaler, früher Mitterrand-Schützling, und andere. Die Beschimpfungskanonade ging los.

Die Wirtschaftslage war schlecht und rechtfertigte die Kritik. Dass es Frankreich und den Franzosen nicht gut ging, das pfiffen in Paris die Spatzen von den Dächern. Zwei Themen kehrten ständig wieder: die hohen Lebenshaltungskosten und die 100.000 Obdachlosen. Laut der Abbé-Pierre-Stiftung bewohnten außerdem 3 Millionen Menschen baufällige, ungesunde Gebäude. Nicolas Sarkozy hatte das Pech, sich mit einer vierfachen Krise konfrontiert zu sehen: der steile Anstieg der Öl- und Gaspreise; die Verteuerung der Nahrungsmittel; der seit Jahren anhaltende, irrsinnige Anstieg der Immobilien- und Mietpreise in Paris und besonders südlich der Loire; und eine weltweite Rezession, die den Bankensektor in den USA traf und sich auf die Börsen weltweit auswirkte. Der international überbewertete Euro machte zwar das Erdöl billiger, aber verteuerte die französischen Exporte. Der häufigste Vorwurf gegen die Regierung bestand darin, dass sie nicht imstande sei, die Kaufkraft zu verteidigen. Dabei hatte sich diese laut Statistiken der INSEE um 2,6 Prozent 2006 und 3,3 Prozent 2007 verbessert, 2008 allerdings nur um 0,6 Prozent.

Das Absinken der Quote des Präsidenten hatte also auch Sachgründe. Die Probleme waren nicht alle von der Propaganda erfunden. Mit dem Winterbeginn 2007/2008 wurde der rapide Anstieg der Nahrungsmittelpreise spürbar. Der verarmte Teil der Bevölkerung, besonders in den Großstädten, war stark betroffen. Aber das konnte nicht der einzige Grund für Sarkozys freien Fall in den Umfragen sein, zumal die Opposition, insbesondere die Sozialistische Partei, schwach und zerstritten war. Die Kommunisten und die Grünen führten nur noch ein schemenhaftes Dasein. Das Vakuum auf Seiten der Oppositionsparteien wurde jedoch durch eine aggressive Medienschelte gegen Sarkozy mehr als kompensiert. Diese schwoll an, als sich die Kommunalwahlen vom 9. und 16. März näherten.

Trotz allem hielt die Regierung an ihren Zukunftsplänen fest. Natürlich mussten sich die schlechte Konjunktur und manche Grausamkeit der Regierungspolitik auf die Kommunalwahlen auswirken, aber solche Kröten könnte man noch schlucken, ohne daran zu ersticken. Also ging man ans Eingemachte. Die Verlängerung der Lebensarbeitszeit von 40 auf 41 Beitragsjahre lieferte Stoff für eine Debatte. Auch eine Flexibilisierung des Arbeitsmarktes stand auf der Agenda, eine französische Variante von Hartz IV. Die Linkssozialisten sagten, dass sich „hinter dem schönen Wort Reform hässlicher Verzicht verberge". Darüber hinaus stießen manche Reformen auf objektive Widerstände. Erste Symptome der Zähflüssigkeit der gesellschaftlichen Trends wurden sichtbar. Sarkozy wollte aus den Franzosen ein Volk von Eigentümern machen. So durfte man nun die Immobilienkredite von der Steuer abziehen. Aber wer sollte sich denn noch eine Eigentumswohnung leisten, wenn die Immobilienpreise fast hysterisch anstiegen? Die erwünschte millionenfache Vermehrung der beitrags- und steuerfreien Überstunden fand statt, aber sie wirkte sich nicht sofort auf die Kauflaune aus.

Neben den realen Überlebensproblemen des verarmten Teils der Bevölkerung und der Trägheit einer Gesellschaft, die sich nicht so schnell und nicht so leicht bewegen ließ, sorgte auch eine ausgetüftelte, systematische Propaganda für böses Blut. Die Sarko-Nager, griechisch gesprochen die „Sarkophagen", eine in Frankreich lebende Unter-Art von Polit-Kannibalen, suchten eifrig in alten Kisten nach erprobten Werkzeugen, um Sarko auf den Grill zu legen. Die schwierige Wirtschaftslage der Firma Sarkozy & Co. kam ihnen gelegen. Sie griffen die Vorwürfe der Bevölkerung auf und erweiterten sie. Dieser konservative Politiker, der sich linker als die Linken verhielt, wollte die Menschen wie ein Urkapitalist zum arbeiten zwingen und maß sich an, offen zu sagen, dass die Schaffung von Reichtum der Wachstumsmotor Nummer eins sei. Dieser Mann war gefährlich. Denn solche Botschaften verdarben das Geschäft. Seine Glaubwürdigkeit musste untergraben werden.

Obwohl die klassischen Oppositionsparteien, wie die Sozialistische Partei (PS) oder die Kommunistische Partei (PC), kein schlüssiges Gegenprogramm und keine überzeugende Führung hatten, bedeutete das nicht, dass sie keine Agitation gegen die bestehende Regierung treiben konnten. Im Gegenteil: die Hetze wird immer umso schärfer sein, je weniger man selbst Lösungen hat, so dass auf Fehler des Gegners hingewiesen wird, statt nach Alternativen zu fragen. Außerdem hatte die Linke im Laufe der Jahre ein Netz von Sympathisanten in den Medien gesponnen. Spektakuläre Aktionen, so zum Beispiel Besuche von bekannten linken Künstlern und Schauspielern bei Biwaks von illegalen Zuwanderern oder gelegentliches Aufflammen von kleineren Krawallen in den Vorstädten, wurden häufiger im Fernsehen gezeigt als Leistungen der Regierung. Am St-Martin-Kanal in Paris bauten zwei Brüder, die sich den Spitznamen Don Quijotes zugelegt hatten und tatsächlich wie der Ritter von der traurigen Gestalt im Roman von Cervantes aussahen, ein mediengerechtes Zeltlager für Obdachlose.

Seit mehr als zweihundert Jahren gehorchen die Gazetten der Regel, dass alle guten Nachrichten schlecht sind. Gute Nachrichten sind also minderwertig. Seit einem Jahrhundert werden außerdem alle Nachrichten, die von außergewöhnlichen Bildern begleitet werden, dadurch nicht wahrer, aber attraktiver. Das eherne Gesetz der verkauften Auflage und der Zuschauerquote beherrscht die Welt der Medien. Darum setzten sie immer noch eins drauf und bauschten die Probleme auf. Sarkozy protestierte heftig dagegen. Er hob hervor, was er schon alles unternommen hatte, um den Franzosen zu helfen und ihre Kaufkraft zu verbessern, betonte, dass die Logik fordere, dass man den Karren nicht vor den Ochsen spannt. Man konnte doch nicht Kaufkraft verteilen, bevor man Arbeit beschafft hatte. Die geschenkseligen Zeiten waren vorbei, in denen man immer mehr Geld bei immer weniger Arbeit erhielt. „Wer mehr Geld will, sollte mehr arbeiten", predigte er. Daher musste man die Dinge, die die Wirtschaft blockierten, aus dem Weg schaffen.

Die Franzosen hatten vergessen, dass die Kaufkraft ihrer Großeltern noch nicht einmal der Hälfte ihrer heutigen entsprach, obwohl diese schwerer als sie schufteten. Es hatte Zeiten gegeben, als das Wort „Stress" noch nicht erfunden worden war; als in der Landwirtschaft noch keine Maschinen eingesetzt wurden, als die Lokomotivheizer die Kohle schaufelten; als die Hausfrau keine Waschmaschine und keinen Staubsauger besaß. Es war gar nicht so lange her, dass der Franc häufig abgewertet wurde, so dass die Ersparnisse dahinschmolzen. Das Leben war mühsamer, die Lebenserwartung niedriger und man litt öfter als heute an Zahnschmerzen. Die Nahrungsmittelindustrie, auf die die Franzosen so stolz waren, hatte doch sagenhafte Fortschritte gemacht. Dieser Mehrwert musste schließlich bezahlt werden. Das Benzin war teuer, aber der Bestand an Fahrzeugen hatte sich trotzdem verdreifacht oder vervierfacht. Darauf machte die Regierung aufmerksam.

Die Preise für Milch und Benzin, zwei Basis-Flüssigkeiten, stiegen fröhlich und munter, das Brot wurde teurer. Hier musste etwas unternommen werden. War es aber gerecht, die Regierung für den Preisanstieg, der weitgehend auf internationale Faktoren zurückzuführen war, verantwortlich zu machen? Dann gab es das Problem der Obdachlosen. Sie wurden zum Zentralproblem, weil aufsehenerregende Aktionen die Aufmerksamkeit auf sie lenkten. Als Abbé Pierre, der Pfarrer der Armen, fünfzig Jahre zuvor begonnen hatte, für ihre Unterbringung zu kämpfen, waren sie entschieden zahlreicher und die Chancen, sie unterzubringen, waren weit geringer. Das war in der Nachkriegszeit eine echte nationale Tragödie gewesen. Die Stadtverwaltungen, allen voran die von kommunistischen Gemeinderäten geführten, hatten dann „Hasenställe", die man „Sozialwohnungen" taufte, errichtet, um Bedürftige zu beherbergen. Diese „Hühnerkäfige" ähnelten den Proletensilos, die man in den verflossenen Volksdemokratien in Osteuropa gebaut hatte. Heute stellen sie trotz aller Renovierungsversuche ein soziales Problem dar und sind in den Vorstädten zu einem Pulverfass geworden.

Die Fillon-Regierung hatte diese Probleme nicht geschaffen, sie hatte sie geerbt und suchte nach Auswegen. Ständig auf dem Brotpreis herumzureiten, wie die Opposition es tat, erinnerte an die Revolution von 1789. In Frankreich hat der Brotpreis einen politischen Symbolwert. In Restaurants wird Brot kostenlos auf den Tisch gebracht. Seit über zweihundert Jahren waren die Schlagworte nicht weiterentwickelt worden. Obwohl bekannt war, dass es Dienstreisen waren, rügten die Gegner „die Reisen des Präsidenten, die wir bezahlen", und seine anstehende Hochzeit mit Carla Bruni, „die wir bezahlen werden".[63] Ohne Beweise war von Geld aus schwarzen Kassen die Rede, das er dem einen oder anderen in Afri-

---

63 Vgl. Kapitel 31. Frau Sarkozy-Bruni bezahlte die Kosten der Hochzeitsfeier aus eigener Tasche.

ka gezahlt hätte. Sarkozys Gehaltserhöhung lieferte Stoff für Angriffe.[64] Es fehlte nur noch, dass man ihm vorwarf, das Schloss von Versailles auf Staatskosten erbaut zu haben.

Laurent Joffrin, Journalist bei „Libération", griff ihn auf der Januar-Pressekonferenz 2008 an und warf ihm vor, eine „Wahl-Monarchie" einzurichten. „Glauben Sie, dass ich ein illegitimer Sohn von Jacques Chirac bin und dass er mich auf den Thron gesetzt hat?", erwiderte Sarkozy schlagfertig und hatte die Lacher auf seiner Seite. „Bei Ihrer Intelligenz, Monsieur Joffrin, hätte ich angenommen, Sie wüssten, dass ein Monarch seine Macht erbt. Angenommen, wir hätten hier eine Monarchie, dann wäre die auch vererbbar. Wenn dem so ist, dann möchte ich, dass mir jemand erklärt, von wem ich sie geerbt haben soll. Ich bin demokratisch gewählt worden und habe niemandem meine Verantwortung gestohlen."

Trotzdem arbeiteten die Sarko-Nager weiter, geduldig, hartnäckig. Die Wirtschaftsindikatoren waren ihre Verbündeten. Die Inflation stieg 2007 auf 2 Prozent und 2008 auf 3,3 Prozent (3,6 Prozent im Juli). Das Wachstum erreichte 2007 noch knapp 2 Prozent, lag aber 2008 deutlich darunter (etwas unter dem Durchschnitt der EU) und sank schließlich auf 1 Prozent. Aber Sarkozy und Fillon machten den Gewerkschaften Zugeständnisse. Was Lohnerhöhungen und Gewinnbeteiligungen von Arbeitnehmern betraf, waren sie großzügig. Was die Begrenzung der Arbeitszeit anging, blieb der Präsident aber beinhart. In seiner Pressekonferenz sprach er zehn Minuten über seine Beziehung zu Carla Bruni. Als man ihn fragte, ob er 2008 die 35-Stunden-Woche abschaffen wolle, fiel die Antwort deutlich knapper aus: „Ja."

Damit waren die Gewerkschaften gar nicht zufrieden, aber Sarkozy warnte sie. Das würde er auf Biegen und Brechen durchsetzen: „Raus aus der 35-Stunden-Woche" und „41 Jahre Rentenbeiträge für alle". Er hatte mit Gewerkschaften zu tun, die bisher den Ton angegeben hatten. Aber Sarko war furchtlos und unerschütterlich. Über sein Verhältnis zum Vorsitzenden der linken Gewerkschaft CGT, Bernard Thibault, sagte der Präsident „unter drei": „Ich habe Thibault gesagt: ‚Willst du meinen Platz, ich gebe ihn dir sofort! Willst du Präsident spielen? Komm und nimm

---

64 Sarkozy verdient ca. 19.000 Euro im Monat. Der Präsident ist von der EK-Steuer nicht befreit und hat mehr Ausgaben als der Normalbürger. In Frankreich können pauschal nur 10 Prozent der Ausgaben als Werbungskosten berücksichtigt werden. Seine Reisen in Nahost waren hochpolitisch und nur zum Schein zum Vergnügen.

meinen Schreibtisch'. Ich sagte ihm: ‚Ich bin nicht da, um dich zu behindern. Wenn du alles blockierst, dann nimm den Job. Ich werde den Franzosen sagen, dass du das Kommando hast, und ich werde gehen. Du wirst sehen, meine Arbeit macht dir nicht viel Spaß.'"

Zu diesem Zeitpunkt scheint Sarkozy in der Tat verärgert gewesen zu sein. „Der Job" war ihm manchmal lästig. Aus jener Zeit stammen Sprüche von ihm wie: „Präsident sein? Es ist eine Quelle von Scherereien. Da darf man kein Egozentriker sein. Man muss Schläge einstecken können." Und dann: „Im Grunde genommen – warum tue ich das? Ich weiß es nicht. Morgen kann man krepieren…" Oft dachte er an „die Zeit danach" und wiederholte gerne, auf 2012 bezogen: „Ich werde nicht wieder kandidieren." Er wusste schon, was er dann tun würde: „Ich möchte gerne eines Tages Präsident des Pariser Fußballclubs PSG sein." Aber er hatte auch andere Pläne, spaßeshalber: „Wir waren sechs Präsidenten hintereinander, die diesen Job gemacht haben. Schauen Sie sich die zweiten Amtszeiten an. Nicht toll! Also was mich betrifft, 2012 werde ich 57 Jahre alt sein. Ich werde nicht mehr kandidieren. Und wenn ich die Millionen sehe, die Clinton verdient, werde ich mir die Taschen füllen (dabei schlägt er mit beiden Händen auf die beiden Taschen seiner Jacke). Ich mache den Job hier fünf Jahre lang, und dann werde ich wie Clinton Vorträge halten, 150.000 Euro pro Vortrag!" Zum Glück wissen seine Vertrauten, dass man bei ihm nicht alles wörtlich nehmen darf. Jedoch der Chef wirkte desillusioniert. Aber er raffte sich immer wieder auf und brachte durch Hyperaktivität ebenso wie durch seine Fähigkeit, aus Fehlern zu lernen, seine Widersacher durcheinander. Selbstkritik hatten die Franzosen bei einem Präsidenten noch nie erlebt. Schon auf seiner Pressekonferenz vom 8. Januar gestand er einige geringfügige Fehler ein, wie die seltsame Idee, eine „soziale Mehrwertsteuer" nach deutscher Art einzurichten. Sozial sind Steuern auf keinen Fall. Sie sind eher menschenfeindlich. Den Staatsbürgern konnte man doch nicht ein X für ein U vormachen!

Das Ergebnis des ersten Urnenganges der Gemeindewahlen am 9. März zeigte, dass Propaganda und üble Nachrede Grenzen hatten. Die befürchtete linke Welle (ca. 47 Prozent) fand nicht statt und die Rechte behielt eine Reihe ihrer Bastionen (mit ca. 45 Prozent). Es entstand der Eindruck, die Franzosen hätten sich von der heftigen Verleumdungskampagne nicht beirren lassen. Selten, vielleicht noch nie in der französischen Geschichte hatte man eine solche Hetzjagd gegen einen einzelnen Politiker erlebt. Sie hatte nicht die erwartete Wirkung, obwohl die Nordfranzosen in Lille und die Normannen in Rouen sich massiv zur sozialistischen Opposition bekannten. Lyon war ein Sonderfall – seit eh und je fest in sozialistischer Hand. In Marseille, in Toulouse war wider Erwarten die Linke eher auf der Seite der Verlierer und in Bordeaux errang der Gaullist Alain Juppé auf Anhieb einen haushohen Sieg. Fast alle Minister der Regierung von François Fillon konnten wieder in ihre Rathäuser einziehen.

Unbesorgt, weil die Wahl in der ersten Runde nicht ganz verloren worden war, gingen viele Sarkozy-Wähler beim zweiten Mal nicht zu den Wahlurnen. Nach diesem zweiten Wahlgang am 16. März fiel der Stimmungstest für Sarkozy und Fillon negativer aus. Frankreich war mehr denn je in zwei gegnerische Lager gespalten. Die schwache Wahlbeteiligung, die stets die Linken begünstigt, die heftige Propagandakampagne und eine Wählerschaft, die ungeduldiger und labiler geworden war, sowie die Übertragung von vielen Stimmen der Bayrou-Partei „Modem" auf die Linken rückten den Pendelschlag kräftig nach links (49,5 Prozent linke gegen 47,5 Prozent rechte Wahlzettel), zwar nicht so weit wie seitens der Regierung befürchtet worden war, aber doch ausreichend, um die Opposition zu stärken und der Regierungspartei (UMP) Probleme zu bereiten.

Die siegreichen Sozialisten (PS) triumphierten bei der anschließenden „Elefantenrunde" im französischen Fernsehen höchst unbescheiden. Ständig unterbrachen sie die Ministerriege der UMP, übertönten sie mit ihren Tiraden, zeigten sich im besten Stil der klassischen Agit-Prop rundum aggressiv. Ihnen stand diesmal der Linksradikale Olivier Besancenot, Chef der Revolutionären Kommunistischen Liga (LCR), bei. Besancenot träumte wie Lafontaine vom „Generalstreik" und von einer französischen Linkspartei nach deutschem Muster. Die Regierungsmitglieder und UMP-Abgeordneten hörten, wie ihnen die Kugeln um die Ohren pfiffen. Da sie fortan 60 von 101 Departements und ein Drittel der 56 Prozent der Städte mit mehr als 20.000 Einwohner, die sie erst 2001 erobert hatten, an die Linke abtreten mussten, waren lokale Sperren bei der Anwendung von Reformen zu befürchten. Die Linke hielt ihre Hochburgen in Paris, Lille und Lyon, sie gewann Straßburg, Rouen, ganz knapp Toulouse und auch andere mittlere Städte. Dennoch war die Lage für die Regierung nicht ganz tragisch. Nur 20 Prozent der Wähler wollten Sarkozy nach eigenen Aussagen „abstrafen", während 70 Prozent angaben, seine Reformen zu bejahen. Jeder Vierte wünschte sogar, dass er sie schneller durchzieht. Über 50 Reformen hatte die Regierung in die Wege geleitet, und die ersten fingen an zu greifen. Aber die Staatsbürger hatten es wohl noch nicht wahrgenommen.

Von den 22 Regierungsmitgliedern, die als Kandidaten antraten, fielen letztendlich nur vier durch, darunter der Erziehungsminister Xavier Darcos (Périgueux), während sein Kollege, der Staatssekretär Christian Estrosi (Nizza) gewann, weil er versprach, in seinem Rathaus zu bleiben und Paris den Rücken zu kehren, wie es Juppé in Bordeaux getan hatte. Nancy und Mulhouse blieben bei der UMP, die darüberhinaus noch zwei große Siege errang. Der UMP-OB von Marseille, der zweitgrößten französischen Stadt, Jean-Claude Gaudin, behielt sein Bürgermeisteramt. Diese Hafenstadt sollte das Tor zur „Union für das Mittelmeer" werden und dieser Sieg war deshalb wichtig. Ein Leckerbissen war für Sarkozy die Niederlage seines ehemaligen Konkurrenten bei der Präsidialwahl, François Bayrou, in dessen Heimatstadt Pau. Bayrou würde nun aus seiner Stadt kein „Labor" für eine erneute Bewerbung um das höchste Staatsamt machen können.

„Der Kerl ist verloren, verlebt", sagte Sarkozy von Bayrou. „Nicht die Macht hat ihn verbraucht, sondern das Fernbleiben von der Macht." Der Politiker aus den Pyrenäen hatte versucht, zwischen links und rechts zu lavieren, aber er stand doch eher links, da er die Regierungspolitik unentwegt unter Beschuss nahm. Aus war es mit Bayrous „dritter Kraft" zwischen rechts und links. Nach dieser verlorenen Wahl erkannte er seinen Fehler. Er versuchte, sich von den Sozialisten zu distanzieren, die ihm „seine" Stadt entzogen hatten, indem er behauptete, sie hätten „keine neuen Köpfe, keine neuen Ideen und keine neuen Stichwörter". Sie waren das schwächste Glied in der politischen Kette und sein Ehrgeiz war, ihre Stelle als Opposition im ganzen Land einzunehmen. Immer noch von seinem Traum beseelt, Präsident zu werden, setzte er nicht mehr wie 2007 auf die rechte, sondern auf die linke Wählerschaft.

Am Donnerstag, dem 24. April 2008, wurde Nicolas Sarkozys zweites großes Fernsehinterview ausgestrahlt. Da sprach der Präsident diesmal mit fünf Journalisten nicht mehr als Triumphator, sondern er übte Selbstkritik. Umfragen waren dem Präsidenten ziemlich egal, er war für fünf Jahre gewählt worden, er hatte nichts zu verlieren, aber der Warnschuss der Kommunalwahlen hatte gewirkt. Nach dieser ersten Niederlage wurde er „gesitteter".

17. Kapitel
Ich bin kein König – oder doch?

Sittsamer werden war gar nicht einfach. Wie kann ein Filou zum Monarchen werden? Denn so sahen es manche Leute damals. Oft genug hört man, dass die Franzosen sich nach der Monarchie sehnen, die sie abgeschafft haben. Gewissensbisse belasten sie, weil sie König Ludwig XVI. und Königin Marie-Antoinette enthauptet haben. Sie möchten nicht unbedingt einen König und eine Königin wieder haben, aber sie möchten das Verbrechen ungeschehen machen. Um dieses Verlangen seiner Landsleute nach einem „Übervater", Sinnbild und Wächter der Nation, zu befriedigen, hatte General de Gaulle ein Präsidialamt mit monarchistischen Zügen geschaffen. Die von ihm 1958 gegründete Fünfte Republik beendete eine Ära, in der das Parlament alles durfte und zu einer Spielwiese geworden war. Es entstand ein Kompromiss zwischen einer aufgeklärten monarchistischen Tradition und einem gebändigten Parlamentarismus. Mit allen seinen Vollmachten sollte der Staatspräsident eine Art Ersatzkönig sein.

Mit der Verkürzung der Amtszeit des Präsidenten unter Chirac von sieben auf fünf Jahre, ebenso lang wie die Legislaturperiode des Parlamentes, ist die Präsidentenmacht zwar abgeschwächt und demokratisiert worden, aber die Franzosen haben in einem halben Jahrhundert ein gaullistisches, pompidolianisches, giscardistisches, mitterrandistisches und chiracistisches Image ihres Staatspräsidenten verinnerlicht, das dem monarchistischem Anspruch Folge leistet. Vor der Sarkozy-Ära war das Präsidialamt eine Art Heiliger Stuhl, auf dem ein politischer Papst die wahre Lehre verkündete, das Schicksal der Nation lenkte und Rituale zelebrierte. Das entsprach den unterschwelligen Erwartungen des Volkes, wirkte aber inzwischen etwas antiquiert.

De Gaulle hatte sich allerdings gehütet, die demokratischen Grundrechte abzuschwächen.[65] Alle politischen Errungenschaften und Ereignisse, die die französische Geschichte überliefert hat, bleiben in der

---

65 Die Demokratie nennt man in Frankreich „die Republik" (la République) und die Grundrechte heißen „die Freiheiten" (les libertés). Sie sind unantastbar.

französischen Politik wie die Ablagerungen von Sedimenten in der Erdkruste erhalten. Republikaner sind die meisten Franzosen allemal. Dennoch war es vielleicht eine Torheit, für alle Zeiten die Monarchie abzuschaffen. Sie gehört wie die Republik zum französischen Stammbaum. Anderen Völkern mag es als Widerspruch erscheinen, dass zwei konträre Systeme in der französischen Seele nebeneinander bestehen, aber hinter dem aktuell existierenden Frankreich steckt das traditionelle Frankreich. Die Franzosen leben deswegen in einer „Demonarchie", einem Mischsystem zwischen Demokratie und Monarchie. So lange es einen starken Staatspräsidenten gibt, braucht die Republik keinen König.

Nicolas Sarkozy hatte sich anfangs gegen die französische „Demonarchie" versündigt, indem er sich wie ein Plebejer verhielt, mit Leuten auf der Straße in Wortwechsel geriet und die Distanz zu den Bewohnern seines republikanischen Königreichs verkürzte. Vom Thron des Sonnenkönigs war der neue Gast im Elysée-Palast heruntergestiegen und hatte sich unter die Normalsterblichen begeben. Er wollte direkter, spontaner, weniger feierlich sein. Weniger auf Etikette und mehr auf Kontakt setzen. Man erwartete von ihm Wunder, aber er bot nur Entscheidungen und Taten an. Das führte zu einem Ansehensverlust dieses Mannes, den die Franzosen mit ihren Wahlzetteln auf den Thron gesetzt hatten.

Der amerikanische Journalist und Schriftsteller Ted Stanger hat beobachtet, dass in Frankreich Privilegien und Ansehen mehr als Geld und Leistung gelten. Ganz anders als in Amerika, wo der Dollar der Maßstab ist. De Gaulle und Mitterrand hatten für das Geld nur verächtliche Worte übrig. Wer Sprossen in der französischen Sozialleiter erklimmt, bekommt nicht unbedingt eine Gehaltserhöhung, sondern Vorrechte. „Vitamin B" gehört dazu. „Die dort oben" kennen andere Prominente und erwarten von deren Wohlwollen Vorteile, die sie ihren Günstlingen nach unten in der Rangordnung weiter verteilen können. Den Mächtigen ganz oben wird alles verziehen. Lügen sie, verschwenden sie, überschreiten sie ihre Kompetenzen? Schwamm drüber! Hauptsache sie erniedrigen sich nicht. Diese Darstellung ist natürlich ein bisschen schematisch. Aber es ist etwas Wahres daran.

Der Soziologe Philippe d'Iribarne behauptet in seinem Buch „Die französische Seltsamkeit" („L'étrangeté française") Ähnliches. Seiner Meinung nach beruht in jeder Gesellschaft der soziale Zusammenhalt auf einem Grundmythos. In den angelsächsischen Staaten gilt jeder als frei, solange niemand seine Person und sein Eigentum antastet. In Deutschland ist jeder frei, der in den Gemeinschaften und Einrichtungen ein Mitspracherecht bei Entscheidungen hat oder zu haben glaubt. In Frankreich dagegen ist derjenige frei, der mit dem Respekt behandelt wird, der seinem Rang, seinem Status, seinem Diplom, seinem Titel gebührt, und der es schafft, auf diesem Level zu bleiben. „Und das gilt in allen Schichten der Gesellschaft", schreibt dieser Wissenschaftler. Ob Kleinunternehmer, Leistungssportler, Schulrektor, Gewerkschafter, leitender Angestellter, Dorfbürgermeister und Abgeordneter, Minister und Industriemanager, jeder ist in seinem Bereich ein kleiner König.

Er wird mit dem ihm gebührenden Respekt behandelt und, wenn er spricht, dann schweigen die anderen. Der arrivierte oder von Geburt hochgestellte Mensch muss zeigen, dass er das ist, wofür man ihn hält. Er verteilt Pfründen, Prämien, Einladungen, Positionen und Gnaden, er zeigt sich herablassend oder paternalistisch. Einigen Favoriten erlaubt er ein bisschen mehr Nähe zu seiner Person, die er immer wieder zurücknehmen kann. Vor allem ist er der Herr der Rituale, der feierlichen Veranstaltungen, wobei er sichtbare Insignien seines Status trägt, eine blau-weiß-rote Schärpe, Auszeichnungen am Knopfloch und eine tadellose Kleidung bzw. eine Uniform. Nicht nur Denkmäler und Bauten, sondern auch Gärten, „les jardins à la française", geometrisch, und zum Sieg über die überwuchernde Natur zurechtgeschnitten, bilden in Frankreich eine Kulisse für die pompösen Feierlichkeiten, die den Mächtigen zu Ehren veranstaltet werden. So wurde Versailles konzipiert. So sieht der Garten im Elysée-Palast aus, wo der Staatspräsident jährlich am 14. Juli ca. 8.000 Gäste empfängt. Aber einhundert Honoratioren unter ihnen haben auf ihrer Einladung einen roten Punkt, der ihnen den Zutritt zum innersten Kern der „Demonarchie" im „Botschaftersalon" mitten im „Schloss" gewährt.[66]

Sarkozy benahm sich anfangs als Bilderstürmer, burschikos, hemdsärmelig, in Reden gegenüber seiner präsidialen Ahnenreihe frech und kritisch, mit Turnschuhen auf ordinärem Asphalt joggend und wie unsereiner den Damen Küsschen verteilend. Er verhielt sich wie ein Durchschnittsamerikaner bzw. wie ein wilder Ungar. Um Gottes willen, so ein Mensch konnte doch kein Präsident sein! Er stammte ja nicht aus Lothringen (wie die Royal) oder aus dem Béarn (wie Bayrou), sondern von nirgendwo. Angesichts seines steilen Abstiegs in den Meinungsumfra-

---

66 „Das Schloss", „le château" nennt man ironisch den Elysée-Palast in Paris.

gen bestand seine Umgebung darauf, dass er dem alten Stil des Präsidentenamtes Zugeständnisse macht und sich ein bisschen zügelt. Da musste er im April 2008 einen Spagat ausführen. Einerseits königlicher werden, damit seine Landsleute ihn wieder schätzen, und andererseits unterstreichen, dass er nicht Gott der Allmächtige ist, damit sie nicht zu viel von ihm erwarten. Der Emporkömmling Sarkozy musste zeigen, dass er aus dem Volke kam, das ihn gewählt hatte, von seinen reichen Geschäftsfreunden Abstand nehmen und seine goldenen Armbanduhren ablegen. Er musste wieder zum Volkspräsidenten werden. Aber auch König sein? Leichter wäre es gewesen, volksnah zu sein, wäre er nur als König geboren worden.

Als er am 24. April 2008, einem Donnerstagabend, mit Fernsehjournalisten ein auf hundert Minuten verlängertes Gespräch führte, das in den wichtigsten Fernsehkanälen „live" übertragen wurde, thronte der Staatschef vor den scharlachroten Vorhängen und den vergoldeten Ornamenten des „Elysiums" ziemlich majestätisch. Statt Minister und Politiker hatte er Mitarbeiter seines Hauses als Statisten eingeladen. Sie saßen ganz sittsam auf einer kleinen Tribüne neben ihm. Es hieß später, er hätte auf alle Einzelheiten geachtet und einen TV-Techniker, der ihn nicht grüßte, wegen seiner Gleichgültigkeit abgekanzelt. Seine Rhetorik war nüchterner, „präsidentieller" als ein Jahr zuvor. Der „Hof" verbreitete dann entsprechende Gerüchte. Der Präsident, hieß es, verlange, von seinen ehemaligen Kampfgefährten nicht mehr geduzt zu werden, es sei denn, er erlaube es ihnen ausdrücklich. Die Verfassung sähe zwar vor, dass der Premierminister die Fachminister nominiert und sie dem Staatspräsidenten vorschlägt. Aber Sarkozy hätte die Minister selbst ernannt. Dati, Kouchner, Yade, Bockel, Hortefeux, sie alle habe er zu Ministern gemacht... Er möge auch nicht, dass sie ihn „Nicolas" nennen. „Monsieur le Président" sei die Regel...Er war wieder der Chef, der große Häuptling der Indianer.

Nicolas Sarkozy ließ trotzdem in diesem TV-Gespräch wissen: „Ich bin kein König! Es gibt ein Gesetz über mir." Der Anlass dazu war eine Frage zum damals aktuellen Streit über die Aufnahme illegaler Einwanderer. Er hätte ihnen allen gerne ein Bleiberecht gewährt, sagte er, aber das Gesetz habe ihm Grenzen gesetzt. Er sei doch kein Despot. Dann gab das Staatsoberhaupt „Irrtümer" zu. „Dass es Schwierigkeiten, Enttäuschungen geben würde, darauf war ich gefasst", gestand er zum Auftakt der Sendung. „Ich habe meine Pläne wohl nicht genügend erklärt, ich habe wohl Fehler gemacht", beichtete er. Nie hätte man von François Mitterrand noch von Jacques Chirac solche Selbstkritik gehört. Sarkozy wirkte mitunter fast demütig. Wurde es bemängelt, dass seine Minister sich gegenüber den Medien verplapperten? „Freilich, aber das ist auch meine Schuld!" Wurde die Steuerreform als ungerecht empfunden? „Wir haben einen enormen Kommunikationsfehler gemacht", beklagte er. Hätte man die Bahncard für kinderreiche Familien nicht zurücknehmen sollen? „Auch das war ein Fehler." „Ich tue mein Bestes, um meine Arbeit zu machen. Ich sehe, dass viele unzufrieden sind. Ich versuche, meine Fehler zu korrigieren", mit diesen Worten schloss er die Sendung.

Das hatte er auch auf sein Privatleben bezogen. Das Zur-Schau-Stellen seiner Amouren hatte zu seinem Imageverlust in der öffentlichen Meinung beigetragen. Dazu befragt, antwortete er: „Man hat viel von meinem Privatleben gesprochen. Ich habe beschlossen, heute Abend nicht davon zu sprechen. Ich bin gekommen, um mit Ihnen über Frankreich zu reden." Der letzte Satz hätte von General de Gaulle sein können. Damit die Zuschauer davon Kenntnis nahmen, dass eine neue Phase seiner Amtszeit anfing, fügte er hinzu: „Heute habe ich den Eindruck, dass alles zurecht gerückt wurde."

Aber die neue Demut wirkte ein bisschen „dick aufgetragen". Sie verdeckte etwas. Dahinter verspürte man den Willen, bezüglich der Substanz und der Methode seiner Politik so weiter zu machen wie bisher. In den Tagen danach hörte er nicht auf, durch das Land zu ziehen und Leute zu treffen. Keineswegs zurückhaltender als zuvor. Trotz seiner neuen Bescheidenheit beabsichtigte Sarkozy keineswegs, seine Politik zu ändern.

Seine innere Amtsführung bleibt ziemlich eigenmächtig. „Es ist schrecklich, ich muss alles selbst machen, sonst taugt es nichts", klagt er oft. Meint er das ernst? Hat er sich sogar zu Ausrufen hinreißen lassen wie etwa: „Nur Nieten umgeben mich, es ist kläglich. (...) Du wirst mir sagen, ich hätte sie nicht ernennen sollen"? Hat er nicht von seinem Premierminister François Fillon behauptet „Er ist glatt wie seine Haarlocke. Unmöglich, ein echtes Gespräch mit ihm zu führen"? Aber er braucht Fillon, und er schätzt ihn gerade deshalb sehr, weil er anders ist als er. Nach wie vor setzt Sarkozy „seine" Minister unter Leistungsdruck und spielt sie gegeneinander aus. Er sitzt verfassungskonform dem Ministerrat vor, aber er beruft wöchentlich einen so genannten „G7" ein, sieben Minister, die „gleicher als die anderen sind". Offiziell ist er Staatspräsident, aber faktisch auch Regierungschef, was der Nonkonformist in der Regierung, Jean-Louis Borloo, mit einer Anspielung auf Chirac, der Sarkozy nie zum

Premierminister ernennen wollte, zu der humoristischen Bemerkung veranlasste: „Er ist der erste Politiker, der Präsident werden musste, um Premierminister zu sein."

Was den Inhalt seiner Politik angeht, hat sich Sarkozy dafür ausgesprochen, weiter Gas zu geben. „Das Jahresstaatsdefizit wird am Horizont von 2012 auf Null zurückgefahren, wie ich mich verpflichtet habe", sagte er. „Es stimmt, dass wir eine ungünstige internationale Lage haben, aber das ist ein Grund, mehr zu beschleunigen", betonte er noch einmal zu Beginn des oben erwähnten Interviews. Seine Idee sei nach wie vor richtig, dass „Frankreich in den letzten fünfundzwanzig Jahren ein bisschen eingeschlafen war und den Anschluss an das Tempo der anderen Staaten verpasst hat". Er machte klar, dass er seine Landleute wachrütteln wolle. Mehrmals hob er hervor, dass er die Franzosen wieder an die Arbeit heranführen wolle. Er wolle „die Arbeit rehabilitieren".

Dafür gäbe es, meinte er, eine einzige mögliche Strategie: „den Wandel festigen". Man sollte nicht eine Rangordnung der Reformen kreieren, wie manche in der Regierungsmehrheit es meinten. Das Reformwerk sollte zeitgleich an allen Fronten oder zumindest in sehr kurzen Zeitabständen durchgesetzt werden. Sarkozy wollte auch zeigen, dass der Wandel stattfindet. Aber er bat die Franzosen zugleich um ein bisschen Geduld: „Ich kann nicht alles sofort erreichen." Nach seiner Meinung nahm aber „das Frankreich danach" (eine Formel seiner Partei, der UMP) in den Augen der Franzosen bereits Gestalt an. Er sei noch für vier Jahre gewählt. Kein Privatmann baue ein Haus in einem Jahr. Aber die Fundamente sehe man schon.

18. Kapitel

Prioritäten setzen

Es ging zunächst darum, Unternehmen zu retten. Ausländische Übernahmeangebote an französische Betriebe vermehrten sich mit dem heimlichen Ziel, diese zu schließen, um Wettbewerber auszuschalten. Seine ersten Scharmützel hatte Sarkozy gegen deutsche Konzerne geführt. Während seiner kurzen Amtszeit als Finanzminister hatte er den Industriekonzern Alstom vor einer Siemens-Übernahme gerettet und angesichts einer drohenden Übernahme durch die Schweizer die Pharmakonzerne Sanofi und Aventis zusammengefügt. Nun aber wurden die Freibeuter größer und gieriger. Amerikaner, Chinesen, Inder stürzten sich wie Geier auf die marode französische Wirtschaft. Unternehmen wie der Joghurthersteller Danone und der Stahlkocher Arcelor waren in Gefahr. Danone wurde gerettet, Arcelor nicht. Es fiel in die Hände des Inders Mittal, und bald gab es dort Schließungen und Entlassungen.

Durch seine guten Beziehungen zu Wirtschaftskapitänen wie Martin Bouygues, Vincent Bolloré, Arnaud Lagardère, Bernard Arnault, Serge Dassault und anderen hoffte Sarkozy, einen gewissen Schutz vor feindlichen Übernahmen für französische Betriebe zu bekommen. Sarkozys Gegner haben aber seine Beziehungen zu diesen Großindustriellen im Visier, zumal Bouygues und Bolloré über Fernsehkanäle verfügen, der erste über den ehemals staatlichen Sender TF1 und der zweite über den Privatsender Direct 8. Damit, hieß es, machen sie Stimmung für ihren Freund und Schützling Sarkozy. Das störte diesen aber wenig. Einladungen zu Flügen mit Privatmaschinen hatten einmal (es war im Jahre 1991) in Deutschland dem Landesvater von Baden-Württemberg, Lothar Späth, den Vorwurf der Vorteilnahme eingebracht und ihn sein Amt gekostet. Wir erwähnten schon, dass Sarkozy gleich nach seiner Wahl zum Präsidenten ungeniert eine Einladung eines betuchten Freundes zu einer erholsamen Kreuzfahrt bei Malta annahm. „Es war wenigstens keine Reise auf Staatskosten", argumentierten seine Freunde und damit basta!

Wer von wem abhängt, ist nicht so einfach zu beantworten. In Frankreich spielt der Staat trotz der neoliberalen Welle, die sich über Europa ergießt, immer noch die erste Geige. Aber der Realist und Pragmatiker

Sarkozy hält das Geld und folglich die „beati possidentes" für ein wichtiges Mittel zum Zweck. Sarkozy will erstens, dass französische Unternehmen französisch bleiben, und zweitens, dass europäische Unternehmen europäisch bleiben. Um dieses Ziel zu erreichen, ist ihm jedes Bündnis recht. Er traute sich, offen zu sagen, dass die Vermehrung von Reichtum der Wachstumsmotor Nummer eins ist. Geld ist für die Linken dagegen eine teuflische Angelegenheit. Vor allem natürlich das Geld, das man selbst nicht hat.

Etwas anderes stört seine Gegner. Bisher konnten sie behaupten, der Staat wolle nicht mit Gewerkschaftsvertretern reden. Daher mussten sie auf Streiks und Demonstrationen zurückgreifen, um Aufmerksamkeit auf sich zu ziehen. Diese Ausrede wurde in dem Moment hinfällig, als Sarkozy gleich nach seiner Amtseinführung die Gewerkschaftsbosse im Elysée-Palast empfing, um mit ihnen über die Lage im Allgemeinen und über Arbeitsbeschaffung und Lohnerhöhungen im Besonderen zu sprechen. Seitdem ist für sie seine Tür immer offen. Im Grunde genommen übt er dabei sein souveränes Recht aus, direkt mit Volksvertretern zu reden. Genauso wie er in Zukunft jährlich eine Rede vor den Parlamentsabgeordneten halten wird. Ein königliches Privileg? Oder eine republikanische Praxis? Wohl beides... Aber er sprach mit den Gewerkschaften, weil er ihre Duldung brauchte, um zwei große Projekte in Angriff zu nehmen, die Millionen von Staatsbürgern betreffen: die Steuerreform und die Rentenreform.

Vor Sarkozy war die Höchstgrenze der Steuerpflicht auf 60 Prozent der Einkünfte und Vermögen begrenzt worden, was die größten Einkommensgruppen begünstigte. Trotzdem floh eine ganze Menge Kapital aus Frankreich. Um große Vermögen wieder nach Frankreich zu locken, setzte er die Höchstgrenze[67] auf 50 Prozent der Einkünfte herab. Aber um die Staatsschuld von 1,2 Billionen Euro (in Wirklichkeit 2,5 Billionen, berücksichtigt man alle Staatssonderausgaben inkl. Sonderrenten) zu tilgen, musste eine Remedur gefunden werden. Zuerst sollte gespart werden. Da der öffentliche Dienst 40 Prozent der Staatsausgaben beanspruchte, beschloss Sarkozy, die Hälfte der Beamten und Staatsangestellten, die in Rente gingen, nicht zu ersetzen, um einen schlanken Staat zu schaffen. Das ging nicht ohne die Duldung der Gewerkschaften. Aber auch die Rentenreform von 2003 bekam im Frühjahr 2008 eine Runderneuerung.

---

67 Genannt „Steuerschild", „bouclier fiscal".

Es war schon schwer genug gewesen, die Beitragszeit der privaten und der staatlichen Renten auf einen gemeinsamen Nenner zu bringen. Das war vier Jahre davor François Fillon trotz des gewerkschaftlichen Widerstands gelungen. Nun sollten die Sonderrenten in verschiedenen Berufssparten auf den normalen Durchschnitt gebracht werden.

Die neue Ära hatte mit Steuergeschenken begonnen. Das hatte die EU-Kommission auf den Plan gerufen, die auf die Sanierung der Haushalte pocht. Sarkozy musste Ballast abwerfen. Er versprach, bis 2012 seinen Haushalt in Ordnung zu bringen. Also musste er, etwas früher als beabsichtigt, anfangen abzuspecken. Nach dem Sparzwang kamen die kleinen, fast unauffälligen Steuererhöhungen und die Jagd auf die Steuerbetrüger, aber auch auf alle legalen Steuervorteile. Schon vor Jahresende 2007 verkündete die Fillon-Regierung ein paar kleine Grausamkeiten und setzte sie gleich in die Praxis um. Frankreich brach damals den europäischen Rekord der Medikamenteneinnahme in Europa. Der Premierminister setzte die Zahlung eines Obolus aus der eigenen Tasche beim Arzt und Apotheker durch. Ebenso die Streichung aller Privilegien, die staatliche Firmen ihrem Personal gönnen, etwa die Sondertarife und Gratisflüge bei Air France.

Der Versuch, Pensionsprivilegien bei den Staatsbahnen und anderen Staatsunternehmen abzuschaffen, bescherte Frankreich Arbeitskämpfe. „Wenn sich der Konflikt zuspitzt, was ich nicht glaube, dann wird es eben Krieg geben", soll Sarkozy gesagt haben. Den Gewerkschaften gelang eine starke Mobilmachung unter den 14 Millionen Ruheständlern für eine beeindruckende Demonstration am 6. März 2008. Am 22. Mai wurde erneut, aber mit verringertem Elan demonstriert. Am 15. Juni demonstrierten deutlich weniger Menschen gegen die Verlängerung der Rentenbeiträge auf 41 Jahre und für den Erhalt der 35-Stundenwoche. CGT-Gewerkschaftschef Bernard Thibault marschierte wegen Rückenschmerzen nicht mit, sondern beobachtete von einer Caféterrasse, wie seine Truppen schmolzen. Er und sein Kollege von der CFTC, François Chéreque, hatten eine Verdoppelung der Zahl der Demonstranten vorausgesagt. Aber statt der Million Menschen, die im ganzen Land im Mai demonstriert hatten, beteiligten sich diesmal fast zehn Mal weniger an den Aufmärschen. Auch die Streikenden waren nicht zahlreich: überall weniger als 10 Prozent der Belegschaften. Die Menschen waren streik- und demonstrationsmüde und wollten arbeiten, um ihr Portemonnaie zu füllen.

Offensichtlich hatte Nicolas Sarkozy seine erste Kraftprobe gegen die Gewerkschaften gewonnen. „Wenn es jetzt bei uns einen Streik gibt, merkt es keiner", brüstete er sich Monate später. Diese Äußerung wurde von den Betroffenen als Provokation empfunden. Für den Herbst 2008 schworen sie Rache. Aber es fehlte ihnen die Kraft dazu. Es ist dem Präsidenten außerdem gelungen, die Gewerkschaften genauso wie die politische Opposition auseinanderzudividieren, FO, CGC, CFTC einerseits gegen CGT und CFDT andererseits, die sich weigerten, ein Abkommen mit der Regierung über die Stärkung der gewerkschaftlichen Vertretung in den Betrieben zu unterschreiben. Die sozialistische FO wird seitdem von der kommunistischen CGT beschuldigt, Abkommen mit den Arbeitgebern abzuschließen, die Abweichungen von den 35-Stunden Regelarbeitszeit zulassen. An einen dauerhaften Zwist mit der CGT und der CFDT glaubt die Regierung nicht. „Ich stelle fest, dass nicht alle Sozialpartner mit der Mobilmachung der CGT und der CFDT einverstanden sind. FO und die CFTC distanzieren sich von ihnen", bemerkte der Staatssekretär für die Arbeitsbeschaffung, Laurent Wauquiez.

Sarkozy ging aufs Ganze: „Es ist mir egal, ob man mich mit Margaret Thatcher vergleicht, immerhin wurde sie dreimal in Folge gewählt." Er hat sich selbst jedoch verboten, an die nächste Wahl zu denken. Das würde seine Reformenergie drosseln. Er will in einer einzigen Amtszeit alle Weichen für die Zukunft stellen. So als gäbe es für ihn keine „Zeit danach". Deswegen kämpft er mit harten Bandagen für diejenigen seiner Reformen, die die Zukunft der Arbeit und die Konsolidierung der Rentenkassen und des Staatshaushalts sichern sollen, während andere Aspekte der Sozialpolitik und der Außenpolitik aus seiner Sicht weniger relevant sind. Er hat seine Prioritätenliste. Renten- und Krankenkassen sind, angesichts der altenden Bevölkerung, wichtiger als die Förderung der Geburtenpolitik, da Frankreich eine zufriedenstellende Geburtenrate hat. Der Kandidat Sarkozy hatte versprochen, das Kindergeld schon ab dem ersten Kind zu zahlen, statt wie derzeit erst vom zweiten Kind an. Aber der Präsident Sarkozy hat dieses Versprechen bisher nicht eingelöst und keiner scheint es gemerkt zu haben.

An die Ersparnisse der Rentner, die die Inflation inzwischen annagt, geht man auch mit System heran. Die Renten[68] wurden 2008 nur um 1,1 Prozent erhöht, deutlich unter der Inflationsrate von 2,6 bis 3,5

---

68 In Frankreich zu Hundertprozent zu versteuern. Dafür werden dort die Rentenbeiträge nicht versteuert.

Prozent. Hie und da soll der französische Fiskus sogar versuchen, Einkommenssteuern von Auslandsfranzosen, die in einem anderen EU-Staat wohnen, nochmal zu kassieren. Eingeschüchtert oder unwissend überweisen manche ihr gutes Geld nach Paris. Frankreich wird zu einem Hochsteuerland.

Der Staat muss ja mit allerlei Notnägeln die Löcher zustopfen und das Geld wird bei der großen Zahl derer, die weder arm noch wirklich reich sind, gesucht, da die Besteuerungshöchstgrenze von 50 Prozent die Reicheren schützt und die Geringverdiener keine Steuern bezahlen. Aus diesem und anderen Gründen sanken die Konsumbereitschaft und der Lebensstandard des Mittelstandes merklich ab. Im Juni 2008 ging der Benzinverbrauch zum ersten Mal um „historische" 15 Prozent zurück und dieser Trend verfestigte sich. Der Rückgang traf die Automobilindustrie und ihre Zulieferer. Damit gingen viele interessante Arbeitsplätze verloren. Im Sommer 2008 leistete sich fast die Hälfte der Angestellten keinen Urlaub bei Mutter Grün. Auch bei den Selbständigen schrumpfte die Zahl der Urlauber deutlich. Immer mehr Menschen kauften „Second Hand"-Kleider, gebrauchte Bücher und haltbares Spielzeug für die Kinder. Auch bei Nahrungsmitteln ging der Umsatz zurück. „Neue Bedürftigkeit" und „low cost-Konsum" lösen die bisherige „Wegwerfgesellschaft" ab. Sozialforscher meinen, dass dieser Trend von Dauer sein wird und eine Zeitenwende einleitet. Die Konsumdrosselung betrifft vor allem Familien mit Teenagern, also das Rückgrat der Nation. Trotz höherer Qualifizierung schaffen nur noch 35 Prozent (vor 20 Jahren 40 Prozent) der heute Vierzigjährigen den sozialen Aufstieg, und 25 Prozent von ihnen (18 Prozent vor 20 Jahren) erleben einen sozialen Abstieg. Diese Entwicklung betrifft alle Berufssparten. Die Regierung führt an, dass seit 2007 eine Steuerentlastung von 13,5 Milliarden Euro den Privathaushalten und von 3 Milliarden den Unternehmen zugute kam. Dennoch geht der Lebensstandard generell zurück. Die Stimmung im Lande kippt nach der Anfangseuphorie um.

Mit den Studenten hatte es eine andere Bewandtnis. Valérie Pécresse, die Ministerin für das Hochschulwesen, setzte die Reform der Universitäten durch. Wie in anderen Staaten wird die Selbstverwaltung der Hochschulen erweitert. Ab 1. Januar 2009 sollen als Test 20 Universitäten autonom sein. Sie dürfen von Privatleuten, ehemaligen Studenten, Unternehmen, Stiftungen steuerbegünstigte Spenden annehmen. Die linken Studentengewerkschaften kämpfen gegen diese Reform, in welcher sie eine Privatisierung der Hochschulen sehen. Es gab wieder Demonstrationen und Versuche, den Zugang zum Unterricht zu blockieren. Aber die Beteiligung war diesmal geringer als zu Zeiten Mitterrands und Chiracs. Haben die arbeitswilligen Studenten verstanden, dass sie von aktiven Minderheiten manipuliert werden? Dass nur eine geringe Prozentzahl von ihnen auf den Vollversammlungen für alle abstimmt? Dynamische Minderheiten organisieren die Hörsaalbesetzungen und die Demos. Grund zur Unzufriedenheit gibt es ja. Man schenkt den Gymnasiasten ein Abitur unter Wert, das 80 bis 85 Prozent von ihnen bekommen. Früher war diese Prüfung eine Sperre für die schwachen Schüler. Daher sind viele Fakultäten zu Parkhäusern für künftige Arbeitslose und Studienabbrecher geworden. Die Führungseliten kommen nicht mehr aus den Fakultäten. Sie gehen auf Elitegymnasien oder Privatgymnasien, Privatuniversitäten oder studieren an Superhochschulen wie ENA, Normale Sup, Polytechnique, Centrale, Mines, Ponts-et-Chaussées, HEC, Sup-Aéro und ENAC etc. Diese Elitestudenten gehen nicht auf die Straße.

In den Fakultäten schwelt immer noch der Geist vom Mai 1968. Dort fällt der Unterricht oft aus; dort gibt es keine Ausweiskontrollen; dort entscheiden Aktivisten auf Vollversammlungen für ihre Kommilitonen; dort wird jede Gegenmeinung niedergeschrien; dort wird Angst vor der realen Gesellschaft geschürt, und romantische Sozialutopien blühen. Bei genauem Hinsehen würden die Studenten erkennen, wer das alles steuert. Die studentischen Organisationen UNEF, UNEF-ID, Alternatifs, Altermondialisten, Renaissance communiste JFRCF und die anarcho-syndikalistische CNT werden von der Parti Socialiste (PS), der Parti Communiste (PC) und von den Anarchisten (LCR u.a.) ferngelenkt. Studentenführern wie dem Trotzkisten Philippe Darriulat und der Passionaria der UNEF-ID, Isabelle Thomas, sowie ihrem ehemaligen Kommilitonen an der Spitze dieses Studentenverbandes, David Assouline, wurden goldene Brücken in der Sozialistischen Partei (PS) gebaut. Der ehemalige UNEF-Präsident Jean-Christophe Cambadélis hat eine brillante Karriere in der PS gemacht. Genauso wie Julien Dray, der Anführer der Studentenrevolte von 2006/2007 und UNEF-Präsident Bruno Julliard. Der Regierung bleibt noch einiges zu tun, wenn sie aus diesen Kaderschmieden der Linken Ausbildungsstätten der künftigen geistigen Elite machen will. Das neue Hochschulgesetz ist ein Schritt in diese Richtung.

In seinem Fernsehinterview vom April 2008 präsentierte Sarkozy die Liste der verabschiedeten Reformen: „Ich habe 55 Reformen durchgesetzt, und weil wir in einer komplexen Gesellschaft leben, hängt jede Reform mit den anderen zusammen." Das war eine Antwort an Jospin, der behauptete, dass Sarkozy „die Komplexität der modernen Gesellschaft unterschätze". Vielleicht hat aber Sarkozy den gordischen Knoten durchgehauen, den Jospin nicht hatte entwirren können. Zum Abschluss der parlamentarischen Jahressitzung Ende Juli 2008 waren die 55 Gesetzestexte tatsächlich verabschiedet worden. So viele in einem Arbeitsjahr des Parlamentes wie seit vierzig Jahren nicht mehr. Manche waren nach sehr kurzen Debatten durchgepeitscht worden. Wie die Regierung mussten die Abgeordneten ein Formel 1-Tempo fahren. Juristen meinen, dass man zu viele Gesetze zu schnell produzierte.

Um Gewerkschaften und Linksparteien zu verwirren, hat Sarkozy ein Rezept gefunden. Er vermehrt die Reformmaßnahmen und dehnt ihre Bandbreite derart aus, dass seine Gegner den Überblick verlieren. Statt den sozialen Druck auf einen Punkt zu zentrieren, verteilt er ihn großflächig. Die Gewerkschaften und Oppositionsparteien haben kaum Zeit, Atem zu schöpfen. Kaum beschließen sie, gegen eine Maßnahme zu protestieren, da folgt schon die nächste, die die vorherige zum alten Eisen macht. Ihre Mitkämpfer können weder täglich demonstrieren noch streiken, wenn sich auch der CGT-Chef einmal rühmte, dass es im Jahre 2006 „jeden Tag einen Streik" gegeben hätte. Diese Zeiten sind vorbei. Die Leute arbeiten, um zu überleben.

Sarkozy hat die Opposition und die eigenen Leute überrumpelt. Der Staatspräsident reißt Mauern ein, öffnet Schleusen, schickt alte Mitkämpfer in die Wüste und Honoratioren in den Ruhestand und macht Gegner zu Freunden. Alte Freunde müssen dabei ein dickes Fell haben. Er übergeht seine Regierung, spricht die Menschen direkt an, klopft den Arbeitern auf die Schulter und küsst Insassen von Altenheimen. Er packt die Probleme an, statt sie auszusitzen und erledigt alles zeitgleich und nebeneinander. Kein Wunder, dass alte Balken ächzen, wenn der Wirbelwind sie berührt, den er ausgelöst hat.

Er will dabei die Bodenhaftung nicht verlieren, Kontakte pflegen. Die damalige Leiterin seiner Kommunikation im Elysée-Palast, Catherine Pégard,[69] hatte im Herbst 2007 die Idee entwickelt, Intellektuelle zu Mittagessen mit dem Präsidenten einzuladen. Diejenigen Schriftsteller, Künstler, Journalisten, die mit ihm im Elysée speisten, erlebten einen

---

69 Inzwischen Leiterin des „Politischen Pols" des Präsidialamtes, wie oben erwähnt.

leidenschaftlichen und neugierigen Debattierer, der gleichzeitig essen und reden kann und sich über alles, was er erfährt und lernt, freut. Sarkozys geistiger Hunger kennt keine Grenzen und auch keine Zurückhaltung. Was Information angeht, ist er ein Vielfraß. Er saugt Fakten und Ideen wie ein Schwamm auf. Das gilt für alle Gebiete. Seine Frau, Carla Sarkozy, hat erzählt, dass er alle neuen Lieder, die in Frankreich komponiert werden, hört und jede Form von Musik mag. Ein französisches Sprichwort besagt, dass in Frankreich alles mit Liedern endet. „En France tout finit par des chansons..." Aber dafür ist eher Frau Sarkozy zuständig.

19. Kapitel

Wir stehen auf und sagen Nein zu diesem Mann!

Die Sarkophoben sind trickreich. Als es so aussah, dass Sarkozy sich zu einem akzeptablen Monarchen mausern könnte, erfanden sie den „Bling-Bling". Irgendjemand hatte diesen komischen Ausdruck aus New York mitgebracht, wo Rap-Sänger sich mit ihren klobigen, bunten Uhren, mit klingenden Ketten und auffälligem Schmuck von ihren Mitmenschen unterscheiden. Das macht bei jeder Bewegung „Bling-Bling". Die Schriftstellerin Yasmina Reza trug unfreiwillig ihr Scherfchen dazu bei, dass der Präsident zu „Mister Bling-Bling" wurde. Sie schilderte Sarkozy in einem Buch als einen Menschen, der für Luxusmarken schwärmt und alles Glitzernde schätzt: Rolex-Uhren, Ray-Ban-Aviator-Brillen – und eine Goldkette am Hals trägt. Alles, was „Fashion" ist, lockt den Präsidenten... Hat er nicht in einem Hotel einen Kugelschreiber mitgehen lassen? Wer das noch nicht getan hat, werfe den ersten Stein.

Von da an war alles bei Sarko „Bling-Bling", seien es die Fotos mit und ohne Carla, seine Reisen, seine Freunde, seine Politik. Aß er ein Eis oder ein Sandwich, so machte es wohl „Bling-Bling" in seinem Munde. Seine Nervenzellen und seine Anzüge waren „Bling-Bling". Monsieur Sarkozy war zu „Mister Bling-Bling" geworden. Dabei war er immer korrekt und maßgeschneidert angezogen. Ganz im Gegensatz zu den Rap-Musikern. Die amerikanische „Vanity Fair" wählte ihn 2007 zu einem der bestgekleideten Männer der Welt. Beim Einzug in den Elysée-Palast trug er – wenig patriotisch sicher – einen italienischen Anzug der Marke Prada. Anzug und Krawatte sitzen bei ihm immer. Er trägt bevorzugt Dunkelblau. Sein Haar ist immer perfekt gekämmt. Er hat viele Haare für sein Alter, und auch bei starkem Wind rührt sich keins. Also ist Sarkozy alles andere als ein Hippie oder ein Sonderling mit Piercings am Nabel und einem Ring am Ohr. Gar nicht „Bling-Bling" ist er, der Sarko. „Bling-Bling?", sagte er. „Das ist mir doch shit-egal. Die Medien können erfinden, was sie wollen. Schauen sie mal meine Uhr an...". Aber es war in der Tat eine Rolex.

Auf einem Gebiet sind die Linken den Rechten haushoch überlegen: in der Propaganda. Ihre Kreativität im Erfinden von Schlagworten und

Schlagzeilen ist unübertreffbar. Manche, wie zum Beispiel „der Tsarkozysmus", eine Wortbildung zum Zweck, die Sarkozy-Ära als Despotie zu diskreditieren, war jedoch nicht erfolgreich. Aber die lustige Kampagne mit dem unübersetzbaren Doppelwort „Bling-Bling" war für die Bedürfnisse der Medienwelt eine geniale Erfindung. Damit sollte Sarkozy zu einem unkultivierten Neureichen stilisiert werden, der „Kinkerlitzchen" und „Klimbim" über alles schätzt, ein Mann also, dem man nicht die Geschicke eines Volkes und schon gar nicht den Schlüssel der atomaren Bewaffnung anvertrauen durfte. Vielleicht würde so ein Mensch spaßeshalber die Bombe hochgehen lassen? Darüber hinaus wollte man ihn als einen nicht nachahmungswürdigen Exzentriker erscheinen lassen. Der fromme Christ François Bayrou erfand für ihn die skurrile Bezeichnung „enfant barbare", was man mit „wildes und brutales Kind" übersetzen könnte. Sarkozy war also aus Bayrous Sicht unreif, er war eine Art Zappelphilipp, ein pathologischer Fall, den man nicht beherrschen konnte, der sich selbst noch weniger beherrschte und dem nur mit einer Zwangsjacke zu helfen war.

Das hätte Bayrou natürlich gut gefallen. Da wäre der Platz im Elysée-Palast frei gewesen. Dass Sarkozy sich gegen Unterstellungen dieser Art mit der dazu passenden Wortwahl verteidigte, wurde für „ordinär" erklärt. Als ein demonstrierender Fischer ihn aus seinem Fenster beschimpfte, forderte Sarkozy ihn auf: „Komm doch herunter, wenn du dich traust!". Großer Gott! Wie vulgär! Darüber entrüstete sich der ehemalige Kulturminister François Léotard. Er schrieb gleich aus diesem Anlass ein ganzes Buch, das eine hohe Auflage erreichte. Nur wenige verstanden, dass Sarkozys Schlagfertigkeit für ihn sprach und dass es ein Gebot des gesunden Menschenverstandes war, diese Art der Auseinandersetzung nicht durch „laisser-faire", durch Gewährenlassen, zu ermutigen. Anders als Léotard und Bayrou gefiel vielen Franzosen, die nicht davon geträumt hatten, Staatspräsident zu werden, die Art und Weise, wie Sarkozy sich verteidigte. Aber diese Franzosen haben nicht die Möglichkeit, sich im Fernsehen zu äußern.

Ganz abgesehen von den Parteigängern, linksextrem oder rechtsextrem, deren Geschäftsgrundlage der Neid (links) und der Hass (rechts) ist, handelte es sich bei den Kontrahenten meist um politische Gegner, die Sarkozy besiegt hatte, um Kollegen, denen er keinen Auftrag oder kein Ministeramt gegeben hatte, und natürlich auch um (Chef-)Redakteure, die im „Mainstream" mitschwammen und die Auflage ihrer Publikationen steigern wollten. Zumindest, was die Politiker unter ihnen anging, hing die Heftigkeit der Beschimpfungskanonade damit zusammen, dass sie nicht überbeschäftigt waren. Die Kritik am Staatsoberhaupt war für sie eine Beschäftigungstherapie, die ihnen wohl half, ihre innere Balance zu regulieren.

Ich sprach darüber mit dem Rechtsanwalt Gilles Dubois, der als in Frankfurt und Paris tätiger Jurist die Tragweite der präsidialen Sprüche bewerten kann. „Sarkozys ‚Bling-Bling'-Seite oder seine manchmal etwas ‚vulgäre' Redeweise im Sinne des lateinischen ‚vulgaris' wird kritisiert? Warum denn?", fragte ich Dubois.

– „Alle diese Kritiken gegen ihn lassen mich gleichgültig. Wenn er so spricht, ist es immer Notwehr. Ich habe ihn nicht gewählt wegen seines Umgangs mit Industriellen, Schauspielern, Sängern usw. und auch nicht wegen seiner Frauen. Im Übrigen kann er nichts dafür, wenn seine zweite Frau ihn verlassen hat. Ich habe ihm meine Stimme gegeben, weil ich glaube, dass er Frankreich reformieren will und Frankreich liebt. Dieses Frankreich, das vergessen hat, dass es von den ‚Reichen' wie Bolloré, Bouygues, Lagardère und anderen lebt."

– „Als er sich nach seiner Wahl auf der Jacht eines reichen Freundes wenige Tage erholt hatte, um ungestört zu sein, gab es in Frankreich einen Aufschrei! Da wurde er gleich als Freund der Reichen abgestempelt."

– „Soweit ich das einschätzen kann, findet man diesen Hass auf ‚die Reichen' nur in Frankreich. In anderen Staaten wollen alle möglichst reich werden, und Geld wird dort nicht als etwas Schmutziges betrachtet. Vielleicht ist es das Ergebnis der Ideologie einer Linken, die ihr ‚Godesberg' nicht machen will und an ihren alten Dämonen kleben bleibt, ein pseudo-wissenschaftliches Alibi für den Neid?"

– „Und was die Vulgarität angeht?"

– „Genau so. Ist es eine Sünde gegen die ‚political correctness' Charakter und Gemütsregungen zu zeigen? Mir missfällt seine spontane Art nicht. Die Presse hat ihre hämische Freude daran, ihn vom Sockel herunterzustoßen. Sie wirft ihm vor, ‚volkstümlich zu reden'. Sollte er den Leuten, die ihn grob beschimpfen, mit schönen Floskeln antworten oder sie wegen Verleumdung verklagen? Sie können froh sein, dass er ihnen überhaupt antwortet! Er hat das Herz am rechten Fleck und gibt jedem das Seine. Das erinnert mich an den Tag, als Helmut Kohl eine Tomate oder ein Ei an den Kopf geworfen bekam und auf den Rüpel zulief, um ihn zu verdreschen. Seine Leibwächter konnten ihn nur mit Mühe zurückhalten.

Aber das ergab nur eine Kurznachricht in der deutschen Tagesschau. Die deutschen Journalisten haben so etwas nicht wie ihre französischen Kollegen aufgebauscht."

– Was er sagt, wird verdreht, aber er zieht die Aufmerksamkeit auf sich wie kein Politiker vor ihm."

– „Ja, er ist immer im Mittelpunkt. Seltsam nicht wahr? Aber der Mann auf der Straße spricht so wie er, und die Wahrheit schockiert ihn nicht. Es ist für mich der Beweis, dass Nicolas Sarkozy die Realitäten sieht und dass er sich seiner Verantwortung bewusst ist. Seine Mitarbeiter sollten das nicht abschwächen und ihn doch so lassen."

Die Fälle, über die wir uns unterhielten, waren relativ harmlos. Im Internet kann man wüstere Angriffe auf Sarkozy finden. So las ich unter dem Datum des 28. August 2005,[70] als er noch Innenminister war, einen ziemlich morbiden Beitrag eines gewissen Jean Dornac, in welchem von „einer Krankheit" von Sarkozy die Rede war, die ihn dazu antriebe, „immer zynischere, gewalttätigere, unmenschlichere" Erklärungen von sich zu geben. „Ich weiß nicht, ob es bei dieser Person eine Grenze vor der niederträchtigsten Gemeinheit gibt", schrieb dieser Kommentator. Der Vorwand zu seiner Hasstirade war die Äußerung Sarkozys, dass ein Hochhaus, in dem ein Brand mit Todesfolgen stattgefunden hatte, „überbelegt" gewesen war. Der Minister Sarkozy prangerte damit einen sozialen Missstand an. Aber seine Worte wurden ihm im Munde verdreht. Kritik an der Tatsache, dass zu viele Menschen in einem Bau wohnen, war aus der Sicht dieses Kommentators Synonym von Rassenhass.

Weiter wurde es Sarkozy dort übel vermerkt, dass er meinte, „der Einkommensabstand sollte erweitert werden zwischen denjenigen, die für ihre Arbeit bezahlt werden, und denjenigen, die von Hilfsgeldern statt von Arbeit leben". Das sagten doch alle sachkundigen Volkswirte, damit der Ansporn, eine Arbeit aufzunehmen, verstärkt wird. Aber nein, dieser Herr Dornac meinte, Sarkozy wolle damit diejenigen, die eine Arbeit haben, und die Arbeitslosen auseinander dividieren und dergleichen mehr. Ihm und seinen „verderbten" Freunden des Arbeitgeberverbandes und des „Kleinadels" unterstellte der Kritiker, sie wollten die Nicht-Arbeitenden „wie Dreck in die Gosse kehren". Der „Lüge", der „Heuchelei", des „Kastengeistes" wurde der demokratisch gewählte Politiker Sarkozy bezichtigt. Als Motivation seien bei ihm nur Machtwille, Feudalismus und

---

70 In der Webpage http://www.altermonde.levillage.org/.

Menschenverachtung zu erkennen. Die Anti-Sarko-Philippika gipfelte in einem Vergleich der Aussage von Sarkozy, wonach „die Frühaufsteher" belohnt werden sollten, mit „den Massenverhaftungen der Besatzungsmacht während des Krieges".

Ein Zusammenhang war mir da nicht ersichtlich (oder doch, weil die Massenverhaftungen durch die Gestapo im Morgengrauen stattfanden?), aber es muss den deutschen Lesern erklärt werden, dass die Tiraden aus der linken Ecke in Frankreich oft mit Anspielungen auf die deutsche Okkupation von 1940-44 bzw. auf die damalige „Kollaborateurregierung" von Vichy gekrönt werden. Und dann brüsten sich die Verfechter der extremlinken Ideologie im Gegensatz zu den „Faschisten" selbst „Humanisten" zu sein. „Humanist" ist in ihrer Sprachregelung ein Ersatz für das abgedroschene Wort „Antifaschist". Die Propagandaexperten nennen solche Begriffe „Seelenfangbegriffe" oder „Suggestivbegriffe", die aufgrund ihrer künstlichen Ungenauigkeit den Eindruck erwecken, dass der humanistische Mensch durch und durch gut ist und nur Wahres und Glaubwürdiges sagt.

Der Autor dieser Polemik zeigte sich schließlich entsetzt, dass so viele Wähler Sarkozy ihre Stimme gaben. „Es ist zum sich die Haare ausraufen", klagte er. Sein Text gipfelte in dem Satz: „Wir, die wir Sinn für Würde, Humanismus haben, wir stehen auf und sagen Nein zu diesem Mann! Wir tun es und werden es bis zum Äußersten tun, mit all unserer Kraft und mit der immensen Energie, die uns kennzeichnet." Wer so „energische" Feinde hat, ist wirklich mutig, wenn er sich noch auf die Straße traut. Eine Zeitung verstieg sich einmal sogar zu dem Titel: „Sarkozy ist tot".

Die Verteufelungskampagne gegen Nicolas Sarkozy hatte jedenfalls schon lange vor seiner Amtszeit als Präsident angefangen. Aus dem bereits zitierten Buch von Patrick Besson geht hervor, dass sie zum Wahlkampfbeginn im Stab von Ségolène Royal übernommen und organisiert wurde. Aber es gab sie schon in Ansätzen davor, und sie wurde nach der erfolgten Wahl ungefähr mit den gleichen Leitlinien fortgeführt. Alles an und von Sarkozy musste in sein Gegenteil verkehrt werden. Zum Beispiel, dass er einmal gesagt hatte, Reichtum sei für ihn Ausweis von Tüchtigkeit und Risikofreude, und dass er Arbeit als die Quelle des Reichtums betrachte, wurde als Grausamkeit und Geringschätzung der Armen gedeutet, obwohl es ein Ansporn zu einer dynamischen und positiven Lebensführung, ja eine Ermutigung war, sich aus der Armut herauszuarbeiten. Es wurde kein gutes Haar an ihm gelassen. Eine derartig massive und perfide Verleumdungskampagne erlebte nicht einmal Helmut Kohl in Deutschland. Natürlich hatte sie Wirkung, da die Propagandamaschinerie den Dummen das Gefühl vermittelt, dass sie klug sind und dass sie hinter die Kulisse schauen.

„Ich sehe", sagte mir im November 2007 Dr. med. François Giraud, Preisträger von Rotary-International und Gründer einer Friedensakademie in Frankreich, „dass zahlreiche französische Sozialisten Sarkozy nach wie vor verteufeln. Diese Menschen, die verkünden, wie überlegen und weitherzig sie sind, sind nicht diejenigen, die die größte gesellschaftliche Entwicklung und die größte Solidarität möglich gemacht haben. Ich brauche Ihnen das nicht zu erklären. Vielleicht wird ihnen Sarkozy noch zeigen, was echte Solidarität mit den Armen und Entrechteten ist. Das vermute ich."

– „Liefert ihnen Sarkozy aber nicht Argumente für ihre Kampagne?"

– „Sarkozy ist hyperaktiv, das ist klar. Ich würde in der Umgangssprache sagen, er ist ein ‚netter Junge', dem besondere, freundliche Bewegungen und unfreundliche Worte herausrutschen."

– „Und in den Medien?"

– „Gestern Abend in der Fernseh-‚primetime' habe ich sein Interview mit Arlette Chabot und Patrick Poivre d'Arvor aufmerksam verfolgt. Ihre Gesichter waren vor lauter Gier verkrampft, Sarkozy in die Pfanne zu hauen. Aber man sah ihnen die Enttäuschung immer mehr an, weil sie ihn nicht beherrschen konnten. Sarkozy blieb ruhig, entspannt, überzeugt, sehr klar, mutig und ganz besonders höflich. Sie versuchten, ihm eine aggressive Antwort bezüglich der Konflikte von Jacques Chirac mit der Justiz herauszulocken. ‚Es steht mir nicht zu, meinen Vorgänger zu beurteilen', antwortete er ganz ruhig."

– „Und zu den Krawallen in den Vorstädten?"

– „Zu diesen Krawallen in Villiers-le-Bel hat er einen zauberhaften Satz gesagt: ‚Hören wir endlich auf, das Unerklärliche zu erklären, sonst führt es uns dazu, das Unentschuldbare zu entschuldigen.' Er hat damit einen Wegweiser für den Wendepunkt gesetzt, den alle in Frankreich wünschen und den einige links von ihm zu umgehen versuchen. Die Diktatur ihrer Ideen lähmt unser Land. Vielleicht wird dank des Mutes von Sarkozy die Wende kommen. Es ist der Anfang eines Neustarts."

Nicht nur von links, sondern auch von ganz rechts wird Sarkozy attackiert. Rechtsextreme Parteien und Tendenzen artikulierten noch deutlicher als die Linken die Forderung nach einem vorzeitigen Rücktritt des Staatspräsidenten. Angesichts der für Sarkozy ungünstigen Umfragewerte vertraten sie in Wort und Schrift diese Erwartung. „Er braucht nur zurückzutreten", schrieb ein gewisser „Arnaud" im Frühjahr 2008 in einer ultrarechten Blogzeitschrift. Wir fassen hier nur kurz seine Argumente gegen Nicolas Sarkozy zusammen. Sie bezogen sich auf seinen Charakter, seine Psyche und sein Intimleben mit der polemischen Schärfe, die diesem Teil des politischen Spektrums eigen ist. Am Sachlichsten waren die Anspielungen auf sein „Präsidentialismusdefizit". Dieser Vorwurf unterschied sich voll und ganz von demjenigen der Linken, die ihm vorwarfen, ein „Überpräsident", ein „Omnipräsident" zu sein. Auch seine angebliche „Schwierigkeit, seine Funktion auszufüllen" kritisierte dieser anonyme Schreiber. „Nein, Sarkozy ist nicht einer von uns", konnte man lesen. War das eine verschleierte Anspielung auf Sarkozys ungarische Abstammung? Auf seinen jüdischen Großvater? Dann: „Überall dort, wo er war, hat er die Lunte angezündet." Und dann ironisch ein Hinweis auf seine Körpergröße: „Wenn man kein großer Mann ist, sollte man mit Demut reformieren." Schließlich erwähnte der Autor Carla Bruni: Sarkozy solle „diese nicht empfehlenswerte Frau verlassen, die ihm den Kopf verdreht hat". Diese Angriffe von Ultrarechts, die manchmal mit „Fantomas" unterzeichnet wurden, standen in nichts der Argumentation der Ultralinken nach. Ihre literarische Qualität war nicht zu unterschätzen, was sie noch durchschlagender machte.[71]

Die radikale Rechte ist gegen Sarkozy besonders giftig, weil sie ihm nicht verziehen hat, die Nationale Front von Le Pen wie eine Dampfwalze plattgedrückt zu haben. Während der Front-Dissident Bruno Mégret die Flinte ins Korn geworfen und das Weite gesucht hat, erschöpfen sich die Frontisten in Grabenkämpfen um die Nachfolge von Le Pen. Gegen Sarkozy marschieren sie dennoch vereint. Nicht alle von ihnen sind dumm, und man sollte sie nicht unterschätzen. Einer, den ich als Urgeschichtsexperten schätze, versuchte mich einmal zu überzeugen, dass ich wie er ein Gegner von Sarkozy sein müsste, da ich ebenfalls den Werteverfall und die Korruption in unserer Gesellschaft beklage. Seine Beweisführung schloss mit den Worten: „Und seitdem er diese Dirne geheiratet hat, ist er für mich erledigt." Das sehe ich natürlich ganz anders. Mein Bekannter,

---

71 Viele dieser Pamphlete können auf der Webpage http://www.libertyvox.com/article.php?id=343 gelesen werden, die sonst auch manchmal zutreffende Analysen liefert.

der über 80 Jahre alt ist, weiß vielleicht auch nicht, dass seit der Erfindung der Pille die sexuellen Gewohnheiten des früher schwachen Geschlechts sich gewaltig verändert haben. Und was ist eine Dirne? Eine Frau, die ihre Liebesdienste bezahlen lässt. Carla Bruni hatte das bekanntlich nicht nötig.

Die gallenbitteren Attacken gegen Sarkozy erweckten manchmal den Eindruck, als ob viele ihn gewählt hätten, um ihre Wut gegen ihn richten zu können. Chirac war ihnen gleichgültig geworden. Jetzt hatten sie einen vor sich, den sie beschimpfen können. Die Angriffslust gegen den Staatspräsidenten hängt wohlgemerkt auch mit einer Komponente zusammen, die seinem Amt eigen ist. Die Verfassung der Fünften Republik, die dem Präsidenten einen herausragenden Status im Staatsgefüge zuspricht, macht aus ihm sowohl eine Galionsfigur, wenn alles glatt läuft, als auch eine Zielscheibe, wenn es kriselt. Die Politologen sprechen von der Personalisierung der Politik. Der Staatspräsident personifiziert die Vaterlandsliebe, aber wie ein Blitzableiter lenkt er auch die Blitze auf sich. Daher hielten sich Mitterrand und Chirac zurück. Sie ließen die Wasserleichen stromabwärts treiben. Für sich selbst hatten sie das Risiko fast auf Null reduziert, für ihr Land war das keineswegs vorteilhaft.

Ein Bekannter von mir, der Mitglied des Lehrkörpers einer Hochschule und in der sozialistischen Doktrin fest verankert ist, sprach neulich dem Staatspräsidenten die Eigenschaft ab, ein Humanist zu sein. Dieser kritische Zeitgenosse sagte mir: „Du siehst doch, dass alles, was Sarkozy tut, unausgegoren ist. Er tut alles gleichzeitig, ohne groß nachzudenken, und er schafft deshalb alles nur halb. Das meiste bleibt auf der Strecke. Vieles ist Makulatur. Was will er denn? Das weiß keiner. Weiß er das selbst? Keine Linie, keine Richtung. Dafür ist er überall zu sehen, an allen Orten stets anwesend. Der Mann ist unbeherrschbar und unberechenbar. Da fand neulich der Schulbusunfall in Allinge statt. Natürlich hat er sich sofort dorthin begeben. Meines Erachtens ist er ein Hanswurst."

Sozialistische Humanisten sind hart zu ihren Mitmenschen. Bei dem Unfall in Allinge im Juni 2008, wo ein D-Zug einen Bus gerammt hatte, waren sieben junge Schüler gestorben. Es war eine Tragödie, ganz Frankreich beweinte die toten Kinder. Der Lehrer, der die Fahrt organisiert hatte, nahm sich später das Leben. Mein humanistischer Freund deutete damit an, dass der Staatspräsident aus der Trauer der Familien Kapital schlagen wollte und dort wie ein Leichenfledderer aufgetreten sei. Zu dieser ungeheuerlichen Unterstellung sagte ich ihm: „Was diesen Unfall angeht, so finde ich ganz im Gegenteil, dass es schockierend gewesen wäre, hätte der Staatspräsident die Familien der toten Kinder nicht besucht. Es war eine nationale Tragödie und der Staat ist für die Sicherheit auf den Straßen und Eisenbahnen zuständig. Er hat verantwortlich gehandelt und sich nicht hinter seinem Terminkalender versteckt. Im August, als ein Junge von einem Halbirren bestialisch ermordet wurde, hat er die Mutter angerufen und ihr versichert, dass es keinen Freispruch wegen Unzurechnungsfähigkeit geben werde, und sich nicht hinter den Mauern des Elysée-Palastes verschanzt! Endlich kommt einiges in Bewegung."

– „Trotzdem", schloss mein Gesprächspartner kurz und bündig, „ist er ein Clown."

Starker Tobak! Was soll man einem so profunden Argument entgegensetzen? So entstehen Psychosen.

– „Warum sollen seine Reformen unübersichtlich sein?", fragte ich dann.

– „Alle wichtigen Reformen von ihm scheiterten, weil sie nur Flickwerk waren. Jede einzelne von ihnen versickerte im Sand des täglichen Durcheinanders."

– „Ein Workaholic ist Sarkozy vielleicht schon", erwiderte ich, „aber wenigstens tut er was! Unsere Landsleute haben ihn nicht gewählt, damit er sich ausruht."

– „Siehst du ihn irgendwann einmal mit einem Buch in der Hand", sagte er. „Ich glaube eher, dass er in Schundromanen blättert, wenn er sich entspannen muss. François Mitterrand protegierte die Künstler und die Schriftsteller und schrieb selbst Bücher. Mitterrand verkörperte die französische Kultur. Er war sogar mit Françoise Sagan befreundet. Chirac interessierte sich für die japanische Kultur und die Kunst der Urvölker."

– „Ich wette, dass Chirac nicht kultivierter als Sarkozy war. Wahrscheinlich weißt du nicht, was Chirac einer Journalistin sagte, die ihn nach seinen literarischen und künstlerischen Vorlieben fragte?"

– „Nein."

– „Folgendes: ‚Junge Dame, meine musikalische Vorliebe ist die Militärtrompete und nichts anderes. Was die Literatur angeht, so lese ich ausschließlich Krimis.'"

– „Er kann das nicht ernst gemeint haben!"

– „Sicher nicht, obwohl ich ihn manchmal verstehe, sieht man manches, was uns heute als Kunst und Literatur angeboten wird. Der superschlaue Mitterrand hat gewusst, dass man in Frankreich nichts werden kann, wenn man nicht den Ruf hat, ein Freund der Belles-Lettres zu sein. Was seine eigenen Werke angeht, so gehören sie nicht zum Gipfel der französischen Literatur. Außerdem war die Schriftstellerin Françoise Sagan, die Mitterrand besonders schätzte und frequentierte, meines Erachtens kein guter Umgang für einen Staatschef. Sie war rauschgiftsüchtig und ist wohl daran gestorben."

20. Kapitel

Als er da war, hatten wir was zu sagen!

„Wenn ich nicht mehr da bin, werdet Ihr sagen: Ach, die Zeit war schön, als er da war! Wenigstens hatten wir was zu sagen!", meinte Nicolas Sarkozy einmal zu Journalisten. Mit ihnen hatte er ein ziemlich angespanntes Verhältnis. Als seine Popularität im Abgrund steckte, führte Sarkozy am 7. Mai 2008 vor den UMP-Abgeordneten einen spektakulären Angriff gegen die Medien.

Da ihn niemand mehr lobte, hielt er es für nötig, sein Licht nicht unter den Scheffel zu stellen. „Chirac brauchte einundzwanzig Jahre, bis er gewählt wurde. Ich wurde auf Anhieb gewählt. Er hat eineinhalb Reformen gemacht. Seine siebenjährige Amtszeit hörte im Dezember 1995 (sechs Monate nach seiner Wahl zum Staatspräsidenten. Anm. d. Autors) beim Scheitern der Reform der Sonderrenten auf. Ich bin nicht (wie er) darauf erpicht zu dauern. Ich mache alles zugleich und frontal." Dann erinnerte er daran, wie Chirac ihm 2007 einen Knüppel zwischen die Beine geworfen hatte und wie man die Clearstream-Korruptionsaffäre frei erfunden hatte, um seinen Ruf zu ruinieren. Das war ein ganz anderer Ton als im Mai 2007, als er seinen Vorgänger noch geschont hatte. Die gaullistischen Abgeordneten waren wie vom Blitz getroffen.

Dann ging er gegen die Presse vor. „In einem Land, in dem es keine Opposition mehr gibt, schreibt sich die Presse das Amt der Opposition zu", monierte er. Er zeigte sich dennoch überzeugt, dass die Presse ihn nicht aus ideologischen, sondern aus kommerziellen Gründen verfolge: „Das ‚Sarko bashing' steigert die verkaufte Auflage." Er bemängelte nicht nur die Angriffe auf seine Person, sondern auch das Auslassen von Meldungen, zum Beispiel wenn über positive Meinungsumfragen oder lobenswerte Initiativen der Regierung nicht berichtet wird. Oder auch, wenn die Medien das infame Verhalten seiner Gegnerin Ségolène Royal, die sich geweigert hatte, ihre Mitarbeiterinnen zu bezahlen und dafür vom Arbeitsgericht verurteilt worden war, so gut wie verschwiegen. Er nahm sich sogar die französische Presseagentur AFP und „Le Journal du dimanche" seines Freundes Lagardère vor. Sie hatten seine letzte Pressekonferenz wie die anderen nicht gewürdigt. Schließlich nahm er die linke Publikation

„Marianne" ins Visier, die auf der ersten Seite über seinem Bild fett gedruckt hatte: „Sch..., noch vier Jahre!".

Einerseits kritisiert Sarkozy die Medien, andererseits wollte er selbst Journalist werden. Er unterschätzt die Journalisten nicht. „Noch nie haben in der Geschichte die Medien sich so sehr und so lange für Jemanden interessiert wie für mich", sagte er. „Und das tun sie nicht, um mich zu erfreuen. Es ist, weil sie damit Geld verdienen. Sie verdienen Geld mit mir!" Er hätte auch sagen können: „mit meinen Frauen." Cécilia zuerst, vor allem aber Carla, beide sind auf unzähligen Covers von in- und ausländischen Magazinen gewesen. Es ist nicht einfach, immer im Mittelpunkt zu sein. Das hat praktische Nachteile: „Stellen Sie sich vor. Carla und ich, wir waren das ganze Wochenende hier (im Elysée) eingesperrt. Sehen Sie, ich beklage mich nicht, dennoch kann ich nicht einmal meine Frau ins Restaurant mitnehmen. Uns würden 300 Paparazzi verfolgen! Wollen wir etwas in einem Laden kaufen? Das gleiche. Und so ist es auf der ganzen Welt." Manchmal packt ihn der Frust: „Ich lese die Presse sehr wenig. Sie ist sowieso gegen mich."

Einmal musste er sie doch lesen: „Wenn ich die Presse lese, treffe ich manchmal auf Irrtümer. Nehmen Sie diese SMS-Affäre. Es ist doch unglaublich! Die Person, die behauptet, diese SMS zu haben, wird nicht einmal gebeten, einen Beweis dafür zu erbringen, und mich bittet man darum zu beweisen, dass ich sie nicht gesendet habe. Suchen Sie mal, wo der Fehler ist...". Das linke Wochenblatt „Nouvel Observateur" hatte im Februar 2008, kurz nach der Trauung von Nicolas mit Carla Bruni, auf seiner Webpage eine SMS veröffentlicht, die angeblich von Nicolas Sarkozy an seine ehemalige Frau Cécilia gesendet worden war und in welcher er ihr mitteilte: „Wenn du zurückkommst, widerrufe ich alles" (gemeint war die geplante Heirat mit Carla). Sarkozy verklagte die Zeitung. Er habe diese SMS nie geschickt. Cécilia bestätigte es. Der Präsident verklagte den Journalisten wegen Verleumdung und Hehlerei. Aber Nicolas Sarkozy zog schließlich seine Klage zurück, nachdem sich der Chefredakteur entschuldigt hatte.

Die SMS-Affäre zeigte, wie infam manche Attacken waren. Die Gerüchteküche brodelte ständig. Wenn nichts Konkretes vorlag, erfand man etwas. Im Frühjahr 2008 veröffentlichte die Wochenzeitung „Le Point" eine Seite über die Psychologie von Nicolas Sarkozy. Er wurde darin regelrecht „psychiatrisiert". Wieder ein Versuch, ihn als einen Fall für den Arzt erscheinen zu lassen. Dazu sagte er einfach: „Eine große Zeitung, die sich herablässt, ihre erste Seite über mich und die Psychologen zu machen! Warum nicht das nächste Mal mit den Sexologen?" Diese Thematik hatte „Marianne", das Blatt des Publizisten Jean-François Kahn, eingeleitet, der Monate zuvor geschrieben hatte, Sarkozy sei „wahnsinnig". Dass Kahn sich keine Verleumdungsklage dadurch zuzog, spricht für Sarkozy. In Deutschland oder in Amerika hätte der Betroffene diesen Journalisten, der in Talkshows meist einen erregten Eindruck macht, vor den Kadi geschleppt. Unter dem Deckmantel der Pressefreiheit sind manche Angriffe durchaus berechnet und programmiert. Inzwischen heißt es in der Pariser Gerüchteküche, dass Kahn Verhandlungen mit François Bayrou führt. Der Modem-Chef erwägt, ihm eine prominente Stelle in seiner Partei für die Europawahl zu geben. Wie wir lesen, schlägt Bayrou bezüglich Sarkozy in die gleiche Kerbe wie Kahn, wenn auch etwas vorsichtiger in der Wortwahl.

In der Sendung des bekannten Fernsehmoderators Gérard Calvi mit dem Titel „C dans l'air" (Es liegt in der Luft) waren zum Jahresbeginn 2008 Journalisten aus fünf wichtigen ausländischen Staaten zu Sarkozy befragt worden. Sie behaupteten, dass ihre Leser vom französischen Präsidenten, von seinem Stil, von seinen Ideen fasziniert seien. Na, also! Hatte die linke französische Presse, von „Libération" bis „Le Monde", doch Unrecht? Sarkozy gefiel, außer den Deutschen, die ihn nicht mögen, den Ausländern doch? Warum enttäuschte er dann die Franzosen? Anders als Mitterrand und Chirac wollte er ihnen nichts verschweigen. Er wollte „Transparenz" herstellen. Sie verstanden das als „Indiskretion". Die Franzosen mögen, dass man ihnen etwas verheimlicht. Mitterrand setzte auf diese Karte und zog sich den Spitznamen „die Sphinx" zu.

Dann wurde behauptet, Sarkozy „berlusconisiere" die Medien. Tatsächlich hat er einmal geäußert, „man müsste dort ein gründliches Reinemachen durchführen". Als Fernsehzuschauer beklagte er sich, dass es keine einzige Kultursendung in der Hauptsendezeit und keine Berichterstattung über Europa in der Tagesschau gibt. Er möchte, dass man 30 Prozent der Sendezeit in jeder Tagesschau Europa widmet. So hat er beschlossen, die Statuten des öffentlichen Kanals France Télévision zu ändern. Als Erstes will er den Intendanten von France Télévision selbst ernennen: „Verstehen Sie, dieses Unternehmen gehört zu hundert Prozent dem Staat, es ist normal, dass der Staat dort sagt, was Sache ist." Zweitens kündigte er auf einer Pressekonferenz an, dass Staatsfernsehen und -rundfunk in Zukunft auf Werbung verzichten werden.

Eine Kommission wurde unter Leitung des Vorsitzenden der UMP-Fraktion im Parlament, Jean-François Copé, einberufen. Sie hat einen Finanzierungsplan ausgearbeitet. Ab 1. Januar 2009 wird es also nach 20 Uhr keine Werbespots mehr im Staatsfernsehen geben. Der Einnahmeausfall wird durch zwei Steuern ausgeglichen, und zwar durch eine Abgabe von 0,9 Prozent auf den Umsatz der Telekom-Unternehmen und durch eine Abgabe von 3 Prozent auf die Werbeeinnahmen der privaten TV-Kanäle. Das soll eine zusätzliche staatliche Zuwendung an Radio France von 20 Millionen Euro ergeben. Darüber hinaus wird die Fernsehgebühr (bisher 514 Millionen Euro, nunmehr 525,9 Millionen) sich nach der Inflation richten.

Die Beseitigung der Werbespots im öffentlichen Fernsehen war eine alte Forderung der Linken, insbesondere der sozialistischen PS, aber die PS hat deren Abschaffung jetzt abgelehnt. Mit allen anderen Linken verließ sie die Copé-Kommission. Es wurde behauptet, Sarkozy mache damit seinem Freund Martin Bouygues ein Geschenk, auf dessen Privatsender sich die ganze Werbung konzentrieren wird. Aber, wie man sieht, muss er dafür auch zahlen, und außerdem werden die öffentlichen Sender durch die Qualitätsverbesserung ihrer Beiträge in der Hauptsendezeit und wegen ihrer Filme und Sendungen, die nicht mehr von Werbespots unterbrochen werden, auf Kosten der Privaten ihre Zuschauerquote verbessern.

Sarkozy bedauert, dass große Zeitungen wie „Le Monde" und „Le Figaro" Geld und Leser verlieren. Er beklagt, dass sein Freund Bouygues, Hauptinvestor des privatisierten Fernsehsenders TF1, keine Zeitungen hat, und dass sein anderer Freund, Arnaud Lagardère, Zeitungen und Magazine, aber keinen Fernsehsender unterhält. Er bedauert, dass die bürgerlichen Medien schwach sind und dass das Abdriften der Journalisten nach links besonders ausgeprägt ist. Aber die medialisierte Gesellschaft funktioniert wie geölt, wenn sie kritisch bis negativ ist. Sie profitierte von der Ohnmacht der linken Opposition. Das war die Chance der Medien.

Auf Wunsch des Staatsoberhauptes soll eine große Medienkonferenz nach Wegen suchen, die kränkelnden französischen Medien zu stärken und den Murdochs & Co. Konkurrenz zu machen.

Sarkozys physische Erscheinung, heißt es, bietet der Karikatur ganz besonders die Flanke. Gegen keinen Politiker vor ihm wurde derartig gehetzt. Boshafte Politikerkarikaturen hat es freilich im anarchistisch-libertären, satirischen Wochenblatt „Le Canard Enchaîné" (Die angekettete Ente) schon immer gegeben. Aber die Anti-Sarko-Hetze in diesem Blatt übertraf alles Bisherige. So wurde er in jeder Ausgabe als Teufelchen mit spitzem Gesicht und zwei Hörnern auf dem Kopf von einem Grafiker, der seine Zeichnungen mit dem Pseudonym „cabu" versieht, systematisch karikiert. Diese Dämonisierung durchbrach schon die Schallmauer der Verhöhnung. Ihn zum „Faschisten" abzustempeln, hat nachgelassen, nachdem er zwei Araberinnen und eine Schwarzafrikanerin sowie mehrere linke Politiker in seine Regierung aufgenommen hatte, aber die Dämonisierung hat wahrscheinlich deshalb Bestand, weil niemand genau weiß, wie Mephisto aussieht. „Le Canard enchaîné" hat sich zur Spezialität gemacht, ebenfalls gegen Carla Bruni zu sticheln. Alles was sie betrifft, auch das Positive, wird dort durch den Kakao gezogen. Im Juli 2008 stieg die dritte CD von Carla Bruni im Musikhandel schnell an die Spitze der Hit-Parade, aber der „Canard Enchaîné" sprach von einem ziemlichen Misserfolg. Nirgendwo konnte man dort lesen, dass der Verkaufsgewinn dieser CD auf die Konten humanitärer Organisationen eingezahlt wird.

Natürlich fördern diese Medienkampagnen die Negativstimmung in der Bevölkerung.

– „Unter Chirac war es nicht gut, aber unter Sarkozy ist es nicht besser geworden", sagte mir Remi Laidet, von Beruf Bäcker in dem Dorf Saint Sauveur im Departement Lozère.

– „Da bin ich nicht Ihrer Meinung", erwiderte ich. „Warten Sie doch erst mal ab, was daraus wird." Da ich ihm nicht zustimmte, gab mein Gesprächspartner sofort klein bei. Er gab zu, dass er „unzureichend informiert" sei. „Ich höre bei der Arbeit ständig RMC (Radio Monte-Carlo), einen Sender, der nach meinem Dafürhalten eher gegen Sarkozy ist, und den Sender RTL, der ihn eher verteidigt. So habe ich Mühe, mir eine Meinung zu bilden."

Negativurteile über Sarkozy kommen vielen Franzosen automatisch auf die Lippen, ohne dass sie weiter nachdenken. Es gehört einfach zum guten Ton. Vielleicht auch zur französischen Tradition seit dem 18. Jahrhundert, dass man sich von den jeweiligen Machthabern distanzieren muss. Das steckt den Franzosen wohl in den Genen. In der Wahlkabine wird man sich vielleicht anders entscheiden, aber im alltäglichen Geschwätz möchte man unisono mit der Mehrheit sein. Der Mensch ist wie ein Wolf: er heult mit...

– „Für unsereinen, die wir nicht hinter die Kulisse schauen", ergänzte seine Frau, Sandrine Laidet, „ist es wirklich schwer, sich eine klare Meinung zu bilden. Im Fernsehen werden die Entscheidungen der

Regierung eher negativ dargestellt. Es ist die Rede von Folgen, vor denen gewarnt wird, aber was die Maßnahme konkret bezweckt, wird selten genau erklärt."
– „Welche Sender sehen Sie denn?"
– „Vor allem TF1 und M6. Man sollte einen Sender haben, wo uns kompetente Leute das Wozu, das Warum und das Wie erklären. Ich bin auch überzeugt, dass der Präsident nicht weiß, was die Bevölkerung denkt und will."
– „Aber er geht viel auf die Straße, in die Betriebe, in Schulen und Verwaltungen und Krankenhäuser. Er spricht mit den Menschen... "
– „Glauben Sie denn, dass man ihm alles zeigt, wie es ist? Hier in einem Dorf der Lozère, das ich nicht nennen möchte, ist er gewesen. Weil es nicht genug Kinder im Kindergarten gab, hat man Kinder gesammelt, die nicht dazu gehörten und in den Kindergarten geschickt, damit er einen vollen Saal sieht."

Es ist also Bedarf an mehr Information vorhanden. Die Leser und Zuschauer sind klüger, als es sich Zeitungen und elektronische Medien vorstellen. Aber die Menschen von heute leben in einer virtuellen Welt. Der Staatsbürger ist zum Staatszuschauer geworden. Talkshows und allabendliche Nachrichtenspots halten die Polit-Matadore in Sichtweite von Otto-Normal-Bürger, und die politischen Inhalte leiden darunter. Bei Wahlkämpfen klauen sich die Kandidaten gegenseitig die Ideen, um die Unentschlossenen zu ködern. Der Zuschauer entwickelt allmählich Resistenzen gegen diese „Videokratie". Er bleibt ein denkendes Wesen. Er will das Staatstheater zwar durchschauen, denkt aber, dass die Leute da oben auch arbeiten und nicht nur von Polemik und schönen Reden leben. Eine andere Art von Information muss kommen. Heuchelei hat das politische Leben in unseren Ländern derartig durchdrungen, dass der ideale politische Mensch stets konsensfähig und friedfertig sein soll. Sein Beruf besteht darin zuzustimmen. Die Politik verlangt Männer und Frauen, die den Alltag verwalten, nicht anecken und möglichst rund und glatt sind. Sie sollen den Leuten sagen, was sie hören wollen. Wenn diese Tendenz sich fortsetzt, wird die Republik daran sterben und für die Links- und Rechtsradikalen den Platz freimachen. Das wollen aber die Fernsehzuschauer und die Zeitungsleser nicht.

Berlusconi hin, Berlusconi her... Immerhin gönnte sich der französische Staatspräsident auf der Schwelle zu seinem zweiten Amtsjahr eine kleine Freude. Bei seinem TV-Interview im April 2008 gehörte Arlette

Chabot mit ihrem strengen Gesicht, die ihm sehr oft in Interviews und Talkshows Fallen gestellt hatte, nicht zur Journalistenriege, und am 7. Juli 2008 wurde Patrick Poivre d'Arvor von seinem Amt als Nachrichtensprecher in der Hauptsendezeit bei Kanal TF1 entlassen. PPDA, wie man ihn nannte, hatte sich im Vertrauen auf die Medienmacht seiner 8 Millionen Fernsehzuschauer erlaubt, nach dem ersten G8, an dem Sarkozy teilgenommen hatte, dem Präsidenten zu sagen: „Ein bisschen aufgeregt sahen Sie doch aus, wie ein kleiner Bub, der den Hof der älteren Schüler betritt." Er soll es gleich nach der Sendung bedauert haben. Zu spät...

Fünfter Teil

Carla: „Als ob nichts gewesen wäre"

Die Einsamkeit des Langläufers

Unterwegs zur Sechsten Republik

Die Sozialisten: kopf- und ratlos

Eine neue Außenpolitik

Europa: wir sind wieder da

Sarkophobie in Deutschland

Ich liebe Angela

21. Kapitel
Carla: „Als ob nichts gewesen wäre"

Am Wochenende vor Weihnachten 2007 erschien der Staatspräsident Sarkozy im Märchenpark „Disneyland", 15 km östlich von Paris, in Gesellschaft einer bekannten französischen Chanson-Sängerin italienischer Abstammung, Carla Bruni. Der Star trug eine weiße Jacke „made by Dior" und war von ihrem kleinen Sohn Aurélien, 7 Jahre, begleitet, dessen Gesicht nachher auf den Fotos verdeckt wurde. Später erfuhr man, dass Carla und Nicolas sich im November während eines Abendessens bei Jacques Séguéla, einem der bekanntesten Werbeberater Frankreichs und Freund von Nicolas, kennen gelernt hatten. Gäste erzählten, es habe zwischen den beiden gleich gefunkt.

Die Paparazzi mussten sich nicht verstecken. Die beiden wahrten noch ein bisschen Abstand zueinander, aber sie stellten ihre Zweisamkeit offen zur Schau. Das Paar ließ sich sogar von Fotografen begleiten. Anschließend verbrachten sie die Nacht im Disneyland-Hotel. Die Fotos waren für „Paris-Match", das People-Magazin des Freundes von Nicolas Sarkozy, Arnaud Lagardère, schon reserviert. Die Medien mussten gar nicht das Gesetz, das die Einmischung ins Privatleben verbietet, umgehen. Christophe Barbier, der Chefredakteur des politischen Magazins „L'Express", wurde informiert. Er wollte trotzdem ganz sicher sein. Er gehörte zum Freundeskreis von Carla Bruni und fragte sie, ob er „die Info über ihre Romanze mit dem Staatschef" publizieren dürfe.

„Sie hat diese Info bestätigt", ließ er wissen. „Sie sagte mir, dass die Publikation sie nicht störe, denn sie würde jetzt zu einer öffentlichen Liebesgeschichte werden." Colombe Pringle, die Chefredakteurin von „Point de vue", veröffentlichte die Fotos auch: „Nicolas Sarkozy und Carla Bruni wollten, dass die Leute es wissen", sagte sie. „Sonst sehe ich nicht, warum sie zu Disneyland gegangen wären, um die Mickey-Mouse-Parade anzuschauen." Das Wagnis hatte etwas Reizvolles. Im Märchenland zeigten sich der Prinz und die Fee, von einem Kind geführt, vor den Augen des Volkes, und sie waren gnädig genug zu erlauben, dass man sie in den Gazetten porträtiert, damit ihre Untertanen an ihrer rührenden Liebesgeschichte teilhaben können. Gleich fiel dem Volk eine gewisse Ähnlichkeit zwischen der Ex-Frau, Cécilia, und der Neuen auf. Carla Bruni war ebenfalls größer als Nicolas und schlank. Sie hatte die berühmten Hindinnenaugen und wie Cécilia hohe Backenknochen.

Wer war die Schöne mit den dunklen Haaren und den blauen Augen an der Seite des vereinsamten Präsidenten? Man kannte sie schon als Chansonnette. Carla Gilberta Bruni-Tedeschi ist am 23. Dezember 1967 in Turin geboren und hat die ersten fünf Jahre ihres Lebens in Italien verbracht. Ihre Eltern, die zu den reichsten Familien Norditaliens zählen, wurden von den terroristischen Roten Brigaden bedroht und flüchteten 1973 ins benachbarte Ausland, um einem Anschlag oder einer Entführung zu entgehen. Das Vermögen der Familie stammte vom Großvater, Gründer von Ceat, der zweiten italienischen Autoreifenfirma nach Pirelli. Carlas Vater, Alberto Bruni-Tedeschi, erbte die Firma zu Beginn der 70er Jahre, verkaufte sie später an Pirelli und wurde auf diese Weise Mitinhaber von Pirelli. Die Mutter von Carla, Marysa Borini, war klassische Konzertpianistin. Neben der Verwaltung seines Vermögens betätigte sich der Vater als Theaterregisseur. Als er seine Frau, die Mutter von Carla, eine Katholikin, heiratete, wechselte Alberto zum katholischen Glauben über und wurde aus der Jüdischen Gemeinde Italiens „verbannt".

Alberto Bruni ist aber nur der Stiefvater von Carla. Ihr leiblicher Vater ist Maurizio Remmert, ein italienischer Freund der Familie. Die Mutter von Carla hatte mit ihm ein Verhältnis. Alberto sah über den Seitensprung hinweg und erkannte gleich das Kind des Nebenbuhlers als seines an. Maurizio Remmert wanderte nach Brasilien aus und wurde reich. Seine Tochter pflegt eine enge Beziehung zu ihrem Erzeuger. Remmert und seine Frau Marcia de Luca wurden zu der diskreten Trauung von Carla im Elysée-Palast eingeladen. Der Mann, der sie großgezogen hat, Alberto Bruni, ist aus ihrer Sicht ganz bestimmt nicht weniger ihr Vater als derjenige, dem sie das Leben verdankt. Carla ist keine einfache Seele, sondern ein recht kompliziertes Wesen. Sie wurde lange unterschätzt. Hinter ihren Stellungnahmen wie in ihren Liedern steckt manches.

Sie lernte zuerst Klavier unter der Obhut ihrer Mutter, aber im Alter von neun Jahren wechselte sie zur klassischen Gitarre, einem Instrument, das sie liebt, sehr gut beherrscht und mit dem sie sich begleitet, wenn sie singt. Als Kind sang sie auch häufig im Chor mit ihren Eltern. Erstaunlich, dass ihre Mutter sie nicht direkt in die Musiklaufbahn einwies. Aber ihren Sinn für die Kunst und die Bühne verdankt sie bestimmt auch Alberto, ihrem gesetzlichen Vater, der Opern schrieb. Kein Wunder dass Carla nach einigen Umwegen Sängerin und ihre Halbschwester Valeria Bruni-Tedeschi Schauspielerin wurde. Das Gymnasium absolvierte sie in einem Pensionat für höhere Töchter in der Schweiz. Nach dem Abitur studierte sie an der Hochschule für Architektur in Paris.

Aber mit 19 Jahren brach sie in Paris das Studium ab, um als Fotomodell zu arbeiten, was sie von 1987 bis 1997 machte. Zunächst zierte sie die Cover von Modemagazinen und arbeitete für Auftraggeber wie L'Oréal und Christian Dior. Sie stieg sehr schnell auf in den Exklusivclub der führenden Supermodells, wozu Naomi Campbell und Kathe Moss gehörten. Zwischen 1995 und 1997 auf der Höhe ihrer Laufbahn in dieser Branche war sie für Valentino, Yves Saint-Laurent und John Galliano auf dem Laufsteg. Man müsste noch Paco Rabane, Sonia Rykiel, Versace und andere, alles berühmte Namen der Haute Couture, erwähnen. Mit einem Jahresgehalt von bis zu 7,5 Millionen Dollar gehörte sie zu den bestbezahlten Fotomodells der Welt. Während dieser Zeit übernahm sie auch Rollen in mehreren Spielfilmen, darunter „Catwalk" von Richard Leacock (1995) und „Paparazzi" von Alain Berberian (1998). Die Zeitung „The Independant" hat geschrieben, dass „Supermodells nicht so dumm sind, wie sie schlank sind". Carla hat gesagt, dass sie vielleicht nicht klüger als die anderen, aber neugieriger sei. Sie trug oft Bücher bei sich und versteckte Dostojewskis Romane im Magazin „Vogue", um sie in der Kulisse in den Arbeitspausen zu lesen.

1998 verabschiedete sie sich aus der Welt der Mode. Sie konnte ohne ihre Leidenschaft, die Musik, nicht mehr leben und erfand sich mit dreißig Jahren als internationaler Pop-Star neu. Sie „war" Musik, sie „wurde" Text, eigentlich mehr als Stimme, sagten Kritiker. Aber ihre dunkle und heisere Stimme wurde zu ihrer Marke. Jedenfalls ging es im Jahre 2000 zunächst mit den Texten von sechs Liedern aufwärts, die sie für das Album des berühmten Sängers Julien Clerc schrieb: „Wenn ich sie wäre" (Si j'étais elle) war der Titel. Julien Clerc, ein Sänger, der politisch links steht... 2001 wurde Aurélien geboren, der Sohn ihres (jetzt vor-)letzten Mannes, des Philosophen Raphaël Enthoven. Als alle dachten, sie würde sich nun mit der Erziehung ihres Sohnes und einer Arbeit als Textdichterin und Komponistin begnügen, überraschte sie mit der Publikation ihres ersten von Louis Bertignac, dem ehemaligen Musiker von „Telephone", zusammengestellten Liederalbums mit dem Titel „Jemand hat mir gesagt" (Quelqu'un m'a dit). In diesen gefühlvollen Songs mit einfacher, schlichter Musik kam ihre Stimme zur Geltung. Man spürte den Einfluss von Leos Carax und Serge Gainsbourg, die sie gekannt hatte.

Für einige Kritiker war das nur „Kammermusik", aber manche lobten es als Meisterwerk. Die musikalische Presse hielt nicht viel davon: „zu verschwommen", „altmodisch", aber die Mund-zu-Mund-Propaganda machte allmählich daraus eine Kult-CD. Sie verkaufte in Europa allein zwei Millionen Exemplare. Dann kamen natürlich positive Rezensionen: „Vorzüglich schmachtend", „Délicieusement langoureux", schrieb eine französische Zeitung. Jedenfalls hatte sie bei fast allen Titeln des Albums die Musik selbst komponiert und die Texte geschrieben. Anfang 2007 erschien ihr zweites Opus: auf Englisch „No Promises" betitelt. Es war dem ersten ähnlich, aber intellektueller. Sie hatte Texte von englischen Dichtern, William Butler Yeats, W. H. Auden, Emily Dickinson, Dorothy Parker, Walter de la Mare, überarbeitet bzw. nachempfunden, mit denen sie insbesondere eine Freundin und Englischlehrerin, Marianne Faithfull, vertraut gemacht hatte. Der Erfolg war bescheidener, die Lieder waren auch nicht für ein breites Publikum vorgesehen.

Vor der Geburt ihres Kindes gab es Gerüchte über ihren intensiven Männerverbrauch. Sie leugnete das keineswegs. Sie achtete aber sehr auf die Qualität ihrer Männer und machte daraus Verse für ihre Songs, natürlich ohne Namen zu nennen. Das verschaffte ihr aber bei den Gutmenschen einen zweifelhaften Ruf. Carla Bruni machte aus ihrem Herzen keine Mördergrube. Von ihrer Vergangenheit hat sie in Interviews und in Liedern gesprochen: „Trotz meiner vierzig Jahre / trotz meiner dreißig Geliebten / bin ich ein Kind", sagt sie in einem Lied ihrer dritten CD. Ein anderer Vers wird auch zu Kommentaren Anlass geben: „Ob man mich verwünscht oder verdammt, das ist mir schnuppe." Sie kannte mehrere berühmte Männer, darunter Mick Jagger von den Rolling Stones, Eric Clapton, den englischen Rock-Musiker, und den amerikanischen Milliardär Donald Trump. Mit den Rolling Stones hatte sie als „Groupie" zu Beginn der 90er Jahre mehrere Tourneen gemacht. „Ich war possierlich und empfindsam", beichtete sie dem italienischen Magazin „XL". „Ich lernte viel von ihrer Anspruchslosigkeit und von ihrer Arbeitsdisziplin." Ihr beliebtester Musiker war aber Joe Strummer von der Gruppe Clash.

Der schlechte Ruf wurde ihr vor allem von einer Rivalin aufgedrückt, Justine Lévy, Tochter des gut betuchten französischen „neuen" Philosophen und Mitterrand-Protegé Bernard Henry Lévy. Frau Lévy Junior arbeitet als Lektorin bei einem Pariser Verlag. In einem Schlüsselroman mit dem Titel „Nicht so tragisch" (Rien de grave) hatte sie 2004 erzählt, was möglicherweise passiert war. Damals war Carla Bruni mit dem Werbemanager Jean-Paul Enthoven, geboren 1949, zusammen. Sie war zu Besuch bei dem Sohn ihres Geliebten, Raphaël, geboren 1975, und dessen Frau Justine Lévy, und verführte den Sohn. Carla trennte sich vom Vater. Der Sohn ließ sich scheiden, machte Carla ein Kind und sie heirateten. Strikt moralisch gesehen, keine schöne Sache. Der Sohn als Rivale des Vaters. Dicke Luft in der Familie ganz sicher...

Der Roman von Justine Lévy wurde nicht mit Tinte, sondern mit Galle geschrieben. Eine betrogene Frau wird oft zur Hyäne. Man kann noch von Glück reden, dass Frau Justine zum Federhalter statt zum Dolch griff. Jedenfalls trieft das Buch von unvorstellbaren Boshaftigkeiten, die das Ziel verfolgten, Carla Bruni für ihr Publikum, für die Öffentlichkeit physisch und moralisch ungenießbar und unberührbar zu machen. Diese Verleumdungen hafteten ihr lange an. Ob sie mit allen ihren männlichen Bekannten ein Verhältnis hatte? Ob sie sich rühmte, jeden Mann in ihr Bett locken zu können? Der Behauptung von Justine Lévy, sie wäre zu ihr als Eroberin gekommen, mit der festen Absicht, ihren Mann abzuwerben, hat sie viel später in einem Interview indirekt geleugnet: „Das Begehren ist in meinem Falle etwas Unbestimmtes, also wähle ich nie meine Partner. Das einzige, was alle Männer haben, die ich geliebt habe, ist eine starke feminine Seite. Ich finde, dass die femininen Männer sehr männlich und die Machos sehr spröde sind. Der Machismus ist eine Selbstverteidigungsmaschinerie." Zu Raphaël Enthoven, von dem sie sich nach sieben Jahren Ehe trennte, sagte sie, er war ihr „zu leidenschaftlich und hatte nicht genug Weiblichkeit".

Jedenfalls fehlte es ihr nicht an Temperament. Sie ist doch Italienerin! Mit ihrem Sohn Aurélien spricht sie nur italienisch. Ihre Biographin Valérie Benaïm erzählt, dass sie alles, Kleider, ja sogar die Katze durchs Fenster warf, als sie sich mit einem ihrer früheren Geliebten, Arno Klarsfeld,[72] stritt. Ein Mann muss schon ein dickes Fell haben, um Carlas Eifer oder Eifersucht zu ertragen. Das wäre eine glaubhafte Erklärung dafür, dass sie eine Reihe von Geliebten hintereinander hatte. Dennoch hat sie sich inzwischen beruhigt, versichert Frau Benaïm. Man sah nicht die Kleider des Staatspräsidenten auf die Gasse fliegen, in der sie in Paris ein kleines

---

[72] Der Sohn von Serge Klarsfeld und Beate Klarsfeld, die Bundeskanzler Kiesinger 1968 eine Ohrfeige verpasste. Arno Klarsfeld arbeitet als Jurist an Projekten für Sarkozy.

Haus besitzt, und wo er die meisten Abende mit ihr verbringt. Aber, dass sie eine Herzensbrecherin war, stimmt doch ein bisschen. So soll sie der Ministerin Rachida Dati am 31. Dezember 2007 gesagt haben, als beide bei einem Besuch im Elysée am Bett des Präsidenten vorbeigingen: „Du hättest es gerne besetzt, nicht wahr?" Carla hat jedenfalls Rachida darum gebeten, Nicolas Sarkozy nicht schon in aller Frühe mit SMSs zu bombardieren. Davon berichtet Frau Benaïm ebenfalls, und ihre Aussage wurde nicht dementiert. Aber so selbstsicher, wie sie tut, ist Carla nicht. Am jenem Abend vom 31. Dezember rief sie einen guten Bekannten an, den Fernsehmoderator Guillaume Durand, um ihn um Rat zu fragen. Die Wucht des politischen Milieus überstieg alles, was sie sich hatte vorstellen können, meinte sie. Sie sagte, dass durch ihre Heirat mit Frankreichs Präsident die äußere Welt „wie eine Invasion" über sie hereingebrochen sei. „Davor habe ich sonst immer totale Freiheit gehabt." Wichtig sei ihr jedenfalls, dass „der nächste Teil ihres Lebens auch so reich an interessanten Dingen wie der bisherige sei." Das stand im Magazin „Gala".

In der Sendung „Le grand journal", die sie auf Canal+ am 18. September 2008 zwei Stunden lang moderierte, plauderte sie ganz ungezwungen und frei von der Leber weg. Ihr französisches Vokabular ist gewählt und kultiviert, und wenn man von ihrem kleinen Tick absieht (sie räuspert sich oder schluckt, wenn sie ein paar Sätze gesprochen hat), gibt sie eine angenehme und gesprächsbereite TV-Dame ab. In der Sendung von Thomas Gottschalk „Wetten, dass...?" auf dem Sofa, wo andere Prominente wie Karl Lagerfeld vor ihr gesessen hatten, machte sie am 4. Oktober 2008 eine gute Figur. Früher soll sie der bekannte deutsche Moderator geduzt haben. Das traute er sich diesmal nicht. Sie trat in einem dezenten Nadelstreifen-Outfit auf und zeigte, dass sie gut englisch sprechen, vor allem aber, dass sie perfekt Gitarre spielen kann, als sie ihren Song „L'Amoureuse" sang und begleitete. Sie war Zeit ihres Lebens immer wieder auf der Bühne, und man merkt ihr dabei die Natürlichkeit an, mit der sie auftritt. Sie steht ausgesprochen gerne im Rampenlicht, aber nicht, um sich Geltung zu verschaffen, sondern einfach, um zu plaudern und andere zu loben. Sie reagiert auch ganz spontan auf Humor, Bemerkungen von Menschen oder sogar auf Witze, die man über sie macht, ohne die Gekränkte zu spielen. Auch diesen Test hat sie also bestanden.

Man sagt von den Katzen, dass sie neun Leben haben, aber diese großgewachsene und trotzdem katzenhafte Frau hatte bisher drei davon, als Topmodell, als Künstlerin und jetzt als First Lady Frankreichs. Auch in der Liebe mag der Staatspräsident Herausforderungen, und er hatte in der Tat noch eine Prüfung zu bestehen, bevor er die Schöne erobern konnte: er musste Musik lieben. Aber das hatte er von Kindesbeinen an getan. Ein Glück für ihn, denn Carla fügte in „Gala" Folgendes hinzu: „Meine Mutter hat gesagt, sie könnte einen Mann lieben, der nicht schön oder körperlich nicht stark ist, aber sie könnte nicht einen Mann lieben, der die Musik nicht möchte. Ich bin damit einverstanden." Es war nicht die einzige Schwierigkeit. Zwei oder drei Monate, bevor sie ihn kennen gelernt hatte, hatte Carla Bruni knapp bekleidet einen Werbespot für die Automobil-Marke Lancia gedreht. Der Streifen war auf den Fernsehkanälen und auf der Webpage von Lancia zu sehen. Er bekam sogar einen Preis in Italien für die Internetausgabe von Lancia. Aber er wurde während der Liaison mit dem Staatspräsidenten veröffentlicht. An sich war daran nichts auszusetzen, aber... ein Reklame für Renault oder Peugeot wäre schon angebrachter gewesen. Allerdings war Carla Bruni damals noch Italienerin.

Um die Jahreswende 2007/2008 wurde die Idylle zwischen Bruni und Sarkozy mit rasender Geschwindigkeit zum Thema für die Welt. In Ägypten im Tal der Könige und dann im Badeort Scharm al-Scheich schauten sie in jede Kamera. In Jordanien in den antiken Ruinen von Petra war es nicht anders. Bei diesen Reisen, deren politische Brisanz in dieser hochexplosiven Region seltsamerweise von den Medien fast völlig übersehen wurde, galt die Aufmerksamkeit der Fotografen und der Journalisten ausschließlich dem unverheirateten Paar, das sich ein bisschen sündhaft, ein bisschen romantisch-draufgängerisch, wie es bei Leuten des Films, des Show-Business und bei internationalen Fußball-Stars in unserer Zeit üblich ist, zur Schau stellte. Von Leibwächtern und Fotografen umgeben, hielten sie sich in kargen Wüstenlandschaften und in sportlicher Kleidung einmal die Hand, waren ein anderes Mal in Badekleidung zu sehen und einmal in Petra trug der Präsident den kleinen Aurélien auf seinen Schultern. Auf den Fotos waren sie fast immer in Bewegung, dynamisch, jugendlich und forsch, nicht in Pose, wie es einem Staatsoberhaupt und seiner Herzensdame geziemt hätte. Das erzeugte Unruhe und Ärger bei vielen älteren französischen Katholiken, die Sarkozy gewählt hatten.

Die wertvollen Bilder machten die Runde in den Magazinen und wurden verschiedentlich kommentiert. Der Handelswert von Carla war unfassbar und ist es bis heute geblieben. Zwei Bücher über sie starteten in Frankreich Anfang 2008 mit Auflagen von 40.000 und 55.000 Exemplaren und waren gleich vergriffen. In Belgien wurde ein Carla-Buch mit

20.000 Exemplaren gedruckt, die auch gleich verkauft waren. Die Verleger mussten nachdrucken. Carla war nicht jedermanns Geschmack, aber sie gehörte jedenfalls zu den Schönen dieser Welt. Natürlich waren viele Franzosen stolz, einen so jugendlich und gesund wirkenden Präsidenten vorführen zu können, der sich von einer wunderschönen Frau begleiten ließ. Moralapostel stießen dagegen gellende Schreie aus. Besonders schockierend fanden sie, dass er das Kind eines anderen auf seinen Schultern trug! Damit hatten sie also eine neue Anstandsregel erfunden. Es wäre einem nicht eingefallen, dass es unmoralisch war, ein müdes Kind bei einer langen Wanderung in der Hitze auf den Schultern zu tragen. Aber politische Feindseligkeit macht erfinderisch. Am deutlichsten wurde ein islamistischer Parlamentsabgeordneter in Kairo, der kritisierte, dass Hosni Mubarak Carla Bruni zu einem offiziellen Empfang zugelassen hatte, denn „es gab ein schlechtes moralisches Beispiel, die offizielle Prostitution durch Staatsoberhäupter zu akzeptieren". Keine besonders kluge Bemerkung, aber typisch für die religiösen Fanatiker. Die Einladung sprach ganz im Gegenteil für den ägyptischen Präsidenten, zu dem Nicolas Sarkozy ein Vater-Sohn-Verhältnis entwickelte.

Als es ein paar Tage später darum ging, eine Reise nach Saudi-Arabien zu machen, ließ ein saudischer Diplomat den französischen Präsidenten wissen, er solle besser seine Herzensdame „aus religiösen Gründen" zu Hause lassen. In Saudi-Arabien sind intime Beziehungen zwischen unverheirateten Personen verboten. Es war indirekt eine Ausladung. Ein Sprecher der französischen Regierung äußerte, es sei nicht vorgesehen gewesen, dass Carla Bruni mitreisen sollte. Damit umging man die Kränkung. Nach Indien am 26. Januar und dann nach China reiste sie auch nicht mit, um eventuelle Komplikationen zu vermeiden. Dorthin ließ sich Sarkozy von seiner Mutter Andrée begleiten. „Ich habe Carla gesagt: Vierzehn Tage lang war ich Ihretwegen Erste Dame", erklärte Sarkozys Mutter später im Fernsehen. Bevor sie Carla kennen lernte, war die Mutter des Präsidenten gar nicht für eine neue Ehe. „In seiner Stellung hat er die Qual der Wahl", sagte sie. „Aber ich hoffe, dass niemand an die Ehe denken wird. Ich habe schon genug Ehefrauen um mich gehabt."

Sie musste rasch ihre Meinung ändern. Die Beziehung des Staatschefs wurde zu einem protokollarischen Problem. Eine Person, die die Tragweite dieser Problematik richtig einschätzte, war die adelige Frau des Vorgängers von Sarkozy, Bernadette Chirac, geborene Chaudron de Courcel. Diese kluge, bescheidene kleine Frau hatte, anfangs gegen den Willen ihres Mannes, Sarkozy im Wahlkampf unterstützt, weil es ihr um die Zukunft der Nation ging. Sie wusste, er war der Einzige, der ein brauchbares Projekt für Frankreich hatte. Es ging damals auch darum, die Katastrophe einer Präsidentin Ségolène Royal zu verhindern, wovor sogar führende Sozialisten warnten. Nun griff Frau Chirac wieder ein und erklärte Nicolas, es könne nicht so weiter gehen, er müsse heiraten. Diesen Wink muss sie ihm schon Anfang Januar 2008 nach den Reisen in Nahost gegeben haben, denn vor den Journalisten am 8. Januar zeigte Sarkozy auf die Frage, ob er Carla heiraten würde, auf einen Finger seiner Hand ohne Ring, sagte jedoch, er würde es tun, „es sei ernst" zwischen ihm und Carla. „Wann die Trauung stattfindet, werden Sie erst hinterher erfahren", sagte er den Journalisten.

Die Trauung fand in kleinem Kreis im Elysée-Palast am 2. Februar 2008 statt. François Lebel, der Bürgermeister des 8. Pariser Bezirks, wo das Präsidialamt sich befindet, nahm das Ja-Wort entgegen. Die Zeugen waren Freunde, Nicolas Bazire, der ehemalige rechte Arm von Edouard Balladur, und Mathilde Agostellini, die PR-Dame von Prada Frankreich, für Nicolas, die Schauspielerin Marine Delterme und das ehemalige Modell Farida Khelfa für Carla. Den Empfang, den sie später veranstalteten, bezahlte Carla mit ihrem Geld. Zuvor waren sie am 29. Januar in Südafrika gewesen, wo sie Nelson Mandela trafen, und sie, Carla, karitative Einrichtungen besuchte. Beide sind überzeugte Antirassisten, und diese Reise hatte für sie und für Sarkozys politische Pläne in Afrika eine hohe Bedeutung. In früheren Zeiten wären mit der Trauung nicht alle Probleme gelöst gewesen. Yvonne de Gaulle, die Frau des Gründers der Fünften Republik, verbot damals geschiedenen Menschen den Zutritt ihres Hauses in Colombey und den Zutritt zum Elysée-Palast. Der katholische Präsident und die katholische Präsidentin sind beide geschieden. Man kann sich nicht vorstellen, dass Nicolas Sarkozy darüber nicht mit dem Papst gesprochen hatte, als er ihn kurz vor dem Auftritt in Disneyland in Rom besuchte. Hat ihm Benedikt XVI. sein „Nihil obstat" erteilt?

Es erwies sich, dass die hochintelligente und gebildete Dame Sarkozy-Bruni, die zweisprachig, französisch-italienisch, aufwuchs, die vier bis fünf Sprachen und die Sprache der Musik perfekt beherrscht, als First Lady besser wurde, als vermutet worden war. Im Juli 2008 meinten 51 Prozent der Franzosen und Französinnen, dass Madame Carla ihre Rolle als Präsidentengattin sehr gut spielt. Nach Meinung von 55 Prozent der

Befragten nutzt Monsieur Nicolas den Charme seiner Gemahlin für seine politische Öffentlichkeitsarbeit aus. Ihr gelang es, ihre Rolle an der Seite des Staatsoberhaupts bei Empfängen und Auslandsbesuchen perfekt zu spielen und dabei Dissonanzen zu vermeiden. Gleich wurde Carla prozentual gesehen zur besseren Hälfte des Apfels, anders gesagt zur A-Seite der Schallplatte. Sie ist aber mehr als eine Super-PR-Agentin. Das sagte sie auf dem Kanal TF1 des französischen Fernsehens, als sie dort am 11. Juli anlässlich des Erscheinens ihrer CD interviewt wurde: „Wie bei allen Ehepaaren der Welt helfe ich meinem Mann und ich beruhige ihn." „Je l'apaise...". Es fiel auf, dass sie nie „Nicolas" oder „Nic" sagte, aber auch nicht „der Präsident". Sie sagt immer „mein Mann".

Sie passen gut zusammen, denn sie hatte früher denselben Fehler wie er: die „Bewegitis", „le bougisme", wie das Magazin „VSD" es im März 2008 formulierte. Sie hatte ihr Studium für einen Beruf aufgegeben. Sie wechselte dann den Beruf. Sie wechselte auch die Männer. Sie lebte in mehreren Welten, in mehreren Sprachen, nahm eine neue Staatsangehörigkeit an, aber sie hat verstanden, dass es vielleicht besser ist, bodenständig zu werden. Wer zu viel und zu schnell handelt, denkt nicht mehr nach. Sie ist für ihren Mann zum Ruhepol geworden. Ihr erster Feind ist der mörderische Terminkalender des Staatspräsidenten.

Als sie ihren Mann nach Südafrika, nach London, nach Tunesien begleitete, zeigte sie, dass sie eine gute Botschafterin des französischen Charmes und des feinen Benehmens war. Ihr Knicks am 26. Februar 2008 vor der Königin von England entsprach allen Regeln der Kunst. Damit hatten die Zuschauer nicht gerechnet, denn Yvonne de Gaulle und Danièle Mitterrand hatten darauf verzichtet. Eine Ausländerin ist dazu nicht verpflichtet. Nur Bernadette Chirac hatte den Knicks gemacht. Man kann sich vorstellen, dass der Hinweis an Carla von ihr kam. Dieser Besuch in London am 26. Februar 2008 war für das neu aufgestellte französische Präsidialpaar die Feuerprobe. Es durfte nicht der geringste Fehler gemacht werden. „Die Briten haben eine großartige Tradition, Gäste zu empfangen", meinte Sarkozys diplomatischer Berater, Jean-David Levitte. „Schon deshalb werden wir alles Erforderliche tun, um auf der Höhe des britischen Protokolls zu bleiben." In der Königlichen Galerie des Westminster Parlaments in London saß Carla so dezent, wie es sich für eine Dame ziemt.

Bei Carla sind die gute Kinderstube und die perfekte Erziehung, das Styling kann man sagen, sichtbar. Das war ein Pluspunkt, um an der Seite des Staatspräsidenten Frankreich zu repräsentieren. Die vornehme Welt kann ihr keine Angst einjagen. Sie stammt aus dem italienischen Hochbürgertum. Herbert von Karajan, Maria Callas, Jacques Chirac verkehrten bei ihren Eltern zu Hause. In England beim königlichen Diner sprach sie ganz kurz im Mikrophon in einwandfreiem Englisch und bezog sich auf ihren Mann, um anzudeuten, dass sie dort nur eine Nebenrolle besetze. Dann brachte sie beim Essen wie davor in der Kutsche den Prinzgemahl Philipp zum Lachen, der von ihr begeistert gewesen sein soll. Abends am langen Tisch des Windsor Castle machte sie ihren ersten großen Schritt außerhalb der Welt des Glamours, aber sie kann Glamour und Poesie in diese trockene, etikettierte Welt der Mächtigen bringen. Laut Valérie Benaïm hatte sie sich vor der Reise nach England eine Stunde mit der Frau des englischen Botschafters in Paris unterhalten. Das hatte ihr gereicht, um ihren Part zu lernen. Sie ist zweifelsohne außergewöhnlich begabt und in fremdem Ambiente anpassungsfähig. Schon als Kind mit zwei Sprachen doppelt ausgerüstet, um auf mehreren Tastaturen zu spielen. Der Knicks, der eine besondere Ehrerbietung an England war, hatte eine politische Bedeutung. Es lag Sarkozy sehr am Herzen, die Beziehung zu den englischen Partnern zu stärken. Er sprach von Brüderlichkeit und Waffenbruderschaft zwischen seinem Land und England.

„Hast du gesehen, wie schön sie ist?", sagte Nicolas Sarkozy zu Tony Blair vor dem Bristol, als seine Lebensgefährtin herauskam. „Außerdem hat sie eine ganze Menge im Hirn drin. Das ist für mich mal was Neues." Dieses Gespräch hörte ein UMP-Abgeordneter und erzählte es weiter. Keine nette Anspielung auf Cécilia, sicher, aber die Wunde, die die Ausreißerin hinterlassen hatte, musste der verlassene Ehemann auf seine Weise ausbrennen. Es mag der Grund sein, warum er als Zeugin bei der Trauung eine enge Freundin von Cécilia, Mathilde Agostellini, eingeladen hatte und Carla genau denselben Ring schenkte, den Cécilia trug. Auch nach Petra, wo Cécilia Richard Attias kennen gelernt hatte, hatte er sich absichtlich mit seiner neuen Flamme begeben. Aber für Sarkozy war es doch ein Glücksfall, dass Cécilia ihn verlassen hatte. Aus einem Unglück wird oft Glück, so ist es im Leben. Carla passt mental erstaunlich gut zu ihm. Man kann fast von einer Wahlverwandtschaft, von vorgezeichneter Harmonie sprechen.

Das ist eine Erklärung dafür, dass ihre Herzen unisono schlagen oder ihre Köpfe im Gleichklang reagieren. Aber die New Yorker Anthropologin Helen Fisher hat eine bessere Erklärung. Sie hat Millionen von harmonischen Paaren auf der Welt befragt und hat vier Grundtypen von Charakteren ausgearbeitet, die zueinander passen. Sie unterscheidet zwischen „Unternehmern", Abenteurern, Diplomaten und Wegbereitern. Die ersten reagieren auf das Hormon Serotonin, die zweiten auf Dopamin, die dritten auf Östrogen und die letzten auf Testosteron. Für sie sind Nicolas und Carla Sarkozy „Abenteurer". Diese Kategorie von Menschen „sind kreativ, spontan und immer auf der Suche nach neuen Erfahrungen. Sie sind neugierig und lassen sich ungern von etwas abbringen. Sie sind geborene Unterhaltungskünstler". Ganz abgesehen davon, dass wir nicht damit einverstanden sein können, dass Dopamin Frankreich beherrscht, scheint diese Charakterisierung auf das Präsidialpaar zu passen und zu erklären, warum bei ihnen von vorneherein die Chemie stimmte.

Legenden ranken sich um die beiden, obwohl sie nicht vom gleichen Sternzeichen sind. Warum wurde bei dem Besuch in London der Name der aus Frankreich stammenden, zur US-Präsidentenfrau gewordenen Jacqueline Bouvier genannt? Warum wurde Carla mit ihr verglichen? Etwa weil die Großmutter von Nicolas Sarkozy mütterlicherseits, eine Adèle Bouvier, aus Savoyen stammte, einer Nachbarprovinz der italienischen Region, in der Carla Bruni geboren wurde? Und dann gibt es noch den Wechsel des jüdischen Vaters von Carla, Alberto, zur Religion seiner Frau, dem Katholizismus... Genau denselben Weg hatte der jüdische Großvater von Nicolas Sarkozy eingeschlagen, als er seiner französischen Frau zuliebe katholisch wurde. Und dann der Umzug der Familien nach Frankreich. Diese biographischen Mosaiksteinchen, die letzte Silbe ihrer Vornamen eingeschlossen,[73] passen alle zu gut zusammen. Ganz bestimmt haben sich die beiden darüber unterhalten, und das mag ihren Wunsch unterstützt haben, zusammen zu bleiben.

Aber nehmen wir es anders. Nehmen wir an, Freunde der beiden hätten das gewusst und sie deswegen zusammengebracht...?

Diese Beziehung ist fast zu schön, um wahr zu sein. Irgendwie passen sie auch zueinander, Nicolas und Carla, weil in ihnen noch ein Quäntchen Jugendlichkeit haften geblieben ist. Einerseits ist das positiv, weil es Kreativität, Spontanität und Unbefangenheit bedeutet. All das braucht er wie sie, um neue Ideen und Pläne für seine Politik zu entwickeln und

---

73 Auf Französisch heißt die Musiknote a: „la". Wenn Musiker den Ton geben, ist es immer die Note a. So kann man sagen, dass „Nicolas (das s wird im Französischen nicht ausgesprochen) et Carla se sont donné le la", mit anderen Worten, dass sie übereinstimmen.

um sich auf unvorhersehbare Entwicklungen der Gesellschaft, der Wirtschaft, der Außenbeziehungen einstellen zu können. Andererseits kann es ihnen beiden Belastungen bringen. Nicht, dass sie ihren neuen Aufgaben nicht gewachsen wären, aber die Anpassung an das strenge Korsett ihrer Funktion wird dadurch erschwert. Schwerer für sie als für ihn, weil sie auf ihre Rolle als First Lady nicht vorbereitet war, während er seit Jahrzehnten auf die Präsidentschaft hingearbeitet hat. Aber seine Aufgabe im Amt ist umfangreicher, wichtiger, gefährlicher als ihre. Trotz seiner Intelligenz und seiner Erfahrung im politischen Metier fiel es Nicolas Sarkozy anfangs nicht leicht, sich dem eisernen Druck seiner Funktion zu beugen. Trotz ihrer guten Erziehung und ihrer Bühnenerfahrung als Sängerin wird es für sie auch nicht immer einfach sein. Die Funktion ist für beide nicht nur Arbeit, sondern auch Repräsentation. Dafür wirken jugendlich betonte Menschen nicht majestätisch und ernst genug. „Sie ist klug genug, um ihre beiden Tätigkeiten als Künstlerin und als Präsidentin auseinander zu halten", sagte ein Freund, der Sänger Didier Barbelivien.

Nicolas Sarkozy und Carla Bruni, sie 40, er über 50, sind für heutige Verhältnisse junge Menschen, das ist eher eine Eigenschaft, ja eine Eignung, weil ein Stück jugendliche Unfertigkeit den Erwachsenen lernfähig und anpassungsfähig macht. Auch im höchsten Amt muss der Politiker manchmal eine Spielernatur sein. Politik ist wie Schachspiel, sagen die Russen. Nicolas Sarkozy geht an sein Amt wie ein Spieler, wie ein Künstler heran, der ein Werk innerhalb einer bestimmten Zeit zu erledigen hat. Er muss es schnell machen, so lange die Inspiration da ist, möglichst im ersten Anlauf, aber er ist auch ein Perfektionist, der die Materie, mit der er arbeitet, von Grund auf gestalten will. Passt da nicht eine Künstlerin zu ihm?

Sie passen so gut in ihren jetzigen Funktionen zusammen, dass die Frage sich aufdrängt, wie zufällig ihre Begegnung war. Beide sind sicher überzeugt, dass es Fügung war – und das war es irgendwie auch. Carla ist aber zu sehr Nicolas' Frauentyp, als dass nur der Zufall sie ihm zugeführt haben kann. Ich mag mir vorstellen, dass ihre Begegnung wie bei diesen königlichen Ehen eingefädelt wurde, bei denen Königswitwen und Zeremonienmeister die künftigen Gatten einander zuführen, nur dass in diesem Falle Freunde des Präsidenten die Ränke gesponnen haben mögen. Es kann doch nicht sein, dass bei dem Schaden, den die Scheidung von Cécilia seinem Nimbus zugefügt hat, aufmerksame Freunde sich nicht Gedanken gemacht haben, wie man dem abhelfen könnte. Seine Scheidung hatte sein Ansehen bei den französischen Männern um einige Punkte heruntergezogen.

In seiner Einsamkeit legte er Ruhelosigkeit an den Tag, blieb oft bis spätabends im Elysée, verwickelte Mitarbeiter, die gerade nach Hause aufbrachen, in Gespräche. Da musste bald etwas geschehen. Eine mediengerechte Liebesstory mit einer Frau von Welt, die, ebenfalls geschieden, gerade auch nach einem festen Hafen suchte, war gar keine schlechte Idee.

Andrée Sarkozy, die Mutter des Staatspräsidenten, hatte im Fernsehen im Februar 2008 gewarnt: „Carla ist intelligent." Dieses freundliche Wort wurde als eine Ehrenrettung der Schwiegermutter für die angeheiratete Künstlerin, die auf der politischen Bühne noch ein bisschen unbeholfen wirkte, angesehen. Gegner von links und von extrem rechts wollten nicht wahrhaben, dass es sich um eine seriöse Ehe handelte und dass die neue Gattin in Ordnung war. Sie sahen in ihr weiter das Flittchen des Präsidenten. Es hieß, „sie passen nicht zusammen". „Er klein, sie groß." „Er klug, sie nur schön." „Wie lange würde er diese männerfressende Artistin, diese Spinne an seiner Seite dulden? " „Würde sie ihn vernaschen und wegwerfen?" „Sie habe ihn aus Kalkül geheiratet, anders als Cécilia damals." Kurz nach der Hochzeit gelobte Carla im Magazin „L'Express" ihrem Mann ewige Treue: „Ich bin von der italienischen Kultur geprägt, und ich würde mich nicht gerne scheiden lassen. Ich bin also bis zum Ende des Mandates meines Mannes die Premiere Dame und seine Gattin bis zum Tod."

Sie machte aus ihrer schwierigen Position mit viel Fingerspitzengefühl das Beste. Immer bescheiden und zurückhaltend, kamen von ihr hie und da und ab und zu winzige Signale, die andeuteten, dass sie auch „Köpfchen" hatte. Als Journalisten sie in Südafrika fragten, wie sie denn ihre Gespräche einschätze, antwortete sie zurückhaltend: „Ich habe zugehört, das ist meine Aufgabe." Der Zeitung „Libération" erklärte sie, dass sie von allen Anfragen, die an sie gerichtet werden, Kenntnis nimmt und sie beantwortet. Und das tut sie nachweislich auch. Plötzlich musste man feststellen, dass wenige Wochen nach seiner Trauung mit ihr Sarkozys Privatleben aufhörte, ein Thema von Klatsch und Tratsch zu sein. Sie wurden als ein ganz normales, harmonisches Paar betrachtet. Carla wurde ein bisschen netter behandelt. Sie war nicht mehr die Gespielin des Prinzen. Sie war nicht einmal mehr Frau Bruni-Sarkozy. Sie war Frau Sarkozy geworden. Frau Präsidentin Sarkozy.

In Frankreich zeigte sich Carla anfangs nur selten mit ihrem Mann in der Öffentlichkeit. Das erste Mal, als sie es tat, war es fast im Morgengrauen am 27. Mai 2008. Sie begleitete ihn zu den Markthallen von Rungis in Paris. Nicolas Sarkozy erklärte ihre Anwesenheit: „Heute morgen um 4 Uhr

15, als wir das Haus verließen", sagte mir Carla: „Ich komme mit dir. Es war doch ein guter Anfang für diesen Tag." Die französischen Hausfrauen hatten Sorgen mit den Nahrungsmittelpreisen. Der Präsident wollte zeigen, dass deren Probleme ihm nicht gleichgültig waren. Carla hatte wieder einmal richtig getippt. Sie gingen händchenhaltend durch die Alleen dieses großen Marktes, ließen sich die Produkte erklären und die Preise nennen.

Aber mit den öffentlichen Konzerten wird es aus Sicherheitsgründen aus sein. Es wird aus demselben Grund auch keine Promotionskonzerte für ihre letzte, dritte CD geben. Sie hat sie in einem extra für sie eingerichteten Aufnahmestudio im Elysée-Palast mit ihren Musikern, Freddy Koella, Gitarre, Denis Benarrosh, Schlagzeug, und Laurent Vernerey, Bass, aufgenommen. Nicolas Sarkozy, der eine Meinung zu allem, was in seinem privaten Königreich geschieht, haben muss, besuchte sie dort oft und hörte zu. Sie wird vielleicht noch vor 2012 eine andere CD aufnehmen. Die Einnahmen werden an karitative Organisationen gespendet, denen sie sich in Zukunft zuwenden will. Die AIDS-Bekämpfung ist eine der Schlachten, die sie führt, eine andere die gegen das Analphabetentum und die Armut.

Für ihre dritte CD musste sie sicher nicht so intensiv werben. Ihr „Mann", wie sie ihn nennt, hatte ihr dennoch völlig freie Hand gelassen. „Frauen müssen arbeiten", sagte Sarkozy. „Die Frau des Präsidenten muss weiter arbeiten. Natürlich wird man sagen, das ist die Frau des Präsidenten. Ich weiß, dass man sie deshalb kritisieren wird, wenn dieses Album herauskommt. Aber sie war Künstlerin, bevor sie mich kennen lernte. Sie wird weiter Künstlerin sein, ob sie Präsidentenfrau ist oder nicht. Ich kann die Präsidentin nicht daran hindern zu arbeiten." Der Wirbel um die Veröffentlichung der Aufnahme war überwältigend... und das Interesse so enorm, dass die Produktionsgesellschaft „Naive" (ein Firmennamen, der zu ihrem Image wie angegossen passt) beschloss, den ursprünglich am 21. Juli 2008 vorgesehenen Erscheinungstermin auf den 11. Juli vorzuziehen. Selten, erklärte Bertrand Dicale, der Kulturchronist von „Le Figaro", der wie Carla italienischer Abstammung ist, wurde eine französische „Schallplatte" so sehnlich erwartet. Im Vorfeld wäre es fast zu einem diplomatischen Konflikt mit Kolumbien gekommen, wegen einer Zeile im Song „Tu es ma came" („Du bist meine Droge, mein Schnee"), in der die Bruni von ihrem Geliebten sagt, er sei gefährlicher als afghanisches Heroin oder kolumbianisches Kokain. Dieses Lied sei vor mehr als zwei Jahren geschrieben worden, versicherte sie. Die Gefahr war, dass die Erwartung und der

Medienrummel mit dem musikalischen Aspekt so gut wie nichts zu tun haben könnten und ihm schaden würden. Trotzdem wurde ihr Werk allmählich als eine Sache für sich betrachtet. Es war intime Poesie, eigene Worte und Noten, Sprache für die Seele. Viele Menschen fühlten sich angesprochen. Die CD kam in den ersten Tagen auf Platz drei und kurz darauf auf Platz eins der Hitliste. „Na, doch kein so toller Erfolg!", munkelten die Schmäher. Nach einer Woche waren die Lieder von Carla mit 35.000 verkauften Exemplaren Nummer eins auf dem Pop-Musikmarkt.

Fünfundneunzig Prozent der 14 Lieder seien vor der Heirat im Elysée-Palast entstanden, versicherte ihr Agent, Bertrand de Labbey. Carla hatte betont, dass sie ihre Verpflichtung gegenüber ihrem Verlag erfüllen musste. Sie unterstrich es mehrmals. Manche meinten herauszuhören, dass sie damit einen Glaubenssatz von ihr und ihrem Mann zum Ausdruck bringen wollte, und zwar, dass man „nachher" das tun muss, wozu man sich „vorher" verpflichtet hat – also für Nicolas „vor der Wahl".

Der Titel dieses dritten Liederalbums ist natürlich eine ungewollte, unglaubliche Verkehrung der Tatsachen: „Comme si de rien n'était" („Als ob nichts gewesen wäre"). Es ist viel gewesen, es wird viel sein, und jedes Wort in ihren Versen wird jetzt herausgeschält. Sie ist Carla Sarkozy, die Präsidentin, einerseits und bleibt andererseits Carla Bruni, die Künstlerin. Aber es ist schwer, beide Rollen auseinander zu halten.

Eine weitere Frage ist, ob zumindest einige ihrer Ex-Fans, die sich in einem Anflug ideologischer Sippenhaft von ihr aus politischen Gründen abwenden, doch ihre Einstellung zum Präsidenten ändern werden. Im Gespräch mit „Libération" hatte Carla Sarkozy darauf aufmerksam gemacht, dass sie politisch links stehe. Die Schauspieler und Sänger in Frankreich stehen in ihrer Mehrheit links. So war die Einstellung von Carla auch milieubedingt. Sie erklärte unter anderem, dass sie gegen die Zuwanderungspolitik des Präsidenten schon gewesen sei, als sie ihn noch nicht kannte. Sie hatte Nicolas Sarkozy wegen seiner restriktiven Gesetzgebung zur illegalen Zuwanderung und zur Familienzusammenführung von Immigranten öffentlich kritisiert. Das veranlasste Emmanuel Roche, den Pressesprecher des Verlages Privé, der ein Buch über Carla Bruni veröffentlichte, zu sagen: „Wir wollten erklären, dass diese Carla Bruni eine echte politische Rolle spielen wird. Es liegt auf der Hand, dass sie ihre linken Ideen in eine rechte Regierung einträufeln wird. Die wahre Öffnung nach links, das ist sie."

Das war sehr überzogen. In der Politik ist Carla Bruni eine Anfängerin und ihre politische Gesinnung kam mehr aus dem Bauch als aus dem Kopf. Das hat sie auch selbst eingestanden, indem sie in ihrem über drei Zeitungsseiten abgedruckten Gespräch mit „Libération" beteuerte: „Unter der Haut habe ich einen linken Reflex." Sie fügte an, falls sich ihr Nicolas 2012 für eine zweite Amtszeit bewerben sollte, werde sie für ihn stimmen. Wahrscheinlich hat sie inzwischen eine Menge dazu gelernt. Sie kann jetzt auch mit einigen Künstlern und Kultur- und Sportgrößen, und nicht den geringsten, verkehren, die zu Nicolas Sarkozy stehen. Darunter der berühmteste von allen, Johnny Halliday, und andere wie der Schauspieler Christian Clavier (der „Napoléon" spielte), der Sänger und Poet Didier Barbelivien, die Sänger Enrico Macias und Doc Gynéco. Mit bürgerlichem Namen Bruno Beausir wurde letzterer in dem schwierigen Vorort Clichy la Garenne bei Paris 1974 geboren. Während des Wahlkampfes von Nicolas Sarkozy schrieb er ein Buch, in dem er empfahl, für ihn zu stimmen, weil er an sein Programm für die jungen Menschen in den „Cités" glaube.

So weit reicht offensichtlich die Intelligenz des ehemaligen, zum linken Sänger mutierten mehrfachen Wimbledon-Siegers Yannick Noah, des beliebtesten Mannes in Frankreich, nicht, der kaum eine Gelegenheit auslässt, Sarkozy zu kritisieren. Das gilt auch für den schwarzen Fußballer Liliam Thuram, von dem Sarkozy sagte: „Woher kommt denn der da? Er glaubt, dass er klug aussieht, weil er eine Brille trägt." Aber der ehemalige Judo-Weltmeister und Olympiasieger David Douillet und andere Sportler gehören zu den Anhängern des Präsidenten. Dass Sarkozy zu seinen Freunden steht, zeigte er im September 2008, als seine Innenministerin Michèle Alliot-Marie den Sicherheitschef von Korsika versetzte, weil er die Villa von Christian Clavier vor Beschädigungen durch korsische Nationalisten nicht geschützt hatte. Natürlich stürzten sich Opposition und Medien auf diese Bevorzugung eines Schützlings des Präsidenten. Beide gaben wunderschöne Antworten auf Fragen der Journalisten: „Hört auf mit dem Theater", erwiderte Alliot-Marie in Anspielung auf den Schauspieler.[74] Befragt, warum sein Freund Clavier mehr als andere von der Polizei beschützt wurde, erklärte Sarkozy seinerseits vor den Mikrophonen: „Er kann nicht weniger als die anderen geschützt werden". Mit dem Wort „weniger" anstelle von „mehr" setzte er dem Unfug ein Ende.

---

74 „Arrêtez ce cinéma." Auf Französisch sagt man „cinéma" (Kino) statt „Theater", eine passende Anspielung, weil Clavier hauptsächlich Filmschauspieler ist.

22. Kapitel

Die Einsamkeit des Langläufers

Vom Ende des Jahres 2007 bis zum Sommerbeginn 2008 hatte sich überall Widerstand gegen die Reformpolitik von Sarkozy geregt. „Widerstände" müsste man sagen, denn der Gegendruck kam von vielen Seiten. Der Staatschef musste einen Eiertanz zwischen allen Fronten aufführen. Als Asterix im Präsidialpalast musste er erfahren, dass er keinen Zaubertrank besaß, um seine Gallier zu aktivieren. Die Gesellschaft war träge und verkrustet. Soziologen machten einen Spalt zwischen dem einsamen Macher an der Spitze und den zahlreichen Bummelanten ganz unten aus. Sarkozy kam sich zu diesem Zeitpunkt in der Tat vereinsamt vor. Nur privat hatte er eine verwandte Seele gefunden, die ihm half weiter zu machen. Aber Sarko der Schnellläufer musste sein Tempo drosseln und mit verhaltenem Atem weiter joggen.

Der Elan aus der unmittelbaren Zeit nach seiner Wahl im Frühling und Sommer 2007 war gebrochen. Die Politik musste sich vom Tempo eines Hundertmeterlaufs auf einen Dauerlauf, ja auf einen Marathon umstellen. Der Pariser Korrespondent der „Stuttgarter Zeitung", Axel Veiel, hatte zum Jahresende 2007 Nicolas Sarkozy mit einem Seiltänzer verglichen, der sich schrittweise vorantastet. Alle Menschen starren auf ihn. „Die Aufmerksamkeit des Publikums galt ihm allein", schrieb dieser Kollege. „Außer Sarkozy ist da oben niemand mehr. Seine Minister spielen Nebenrollen, sind Statisten. Den Premier François Fillon hat der Staatschef schlicht ‚einen Mitarbeiter' genannt. Die eigenwillige Gattin Cecilia, die dem Präsidenten Paroli bot, hat sich scheiden lassen. Den Sozialisten scheint bei Sarkozys Reformtempo schwindelig geworden zu sein. Sie ziehen den Kopf ein, hoffen auf bessere Zeiten und ein Ende ihrer Führungskrise. Die Rechte (gemeint ist wohl die Ultrarechte von Le Pen. Anm. d. Autors.) ist nach ihrer Schlappe bei den Präsidentschaftswahlen zur Bedeutungslosigkeit verurteilt. Übriggeblieben sind Nicolas Sarkozy und das Volk. Das Volk wartet jetzt erst mal ab."

Bezüglich der öffentlichen Meinung berief sich unser deutscher Kollege auf den französischen Soziologen Michel Wieviorka, der eine Art Passivität beklagte, welche die Gesellschaft unter dem hyperaktiven Sarkozy erfasst habe. Sarkozy selbst hatte „die Ärmel hochgekrempelt" und ging „Risiken" ein, aber die Franzosen taten es ihm nicht nach. Sie sollten „das eigene Einkommen und damit das Volksvermögen mehren", jedoch schienen sie sich nicht dafür zu begeistern. Für einen wie Sarkozy, der einen Bruch angekündigt hatte, war das nicht gut. Alles bewegte sich langsamer als gedacht. Aber die Passivität, die Wieworka bedauerte, hatte nicht erst unter Sarkozy eingesetzt. Sie war vor ihm da gewesen. Verschiedene Parteien und Interessengruppen zehrten davon. Sie war, genauer betrachtet, symptomatisch für eine alternde Gesellschaft, die den jungen Menschen keine Chance mehr bot, eine Gesellschaft, in welcher Kreativität und Fleiß nicht mehr gefragt waren. Sarkozys Hyperaktivität war keine Ruhelosigkeit, sondern ein Kampf gegen die Erstarrung.

Viele, die zum Akrobaten hinauf schauten, vergaßen dabei, vielleicht vom Schauspiel abgelenkt, dass jeder bei sich selbst hätte anfangen müssen zu reformieren. Warum müssen Reformen immer von oben kommen? Die Kritiker übersahen gerne ihren gut dotierten Schlendrian, ihre fetten Privilegien und Sinekuren. Die Franzosen, gestresst? Einige vielleicht, aber bei weitem nicht alle. Besonders unter den Intellektuellen lebten viele von ihren zwischen 18 und 24 Jahren erworbenen Diplomen und schoben in irgendeiner sicheren Stelle ihr Leben lang eine ruhige Kugel. Solche Lebensläufe verliefen im traditionellen Frankreich ganz normal, als die Verhältnisse stabiler waren. Aber bei der immer schnelleren Entwicklung von Wissen und Technik mussten sich die Menschen nun in immer größerer Zahl umstellen und umlernen. Wer nicht wahrnahm, dass die Lebenserwartung stieg, hörte früh auf, etwas zu leisten und wurde ins Abseits geschoben. Wer den Zugang zu Internet und E-Mail nicht beherrscht und den Federhalter statt der Tastatur benutzt, schließt sich aus der Gesellschaft und ihren neuen Formen der Kommunikation aus. Eines der Probleme unserer Zeit besteht darin, dass das Rad der Geschichte sich schneller dreht und die Ereignisse sich überschlagen. In dieser Hinsicht ist „Speedy Sarko" der richtige Mann im richtigen Moment. Aber es erfordert Jahre, die Gewohnheiten einer Gesellschaft zu verändern.

Das gesellschaftliche Klima insgesamt konnte er nicht umkrempeln. Zuvor musste er in wichtigen Sektoren das Personal auswechseln, Privilegien abschaffen, Besitzstände in Frage stellen, festgefügte Strukturen gelenkig machen. Das passte vielen nicht. Im Justizapparat, im Lehrkörper der Hochschulen, in der Beamtenschaft, in der Armee stieg die Wut. Wut ist ein ansteckendes Massenphänomen. Auch unter seinen Wählern gab es jetzt unzufriedene. Sie hatten einen Konservativen gewählt und hatten einen Stürmer an der Staatsspitze bekommen. War die Mobilmachung der Wähler im Wahlkampf nur ein Strohfeuer gewesen? Die Menschen verbarrikadierten sich in ihren vier Wänden. Nur für politische Events, aber nicht für Politik war das Interesse der Bevölkerung gestiegen: 71 Prozent der Bürger hatten die Präsidentschaftswahlen verfolgt. Die Wahlbeteiligung war auch hoch gewesen (über 80 Prozent), auch unter den Auslandsfranzosen.[75] Dazu hatte das von den Medien hochgepäppelte, schillernde Duo „Ségo-Sarko" beigetragen. „Ségo" und „Sarko" waren dafür verantwortlich, dass seit Anfang 2006 der Mitgliederschwund zumindest der beiden großen Parteien gestoppt worden war. UMP und PS lockten mit einfachen Beitrittsformeln (etwa über das Internet) und niedrigen Mitgliedsbeiträgen (20 Euro pro Jahr bei der PS und 25 bei der UMP). In beiden Parteien wurde der Anteil derjenigen, die wegen Royal beziehungsweise Sarkozy eintraten, auf über zwei Drittel geschätzt. So stieg die Zahl der Mitglieder der UMP zwischen Anfang 2006 und Anfang 2007 von 130.000 auf 330.000, die der PS von 120.000 auf 280.000.

Inzwischen waren bis zu zwei Drittel der Neumitglieder in beiden Parteien wieder ausgetreten oder zu „Karteileichen" geworden. Es waren in ihrer großen Mehrheit keine aktiven Parteifreunde bzw. Mitglieder des alten Schlags, die Plakate kleben und Flugblätter verteilen. In der Sarkozy-Partei erreichte die Mitgliederzahl im Frühsommer 2007 350.000. Sie ist heute wieder unter 200.000 gefallen. Nicolas Sarkozy ärgert sich, dass er den Vorsitz seiner Partei als „Präsident aller Franzosen" abgeben musste. Er muss Angela Merkel beneiden, die immer noch an der Spitze der CDU steht, und in seinen Alpträumen Tony Blairs Warnung hören: „Ich bedauere, der Partei freien Lauf gegeben zu haben."

Also fing er im Frühsommer 2008 wieder an, selbst in die Partei hinein zu regieren. Er ernannte, allen Statuten zuwider und ohne Bestätigung durch einen Parteitag, neben dem Generalsekretär Patrick Devedjan drei stellvertretende Generalsekretäre, Xavier Bertrand, Nathalie Kosciusko-Morizet und Christian Estrosi. Er erwägt, den Jahresbeitrag abzuschaffen und wie in den amerikanischen Parteien die Mitglieder zu Spenden aufzurufen. Das wird ohnehin bereits praktiziert. Die UMP-Mitglieder erhalten zur Unterstützung der Regierungspolitik regelmäßige Spendenaufrufe. Das

---

75 In Deutschland hatten sich 60.000 Wähler in die Wahllisten der Konsulate eingetragen – gegenüber 30.000 bei der Wahl vom Jahr 2002.

bedeutet eine „Amerikanisierung" der französischen Politik in dem Sinne, dass die Parteien sich zunehmend zu Präsidenten-Unterstützungsvereinen entwickeln, die nur in Wahlzeiten zum aktiven Leben erwachen.

Die Franzosen wenden sich von der aktiven Politik ab. Geht es darum zu nörgeln und zu motzen, sind natürlich nochmal viele dabei. Immer wieder zeigt das Fernsehen kleine, aber bunte Aufmärsche mit Transparenten, die kaum mehr als eine Schlange vor einem Kino beachtet werden. Sie gehören einfach zur Landschaft. Sonst ziehen sich die Bewohner dieses ruhigen Landes in ihr Schneckenhaus zurück. Die Franzosen wollten zwar den Wandel, aber nur unter der Bedingung, dass sich bei ihnen nichts ändert. Die Bevölkerung ist ohnehin von der linken republikanischen Ideologie durchdrungen, die sie schon in Schulbüchern verabreicht bekommt. Aus der Sicht der Erben von Danton ist „Republik" mit „mehr Demokratie" gleichzusetzen. Sie besagt, dass die Geschichte sich linear in Richtung Fortschritt weiter entwickelt. Also wird es den Menschen immer besser gehen, sie werden immer weniger arbeiten, immer mehr Freizeit und Konsum genießen und natürlich immer netter zueinander sein. Soziale Gerechtigkeit wird überall herrschen, Solidarität wird großgeschrieben werden und die Freiheit unermesslich sein, denn „draußen glüht das Morgenrot...".

Dafür muss man sich nicht groß anstrengen. Es reicht, wenn man ab und zu mit demonstriert. Damit der positive Ablauf der Geschichte von „Reaktionären" nicht verhindert wird, braucht man nur links zu wählen und den Reichen das Geld zu nehmen. Die Reichen und ihre Handlanger in der Politik sind an allem Schuld. Man muss nur die Ali-Baba-Höhlen erstürmen, worin sie ihr Vermögen verstecken, und alles wird gut gehen, ohne dass man einen Finger krumm macht. Wie schön, wie einfach! Liest man ein bisschen Spengler, Toynbee und die meisten Historiker, erfährt man leider, dass Kulturen untergegangen sind und ganze Gesellschaften vom Wind der Geschichte weggefegt wurden. Der Fortschritt kommt nicht als Selbstläufer. Der Rückschritt steht immer vor der Tür. Das kollektive Absterben fängt an, wenn die Staatskassen leer sind und die Unternehmen weniger Aufträge bekommen. Eines Tages lohnt es sich dann nicht mehr zu arbeiten und Kinder zu erziehen.

Der Wahlkampf von Nicolas Sarkozy war ein Kreuzzug gegen die Ideologie der progressiven Faulenzerei und des sozialen Schmarotzertums. Die Menschen, die nicht auf Staatskosten lebten, die Arbeitswilligen also, hatte er überzeugt. Im Juli 2008 befanden 52 Prozent der Staatsbürger, dass es richtig war, mehr zu arbeiten. Allerdings waren 47 Prozent (gegen 42 Prozent im Monat davor) der Meinung, dass die 35-Stunden-Woche als gesetzliche Grundlage erhalten bleiben sollte. War Frankreich also zweigeteilt? Es wäre richtiger zu sagen, dass die Franzosen im Widerspruch lebten. Eine geradezu sensationelle Umfrage hatte Mitte Januar 2007 ergeben, dass das Ansehen der Vereine und der privaten Unternehmen stieg. Sie standen an erster und dritter Stelle des Ansehens (politische Parteien landeten auf dem 13. Platz). Nach einer anderen Umfrage wollte trotzdem die Mehrheit der Jugendlichen verbeamtet werden. Eine weitere Umfrage enthüllte, dass die Franzosen von allen Europäern der Marktwirtschaft am Skeptischsten gegenüber standen.

Ich fragte einen Experten.

– „Dieser Widerspruch wundert mich nicht", meinte Gilles Dubois, Wirtschaftsanwalt in Frankfurt und Außenhandelsrat der Republik Frankreich. „Die Franzosen wollen, dass alles sich ändert, aber bei ihnen selbst sollte alles beim Alten bleiben. Ihr grundsätzliches ‚Ja' zum Wandel bedeutet nicht, dass die Reformen, wenn es ernst wird, tatsächlich auch willkommen sind. Alle in Frankreich, selbst die Gewerkschaften, sind der Meinung, dass das Land reformiert werden muss, sonst schlittern wir in die Katastrophe, aber keiner will, dass man seine Besitzstände antastet. Nur diejenigen des Nachbarn sind reformierbar."

– „Die Franzosen sind eben ein widersprüchliches Volk."

– „Ja, sie schimpfen auf den Staat, aber sie rufen ihn zu Hilfe, sobald etwas nicht klappt und vertragen dann die administrativen Eingriffe in ihren Alltag nicht."

– „Es gibt regelrechte Blockaden in der französischen Gesellschaft aufgrund der falschen Entscheidungen früherer Regierungen und Präsidenten. Jacques Chirac hat unseren ausländischen Konkurrenten einen großen Dienst erwiesen, als er sagte, man dürfe die 35-Stundenwoche nicht antasten, sie sei eine ‚soziale Errungenschaft'. Gerhard Schröder kommentierte das damals mit der Bemerkung, die Einführung der 35-Stundenwoche in Frankreich sei eine ausgezeichnete Nachricht für die deutsche Wirtschaft. In den 80er und 90er Jahren arbeiteten die Franzosen im Durchschnitt länger als die Deutschen. Nach der Aubry-Reform absolvierten unsere Landsleute weniger Arbeitsstunden als die Arbeitnehmer der meisten anderen europäischen Staaten. Hinzu kommt, dass das Durchschnittsalter für den Renteneinstieg in Frankreich 60 ist, während man in Deutschland von 65 auf 67 zugeht."

– „Unterstützung", sage ich, „gewährt die heutige Regierung den Minderbemittelten und den bescheidenen Haushalten. Hat die Regierung denn nicht neulich die Zinsvergütung des meist verbreiteten A-Sparbuchs auf 4 Prozent erhöht, als die Preissteigerung den Pegel von 3,5 Prozent erreichte? Wird das Wohngeld und manches andere nicht erhöht? Hat sie nicht ein einklagbares Recht auf eine anständige Wohnung eingeführt? Ist das neue Programm für die Vorstädte nicht ein lange erwarteter Schritt gegen die Ghettoisierung? Werden nicht die arbeitswilligen und begabten Jugendlichen aus den Migrantenvierteln unterstützt, damit sie privilegierte Arbeits- und Studienplätze bekommen? Neulich hat die Hochschulministerin angekündigt, dass die Kinder aus armen Familien, die das Abitur mit der Note „sehr gut" bestehen, automatisch 200 Euro monatlich bekommen werden."

– „Das alles ist durchaus real und lobenswert, aber die Wirtschaft muss eine neue Dynamik bekommen, um diese Sozialmaßnahmen bezahlen zu können. Zu viele unserer Landsleute ziehen ins Ausland, um bessere Berufsaussichten und eine geringere Steuerbelastung zu haben. Die Vorurteile gegen die Marktwirtschaft sind in Frankreich noch sehr ausgeprägt."

– „Halten Sie das für endgültig? Ist ein Geisteswandel in Frankreich vorstellbar? Charles De Gaulle hatte gesagt: ‚Die Franzosen sind Kälber.'"

– „Man muss nicht alles wörtlich nehmen, was De Gaulle in seinen schlechten Momenten sagte."

– „Also total reformresistent die Franzosen?"

– „Weite Teile der französischen Jugend und der Intelligenz sind im Sinne latenter Ideologien konservativ im schlechten Sinne des Wortes, Gegner von Öffnung und Neuerung. Eigentlich kann der Wandel nur von älteren, erfahrenen Bürgern kommen und von ihnen getragen werden. Frankreich schwankt zwischen Archaismus und Modernität, zwischen Lähmung und Kreativität. Es kann in die eine oder in die andere Richtung kippen: Dekadenz oder Auftrieb..."

– „Ich würde das nicht so negativ sehen. Wir sind in der Post-68er-Ära. Eine interessante Studie von zwei Professoren der Universität der Provence zum Vokabular der Kandidaten während des Wahlkampfs 2007 zeigte bei der Opposition von links und rechtsaußen die Dominanz traditioneller Themen. Aber Sarkozys Hauptbegriff war die ‚Arbeit' (le travail). 83 Prozent der 15- bis 25-Jährigen halten die Arbeit, ebenfalls den Patriotismus (64 Prozent) und die Autorität (60 Prozent) für positive

Werte. Der von allen Kandidaten meist benutzte Begriff war: die ‚Werte' (les valeurs)."

– „Da wir beide großen Wert auf die deutsch-französischen Beziehungen legen, gestatten Sie noch diese Frage: Was halten die deutschen Politiker und Wirtschaftsleute von Nicolas Sarkozy?".

– „Ich glaube, sie fürchten sich vor ihm!"

23. Kapitel
Unterwegs zur Sechsten Republik

Der Monat Juli 2008 wird als Wendemarke der Sarkozy-Ära gelten. Er brachte dem Staatspräsidenten zwei historische Erfolge. Außenpolitisch war es die Gründung der Union für das Mittelmeer am 13. Juli in Paris. Sie wird Europa die Tür zum Süden öffnen, wie 1989/91 die Tür zum Osten geöffnet worden ist. Innenpolitisch war es am 21. Juli in Versailles die Bestätigung einer umfangreichen Verfassungsänderung, welche die etwas erstarrte gaullistische Republik auf den Entwicklungsstand des 21. Jahrhunderts hob.

„Während meines Wahlkampfes hatte ich gesagt, dass ich die staatlichen Institutionen reformieren würde. Die angekündigten Maßnahmen standen alle bis auf zwei oder drei in meinem Wahlkampfprogramm (...). Diese Reform ist wichtig. Sie ändert praktisch die Hälfte der Verfassungsartikel. Sie zielt darauf ab, eine exemplarische Demokratie entstehen zu lassen." So äußerte sich Nicolas Sarkozy am 17. Juni 2008 gegenüber der Tageszeitung „Le Monde". Die Wortwahl macht Sinn: Die französische „Republik" soll auch eine nachahmungswürdige „Demokratie" werden. Das „französische Modell" wird zu einem politischen Exportartikel.

Vier Tage vor der Abstimmung im „Kongress" stand diese Unternehmung, an der viele Monate lang gearbeitet worden war, auf der Kippe. Der in Versailles tagende Kongress ist die aus beiden Parlamentskammern, Senat (in Deutschland Bundesrat) und Nationalversammlung (in Deutschland Bundestag), bestehende verfassungsgebende Versammlung. Die gesamte Linke (Sozialisten, Kommunisten und Grüne) hatte angekündigt, dass sie geschlossen gegen die Reform stimmen würde. Da einige Abgeordnete der Sarkozy-Mehrheit sie ablehnten, war das Ergebnis sehr unsicher. In den Tagen davor klebte der Präsident an seinem Handy und versuchte, die schwankenden Mitglieder seiner Mehrheit auf das Ja festzulegen. Zwar hat die Linke nicht die absolute Mehrheit im Parlament, aber eine qualifizierte Zweidrittel-Mehrheit ist für Verfassungsänderungen erforderlich. Die Parlamentswahlen im Juni 2007 hatten dem neugewählten Präsidenten diese Zweidrittel-Mehrheit nicht gegeben, worauf er gehofft hatte.

Nicolas Sarkozy hatte wieder Glück. Die Fürsprecher des Demokratiemodells des Staatspräsidenten errangen am 21. Juli 2008 einen sehr knappen Sieg, aber Mehrheit ist Mehrheit. Die von ihm und von seinem Premierminister François Fillon geforderte Reform der Verfassung der Fünften Republik wurde mit 539 gegen 357 Stimmen vom „Kongress" verabschiedet, eine Stimme mehr als die 538 erforderlichen Stimmen. Sieben Senatoren und Abgeordnete der Sarkozy-Partei UMP votierten dagegen. Sie wollten das absolute Präsidialregime des Generals de Gaulle unverändert aufrechterhalten.

Am Abend konnte man die Erleichterung im Gesicht des Premierministers François Fillon sehen. An diesem entscheidenden Tag in seinem politischen Leben war Präsident Sarkozy zu Besuch in Irland. Er hatte es seinem treuen François überlassen, die Stimmen zu zählen und im Fernsehen über Sieg oder Niederlage zu berichten. Das zeigte, wie wichtig die Rolle des Premierministers in der Verfassung „als Helfer des Staatspräsidenten bei Schlichtungen zwischen den Ministern, in der Behandlung der Probleme des Landes und in der internationalen Dimension" bleibt, wie Sarkozy sich in einem „Le Monde"-Interview ausdrückte. Sarkozy hatte Fillon in dieser wichtigen Sache den Vortritt gelassen. Allerdings hätte es schief gehen können.

Die Wut auf Sarkozy, die seit seinem Wahlsieg vom Mai 2007 bei den führenden Linken nicht nachgelassen hatte, war die Hauptmotivation der Opposition, diese von ihr ersehnte Reform abzulehnen. Natürlich stimmte die angeblich zentristische Modem-Partei des professionellen Sarkozy-Hassers François Bayrou ebenfalls dagegen. Dafür erhielt die Reform die Stimmen des neuen Zentrums und der Sozialdemokraten, die in Frankreich paradoxer Weise „Radikalsozialisten" heißen. Und doch entsprachen die meisten Textänderungen althergebrachten Wünschen der PS, aber die Erben von François Mitterrand wollten diese Tatsache nicht wahrhaben. PS-Generalsekretär François Hollande wiederholte gebetsmühlenartig, die Regierung habe „die Vorschläge der Opposition nicht berücksichtigt", obwohl das offenkundig nicht zutraf. Schon 1981 wollte Mitterrand die gaullistische Verfassung von 1958 ändern, das Parlament stärken und die Exekutive schwächen. Aber Mitterrand traute sich nicht, den Kongress einzuberufen. Eine Abstimmungsniederlage wäre für ihn eine schwere Blamage gewesen. Sarkozy hatte diesen Mut.

Mit dieser Reform hat Nicolas Sarkozy dem ungerechten Vorwurf, ein autoritäres bis despotisches Regime errichten zu wollen, ein Ende gesetzt. Künftig wird ein französischer Präsident nur noch einmal wieder kandidieren dürfen, also nie länger als zehn Jahre im Amt bleiben. „Die ewig langen Laufbahnen waren ein Problem des politischen Lebens in Frankreich. In Amerika wird das politische Personal alle acht Jahre ausgewechselt", sagte der Präsident den Journalisten von „Le Monde". „Im Unterschied zu einem Despoten begrenze ich die Anzahl der Amtszeiten des Präsidenten." Weil sie das Parlament stärkt und den Präsidenten schwächt, bedeutet diese Reform einen Schritt in Richtung „amerikanische Demokratie" im Sinne des großen politischen Schriftstellers Alexis de Tocqueville. Weil das Parlament – auch während der sozialistischen Jospin-Ära (1997-2002) – die Probleme der Nation nicht reflektierte, vermehrten sich Streiks und Demonstrationen. Deswegen rissen, anstelle der gewählten Abgeordneten, die Gewerkschaften und Lobbys die Macht an sich. Die Opposition verlagerte sich von der Politik auf die Straße. Wenn das politische System das Leben eines Staates nicht mehr reguliert und die Wünsche von unten nicht mehr nach oben transportiert, gleitet die Gesellschaft in die Anarchie ab.

Aber die Volksvertretung wird in Zukunft stärker mitregieren und eigene Initiativen unabhängig von Präsident und Parlament entwickeln können. Die französische Tendenz, bei jeder Gefühlsregung auf die Straße zu gehen und Barrikaden zu errichten, soll zivilisierten Formen der politischen Auseinandersetzung den Vortritt lassen. Sarkozy braucht eine breite Basis für seine Reformpolitik. Dieses Ziel verfolgt seine Verfassungsreform. Er will den aggressiven Charakter der politischen Debatte in Frankreich abschwächen, damit Konsens und Fairplay wie zum Beispiel in den skandinavischen und angelsächsischen Staaten in Frankreich Einzug halten. Wenn man aber Oppositionsarbeit als eine ständige Kraftprobe praktiziert, wie die linken Parteien in Frankreich es tun, ist man noch weit davon entfernt.

Mit der Erweiterung der parlamentarischen Willensbildung will Sarkozy nach eigenen Angaben „Cliquengeist, Sektierertum und Parteienklüngel" verhindern. Der „Palais Bourbon", der Sitz des Parlamentes am linken Ufer der Seine, soll nicht mehr dem Elysée-Palast des Präsidenten am rechten Ufer des Flusses wie eine verfeindete Bastion gegenüber stehen. Wenn man berücksichtigt, dass der Präsident in Zukunft vor dem Kongress einmal jährlich eine Rede zur Lage der Nation halten wird, was ihm seit 1873 verboten war, handelt es sich doch um eine Änderung der gaullistischen Republik, die eine Mauer zwischen Präsident und Parlament errichtet hatte. Nach der Rede des Präsidenten werden die Abgeordneten öffentlich darüber debattieren. Ein Stück Unvereinbarkeit zwischen den gewählten Vertretern des Volkes und dem vom Volke gewählten Präsidenten verschwindet.

Das Parlament wird in Zukunft an der Ausarbeitung der Gesetze stärker beteiligt werden. Außer bei der Verabschiedung des Staatshaushaltes kann es nicht mehr so leicht von der Regierung durch Eilverfahren und Misstrauensanträge unter Druck gesetzt werden. Es wird Herr der Hälfte seiner Tagesordnung sein. Die Opposition erhält ebenso viel Redezeit wie die Mehrheit. Die Minimalzahl von Abgeordneten für eine Fraktionsbildung wird auf 15 herabgesetzt. Die Opposition wird Gesetzesänderungen erwirken können. Sie wird jedes Jahr eine bestimme Anzahl von Untersuchungsausschüssen zusammenstellen dürfen. Eine Neugestaltung der Wahlkreise findet nur mit ihrer Beteiligung statt. Die Parlamentsausschüsse können den Staatspräsidenten bei wichtigen Ernennungen und Berufungen mit einer Zweidrittelmehrheit überstimmen. Alles in allem wird es mehr Diskussion geben, und der autokratische Stil der gaullistischen Republik geht deutlich zurück. All das sind Zugeständnisse von Nicolas Sarkozy an die Volksvertretung, mit einer Stärkung der Opposition als Fazit.

Mehr Mitsprache und Kontrolle des Parlamentes schadet nicht, wenn man bedenkt, welche Fehler ein Präsident machen kann. Zwar behält Frankreich sein Präsidialregime, das die Reaktionsfähigkeit des politischen Systems verstärkt. Der Präsident entscheidet nach wie vor über die großen Optionen. Er bleibt Chef der Armee und der nuklearen Abschreckung. Er darf Volksabstimmungen durchführen. Er wählt einen Premierminister aus, der das Vertrauen des Parlamentes besitzt, und entlässt ihn auch. Er kann das Parlament auflösen und Neuwahlen durchführen, wird das aber kaum tun, versicherte Sarkozy, weil das Wahlergebnis dann in der Regel der bestehenden Mehrheit einen Denkzettel verpasse. Die Regierung beeinflusst die Schlichtungen zwischen der Nationalversammlung und dem Senat bei der Vorbereitung zur Abstimmung der Gesetze.

Was die Zugeständnisse an die Staatsbürger angeht, so können sich diese sehen lassen. In Zukunft werden sie gegen nicht verfassungskonforme Gesetze vor dem Verfassungsrat (Conseil constitutionnel) klagen dürfen und ungerechte administrative Entscheidungen werden durch erleichtertes Einreichen von Einsprüchen vor dem obersten Verwaltungsgericht (Conseil d'Etat) schneller überprüfbar gemacht. Aber das Allerwichtigste besteht in der Möglichkeit, landesweit Volksabstimmungen „von unten" zu beantragen. Natürlich ist das Verfahren nicht einfach gemacht worden, damit die Ernsthaftigkeit des Antrags gewahrt bleibt. Die Volksabstimmung muss von einem Fünftel der Parlamentsabgeordneten mit der Unterstützung von einem Zehntel der gemeldeten Wähler, derzeit vier Millionen, beantragt werden.

Darüber hinaus bleibt die Volksabstimmung für jeden neuen EU-Beitritt obligatorisch, es sei denn, drei Fünftel der Abgeordneten lehnen sie ab und verweisen den Antrag an den Staatspräsidenten, der entscheidet, ob er diese Volksabstimmung durchführt oder nicht. Da neue EU-Mitgliedschaften von allen EU-Mitgliedern abgesegnet werden müssen, ist damit die Gefahr geringer geworden, dass ein nichteuropäischer Staat Mitglied wird. Diese Regelung setzt der EU eine rechtliche Außengrenze, wie Sarkozy es immer wollte. Sollten unverantwortliche Eurokraten einen Antrag auf Aufnahme der Türkei oder Russlands in die EU stellen, so wird Frankreich nicht mitmachen. Mit der EU soll die Türkei eine privilegierte Partnerschaft eingehen, ohne in Europa politisch mitentscheiden zu können, meint Sarkozy. Dafür hat er die Union für das Mittelmeer gegründet.

Andere kleinere Änderungen werden weitreichende Konsequenzen haben. So zum Beispiel der Schutz, der in Zukunft den Regionalsprachen gewährt wird. Robespierre und seine Jakobiner hatten sie 1789 verboten, und sie fristeten seitdem ein karges Dasein. „In Korsika sprechen alle korsisch. Wenn ich die Regionalsprachen nicht in die Verfassung aufnehme, überlassen Sie den Autonomisten das Monopol der Verteidigung der korsischen Sprache. Hübsch, nicht wahr?", sagte Sarkozy seinen Abgeordneten. Zwar werden das Korsische im Mittelmeer, das Bretonische im Westen, das Elsässische im Osten, das Normannische und das Ch'ti-Flämische[76] im Norden sowie das Okzitanische, das Gascognische und das Provenzalische im Süden nicht im Artikel 1 der Verfassung als „Teil des

---

76 „Ch'ti" ist die Sprache, die in der Region von Lille im französischen Norden gesprochen wird. Es ist eigentlich eine Verballhornung des Französischen wohl unter dem Einfluss des Flämischen (vergleichbar zum Beispiel mit der Berliner Mundart). Ch'ti bezeichnet auch die dort ansässige Bevölkerung. Im Jahre 2008 wurde der Film von Dany Boon „Bienvenue chez les Ch'tis" in den französischen Kinos vorgeführt. Der Film, der sich über die Malheurs eines französischen Postangestellten aus dem Süden lustig macht, der nach Nordfrankreich versetzt wird und sich dann doch mit seiner neuen Umgebung versöhnt, war ein Kassenschlager.

kulturellen Erbes" stehen, wie ihre Verfechter es wünschten, weil die französische Republik „eins und unteilbar" bleibt. Aber sie werden im Artikel 75 verankert, der den Bestand der Regionalgemeinschaften sichert. Nach zweihundert Jahren Zentralismus bekommt Frankreich damit ein bisschen regionale Selbstbehauptung zurück. Ein weiterer Fortschritt in Richtung „Regionalisierung", ist – wenn man so will – die künftige Vertretung der Auslandsfranzosen durch zwölf Parlamentsabgeordnete. Bisher waren sie nur durch zwölf Senatoren und die Versammlung der Auslandsfranzosen vertreten, die wenige Vollmachten hatte. Diese Aufwertung der Auslandsfranzosen war ein ausdrücklicher Wunsch des Staatspräsidenten. Nachdem Edouard Balladur gemeint hatte, dass Sitze im Senat für sie ausreichen, brachte Sarkozy diese Frage wieder zur Sprache, bis ihnen Parlamentssitze sicher waren.

Diese Reform ist eine gewaltige Veränderung in der von De Gaulle und seinem Premierminister Michel Debré 1958 redigierten Verfassung der Fünften Republik. Entsteht eine „Fünfte Republik B"? Viel eher erblickt man die Konturen einer „Sechsten Republik". Die Staatsbürger scheinen sie zu wünschen.

Die Verbesserung der Parlamentsrechte in Sachen Nominierung von Persönlichkeiten in den wichtigsten Staatseinrichtungen und Staatsunternehmen wurde von 76 Prozent der Franzosen laut Umfragen gutgeheißen. Dass der Staatspräsident vor dem „Kongress" Reden über die Lage der Nation halten darf, eine Verfügung, die Nicolas Sarkozy sehr am Herzen liegt, fand die Zustimmung von 91 Prozent der ehemaligen Sarkozy-Wähler und paradoxerweise von 79 Prozent der ehemaligen Wähler des Ultrarechten Le Pen. Auch die Beseitigung des Gnadenrechts des Staatspräsidenten fanden 66 Prozent der Gesamtwähler richtig. Nach seiner Amtseinführung hatte Sarkozy auf die Tradition verzichtet, eine Amnestie zu verkünden. Schließlich waren 68 Prozent der befragten Staatsbürger dafür, dass die Möglichkeiten der Regierung eingeschränkt werden, nach dem „47-3 Verfahren" (nach einem Artikel der Verfassung so genannt) eine Gesetzesvorlage durchzusetzen, wenn sich die Debatten darüber dahinschleppen. Nur in einem Punkt waren die Franzosen mit Sarkozys Reform nicht einverstanden: 74 Prozent von ihnen waren für die Erhaltung der Departements als territoriale Einheit. Die Regierung hält sie für überholt und zu kostspielig. Mit der Verfassungsreform müssten die Werte von Sarkozy und Fillon in den Umfragen wieder steigen, aber dieses verfassungsrechtliche Thema ist sehr komplex, und es braucht Zeit, bis es wirkt.

Enttäuschend für den Präsidenten und für die Regierung war es, dass die diplomatischen Heldentaten von Nicolas Sarkozy am 13. und am 14. Juli 2008[77] sich kaum in den Umfragen widerspiegelten. Nach einer Befragung von „Le Point-Ipsos" hatte sich die Wertschätzung von Nicolas Sarkozy am 20. Juli im Vergleich zum Vormonat bloß um einen Punkt auf 39 Prozent verbessert. François Fillon verlor einen Punkt von 48 Prozent positiver Bewertung. Beunruhigender war der erstaunliche Rückgang der positiven Meinungen zur Regierung, als ob die Unzufriedenheit der Franzosen bezüglich des Präsidenten in den Vormonaten jetzt zeitversetzt die Minister treffen würde. Die Werte der Minister sanken um 2 bis 9 Prozentpunkte. Selbst die populären Bernard Kouchner (62 Prozent positiv) und Jean-Louis Borloo verloren jeweils 4 und 2 Punkte. Die einzige Ministerin, die dazu gewann, war Roselyne Bachelot (47 Prozent positiv), die versprochen hatte, den Verkauf von Alkohol an Minderjährige verbieten zu lassen. Rachida Dati (45 Prozent positiv), die angefangen hatte, eine Datei der organisierten Jugendbanden einzurichten, blieb auf demselben Niveau.

---

77 Kapitel 27 bis 29.

24. Kapitel
Die Sozialisten: kopf- und ratlos.

Den Erfolg seiner Verfassungsreform mit einer Stimme Mehrheit verdankte Sarkozy einem Sozialisten, dem einzigen, der sich gegen sein eigenes Lager zu wenden traute. Es war der ehemalige sozialistische Kultur- und Erziehungsminister Jack Lang, der in der von Edouard Balladur geleiteten Kommission an dieser Reparatur des Staates mitgearbeitet hatte.

Lang wurde seitdem von seinen Parteigenossen schief angesehen. Dabei brachte er deren Vorstellungen in das Reformwerk ein. Am Abend des Votums sagte Lang: „Ich konnte nicht gegen diese guten Ideen mit dem Vorwand stimmen, dass der heutige Präsident diese Reform wünscht." In der Tagesschau gab er eine flammende Stellungnahme gegen die Methoden seiner Parteiführung ab, die nicht einsehen konnte oder wollte, dass die Verfassungsänderung genau das verwirklichte, wofür die PS seit Jahrzehnten kämpfte. Dabei betonte er, dass er Sozialist und weiterhin in der Opposition bleiben wolle. Obwohl einige führende Köpfe der PS, wie Emmanuel Valls und Gaetan Gorce, nicht überzeugt waren, dass Lang falsch gehandelt hatte und die Strategie der totalen Ablehnung von Hollande infrage stellten, wurde der Freischärler aus Fraktion und Partei ausgeschlossen.

Jedenfalls war es Sarkozy damit gelungen, eine weitere Bresche in die Reihen seiner Gegner hineinzuschlagen. François Hollande und Ségolène Royal hatten ihre Ablehnung der Verfassungsänderung in dem Glauben durchgesetzt, Sarkozy würde die nötige Mehrheit nicht bekommen. Sie wollten ihm damit eine Ohrfeige verabreichen. Sie geizten nicht mit präventiven Erklärungen, Vorwarnungen und Pressekonferenzen. Auf die neuen Inhalte der Reform, die eine Demokratisierung des politischen Lebens in Frankreich bedeutete, gingen sie kaum ein. Ihre Taktik bestand darin, glaubhaft zu machen, dass Sarkozy auf eigene Faust und eigenmächtig wie immer handele. Total verfehlt! Dabei wussten sie ganz genau: Wenn es ihm gelingt, aus Frankreich eine Musterdemokratie zu machen, zerbricht ein Eckstein ihrer Propaganda, Sarkozy als einen Despoten, ja sogar als den Bruder im Geiste des ultrarechten Jean-Marie Le Pen zu karikieren. Umso mehr hatte sich der Staatspräsident bemüht, die liberale Komponente „seiner" Verfassung zu stärken. Daher kümmerte er sich selbst um das Votum, rief alle Zauderer selbst an.

Ein anderer, der von dieser abermaligen Niederlage der Opposition schwer getroffen wurde, war François Bayrou. „Bayrou, du kannst mich...", soll Sarkozy vor sich hin gemurmelt haben. Dieses Votum zeigte, wie weit sich die PS von Hollande und die Modem von Bayrou vom Volke entfernt hatten. Nach einer vor dieser Abstimmung der verfassungsgebenden Versammlung durchgeführten Umfrage von Politoscope OpinionWay unterstützte die Bevölkerung weitgehend die Verfassungsinitiative von Sarkozy. Das wussten Bayrou und Hollande. Es war in politischer Hinsicht selbstmörderisch, sich so massiv gegen die Meinung von über drei Viertel der Franzosen zu stellen. Aber der Hass auf Sarkozy machte sie blind!

In Sarkozys UMP wurden die sieben Abgeordneten und Senatoren, die am 21. Juli 2008 gegen die Verfassungsänderung gestimmt hatten, nicht getadelt. „Es gibt kein imperatives Mandat", stellte François Fillon im Fernsehen klar. Der Ausschluß von Jack Lang signalisierte den autoritären und sektiererischen Stil von François Hollande, der Ende 2008, nach elf Jahren in dieser Funktion, den PS-Vorsitz niederlegte. Der Kampf um die Nachfolge hatte monatelang die Partei zerrissen. Neben dem Kampf der Personen und Strömungen, derzeit die Hauptbeschäftigung der PS, schwelte der Streit um die Strategie und die Inhalte der Politik.

Wochen zuvor hatte ein ehemaliger Intimus von François Mitterrand, Michel Charasse, in einem Interview mit „Le Figaro" ein hartes Urteil über seine ehemalige Partei gefällt. Charasse, der sich nach seinem Ausschluss der kleinen sozialdemokratischen Gruppe RDSE (17 Abgeordnete) anschloss, war sechsundvierzig Jahre lang PS-Mitglied. „Ich habe mein ganzes Leben lang dieser Partei gedient, weil ich mit ihr Frankreich dienen wollte", sagte er, „und ich möchte, dass sie auf ihrem nächsten Kongress mutige und ernst zu nehmende Vorschläge vorlegt."

„Diese Partei, die PS, ist nach dem brutalen Riss, den der Misserfolg von Lionel Jospin bei der Präsidialwahl 2002 verursachte, ausgetrocknet", stellte er fest. „Sie ist wie ein Becken, das leck ist. Anders als zur Zeit Mitterrands reden wir nicht mehr mit den Franzosen, um ihnen die Wahrheit zu sagen, sondern um die Medien mit nebensächlichen Themen zu zerstreuen, am besten mit Gesellschaftsfragen, die meist nur Minderheiten interessieren." Zu diesen Nebensächlichkeiten gehört seiner Meinung nach, dass man sich für die homosexuelle Ehe stark macht, statt zum Beispiel „über die Renten zu reden, weil die Sozialisten sich dann über die Höhe der Beiträge, über das Rentenalter, über die Zukunft der Renten äußern müssten (...). Heute, wie 2003, als Fillon seine erste Rentenreform durchführte, machen wir keinen mutigen Vorschlag, wir sagen immer nur Nein. Manchmal machen wir ungehemmt demagogische Vorschläge. Es gibt noch PS-Abgeordnete, die die armen Menschen glauben lassen, dass wir zu den 37,5 Beitragsjahren zurückkehren werden (...). Glauben Sie, dass diese Angsthasen sich trauen, den Menschen die Wahrheit ins Gesicht zu sagen? Nein, sie schweigen lieber (...). Im Grunde genommen freut sich die PS-Führung, dass die Rechte die schmutzige Arbeit an ihrer Stelle macht. Lionel Jospin hatte sich seinerzeit vorgenommen, an dieses Thema erst nach seiner Wahl heranzugehen, weil er befürchtete, die Wahl zu verlieren. Nun hat ihm sein Wahrheitsdefizit die Niederlage eingebrockt."

Daraufhin fragte die Zeitung, ob das auch der Grund des Misserfolgs von Ségolène Royal sei. „Unter anderem", antwortete Charrasse. „Die Franzosen haben nie gewusst, was sie mit den Renten vorhatte. Sie hat sich gehütet, daran zu denken und Vorschläge zu formulieren. Man muss zugeben, dass ein Thema solcher Reichweite in partizipativen Tupperware-Versammlungen schwer zu behandeln wäre..." Charrasse wunderte sich auch, dass die PS nicht einmal zu unsozialen bzw. unsozialistischen Entscheidungen von Sarkozy Gegenvorschläge entwickelte. „Sie lässt auch Sarkozy allein wursteln, um den Benzinpreis herunterzudrücken... Ich wundere mich", fügte er hinzu, „über das Schweigen der PS zu den Finanzen, das Defizit der Sozialversicherung und des Staatshaushalts inbegriffen. Der Maastrichter Vertrag von 1992 verpflichtet uns, unsere Defizite um 80 bis 100 Milliarden Euro bis 2012 herunterzufahren. Dieser Vertrag wurde von einem sozialistischen Präsidenten und von einer sozialistischen Regierung ausgehandelt, von einer sozialistischen Mehrheit unterstützt und per Volksabstimmung von den Franzosen ratifiziert, die die PS dazu aufgerufen hatte, mit Ja zu stimmen. Die heutige Regierung geht an das schmerzhafte Problem unter dem Spott der Sozialisten heran. Aber was schlagen letztere vor, um ‚ihren' Vertrag anzuwenden, damit unser Land in Europa geachtet und gehört bleibt?"

Diese Bemerkung traf auch auf andere Verträge und Entscheidungen der PS zu. So protestierten die Sozialisten lauthals gegen die Rückkehr von Nicolas Sarkozy in die Militärorganisation der NATO im Juni 2008. Aber 1966 hatte sich die PS gegen die Entscheidung des Staatspräsidenten Charles de Gaulle gestemmt, die NATO zu verlassen.

Die Forderung nach dem Rücktritt des Staatspräsidenten stellten die Sozialisten allerdings 2008 noch nicht, weil sie keinen repräsentativen Gegenkandidaten hatten und sie Ségolène Royal keine Chancen gaben. Sarkozy erledigt für sie die notwendige Aufräumarbeit. Sie hoffen, er macht sich damit unbeliebt. Nach dem Rücktritt von Hollande werden sie sich erneuern. Es fragt sich nur, ob Sarkozy sie nicht endgültig aussticht, indem er das neomarxistische Denken tilgt, das dreißig Jahre lang Frankreich belastet hat und von dem die PS durchdrungen ist. Solange wollten sie jedenfalls den Mythos des despotischen Staatspräsidenten aufrechterhalten, damit sie noch lang nach dem Motto „Haut den Sarko" blind auf ihn losschlagen können. Ségolène Royal lancierte die Legende von der „Sarkozy-Clique", die die Staatsgewalt und den Reichtum des Landes beschlagnahmt habe. Die PS prangerte eine Herrschaft der Willkür, eine „Hyperpräsidenz" mit Komplizen und Schmarotzern an, in welcher das Staatsoberhaupt nach Gusto schalten und walten könne. Die Phantasie kennt keine Grenzen...

„François Mitterrand sagte, dass man die Franzosen lieben muss, um dieses Land zu regieren", stellte Charrasse fest. „Aber die alltägliche Nabelschau der Sozialisten scheint mir nicht die Art von Liebe zu sein, die unsere Landsleute von den Sozialisten erwarten." Es ging den Sozialisten von François Hollande nicht um die Franzosen und um die Republik, es ging um ihre Propaganda. Ob die Bevölkerung die Verzerrung der Realitäten in den Reden der PS durchschaut? Werden die Franzosen ihre Hirne arbeiten lassen? Statt über eine andere Strategie nachzudenken, erschöpft sich der Kleinkrieg von Frau Royal in billigen, niveaulosen Scharmützeln. So beschuldigte sie Anfang Juli 2008 ohne Indizien oder Beweise die „Sarkozy-Clique", hinter zwei Einbrüchen zu stecken, bei denen Unbekannte ihre Wohnung durchwühlt hatten, ohne etwas zu stehlen. Die Sarkozysten hätten erwidern können, sie habe die Einbrüche selbst inszeniert. Aber eine Gewohnheitseinbrecherin wurde gefasst, die offensichtlich ihren Spaß daran hatte, in die Intimität fremder Leute ihre Nase zu stecken. Ein Abgeordneter der Regierungsmehrheit begnügte sich mit der Bemerkung, Frau Royal habe „offensichtlich eine Schraube locker".

Ségolène ging ein paar Tage später zu einem erneuten Angriff über mit der Behauptung, man fahnde nach ihr. Sie fühle, meinte sie, sie werde von ihrem Arbeitsort bis in ihre Wohnung verfolgt, und man höre ihr Telefon ab. Mit solchen Phantastereien brachte sich die vergessene Frau Royal in Erinnerung. Genau zu diesem Zeitpunkt kam ihr gemeinsam mit dem Soziologen Alain Touraine zum Thema Sozialismus geschriebenes Buch in die Buchhandlungen... Was die politische Zukunft von Ségolène Royal angeht, ist Sarkozy skeptischer als der Soziologe. Er sieht in ihr keine Mitbewerberin für die Präsidialwahl 2012: „Sie hatte ihre Stunde. Die Geschichte reicht nicht ein zweites Mal dasselbe Gericht. So wie es für sie jetzt läuft, ist alles im Eimer." Was Frau Royal mit ihrer Partei noch verbindet, ist die eklatante Führungs- und Programmschwäche der Sozialisten. Ihre einzige Waffe ist die moralische Entrüstung.

Bis 2012 kann noch viel passieren. Dennoch ist der Sozialistischen Partei völlig unerwartet ein neuer Hoffnungsträger entstanden, der alle Pläne ihrer Prominenten durcheinanderbringen könnte. Der Oberbürgermeister von Paris, Bertrand Delanoë, erhielt im April 2008 70 Prozent positive Meinungen in den Umfragen, sank ein bisschen auf 65 Prozent im Juni und war im Juli wieder bei 69 Prozent. Damit stand er an der Spitze der Skala aller Politiker. In seiner Partei lag er mit 83 Prozent vor dem Zweitbestplatzierten, Jack Lang (67 Prozent), ganz vorne. Zwei Monate vor dem PS-Kongress in Reims, der Mitte November 2008 einen neuen Generalsekretär wählen soll, machte Hollande deutlich, dass er Delanoë zu seinem Nachfolger machen wolle. Das war ein Schlag ihres Ex-Mannes ins Gesicht von Ségolène Royal. Anders als 2007 könnte 2012 der PS-Generalsekretär der Präsidentschaftskandidat der Linken sein.[78]

Als OB von Paris hat Delanoë eine schöne Rolle. Er verwandelte die Ufer der Seine in einen Strand, „Paris-Plage"; er stellte einen Service von Fahrrädern, „Velib", zur Verfügung der Fußgänger; er machte die verpestete Luft der Hauptstadt frischer. Und er ist ganz nett! Dass er sich wie Klaus Wowereit, mit dem er befreundet ist, zum „dritten Geschlecht" bekennt, scheint die Pariser nicht zu stören. Delanoë war außerdem klug genug, sein eigenes „Bad Godesberg" zu machen, indem er im April 2008 ein Buch veröffentlichte, in dem er sich zum Liberalismus bekannte. Er spricht sich allerdings für das Wahlrecht von nicht EU-Ausländern auf möglichst vielen Ebenen aus. Wenn genügend „Wähler" aus Nordafrika und Schwarzafrika „importiert" würden, wäre den Linken die Macht auf ewig sicher.

---

78 Vier Wochen vor dem Reims-Kongreß der PS vom 14.–16. November 2008 wurde bestimmt nicht zufällig enthüllt, daß Dominique Strauss-Kahn, der stärkste Gegner von Delanoë, seine Frau betrog. Das könnte Delanoë bestimmt nicht passieren.

25. Kapitel
Eine neue Außenpolitik

Fünf Tage vor seiner Wahl hatte Nicolas Sarkozy im Fernsehen gesagt, dass seine erste Reise ins Ausland Berlin und Brüssel gelten würde, da er die deutsch-französische Freundschaft und Europa stärken wolle. Seine zweite Reise würde ihn nach Afrika führen, um Probleme der Entwicklung und Zuwanderung zu regeln. Die Reihenfolge der Probleme, die er dann erwähnte, offenbarte seine Prioritäten: der Iran, der die Atombombe auf keinen Fall bekommen dürfe, Israel und der Nahe Osten, die in Frieden leben sollten, und der Massenmord in Darfur, dem ein Ende gesetzt werden müsse. Anders als alle anderen Präsidentschaftskandidaten links und rechts, Bayrou eingeschlossen, war er der einzige in diesem Wahlkampf, der zu Amerika stand. Aber dazu äußerte er sich kaum. Er lobte allerdings Chirac dafür, dass Frankreich nicht mit in den Irak-Krieg gezogen war. Leider war Chirac bei dieser richtigen Entscheidung von Schröder mit in den Bann Rußlands geraten, ja sogar mit einem Vierten im Bunde: Volkschina.

Für 70 Prozent der Franzosen war die Globalisierung[79] die ökonomische Gefahr Nummer eins, die ihren Lebensstandard bedrohte. Trotz des Anschlags auf die Twin-Towers von New York und der Anschläge von Al-Qaida im Maghreb hatte die Angst vor dem Terrorismus nachgelassen. Da keiner der wichtigsten Kandidaten die Truppenpräsenz der Franzosen in Afghanistan und im Libanon in Frage stellte, gab es auch keinen Dissens darüber. Die französischen Parteien waren deswegen für Terroristen nicht erpressbar. Ein Anschlag hätte sowieso den ehemaligen Innenminister Sarkozy gestärkt. Nicolas Sarkozy sprach sich eindeutig gegen die EU-Aufnahme der Türkei aus, während seine Hauptgegner, Bayrou und Royal, dazu im Unklaren blieben. Sonst spielte die Außenpolitik keine prominente Rolle in der Debatte. Europa war auch in diesem Wahlkampf ziemlich abwesend.

Nach der Wahl wurden allerdings die Karten gründlich neu gemischt. Sarkozys Außenpolitik wurde sehr aktiv. Vor allem sah er bestimmte

---
79 „Mondialisation" heißt es auf Französisch.

Zusammenhänge besser als seine Vorgänger im Elysée-Palast. „Die Wiederannäherung an Amerika ist ein Weg, um sich mit Osteuropa wieder zu versöhnen", sagte er seinen Mitarbeitern nach seiner Wahl. Nachdem er sein Verhältnis zu Deutschland und Europa geregelt hatte, nachdem er seinen Sommerurlaub 2007 in Amerika verbracht und George W. Bush dabei besucht hatte, reiste er am 6. und 7. November 2007 offiziell in die Vereinigten Staaten von Amerika. Es ging ihm darum, der Fehde zwischen den US-Anhängern und den US-Kritikern in Europa ein Ende zu setzen. Die einen waren die Willfährigen in Mittel- und Osteuropa gewesen, die gemeinsam mit Blairs England, Aznars Spanien und Berlusconis Italien George W. Bushs Irak-Politik unterstützt hatten. Die anderen, Chirac und Schröder, bildeten die Ablehnungsfront. Chirac hatte die Staaten Mitteleuropas schwer gekränkt, indem er ihnen eine „schlechte Kinderstube" vorwarf, weil sie nach seiner Meinung EU-Mitglied werden wollten, aber nicht gemeinsam mit Frankreich und Deutschland Bushs Krieg verurteilten. Dem „Ungarn" Sarkozy lag viel daran, die Scherben in Mittel- und Osteuropa wegzuräumen.

Schon während seines Wahlkampfes war Nicolas Sarkozy provokativ in die USA gefahren. Er hatte „Ground Zero" besucht, den New Yorker Feuerwehrleuten einen Besuch abgestattet und ein T-Shirt mit dem Emblem der New Yorker Polizei getragen. Das wurde von der linken Opposition und bei den Rechtsextremen von Le Pen harsch kritisiert. Angesichts des Antiamerikanismus aus der Zeit Chiracs und der Durchdringung der öffentlichen Meinung in Frankreich mit primitiven antiamerikanischen Klischees war der Kandidat Sarkozy dabei ein Risiko eingegangen. Als er sagte: „Ein amerikanischer Soldat, der irgendwo auf der Welt stirbt, macht mich traurig, als hätte ich jemand von meiner Familie verloren", da war für die Bush-Gegner das Maß voll. Aber die Schmäher täuschten sich. Es schadete ihm nicht, er wurde gewählt. Die Gegner Amerikas waren doch nicht die Mehrheit. Die Versöhnung mit Washington wirkte wie ein lange erwarteter Befreiungsschlag. Im Grunde genommen mögen die Franzosen Amerika.

Diese Versöhnung war für Sarkozy nach seiner Wahl ein Test und ein Mittel, mit den Altgaullisten und vielen Neogaullisten zu brechen und eigene Wege zu gehen. So kann man heute von einer „post-gaullistischen Ära" in Sarkozys Frankreich reden. Die UMP, seine Partei, unterschied sich schon dadurch von der von Chirac in den 70er Jahren gegründeten neogaullistischen Partei RPR, dass sie aus der Fusion mit den Liberalen der UDF hervorgegangen war. Sarkozy ging noch weiter und kann als „Post-Gaullist" bezeichnet werden. Das beeinträchtigt die Bewunderung, die er für die historische Figur General de Gaulles empfindet, in keiner Weise. Schwerer als die Zwistigkeiten von de Gaulle mit Roosevelt und Eisenhower und als die gute Beziehung des Generals zu Stalin wiegt für ihn das Opfer von Hunderten amerikanischer GIs, die für die Befreiung Frankreichs von der Nazi-Herrschaft auf der „Omaha-Beach" in der Normandie ihr Leben verloren. Immerhin haben die Amerikaner die Franzosen zweimal von den Deutschen befreit, nachdem die Franzosen ihnen sehr lange davor geholfen hatten, das Joch Englands abzuwerfen...

Nach dem Empfang in den USA sprach der Generalsekretär der UMP, Patrick Devedjan, von einem „historischen Schritt". Seit dem Bruch in den französisch-amerikanischen Beziehungen und dem Austritt aus der NATO 1966 während der Präsidentschaft von Charles de Gaulle hatten die transatlantischen Beziehungen ihre Höhen und Tiefen erlebt, aber sie waren seitdem niemals wieder völlig ungetrübt gewesen. Seit dem Jahr 2002 hatten sie sich unter Chirac stetig verschlechtert. Nicolas Sarkozy verstand es, deutlich zu machen, dass die Bande, die Frankreich und Amerika seit dem 18. Jahrhundert zusammenhielten, unzerstörbar und von gegenseitigem Vertrauen und wechselseitiger Offenheit geprägt waren. Seit dem Auftrag des Marquis de La Fayette in Yorktown 1781 als Helfer der jungen amerikanischen Nation war Frankreich der älteste Verbündete der Vereinigten Staaten gewesen. Der UMP-Generalsekretär sprach noch von einem „Blutsband", das „von der Bucht von Chesapeake bis zur Omaha-Beach reichte".

„Nicht nur von Seiten Frankreichs", äußerte Devedjan, „sondern auch von Seiten Amerikas wurde der Wunsch deutlich sichtbar, den Bruch in den Beziehungen vergessen zu machen und die Versöhnung in den Mittelpunkt zu stellen. Dies wurde auch durch die besondere Ehre erkennbar, die dem Präsidenten zuteil wurde, indem er sowohl vor dem Kongress sprechen durfte, als auch im Weißen Haus empfangen wurde. Auch die Botschaft, die Nicolas Sarkozy verkündet hat, machte den Besuch zu einem historischen Ereignis. Während dieser zwei Tage konnten wir die tiefgreifende Erneuerung der transatlantischen Beziehungen beobachten, die die Ambivalenz beendet hat, durch welche die Diplomatie zwischen unseren Ländern seit langem geprägt wurde. Seit zu vielen Jahren glaubte Frankreich seine Identität dadurch zu bewahren und seinen Einfluss dadurch zu stärken, dass es sich reflexartig gegen Amerika gestellt hat. Wem hat diese Situation genützt? Nicht Frankreich, nicht den Vereinigten

Staaten und auch nicht der übrigen Welt. Heute folgt nun auf die Diplomatie der kritischen Auseinandersetzung die Diplomatie des pragmatischen Handelns. Freund, Partner, aber kein Befehlsempfänger, so lautet die Devise, die die erforderliche und angemessene Position Frankreichs in der Gegenwart beschreibt."

Der Besuch war nicht nur „historisch". Nach Devedjan griff er die Anforderungen der Gegenwart auf. Der Präsident beanspruchte nach wie vor die „Position eines ehrlichen Freundes, der zu gegebener Zeit auch Kritik übt". Es sollte aber konstruktive Kritik statt Obstruktion wie zur Zeit Chiracs sein, denn die Wahrheit ist der einzige Weg „angesichts der Gefahren und Herausforderungen der Globalisierung unsere Chancen nutzen zu können", und zwar „nur im Rahmen einer engen Partnerschaft mit den Vereinigten Staaten". Der Ritt über den Atlantik brachte wirklich eine Wende um 180 Grad in der französischen Außenpolitik. Es wurde angedeutet, dass Frankreich und Amerika aus demselben Holz geschnitzt seien: „Auf die Tragflächen ihrer Flugzeuge haben die amerikanischen Piloten folgenden Leitspruch geschrieben: ‚Das Schwierige erledigen wir sofort, für das Unmögliche brauchen wir nur ein bisschen mehr Zeit'", sagte Devedjan. „Dies könnte auch der Leitspruch für die neue französische Diplomatie sein, die der Präsident in New York, in Tanger oder in Washington umsetzen möchte. Wenn man die Welt verändern will und daran glaubt, dass man die Welt verändern kann, dann hat man die Welt schon ein bisschen verändert."

In den USA hatte Sarkozy von einer „Schicksalsgemeinschaft" zwischen Frankreich und Amerika gesprochen. Diese Wortwahl ließ aufhorchen. Davor wurde der Begriff ausschließlich auf die deutsch-französischen Beziehungen angewandt. Freilich, die Wendung zu Amerika konnte keine Abwendung von Deutschland bedeuten. Wie Sarkozy hatte Frau Merkel vor ihrer Wahl zur deutschen Bundeskanzlerin im Herbst 2005 George Bush einen Besuch abgestattet, der in Schröders Deutschland auf viel Kritik gestoßen war. Nach ihrer Wahl kittete die Kanzlerin das im transatlantischen Verhältnis zerschlagene Porzellan wieder zusammen. An sich brachte die Haltung Sarkozys Frankreich dorthin zurück, wo die deutsche Politik seit eh und je Frankreich sehen wollte, und zwar mit beiden Füssen im transatlantischen Bündnis. Die Regierung in Berlin sollte froh sein, denn der Zwist zwischen Frankreich und der NATO schaffte seit 1966 immer wieder böses Blut in den deutsch-französischen Beziehungen. Damals im Kalten Krieg nahm De Gaulles Frankreich die sowjetische

Bedrohung nicht so unmittelbar wahr wie die Bundesrepublik Deutschland, die zweigeteilt war und sowjetische Panzerarmeen vor der Tür hatte. Solange Deutschland sich von der Sowjetunion bedroht fühlte, brauchte es den amerikanischen Schutzschild. Nach dem Ende des Kalten Krieges gelang es Helmut Kohl, den Schulterschluss mit den USA noch einige Jahre aufrechtzuerhalten. Aber Deutschland hatte sich gewandelt. Schröder entfernte sich ab 2002 von den USA und baute ein enges Verhältnis zu Russland auf. Am liebsten wäre er wohl aus der NATO ausgetreten. Heute verspürt Frankreich nicht weniger als Deutschland die weltweite Bedrohung durch atomare, biologische und chemische Aufrüstung von Schurkenstaaten und von nicht staatlichen Organisationen wie Al-Qaida. So hat ein Stellungswechsel stattgefunden. Frankreich braucht die USA, während die deutsche Linke glaubt, ohne sie auskommen zu können.

Mit seiner proamerikanischen Haltung geriet Sarkozy in Widerspruch zu den sozialdemokratischen Ministern der Großen Koalition in Berlin, die sich verpflichtet fühlen, die antiamerikanische Außenpolitik Schröders fortzuführen. Da öffnete sich ein Spalt zwischen Deutschland und Frankreich, zwar nicht zwischen der Mehrheitspartei UMP in Frankreich und der CDU/CSU und der FDP, aber zur deutschen Außenpolitik, soweit das Auswärtige Amt in Berlin sie gestaltet. Die Situation sieht jetzt im Vergleich mit den 60er, 70er, 80er und 90er Jahren umgekehrt aus. Sarkozys Frankreich will Klassenbester der atlantischen Allianz und beliebtester Partner der USA werden, während Deutschland nicht auf der ganzen Linie die besten Noten bekommt. Wie schnell hat sich das gewandelt!

Jahrzehnte lang setzte Paris auf das deutsch-französische Verhältnis. Jetzt sind die Dynamik der Anfänge à la Schmidt-Giscard und die Ära der gefühlsbetonten deutsch-französischen Beziehungen à la Kohl-Mitterrand vorbei und verflogen. Amerika ist weit, aber für Frankreich attraktiv. Es bleibt die Supermacht für die nächsten zwanzig Jahre oder auch länger, falls das postkommunistische China wie die Sowjetunion auseinander bricht. Nicht von ungefähr wurde Christine Lagarde unter Sarkozy Ministerin für Wirtschaft und Finanzen. Sie leitete zuvor ein großes Anwaltsbüro in New York. Sie kennt die Sprache und die Methoden der Yankees. Natürlich kommt jetzt aufgrund der Finanzkrise und den Problemen im Irak eine Zeit der Dürre über Amerika. Aber die Lage im Irak ist nicht ganz hoffnungslos, und Amerika hatte immer die Kraft, sich selbst zu regenerieren. Diese USA-Finsternis könnte in vier oder fünf Jahren vorüber sein.

Die Neubewertung des amerikanisch-französischen Verhältnisses war nach der ersten Regierungsbildung von Sarkozy sichtbar geworden, als dieser dem Gründer des karitativen Vereins „Ärzte ohne Grenzen", Bernard Kouchner, das französische Außenministerium anvertraute. Der linke Atlantiker Kouchner hatte im Irak-Krieg Partei für George Bush ergriffen. Auf diesen Posten hätte Sarkozy einen anderen Sozialisten, den erfahrenen Diplomaten und ehemaligen Außenminister Hubert Védrine, berufen können. Das erwartete der Betroffene wohl. Zum Trost bestellte er von ihm eine Studie über die ökologische Rettung des Planeten mit einer Unze Außenpolitik darin. Seine Sachkompetenz und seine Verankerung im Ministerium hätten Sarkozy daran gehindert, die Außenpolitik an sich zu reißen. Einem anderen Anwärter auf diesen Thron, dem Chirac-Gaullisten Alain Juppé, bot er das Superministerium für Umwelt an, das dieser jedoch verließ, als er im März 2008 zum Bürgermeister von Bordeaux gewählt wurde. Welch ein Glück für Sarkozy, dass Juppé auf Distanz gehen musste! Die Meinungsunterschiede mit ihm in Sachen Amerika und NATO waren nicht von der Hand zu weisen. Diesen ehemaligen Mitbewerber beehrte er mit der Redaktion eines Weißbuches über Frankreichs Außen- und Europapolitik, das er zusammen mit dem ehemaligen Vorstandschef von Renault, Louis Schweitzer, redigierte.

Potentiellen Anwärtern auf das französische Auswärtige Amt hat Sarkozy also vorsorglich Aufträge anvertraut, die sie voll auslasten. Nach Védrine und Juppé gab er dem ehemaligen Europaminister Alain Lamassoure die Aufgabe, den europäischen Verfassungsvertrag neu zu redigieren und anschließend das Arbeitsprogramm der französischen EU-Präsidentschaft vorzubereiten. 2009 wird Lamassoure die konservativ-liberale Europa-Wahlliste in Aquitanien führen, da Juppé seinen OB-Sitz in Bordeaux nicht verlassen darf. Dem ehemaligen Finanzminister Alain Madelin, einem Wirtschaftsliberalen und alten Kampfgefährten, verdankt Sarkozy manche Ideen seines Wirtschaftsprogramms. Man schließt nicht aus, dass Madelin wieder ein Ministeramt bekommt. François Bayrou, der für eine an Feindschaft grenzende Opposition gegen den Wahlsieger von 2007 optiert hat, schenkte er keine Aufgabe. Bayrou hatte immer auf seine Überzeugung als bester Europäer aller Zeiten gepocht. „Bei all dem, was in Europa zu tun ist, ist es ein Glück, dass Bayrou nicht an meiner Stelle gewählt wurde", sagte Sarkozy sarkastisch.

Der jugendlich und dynamisch wirkende siebzigjährige Kouchner ist also für Sarkozy die ideale Besetzung für das Auswärtige Amt. Dr. med.

Bernard Kouchner träumte schon lange davon und war seinen sozialistischen Freunden gram, dass sie ihm dieses Amt nicht anvertraut hatten. Seitdem er es von Sarkozy geschenkt bekam, sieht man ihm die Freude an. Von der schwarzen Schönheit Rama Yade sekundiert, sollte er als Trommler für die humanitären Ideale werben und sonst die Eckdaten der Außenpolitik dem Präsidialamt überlassen. „Ich gebe ihm nichts zu tun, aber ich verhätschle ihn", diese Worte von Nicolas Sarkozy in privatem Kreise sprechen Bände über sein Verhältnis zum Außenminister. Kouchner, mit Spitznamen „Kouchkouch", himmelt Sarkozy an und schluckt jeden Rüffel, ohne zu murren. Sarkozy findet sogar im Ministerrat, dass sein Freund Kouchner ihn ein bisschen zu sehr beweihräuchert. Als der Präsident auf einer Pressekonferenz sein Mittelmeerprojekt vortrug, wandte er sich plötzlich ihm zu und sagte: „Nicht wahr Bernard, das war doch so?". Kouchner, der mit seinen Gedanken anderswo war, erwiderte: „Ja, ich bin da!". „Dass du da bist, sehe ich, aber du solltest zuhören", kommentierte Sarkozy vor den Journalisten.

Dabei war anfangs das internationale Prestige von Kouchner weit größer als dasjenige von Sarkozy, und seine Ehrlichkeit ist über jeden Zweifel erhaben. Alle erinnern sich an seine Landung vor laufenden Kameras an der Küste Somalias vor Jahren mit einem Reissack auf der Schulter. Neider hatten seine Aktionen als medienwirksame Inszenierungen abgetan. Aber Aktionen, die von Spenden abhängig sind, müssen schon ein bisschen Spektakel abgeben, um privates Geld locker zu machen. Er war dann als Beauftragter der UNO im Kosovo. Er ist der Erfinder der „Pflicht zur Einmischung" in die inneren Angelegenheiten von Schurkenstaaten, die notfalls lebensrettend sein könnten, wenn er sie auch seit seiner Amtseinführung nur noch in Worten (in den Fällen Iran, China, Simbabwe u. a.) praktizieren konnte. Ohne den guten Ruf des Dr. Kouchner wäre die oftmals machiavellistische Realpolitik des Präsidenten unvorstellbar. Die Reputation Frankreichs als Demokratie könnte den Bach heruntergehen. So kann man sagen, dass beide, Sarkozy und Kouchner, einander auf ideale Art und Weise ergänzen. Auch deshalb, weil Sarkozy Zeit seines Lebens nie ein Linker war und Kouchner als ehemaliger Achtundsechziger es immer war.

Politologen, die die Verlagerung der Außenbeziehungen vom „Quai d'Orsay", dem Sitz des Außenministeriums, zum Elysée-Palast, dem Präsidialamt, auf der anderen Seite der Seine, als eine Schwächung von Bernard Kouchner deuten, tippen nicht ganz richtig. Diese Drift findet statt, aber man muss den qualitativen Unterschied zwischen beiden Entscheidungsstellen auswerten. Schröder sagte etwas arrogant, er sei der Koch und Fischer der Kellner. Dagegen reden Sarkozy und Kouchner miteinander auf Augenhöhe. Bei Sarkozy gibt es kein hierarchisches Verhältnis. Der eine führt den Kampf, der andere trägt die Fahne. Die zerrütteten Beziehungen zu anderen Staaten werden von Sarkozy durch aktive Realpolitik neubelebt, während Außenminister Bernard Kouchner das Ideal der Menschenrechte verkörpert. Noch etwas anderes eint Kouchner mit dem Staatspräsidenten. Jüdischer Abstammung wie Sarkozys Großvater mütterlicherseits, kommt Kouchner aus einer Familie, die sich während der Besatzung Frankreichs durch die Wehrmacht bei Franzosen im Süden des Landes versteckt hatte und so überlebte. Er weiß, wie sein Präsident, was seine Familie der französischen Heimat schuldet. Er ist, anders als Sarkozy, in einem Alter, in welchem er sich noch persönlich daran erinnern kann.

In Sachen Europa ist Kouchner nicht schlecht ausgestattet. Er hat Jean-Pierre Jouyet, den Experten für Europäische Fragen, mit ins Ministerium genommen. Jouyet, ein Sozialist wie Kouchner, hat Einfluss in Sachen EU. Er hat Sarkozy beigebracht, dass Europa Dekreten aus Paris nicht gehorcht und von ständigen Kompromissen lebt. Aber die wichtigen Themen, das stimmt schon, werden sonst im Elysée behandelt. Das Präsidialamt verfügt seit dem Beginn der Fünften Republik 1958 über einen „domaine réservé", „Chefsache" würde man in Deutschland sagen, der mit einer Schatulle für Sonderausgaben und Spezialaufträge bestückt ist. Nicolas Sarkozy schöpft daraus. Afrika ist die Sache des Generalsekretärs des Präsidialamtes Claude Guéant. Mit ihm direkt und mit dem Chefdiplomaten vom Präsidialamt, Jean-David Levitte, sprechen die ausländischen Botschafter in Paris, ohne den Umweg über das Außenministerium zu machen. Levitte ist der Schlüsselmann der französischen Außenpolitik. Er kennt Kouchner seit über dreißig Jahren und die mehrmals am Tage stattfindenden Konsultationen zwischen beiden verlaufen in entspannter Stimmung.

Der Präsidentenpalast greift auf die Gutachten der Fachabteilungen des Auswärtigen Amtes zurück und trifft dann die grundlegenden Entscheidungen. Man nennt das „konzertierte Aktion". Es ist auch ein Weg, um die Handlungen und die Erklärungen von Kouchner zu überwachen, die er sonst „ganz autonom" beschließt. Kouchners Reden prüft der Präsident nicht. So kann Frankreich mit zwei Stimmen reden, mit einer humanitären und mit einer realpolitischen. Manchmal haut Kouchner auf die Pauke, um Sarkozy zu schonen. So zum Beispiel wenn er sagt, dass der Staatspräsident den Pressionen Chinas in Sachen Tibet nicht nachgeben wird. Dann kann Sarkozy zulegen und erklären, dass er sich nicht seine Termine vom chinesischen Botschafter vorschreiben lässt. Oder als Kouchner das Demokratiedefizit in Russland nach dem Mord an Anna Politkowskaja denunzierte und Robert Mugabe als „Schwindler und Mörder" bezeichnete. Klar, dass nur ein Nicht-Entscheider in dieser Tonlage sprechen darf. Aber die humanitären Aktionen von Kouchner in Darfur, in Burma, in Simbabwe kommen nicht gut voran. Es gibt andere Prioritäten.

Inzwischen hat Sarkozy für Kouchner eine neue Beschäftigung gefunden, die ihn vollauf in Anspruch nimmt. Er muss wie die meisten seiner Kollegen sein Ministerium reformieren. Das Entschlacken und Entfetten der alten Dame an der Seine wird nicht so grausam sein wie die Verschlankung der Armee, aber Kouchner muss immerhin noch 700 Beamte und Angestellte entlassen oder nicht ersetzen (von noch 16.000), nachdem das Ministerium zwischen 1997 und 2002 11 Prozent seiner Bediensteten schon verloren hat. Hubert Védrine, der Vorgänger, ärgert sich: „Die Globalisierung ist auch ein diplomatischer Wettbewerb. Den Quai d'Orsay zu schwächen ist inkonsequent." Mit Védrine hätte Sarkozy diese Reform nicht durchführen können. Das Weißbuch von Juppé und Schweitzer gibt dagegen der dafür von Kouchner einberufenen Kommission einige Tipps. Man wird das Außenministerium auf das Fach zurückentwickeln, das immer seine Stärke war: die politische Analyse der Welt und das Krisenmanagement.

Hier kommt Sarkozys Überzeugung zur Geltung, dass die Wahrnehmung der Außenwelt unter seinen Vorgängern unrealistisch bis falsch war. Er will der Erste sein, der Bescheid weiß, was in „the global village" an Positivem geschieht oder sich an Stürmen zusammenbraut. Man merke: Von der künftigen Verteidigung verlangt er dasselbe: Information. Nach dem Prinzip: Gut gewarnt ist halb gerettet. Die Gründung eines „Centre de crise" des Außenministeriums am 2. Juli 2008 ging in diese Richtung. Es wird Tag und Nacht in Betrieb sein. Die Gutachterarbeit der Botschaften und die geographischen Abteilungen werden verstärkt. Die internationale Kooperation wird dagegen ausgemistet und durch eine neue leichte Struktur ersetzt, die für Wirtschafts- und Finanzfragen, Entwicklungshilfe und Kulturinitiativen zuständig ist. Die Zentrale im

Ministerium wird entscheiden, was wichtig ist und was nicht. Man wird viele Arbeiten vor Ort „outsourcen".

Mit 156 Botschaften verfügt Frankreich über das zweitgrößte diplomatische Netzwerk der Welt nach den USA. Diese Zahl bleibt erhalten, um kein Land und keine internationale Organisation durch einen Rückzug der Franzosen zu kränken, aber sie sollen ein leichteres, dynamischeres Profil bekommen. Es wird die Großen geben mit allen bisherigen Aufgaben; die Mittleren mit „Vorzugsaufgaben" je nach den Gegebenheiten vor Ort; und die kleinen „Laptop"-Botschaften, wo vielleicht ein Beamter und ein Sekretär (Sekretärin) die Zustände beobachten. Die französische Botschaft am Pariser Platz in Berlin wird als Pilotprojekt eingesetzt. Im Januar 2009 bekommt sie ein neues Organigramm. Personal, Management, Verwaltung werden vereinheitlicht. Kulturinstitute und Schulen werden ebenfalls in einer selbständigen und finanziell autonomen Anstalt zusammengezogen. Neue Arbeitsmethoden, Kontakt mit allen Ministerien, werden eingeführt. Architekt dieses in einer Zeitspanne von zwei Jahren zu verwirklichenden Projektes wird der Botschafter Bernard de Montferrand sein, Wirtschaftsexperte und Historiker, der sich danach als aktiver Ruheständler in Richtung Bordeaux zurückziehen wird, um sich dort auf universitärer Ebene seiner Leidenschaft zu widmen: der Urgeschichtsforschung.

Daraus lassen sich einige Schlüsse über Sarkozys künftige Außenpolitik ziehen. Sein Wille, eine „totale Außenpolitik" zu betreiben, die alle Kräfte des Landes involviert, kam Ende Mai 2008, am Vorabend der französischen EU-Präsidentschaft, zum Ausdruck, als das Staatsoberhaupt mit Vertretern aller Parteien nach Libanon in der Absicht flog, dort Burgfrieden vorzuführen. Den Libanesen wurde auf diese Weise französische Eintracht demonstriert. Für Sarkozy muss Außenpolitik überparteilich sein. Es ist die Sache Frankreichs. Die Nation steht über den Parteien. Deswegen hat er als Außenminister keinen Parteifreund, sondern ein Mitglied der Opposition gewählt, der den Wahlkampf gegen ihn mitgemacht hatte.

In einem bemerkenswerten Interview der Zeitschrift „Politique Internationale"[80] hat der Staatspräsident im Juli 2008 seine Außenpolitik, die er als Europapolitik begreift, dargelegt. Er ist überzeugt, dass Frankreich

---

80 Nicolas Sarkozy: „Europe: l'engagement français". Interview in „Politique internationale". N° 120/2008.

nicht ohne Europa Frieden auf der Welt herstellen kann. Er benutzt nicht mehr den Begriff der „Multipolarität", der in der Schröder-Chirac-Ära Mode war und die „Bipolarität" aus der Zeit des Ost-West-Konfliktes abzulösen trachtete. Damit war gemeint, dass mehrere Mächte, darunter Europa, sich den Einfluss auf der Welt anstelle von früher zwei, den USA und der Sowjetunion, aufteilen konnten oder wollten. Die neue außenpolitische Kategorie von Sarkozy ist diejenige der „relativen Mächte". „Relativ" ist das Gegenteil von „absolut". Es bedeutet, dass es eigentlich keine Supermächte mehr gibt, selbst die USA können nicht mehr allein handeln, sondern nur Machteinheiten, die miteinander kooperieren oder in Konflikt miteinander geraten können. An und für sich ist keine stark genug, um die Welt wirklich zu bewegen. Nur im Verbund können einige etwas erreichen.

Eines dieser Entscheidungs- und Einflusszentren ist aus seiner Sicht Europa. Im Verhältnis zueinander sind die europäischen Staaten „relative Mächte", die eine Musterkooperation, ein festes Gebilde gestaltet haben, „wie es noch keines dieser Art in der ganzen Menschheitsgeschichte gegeben hat". Der Verbund Europa kann sich mit anderen „relativen (Groß-) Mächten" verbinden, möge es sich um Allianzen oder um große Staaten handeln, um Frieden und Fortschritt in Regionen der Welt herzustellen. Außerdem können wir „jetzt die ‚kooperative Verfahrensweise Europa' vorschlagen" – als erfolgreiches Modell. „Können wir im 21. Jahrhundert für die Welt eine neue Ordnung aufbauen, die unserer globalen Welt besser angepasst ist, in welcher alle großen und kleinen Staaten das Gefühl haben, dass ihre Interessen gerecht geachtet werden?", fragt der französische Präsident. Er gibt selbst die Antwort: „Das tun wir jeden Tag im Rahmen der Europäischen Union. Das sollte Europa den anderen Teilen des Planeten anbieten."

26. Kapitel

Europa: Wir sind wieder da

„Frankreich ist in Europa wieder da", verkündete Nicolas Sarkozy gleich nach seiner Wahl. Dabei hatte Frankreich Europa nie verlassen. Aber das Odium der Absage an den europäischen Verfassungsvertrag bei der Volksabstimmung vom 25. Mai 2005 lastete auf dem Verhältnis zwischen Paris und Brüssel. Zum Glück hatten die Niederländer ein paar Tage danach noch deutlicher als die Franzosen dagegen gestimmt. Frankreich stand nicht allein da. Die Völker von zwei Gründerstaaten der Europäischen Gemeinschaft hatten die EU-Verfassung verworfen. Mit Geduld und mit Spucke bastelten die Eurologen einen neuen Verfassungsvertrag zusammen, der nochmal dasselbe in Grün war. Und dann passierte wieder ein Malheur. Während des Ratifizierungsprozesses durch die Parlamente der einzelnen Mitgliedsstaaten, stimmten die Iren am 12. Juni 2008, als die Einzigen, die zu einer Volksabstimmung aufgerufen wurden, mit Nein. Und das knapp drei Wochen vor der französischen EU-Präsidentschaft.

Da lagen viele Scherben vor Sarkozys Tür, die es aufzukehren galt. Ein bisschen Übung hatte er darin schon. Nach dem französischen Fauxpas von 2005 hatte er am 16. Februar 2006 in einer Rede auf Einladung der Konrad-Adenauer-Stiftung in Berlin seine Leitlinien für ein neues Europa skizziert, und man konnte da schon heraushören, dass sich dieses Europa „à la Sarkozy" deutlich vom Europa der Verfassungsverträge unterschied. Zunächst hatte er seine deutschen Zuhörer an der Stelle gepackt, wo sie es gerne hatten. „Die deutsche Hauptstadt", hatte er damals in dieser Ansprache gesagt, „ist für alle Europäer ein symbolträchtiger Ort, der die Verletzungen, die Zweifel und die Hoffnungen unseres Kontinents verkörpert. Berlin ist die Veranschaulichung des europäischen Projekts: der Wohlstand natürlich, aber auch die Implementierung des Friedens durch das Verschwinden des ‚Eisernen Vorhangs'." Er stellte fest, dass die Wiedervereinigung des Kontinents auf der Basis der Werte der Freiheit und der Demokratie vollendet war, ein historischer Erfolg zweifelsohne, fügte aber hinzu, dass Europa nun „neue Projekte, einen neuen Anlauf braucht, der wirksame Institutionen und stabile Grenzen erfordern würde".

Die Erweiterung von 15 auf 25 und bald auf 27 Mitgliedsstaaten war damals schon vollzogen. „Die Frage war nun", sagte Sarkozy pragmatisch, „wozu Europa?" Europa brauchbar machen stand jetzt auf der Tagesordnung. Als Erstes, meinte er, sollten wir für Europa „eine Vision" erfinden. In Frankreich und in den Niederlanden hatte man festgestellt, dass die Völker nicht mehr damit einverstanden waren, in diesem viel zu großen Ganzen zu verschmelzen und dabei ihre politische und kulturelle Identität zu verlieren. Die Ausdehnung Europas war so breit, dass man nicht mehr sah, wo es endete. Seine Struktur war so undurchsichtig, dass man weder ihre Regeln noch ihre Ziele begriff. „Schließlich bringt dieses Europa keine Lösungen für die Probleme seiner Staatsbürger. Sie erwarten nichts mehr von ihm. Sie haben sogar Angst vor ihm. Ist das nicht der Gipfel? Europa wurde erfunden, um die Menschen zu schützen, ist aber für viele Europäer zu einer Bedrohung geworden."

In dieser Rede verwendete der künftige französische Präsident Begriffe, die sich seit Jahren keiner mehr traute, in den Mund zu nehmen. Dazu gehörte insbesondere der Hinweis auf „die Außengrenzen Europas". Um die Türkei, Russland, Israel, Marokko, die Massai und vielleicht auch die Inuits nicht zu kränken, die alle gerne der EU beigetreten wären, hatte sich in Brüssel die Gewohnheit eingeschlichen, bestimmte Vokabeln wie „Grenze" zu tabuisieren. „Sie werden mir sagen, das ist nur die Analyse eines Franzosen (...)", warf Sarkozy ein. „Aber ich versuche mit klarem Verstand die Dinge zu sehen, wie sie sind (...). Im Übrigen, hätte man übereilt Volksabstimmungen zum Verfassungsvertrag organisiert, glauben Sie, dass sie überall positiv ausgegangen wären?"

Was Nicolas Sarkozy sagt, tut er auch. Deshalb war diese Berliner Rede richtungsweisend. Es ging ihm zunächst darum, Europa „wieder populär, nah, zugänglich, verständlich" zu machen. Nur so würden „die Europäer wieder Vertrauen in unser gemeinsames Haus haben". Er deutete an, dass die Integration Europas in bestimmten Bereichen ohne Rücksicht auf deren Funktionsfähigkeit viel zu weit gegangen war und dass die Koordinierung in anderen Bereichen, wenn es darum ging, den globalen Konkurrenten Widerstand zu leisten, viel zu gering gewesen war. Man sah den Wald vor lauter Bäumen nicht mehr.

Die Harmonisierung der Steuerpolitik, der Mehrwertsteuer für Güter und Dienstleistungen, die nicht im europäischen Wettbewerb standen, das war seines Erachtens zu viel gewesen. Damit meinte er das Hotelgewerbe, die Gastronomie und andere kleinere Dienstleistungsbereiche. Dagegen war die Harmonisierung nicht genug vorangeschritten, was die Güter und Dienstleistungen anging, die dem internationalen Wettbewerb ausgesetzt waren. Er kritisierte „die zerstörerische fiskalische Konkurrenz in bestimmen Wirtschaftszweigen". Kurzum, der damalige Minister Sarkozy mahnte zu mehr Souveränität nach innen und zu mehr Solidarität nach außen. Schließlich verlangte er mehr Augenmerk für die Subsidiarität in den Entscheidungen und Handlungen, was mehr Delegation nach unten bedeutete, und für die „Verhältnismäßigkeit" der Richtlinien, mit anderen Worten für mehr Augenmaß. „Europa, wo es sein soll, soviel wie es sein soll, aber nicht mehr als es sein soll", schloss er.

Daraufhin schlug er vor, eine gemeinsame Energiepolitik zu entwerfen, um Europas Abhängigkeit von den fossilen Brennstoffen zu vermindern. Auch der Klimaschutz sollte ein übergreifendes europäisches Thema sein, sowie die Forschung auf dem Gebiet der künftigen Wasserstoffenergie. In der wissenschaftlich-technischen Innovation tat Europa auch zu wenig. Die USA gaben 100 Milliarden Euro mehr als wir auf diesem Gebiet aus. Nicht zu vergessen war auch der Aufbau einer europäischen Verteidigung, aber in Verbindung mit „den amerikanischen Verbündeten" und mit der NATO, „einem unersetzlichen Werkzeug aufgrund seiner Stärke". Auf diesem Gebiet musste Europa jedoch auch in der Lage sein, notfalls allein zu handeln und seine Sicherheit allein zu gewährleisten. Dann sprach er noch von dem Kampf gegen die grenzüberschreitende Kriminalität und die illegale Zuwanderung. Man müsste auch die besten Studenten aus dem Ausland nach Europa locken.

Anschließend kam die „Vision" zur Sprache. „Ich glaube auch, dass das europäische Projekt nur dann einen Sinn bekommt, wenn es uns ermöglicht, die Chancen der Globalisierung zu erfassen und unsere Staatsbürger gegen Übertreibungen derselben Globalisierung zu schützen. Glauben Sie nicht, dass ich der protektionistischen Versuchung nachgebe. Aber ich glaube, es ist unumgänglich, dass die Union ihren Wirtschaftsinteressen im Welthandel gegen alle Formen unfairen Wettbewerbs Respekt verschafft. Wir müssen auch den Vorzug zugunsten europäischer Produkte gelten lassen, indem wir zum Beispiel die öffentlichen europäischen Aufträge vorrangig an europäische Unternehmen erteilen, davon einen Teil für die kleinen und mittleren Unternehmen. Dann müssen wir die Regeln des Wettbewerbs so anpassen, dass europäische Champions entstehen. Ich weiß, dass das ein heikles Thema zwischen Deutschen und Franzosen ist."

Sarkozy bekannte sich zum deutsch-französischen Paar und nahm zugleich ein bisschen Abstand davon. „Es hatte immer wieder einen Fortschritt möglich gemacht", unterstrich er, „wenn der europäische Aufbau eine Panne hatte." Aber der deutsch-französische Motor funktionierte am besten, als Europa kleiner war. Heutzutage, meinte er, müsste eine flexible Gruppe von ca. fünf Staaten Europas Schicksal in die Hand nehmen, ohne die anderen auszuschließen. Er gab als Beispiel das G5 der Innenminister, das er mit Wolfgang Schäuble gebildet hatte, auch das Eurocorps und den Zusammenschluss der Niederlande, Spanien, Italien und Frankreich in einer europäischen Gendarmerie. Zwei Jahre später in London betonte er, dass „für uns Franzosen die deutsch-französische Freundschaft die Grundlage der europäischen Versöhnung ist (...), der deutsch-französische Motor ist weiter notwendig. Aber er reicht nicht mehr aus, damit Europa handelt und mit seinem ganzen Gewicht (auf die Weltpolitik) drückt (...). Das Vereinigte Königreich und Frankreich werden zusammen in die gleiche Richtung gehen."

In Berlin hatte er versichert, er wolle nicht zum Europa der Sechs zurückkehren, er wäre ganz im Gegenteil voller Bewunderung für die Bemühungen der Reformstaaten in Mittel- und Osteuropa und der Meinung, dass ein großer Markt von fast 500 Millionen Einwohnern unser Wachstum fördern und unseren Reichtum mehren werde. Die Durchführung dieser Aufgaben sei dringend, wenn auch gesagt werden müsse, dass man nur geduldig, Schritt für Schritt, voranschreiten könne. Die Völker brauchten bald eine klare europäische Perspektive. Zum Schluss widersprach Sarkozy der deutschen Regierung, die der Meinung war, der Text des EU-Verfassungsvertrags müsse unverändert zur Ratifizierung durch die Parlamente vorgelegt werden. Der Text wäre verbesserungsfähig, meinte er.

Dass die Politiker nicht zu dem Schluss kamen, eine unleserliche „Verfassung" von 500 Seiten sei nicht der richtige Weg, um die Völker zu begeistern, war schon merkwürdig. Auf einer Pressekonferenz in Berlin im Dezember 2006 hatte ich der Bundeskanzlerin suggeriert, den Text von Journalisten neu schreiben zu lassen, damit er für den Mann auf der Straße verständlich wird. Aber ich glaubte selber nicht an meinen Vorschlag. Dieser Schmöker wurde unter Federführung von Frankreich und Deutschland von hochkarätigen Experten überarbeitet. Seine über hundert Bestimmungen wurden in eine neue Reihenfolge gebracht und sein Wortlaut wurde so umgeschrieben, dass er selbst für Juristen unverständlich wurde. Drei Jahre nach seiner Ablehnung tauchte dasselbe Dokument unter einem anderen Namen wieder auf. Die neue Verpackung war kompliziert genug, um die Menschen abzuschrecken. Die Politiker hofften trotzdem, dass die Europäer nicht merken, dass es dasselbe war.

In Lissabon im Dezember 2007 wurde dieser so genannte Mini-Vertrag in XXL-Format von allen 27 Staaten abgesegnet. Als Einzige hatten die Iren den Gefängnisschlüssel in der Hand, und sie nutzten ihn, um auszureißen. Im ersten Moment glaubten Angela Merkel und Nicolas Sarkozy, dass sie ihr Papiermonster noch einmal vor der Makulatur retten könnten. Man tat, als ob die Iren sich getäuscht hätten. Der Kommissionspräsident Jose Manuel Barroso war für die Fortsetzung der Ratifizierungsprozesses und Frank-Walter Steinmeier schlug vor, Irland aus dem europäischen Prozess „auszuklammern", während der französische Staatssekretär für europäische Angelegenheiten Jean-Pierre Jouyet auf einen „juristischen Vergleich" hin arbeiten wollte. Der Ratifizierungsprozess würde weiter gehen, und dieses Inselvolk würde es sich noch mal überlegen.

Hätten die Iren diesen Strich durch die Rechnung nicht gemacht, wäre die französische Präsidentschaft (1. Juli bis 31. Dezember 2008) eine Kreuzfahrt in ruhiger See gewesen. Aber sie startete wie ein Abenteuer in einem Meer der Stürme. Dabei hatte sich Nicolas Sarkozy mit allen anderen arrangiert. Er hatte seine Kritik am starken Euro gemildert. Er drohte nicht mehr, der Europäischen Zentralbank eine politische Wirtschaftsregierung entgegenzusetzen. Er begnügte sich mit einem „Rat der Weisen". Freilich, es gab noch einige Scharmützel zwischen Paris und Brüssel. So ging es seit Jahren um die Sicherung der niedrigen Mehrwertsteuer für die französischen Gaststättenberufe. Der Streit um eine gemeinsame Zuwanderungspolitik mit mehr Grenzkontrollen, Einschränkungen und Ausweisungen, mit gemeinsamen Kriterien im Asylrecht ging weiter.

Als die Dieselpreise sprunghaft stiegen und französische und spanische Lkw-Fahrer die Straßen blockierten, bekam Sarkozy am 2. Juni 2008 von deutscher Seite eine Absage für seinen Vorschlag, die Brennstoff- Mehrwertsteuer herunterzufahren und Steuerüberschüsse den bedrohten Berufen zu geben. Der Vorschlag seiner Finanzministerin Christine Lagarde, die Besteuerung der Unternehmen europaweit zu harmonisieren, um dem Dumping ein Ende zu setzen, stieß auch auf Unverständnis. Der Konflikt spitzte sich zu, als der französische Präsident Ende Juni 2008 einzelnen Mitgliedern der Kommission vorwarf, am irischen „Nein" schuldig gewesen zu sein. „Ein Kind stirbt alle 30 Sekunden an Unterernährung", warf er dem Handelskommissar Peter Mandelson vor, „und wir müssten die europäische Landwirtschaftsproduktion um 20 Prozent drosseln? Sie sind der Einzige mit dieser Meinung." Dem Fischereikommissar warf er vor, „die Not" der europäischen Fischer nicht sehen zu wollen. Einen Tag später rief ihn Barroso verärgert an. Sarkozy versprach Besserung, aber er hatte Barroso, den Freund von Angela Merkel, im Visier, das wusste jeder.

Aus diesem und anderen Gründen war der Glaube an die europäische Gesinnung von Sarkozy in Deutschland nicht sehr groß. Ein deutscher Regierungsvertreter verriet mir einmal seine Sorgen: „Helmut Kohls Standpunkt war, dass Europa und Deutschland deckungsgleich waren. Wird sich Sarkozy im Zweifelsfalle für Frankreich zu Lasten Europas entscheiden?" Das Gespräch fand etwa sechs Monate vor der französischen Präsidentschaft des Europäischen Rates statt. Kannte man denn Nicolas Sarkozy in Berlin nicht besser? Galt er noch als unsicherer Kantonist? Seit Jahren arbeitete er mit der deutschen Regierungschefin zusammen, und man hatte sich an seine burschikose Art gewöhnen können. Aber den Deutschen gingen manche seiner Vorschläge gegen den Strich. Dieser verflixte Franzose hatte auf Husarenart und säbelrasselnd den Brüsseler Teppich betreten, obwohl Frankreich seit seiner schockierenden Volksabstimmung vom Mai 2005 schön sittsam auf der europäischen Strafbank hätte sitzen bleiben sollen. Trotzdem stellte dieser freche Kerl gleich nach seiner Wahl an Berlin und an Brüssel kaum erfüllbare Ansprüche.

Dennoch fing diese französische EU-Präsidentschaft, von der sich der Franzose eine Menge erhoffte, wider Erwarten unter einem guten Omen an. Während die Eurokraten in Brüssel die Säbel wetzten, kam ein Engel nach Paris, er hieß Ingrid. „Europäische Politiker müssen Fortune haben", hätte bestimmt Friedrich der Große am späten Abend des 2. Juli 2008 gesagt, als Nicolas Sarkozys, die Befreiung von Ingrid Betancourt im französischen Fernsehen bekannt gab. Von den Kindern und der Schwester von Ingrid Betancourt umgeben schwebte der französische Präsident im Glück. „Es war Weihnachten im Juli", kommentierte ein Beobachter. Tristesse ade! Für europäische Gehässigkeiten war kein Platz mehr. Der pfiffige Sarko verstand es, aus der fabelhaften Rettung der Geisel durch die kolumbianische Armee ein französisches Melodrama mit Happy End zu machen. Dabei hatte der kolumbianische Präsident Alvaro Uribe ihn und Kouchner blamiert, weil diese auf Verhandlungen mit den Geiselnehmern und auf die Vermittlung des dubiosen Venezolaners Hugo Chavez gesetzt hatten.

Es konnte keine bessere Nachricht am zweiten Tag der französischen EU-Präsidentschaft eintreffen. Man scheute keine Kosten. Der Staatspräsident schickte gleich einen Airbus mit dem treuen Bernard (Kouchner) nach Bogota, um das Dornröschen aus dem Urwald nach Paris zu holen. Die sterbenskrank gesagte Märtyrerin kam kerngesund und ohne Gesichtsfalten aus der grünen Hölle zurück. Kaum angekommen, sprach sie von einem Wunder, trug ein Kreuz an ihrem Hals und dankte Gott und dessen irdischem Stellvertreter, Nicolas-dem-Katholiken. Sie wohnte einer Danksagungsmesse in der Saint-Sulpice-Kirche in Paris bei, betete vor der Grotte der heiligen Jungfrau in Lourdes und wurde vom Papst empfangen. Das war schon eine Idee aufmunternder für das europäische Gemüt als das Bild des in Deutschland beliebtesten französischen Fußballspielers, Franck Ribery, eines Stammfranzosen, der auf dem Spielfeld vor Millionen von Fernsehzuschauern mit offenen Händen demonstrativ zu Allah betet und in Interviews betont, dass er auch bei „Bayern München" Helal-Fleisch isst.

Vieles an der wundersamen Rettung der französisch-kolumbianischen Geisel bleibt unerklärt. Aber noch wichtiger war die Frage, ob die Umarmung mit dieser modernen Johanna von Orléans dem armen König Sarkozy die magische Kraft verleihen würde, den europäischen Karren aus dem Schlamm zu ziehen. Von dieser „Passionaria soft" berührt worden zu sein, die „Gott", „Frankreich" und „einem Wunder" ihr Leben verdankte, wie sie prägnant formulierte, machte aus dem französischen Staatsoberhaupt einen EU-Präsidenten von Gottes Gnaden. Die Glückssträhne dauerte also an. Es kam Schlag auf Schlag die Annahme des französischen Zuwanderungsplans durch die 26 EU-Partnerstaaten mit dem Ziel, die unkontrollierte Immigration einzudämmen. Nach einem viele Monate dauernden Konflikt gestand Brüssel die Erhöhung der Fischquoten für die französischen Fischer zu. Noch wichtiger für die Franzosen war, dass die Absenkung der Mehrwertsteuer für das Hotelgewerbe und die Gastronomie erwogen wird. Ein Erfolg des französischen Europa-Ministers Michel Barnier.

Wenn man sieht, in welchen schwindelerregenden Höhen die Beliebtheitsquote seines Außenministers in den Umfragen schwebt, immer über 60 Prozent, war es für Sarkozy dringend notwendig, Erfolge in der Europa- und Außenpolitik zu sammeln. Es ging ihm auch in erster Linie darum, das ziemlich ramponierte Image Frankreichs im Ausland wieder aufzupolieren. Er hatte am Anfang viele Reisen gemacht, war auf allen

G8-Gipfeln, oft in Brüssel und in allen Hauptstädten in Europa, auch in Mittel- und Osteuropa, und sogar in Straßburg im germanisch-französischen Osten, wo das Europa-Parlament für Exotik sorgt. Der europäische Vorsitz für das zweite Halbjahr 2008 war schon ein Glücksfall. Natürlich sind sechs Monate eine kurze Zeit, aber nicht für einen Nicolas Sarkozy. Enorm, was ein Mann wie er in einem halben Jahr bewältigen kann. Die Bewährungsprobe bestand er gleich mit der Bildung der Union für das Mittelmeer.[81] Das war schon ein schönes Stück Vision für Europa. Leider war der nächste Schritt nicht mehr so erfolgreich. Nach einem Monat des Zauderns der Europäer beschloss Sarkozy kurz und bündig, das Inselvolk der Iren müsste noch einmal abstimmen. Als er am 21. Juli 2008 mit dieser Empfehlung nach Dublin flog, wurde er von Tumulten und Protesten empfangen. Die Iren waren nicht bereit, nach der französischen Pfeife zu tanzen, zumal die Franzosen den Verfassungsvertrag ebenfalls abgelehnt hatten.

Infolgedessen hing ein Damoklesschwert, besser gesagt ein keltisches Excalibur über dem Kopf von Sarkozy. Man hatte sich bis zum nächsten europäischen Rat im Oktober 2008 vier Monate Bedenkzeit gegeben. Die guten Europäer dachten, man würde die Iren irgendwie (wie bereits 1993 und 2001) vor der Europawahl im Juni 2009 zu einem Positionswechsel bewegen. Aber die schreckliche irische Skepsis erweiterte sich wie ein Ölteppich. Ausbrecher werden von den anderen Gefängnisinsassen mit Neid betrachtet. Die Tschechen und die Polen meldeten Opposition an. Prag drohte, den Ratifizierungsprozess zu unterbrechen, und in Warschau scheiterte er sogar. Die Menschen wollten Europa, aber nicht diese Verfassung. Sie wollten nicht, dass die EU vom Dach herunter gebaut werde, sondern dass sie von unten her wachse. Sie sind nicht gegen Europa, sondern gegen die Art und Weise, wie es geführt und gemacht wird. Ganz langsam begriffen die führenden Politiker, dass es so nicht weiter gehen konnte. Man muss das Steuer herumreißen. Die Bürger fühlen sich geprellt. Wir sind nicht mehr in den 50er Jahren, als man über ihre Köpfe hinweg entscheiden konnte.

„Die Skeptiker sagten: Niemand braucht den Lissabon-Vertrag wirklich. Er würde das Leben der Europäer nicht wirklich qualitativ verbessern; er ist eine Kopfgeburt der Politik, an den Herzen der Menschen vorbei", sagte mir damals der Kollege Hans Peter Sommer. „Haben Paris und

---

81 Kapitel 29: „Von Afrika bis zum Nordkap: alles Mittelmeer".

Berlin die Kraft, den befreienden Schritt zu gehen und den Europa-Vertrag einfach um 10 Jahre zu verschieben? Sarkozy hat den Mut dazu, er weiß, es gibt Wichtigeres zu klären und zu beschließen: mehr Kaufkraft, kontrollierte Immigration, sinnvolle Globalisierung, europäische Sicherheitsstrukturen und vieles andere. Es wäre ein Zeichen der Stärke, sich von lähmenden Träumen zu trennen. Aber wir hören schon die warnenden Stimmen aus Berlin: Das machen wir nicht mit!".

Immerhin war Sarkozy der Erste und wohl der Einzige, der sich zu sagen traute, dass „wir unsere Art, Europa zu machen ändern müssen", weil die bisherige Methode „die Europäer zutiefst beunruhigt". Vor der Presse am 8. Januar 2008 hatte er bereits angedeutet, dass der im Monat davor in Lissabon von den 27 Staatsführungen abgesegnete, modifizierte Verfassungsvertrag allein schon deshalb nicht ausreiche, weil ein tiefes Misstrauen einen Graben zwischen den Europäern und Brüssel ziehe. „Europa braucht eine neue Zivilisationspolitik", äußerte er. „Es muss sich entbürokratisieren. Es braucht mehr Politik und weniger Technokratie... Allerdings hat es jetzt einen Rahmen und Regeln, wonach es entscheiden kann." Vielleicht doch zu viele Regeln? Ein überreglementiertes Gebilde? Zunehmend wurde Europa als Regelwerk und als Währung, als ein seelenloses administrativ-ökonomisches System empfunden.

Fünf Tage vor Beginn der französischen EU-Präsidentschaft schickte Sarkozy den Europa-Fachmann Alain Lamassoure ins Fernsehen. „Europa hat als Markt angefangen und seine meisten Gesetze wurden für die Unternehmen und die Wirtschaft geschmiedet, aber ein Graben trennt es von seinen Staatsbürgern, weil es ihnen nichts gibt", präzisierte der ehemalige französische Europa-Minister. Möglicherweise wird Alain Lamassoure im Jahr 2009 bei der Europawahl eine wichtige Rolle spielen. Aber Dominique de Villepin könnte nach neuesten Informationen auch da einspringen. Er hat sich mit seinem Intimfeind Sarkozy etwas versöhnt. Mag sein, dass Villepins langjährige Freundin Ingrid Betancourt vermittelt hat.

Aus Lamassoures Worten ergab sich, dass Sarkozy ein Europa für die europäischen Staatsbürger schmieden wollte. Heute empfinden sie Europa als eine Bedrohung, zumal der deutsche Liberalismus eine uneingeschränkte Öffnung der EU-Außengrenzen fordert. Sarkozy will zwar aus Europa keine Festung machen. Aber er will weg von den Abstraktionen, er will ein Europa zum Anfassen, das seine Bürger gegen die Risiken der Globalisierung schützt. Wir wären schon einen großen Schritt weiter, meinte er, wenn wir die Begünstigungsklausel für europäische

Arbeitnehmer, Produkte und Unternehmen anwenden würden, die man als „europäische Präferenz" bezeichnet. Das bedeutet, dass bei der Wahl zwischen einem Arbeiter aus der Türkei oder aus Polen, der Pole vorgezogen wird. Bei der Wahl zwischen einem Produkt aus Rumänien oder aus China wird das rumänische Erzeugnis vorgezogen. Damit würden die Europäer die Nützlichkeit ihres Schulterschlusses selbst wahrnehmen.

Alain Lamassoure machte in seinem Gespräch im französischen Fernsehen einen attraktiven Vorschlag. Die gemeinsame Zugehörigkeit zur EU sollte bald durch „einen europäischen Bürgerausweis, eine Art europäischen Pass" deutlicher gemacht werden. Der Besitz eines europäischen Ausweises sollte das persönliche Verhältnis eines jeden Bürgers Europas mit der EU festigen. Wie die Währung ist der Ausweis ein Gegenstand des täglichen Bedarfs. Früher waren deutsche Pässe grün und französische blau. Jetzt haben schon alle europäischen Nationalpässe dieselbe Farbe. Es ist die Farbe „bordeaux", mit einem kleinen Anfangsbuchstaben geschrieben. So nennt man die dunkelrote Farbe, die sichtbar wird, wenn man eine Flasche Rotwein aus der Region des Hafens am Atlantik vor die Sonne hält. Bordeaux, die Partnerstadt von München, wurde damit zum Symbol Europas. Die Farbe der Pässe unterstreicht, dass der Wein ein ureuropäisches Kulturgut ist.

Lamassoure machte weitere Vorschläge. Ein Europa der Verbraucher gäbe es trotz der gemeinsamen Währung nicht. So wurde 2008 an der deutsch-französischen Grenze festgestellt, dass die Verbraucherpreise in Deutschland um 15 Prozent niedriger seien. Die meisten Europäer genössen die Freizügigkeit, auch für ihre Arbeit, aber sie könnten ihre Rechte auf Schutz gegen Krankheit, Arbeitslosigkeit und auf eine Rente nicht in einen anderen EU-Mitgliedstaat mitnehmen. Man dürfe zwar an Universitäten in mehreren Staaten der EU studieren, aber die Diplome seien meist nur in dem Land gültig, in dem sie erworben wurden. „Das Europa der Bürger ist um zwanzig Jahre im Rückstand im Vergleich zum Europa der Wirtschaft", bemängelte der Franzose. All das stand 2008 auf der „Speisekarte" der französischen EU-Präsidentschaft, die sich intensiv mit den Fragen der Energieversorgung, der ungezügelten Immigration und der Integration der Zuwanderer, mit einer Neubelebung der europäischen Verteidigung und einer Reform der gemeinsamen Agrarpolitik befassen sollte, wobei Paris seinen turnusmäßigen Vorsitz des Ministerrates eher als die Aufgabe eines Kapellmeisters, der andere zum Mitspielen anregt, denn als eine Führungsfunktion auffasste. Das wurde immer wieder betont, um

Vorbehalte gegen die „französische Arroganz" und die „deutsche Dominanz" abzuwehren. Genauso wiederholen Deutsche und Franzosen, dass sie das deutsch-französische „Tandem" nicht als „Achse" bzw. nicht als „Direktorium" Europas sondern als „Motor", „Antriebskraft" und manchmal als „Begleitmusik" verstehen. Gegenüber den kleinen und einigen großen Partnern und gegenüber den Neumitgliedern in Mittel- und Osteuropa war Bescheidenheit angebracht. Das klang alles ganz wunderbar.

Warum hatten die Eurokraten denn nichts Eiligeres zu tun, als die Paragraphenwucherung im reformierten Text aufrecht zu erhalten. Es wäre doch einfach gewesen, einen wirklich vereinfachten, für alle leserlichen Verfassungsvertrag zu redigieren. Man hätte dort die „essentials" der EU zusammengefasst: die Menschenrechte; die einklagbare Subsidiarität zur Erhaltung nationaler und regionaler Identitäten; die soziale Marktwirtschaft für den Wohlstand aller; die Möglichkeit für die Europäischen Bürger, sich an den Europäischen Gerichtshof zu wenden; die Kontrolle der Kommission und des Haushaltes durch das Europa-Parlament; die Begrenzung der Zahl der Kommissare und Abgeordneten; die Vertretung Europas durch einen für fünf Jahre gewählten Präsidenten des Europäischen Rats und einen deutlich gestärkten Hohen Beauftragten für die Europäische Außen- und Sicherheitspolitik (mit einem kleinen aber kompetenten Europäischen Auswärtigen Dienst). Dafür hätten doch zwölf Artikel, ebenso viele wie Sterne auf der EU-Flagge, ausgereicht. Eine Präambel hätte darauf hinweisen können, dass Europas Außengrenze dort liegt, wo es nicht nur geographisch aufhört, sondern wo es seine Wurzeln in das christlich-humanistischen Erbe eintaucht. Warum geht das eigentlich nicht?

Es fehlt infolgedessen ein Europa für das Herz, ein Europa, das man lieben kann, ein Europa, mit dem wir uns identifizieren können. Es fehlt das Europa mit Seele,[82] das das Europa der Jugend von heute ist. Die Jugend erlebt dieses Europa des Herzens. Das Europa der Nachkriegsgenerationen

---

82 Es gibt aber die Initiative „Europa eine Seele geben" mit Persönlichkeiten wie Catherine Lalumière, Richard von Weizsäcker, dem leider 2008 verstorbenen Bronislav Geremek, Jacques Toubon, u.a.. In einer Rede 2007 in Straßburg sagte Angela Merkel dazu: „Manche denken, der Versuch, das Wesen Europas bestimmen zu wollen, bringe wenig. Ich sehe das, offen gesagt, völlig anders. Ich erinnere an Jacques Delors. Er hat den berühmten Satz gesagt: ‚Wir müssen Europa eine Seele geben.' Ich darf mit meinen Worten hinzufügen: Wir müssen Europas Seele finden. Denn eigentlich brauchen wir sie Europa nicht zu geben, weil sie schon bei uns ist. Ist die Vielfalt diese Seele? Kaum jemand hat das schöner ausgedrückt als der Schriftsteller Karel Capek, ein großer Europäer aus Prag, ich zitiere: ‚Der Schöpfer Europas machte es klein und teilte es sogar in winzige Stücke auf, so dass

als Schutz vor Bruderkriegen bleibt uns zwar erhalten, es ist aber nicht mehr die Hauptsorge der Jugend. Der Mangel an Emotionen und an Gefühlsbindungen ist zum Hauptproblem geworden. In einem Interview der Tageszeitung „Die Welt" vom 6. Oktober 2008 kritisierte Peter Müller, Ministerpräsident des Saarlandes und Bundesratspräsident, Politik werde in den letzten Jahren „sehr rational, sehr technisch gemacht". Es gebe „ein Bedürfnis nach einer emotionaleren Ansprache". Die Rückgewinnung emotionaler Bindungen sieht er allerdings als eine besonders schwierige Aufgabe.

Man hatte nach dem negativen Votum der Franzosen und der Niederländer getan, als ob nur nationale Vorbehalte die europäische Verfassung zur Strecke gebracht hätten. Freilich, die Europäer wollen keinen Superstaat über ihren Köpfen. Sie wollen sogar, dass die Kommission aufhört, kleinkariert in die Staaten hinein zu reglementieren. Deren Praxis wird allmählich surrealistisch. Als die Nahrungsmittel- und Energiepreise in die Höhe gingen, angesichts terroristischer und atomarer Drohungen taten unbeschäftigte Europa-Abgeordnete und Beamte nichts dagegen, fanden aber nichts Gescheiteres zu tun, als eine Richtlinie gegen die Züchtigung von Kindern und eine andere zur Angleichung der so genannten Homophobie mit dem Rassenhass vorzubereiten. Früher war die Rede vom europäischen Hühnerhof. Jetzt kann man vom europäischen Kindergarten reden. Oder hält sich Brüssel für eine moralische Anstalt? Die Moral zu gestalten ist doch die Aufgabe der Kirchen und der Familien.

Die Völker der Hochkultur Europas bestehen nicht aus Primitivlingen. Sie wollen und sollen einander wie Landsleute lieben können. Sarkozys Bemerkungen haben gezeigt, dass unsere Regierenden sich der Probleme bewusst sind. Es wäre ein Leichtes gewesen, das europäische Kontinentalgefühl klar zu machen und in den Texten zu verankern. Umfragen sprechen eine eindeutige Sprache. Besonders die jüngeren Generationen können sich Europa nur als ein emotionales Anliegen vorstellen. Oder hat man Angst davor, dass Franzosen Frankreich, Deutsche Deutschland nicht mehr lieben, wenn sie Europäer werden? Die Entwicklung der letzten fünfzig Jahre zeigte im Gegenteil, dass Europa die nationalen (und regionalen) Charaktereigenschaften und Traditionen gestärkt hat. Dass diese Entwicklung nicht im Gegensatz zu Europa, sondern im Gegenteil

---

sich unsere Herzen nicht an der Größe, sondern an der Vielfalt erfreuen.'" Im September 2007 tagte die Initiative „Europa eine Seele geben" in Berlin.

mit ihm zusammenhängt, müsste deutlich gemacht werden. Die übergroße Mehrheit der Bewohner unseres Kontinents will Europa, aber nicht das kalte, ferne Europa der überbezahlten und steuerfreien Eurokraten in Brüssel. Kann Sarkozy diesen Wunsch erfüllen?

Es ist nicht alles verloren. Erstens ist der Weg nach Europa unumkehrbar. Zweitens zwingt uns die Globalisierung dazu, die Reihen zu schließen. Drittens gibt es immer mehr Entwicklungen, die die Staaten allein nicht mehr bewältigen können. Wir hörten, wie Sarkozy in Berlin von der Energiepolitik und vom Klimaschutz sprach. Einige dieser Entwicklungen sind für Frankreich eher positiv. Die Mini-Reform der Landwirtschaft, die einen schrittweisen Abbau der Subventionen in Richtung Marktpreise vorsieht, wird umso leichter zu bewältigen sein, als Landwirtschaftsprodukte heute wieder verstärkt verlangt werden. Die Franzosen können froh sein, dass der Unsinn vom „Einfrieren" der Anbauflächen angesichts der Explosion der Nahrungspreise und der Hungerrevolten auf der Welt zurückgenommen wird. Sie werden jetzt ihre Landwirtschaft, die Chirac vor der Vernichtung durch Europa gerettet hatte, voll entfalten können. Die Deutschen dürfen nicht vergessen, dass die Gründung eines europäischen Marktes für ihre Industrie eine ungeheure Vitaminspritze war. Der Preis dafür war zum Vorteil aller die Rettung der französischen Landwirtschaft.

Nun stellt sich ein neues Problem: die wilde Zuwanderung aus Übersee, die innerhalb weniger Jahre Europa überfluten könnte. Die Kontrolle der Zuwanderung und die Harmonisierung der Kriterien für das Asylrecht gehören zu unseren vitalen Interessen. Anfang Juni 2006 hatte der französische Minister für nationale Identität und Zuwanderung Brice Hortefeux seine Politik mit diesen Worten zusammengefasst: „Frankreich darf wählen, wen es aufnimmt."

„Europa hat sechs Millionen Illegale auf seinem Gebiet", so reagierte der Bundesminister des Innern Wolfgang Schäuble. „Es ist Zeit, technische Mittel wie die biometrische Identität und andere moderne Methoden einzusetzen", fügte er hinzu. Die NGO[83] verurteilen diese Methoden, aber die EU hat damit keine Probleme. Auch die spanische Regierung hat darauf verzichtet, massive Einbürgerungen von Zuwanderern wie in den letzten Jahren vorzunehmen. Sie wird die Illegalen an die Grenze

---

83 „Non-Governmental Organisations", alle privaten Organisationen mit globalen Zielen wie Greenpeace, SOS-Rassismus, etc.

zurückführen. Auf der Konferenz der EU-Innenminister zum Auftakt der französischen Ratspräsidentschaft konnte Hortefeux eine verbesserte Bilanz seines Landes vorstellen, um die Partner zu überzeugen.[84]

Ein zweites Problem ist die Schwierigkeit Europas, mit einer Stimme zu reden und sich weltweit durchzusetzen. Die durch den Einmarsch der Russen in Georgien im August 2008 ausgelöste Krise war die Probe aufs Exempel. In Peking fanden die Olympischen Spiele statt und Washington war durch die Präsidentenwahlen wie gelähmt, als Putin und Medwedew den kleinen Staat im Kaukasus überfielen. Paris hätte am ehesten auf den Tisch hauen können. Frankreich ist dank seiner Atomkraft sehr viel weniger als Deutschland und vor allem als Finnland und Osteuropa von russischen Energielieferungen abhängig. Aber es konnte nicht aus der Reihe tanzen und sich auch nicht vom kompromissbereiten Deutschland distanzieren. Auch Polen und die baltischen Staaten, die jeden Grund haben, sich vor dem russischen Bären zu fürchten, zumal die Russen ihre Kaliningrad-Enklave (früher Königsberg) wieder militarisieren, mussten klein beigegeben.

Also sprach in Brüssel am 1. September 2008 das Europa der 27 mit einer Stimme, um Moskaus Vorgehen in Georgien zu verurteilen. Das kann man als einen Erfolg betrachten. Aber Sarkozy, der auf dem Höhepunkt der Krise ein Abkommen mit Moskau im Namen der EU abgeschlossen hatte, welches immerhin eine Feuerpause brachte, als die russische Armee nur noch 30 km von Tbillissi entfernt war, wurde von allen Seiten gebremst. Sein Freund Berlusconi ist ein Putin-Fan und der Russland-Freund Steinmeier ist kein Sarkozy-Fan. Von vornherein hatte die EU Sanktionen gegen Russland ausgeschlossen. Es wurde nur beschlossen, dass man die Diskussionen mit Moskau über eine strategische

---

84 Die Stimmung in Frankreich scheint sich nach der heftigen Debatte um das Gesetz, das den DNA-Test für den Zuzug von Migranten zur Pflicht machen wollte, beruhigt zu haben. Nach einer Abnahme in den 80er Jahren hatte die Zuwanderung nach Frankreich vor allem dank fiktiver Eheschließungen Ende der 90er Jahre wieder stark zugenommen. Diese Pseudo-Ehen werden seit 2004 genauer überprüft. Zum ersten Mal seit zehn Jahren ging in Frankreich die Familienzusammenführung etwas zurück (von 97.125 zwischen Juni 2006 und Mai 2007 auf 84.921 von Juni 2007 und Juni 2008). Ca. 30.710 Gastarbeiter kamen ins Land zwischen dem 1. Juni 2007 und dem 31. Mai 2008, eine Zunahme von 36 Prozent. Die Hälfte kommt aus den neuen EU-Mitgliedstaaten, ein Drittel aus Nordafrika. – Die Ausweisungen von Ausländern haben 2008 um 80 Prozent zugenommen. Wie Deutschland fordert jetzt Frankreich einen Aufnahmetest der Zuwanderer. Sprachkurse werden angeboten. Hortefeux versucht, zugewanderte Frauen in sozial-medizinische Dienstleistungsberufe zu übernehmen, wo der Arbeitskräftebedarf stark ist.

Partnerschaft verschieben würde. Der europäische Berg (3,5 Mal mehr Einwohner und 15 Mal mehr Industrieleistung als Russland) hat gekreißt und ein Mäuslein geboren, aber mit einer Stimme gesprochen. Europa kann auch nicht den Russen den Fehler vorwerfen, den es selbst begangen hat. „Südossetien? Abchasien?" hält man den Russen vor. Der Kreml erwidert: „Kosovo!" Bei hochbewaffneten, despotischen Staaten wie Russland und China kann sich Europa nur schwer Gehör verschaffen. Aber die „Appeasement-Politik" der EU vom 1. September 2008 sollte nicht an den unheilvollen „Appeasement-Vertrag" von München vom 30. September 1938 anknüpfen. Nicolas Sarkozy ging wieder nach Moskau und Tbillissi und handelte mit Dmitri Medwedew einen mit Terminen versehenen Truppenrückzugsvertrag aus. Umso schwerer wog die Anerkennung durch Vladimir Putin, der dem Chefredakteur vom „Figaro" sagte, dass Sarkozy ein „Friedensstifter" gewesen sei.

Ein drittes Problem stellt sich. Es könnte positive Seiten haben. Ein Europa von unten entsteht. Es ist mit demjenigen, das die Staats- und Regierungschefs sich wünschten, nicht ganz identisch. Streiks im Eisenbahnverkehr, in der Luftfahrt, in Kliniken und bei den Ärzten und Krankenschwestern haben in Deutschland und Frankreich in den Jahren 2007 und 2008 fast gleichzeitig stattgefunden. Im Mai und Juni 2008 waren die Schüler, Studenten und Lehrenden an der Reihe. Diese von einem Land zum anderen überspringenden Bewegungen scheinen koordiniert zu sein. Auffällig war auch die Parallelität der Eisenbahnerstreiks in Frankreich im Winter 2007/2008 und des langen Streiks der Lokführer in Deutschland. Die Demonstrationen von Schul- und Uniangehörigen sollte man auch aufmerksam verfolgen.

Frankreich und Deutschland sitzen im selben Boot und können nicht mehr aussteigen. Oder sitzen sie auf demselben Pulverfass? Die Grenzen sind durchlässig geworden. Parteien, Gewerkschaften, Verbände und Vereine, aber auch illegale Zuwanderer und organisierte Kriminelle tauschen sich trotz der Sprachbarrieren ebenso intensiv miteinander aus wie die Ministerien und die Regierungschefs. Das Europa der Billigflieger und der Bahncards lebt. Ein anderes Europa entsteht.

Dann platzte im Spätsommer und Herbst 2008 die Börsen- und Bankenblase an der Wall Street. Europa wurde in Mitleidenschaft gezogen. Die Gefahr kam da nicht von unten, sondern von nebenan, jenseits des großen Teichs. Am 4. und am 12. Oktober 2008 berief Sarkozy die Vierer-Gruppe der wirtschaftsstärksten Staaten Europas ein und informierte andere EU-Mitglieder wie Spanien über diese Beratungen. Er erreichte wieder, dass Europa, wenn auch nur wieder auf der Grundlage eines Minimalkonsenses, mit einer Stimme sprach. Von einem gemeinsamen Rettungsfonds für das europäische Kreditwesen konnte wegen deutscher Bedenken nicht die Rede sein, wenn das auch besser gewesen wäre. Aber die Stützungsmassnahmen der einzelnen Staaten waren abgesprochen und koordiniert.

Damit hatte Sarkozy der EU eine neue, abgestufte Entscheidungsstruktur gegeben, die in Krisenzeiten effektiv funktionieren könnte. Als Sarkozys Wirtschaftsministerin einen europäischen Rettungsfonds für die Banken vorschlug, der Berlin nicht behagte, war das einst unter Nationalismusverdacht stehende Frankreich europäischer als die Partner. Freilich, nur ein Versuchsballon! Aber warten wir mal ab! Darüber hinaus hat sich der in Deutschland vor gar nicht so langer Zeit viel kritisierte Staatsvoluntarismus und -interventionismus von Sarkozy sogar im Mekka des Neoliberalismus, Amerika, in dieser Krise als das Allheilmittel erwiesen.

Man kann vielleicht bedauern, dass weder in Frankreich noch in Deutschland jemand aufstand, um zu sagen, wie schön es in der Finanzkrise war, dass wir den starken Euro hatten, der wie ein Fels in der Brandung stand und uns einen Wettbewerb von Abwertungen mit allen negativen Folgen erspart hat. Freilich, das hat auch Sarkozy versäumt. Es wurde auch zu wenig gesagt, dass die europäischen Banken seit dem 1. Januar 2007 die Kreditschutzregeln genannt „Basel II" übernommen haben, während die Amerikaner sie auf 2009 oder auf den Sankt Nimmerleinstag verschoben haben. Die französischen Banken haben sich als relativ standfest erwiesen und konnten in der Krise durch Fusion und Akquisition noch wachsen. Schließlich hat es sich als goldrichtig erwiesen, dass Sarkozy noch vor der Krise geäußert hatte, man soll „den Kapitalismus moralisieren".

27. Kapitel

Sarkophobie in Deutschland

Es geschah am 26. Juni 2008, dem Tag der 25. Verleihung der deutsch-französischen Journalistenpreise. Ort des Geschehens war der Lichtsaal des ARD-Gebäudes in der Wilhelmstraße in Berlin. Bundestag, Kanzleramt, Bundespresseamt, das Hotel Adlon, die Botschaften der ehemaligen vier Besatzungsmächte und das Brandenburger Tor liegen hier an der Spree dicht beieinander. Hier pulsiert das Herz der wiedervereinigten deutschen Hauptstadt, wo früher DDR-Grenzsoldaten „auf Menschen wie auf Hasen schossen".

Prominente des deutsch-französischen Journalismus waren gekommen. In der ersten Reihe saßen Diplomaten, darunter der französische Botschafter Bernard de Montferrand und der deutsche Staatssekretär Günter Gloser, Beauftragter für Deutsch-französische Beziehungen. Neben ihnen Fritz Raff, Intendant des Saarländischen Rundfunks und ARD-Vorsitzender, der Schirmherr des Preises war. Anwesend auch François Scheer, Ehrenvorsitzender des „Prix Franco-Allemand du Journalisme" und ehemaliger französischer Botschafter in Deutschland. Auch Sabine Kuntz, die Generalsekretärin des Deutsch-Französischen Jugendwerkes, war zu sehen.

In diesen heiligen Hallen des deutschen Fernsehens bat Tom Buhrow, der Moderator der ARD-Tagesthemen, Heimo Fischer auf die Bühne.

Der Journalist Fischer hatte für die „Financial Times Deutschland" „Momentaufnahmen" des französischen Wahlkampfes 2007 verfasst. Buhrow lobte den Preisträger der Printmedien und las einen kurzen Auszug aus seinen Reportagen vor. Es handelte sich dort um ein Gespräch des Reporters mit zwei jungen Männern in einer der berüchtigten Vorstädte Frankreichs. Einer der beiden wurde mit den Worten zitiert, Sarkozy habe gesagt, er würde ihre Viertel mit dem „Druckluftreiniger" säubern und er habe sie als „Gesindel" bezeichnet. Deshalb würden sie ihm nie ihre Stimme geben. Er wäre in ihren Augen für immer indiskutabel. Warum hatte der Moderator gerade diese Stelle vorgelesen? Das Publikum schwieg im Saal. Es war kein betretenes Schweigen. Niemand empfand die Provokation. Die Sarkozy-Schelte gehörte einfach zum guten Ton. Die französischen Diplomaten blieben auf ihren Stühlen sitzen.

„Kärcher" war in Frankreich zu einem politischen Unwort geworden. Diejenigen, die Entsetzen mimten, weil Sarkozy als Innenminister einst gesagt hatte, er würde mit dem „Druckluftreiniger" den kriminellen Abschaum aus den Vorstädten entfernen, der die Einwohner terrorisiere und die Gesetze außer Kraft setze, hätten ohnehin nie Sarkozy zum Staatspräsidenten gewählt. Vielleicht hätte der deutsche Korrespondent die wahren Gründe seiner Interviewpartner hinterfragen sollen? Wir wetten, dass er es getan hatte und dass es in seinen Beiträgen stand. Aber an diesem Abend herrschte der Eindruck vor, dass er dem Druckluftreiniger seinen Preis verdanke. Nun gut: Sarkozy als Druckluftreiniger... Wäre es vorstellbar, dass die französischen Medien in Paris Angela Merkel derartig durch den Kakao ziehen?

Sarkozys Frankreich steht nicht hoch im Kurs in Deutschland. Generell wenden sich die Deutschen von den Franzosen ab (das gilt übrigens in umgekehrter Richtung auch; es gibt kaum noch französische Bewerber für die Deutsch-Französischen Journalistenpreise). Vor zwanzig Jahren überfluteten noch deutsche Urlauber Frankreich im Sommer. Vor zehn Jahren wurden es weniger, aber man sah noch viele deutsche Wagen auf Frankreichs Straßen. Im Sommer 2008 bin ich viele Hunderte von Kilometern in Frankreich gefahren. Ich sah drei deutsche Wagen. Wenn der Durchschnittsbürger das Nachbarland nicht mehr kennen lernt, zumal die Sprachbarriere eine gewaltige Hürde bildet, können die Medien „ihre" Wahrheiten ungehemmt verbreiten.

Kein Wunder, dass Nicolas Sarkozy unter Politikern und Wirtschaftsleuten hierzulande Misstrauen erzeugte. Wie gerissen und gefährlich muss dieser Mann sein! Sarkozy mag sich noch so sehr abstrampeln und mit Angela Merkel liebäugeln, er wird es kaum schaffen, anders gesehen zu werden. Die veröffentlichte Meinung in Deutschland betrachtet ihn von oben herab. Da die überwiegende Mehrheit der Journalisten, besonders in Deutschland, nach links tendiert oder dem linken „Mainstream" folgt[85], kann man nicht erwarten, dass Nicolas Sarkozy diesseits des Rheins eine gute Presse bekommt. Die Sarkozy-Häme, die über Monate das tägliche Brot der französischen Medien war, färbte auch auf die deutschen Korrespondenten und Reporter ab. Der Funke übersprang den Rhein.

---

85 Vor langer Zeit stellte Elisabeth Noelle-Neumann fest, dass Dreiviertel der deutschen Journalisten linkslastig seien. Nach 1968 und seit dem Aufstieg der Grünen hat sich dieser Trend noch verstärkt.

Aus deutscher Sicht ist der schlimme Sarkozy der Franzose schlechthin, untersetzt und hinterlistig, mit dunklen Haaren und kantiger Nase. Seine glänzende Rhetorik und Logik, seine Schlagfertigkeit und seine wohlklingende, fast musikalische Tenorstimme können die Deutschen nicht wahrnehmen, weil das eine perfekte Kenntnis der französischen Sprache und ihrer Diktion erfordern würde. Die Zeiten sind vorüber, in denen SPD-nahe Journalisten wie Lutz Krusche, Klaus-Peter Schmid und Ulrich Wickert Frankreich gut kannten und mochten. Neulich erschien in einem Berliner Verlag ein merkwürdiges Buch eines deutschen Journalisten über das Land im Westen. Titel: „Ist Frankreich noch zu retten?"[86] Dort heißt es, dass die Franzosen sich nicht waschen, überall verspätet ankommen und dass sie Prunk und Glorie lieben, aber in einem Sumpf der Verderbtheit und Bestechung leben. In Südfrankreich, wo Gnome und Banditen hausen, werde man allenthalben betrogen, bestohlen und sogar mit Feuerwaffen beschossen. Die unweiblichen Frauenimitationen, die man dort trifft, sähen vernachlässigt aus, hätten verbitterte Gesichter und hagere Gestalt. Am allerschlimmsten sind die französischen Industriemanager. Sie streiten untereinander wie Droschkenkutscher, das meiste Geld verdienen sie dank der milden Gaben des militärindustriellen Kartells und stecken sowieso unter einer Decke mit ihren halb verbrecherischen Regierungen. Wenigstens nur „halb verbrecherisch". Zu Sarkozy ist zu lesen, dass er ein Anhänger der Scientology-Kirche sei (dabei hat er sie in einem Buch als Sekte verurteilt, und ihr droht derzeit in Frankreich ein Verbot). Es gipfelt in der Feststellung, dass „Skrupel, Mitgefühl und Respekt vor dem Denken der anderen den Franzosen nicht eigen sind".

Vor einigen Monaten gab es eine Kontroverse anlässlich der Verleihung des Georg-Büchner-Preises an den Frankfurter Autor Martin Mosebach.

---

86 Alexander von Sobeck: „Ist Frankreich noch zu retten? Hinter den Kulissen der Grande Nation". Propyläen Verlag. Berlin 2007. Zu diesem Buch schrieb Michael Mönninger in der „Zeit" vom 10.5.2007 unter dem Titel „Frankreich eine Bananenrebublik?": „Ihrem Land, das wissen die Franzosen selber, geht es derzeit nicht gut. Doch das wahre Ausmaß der Misere zeigt sich darin, dass Frankreich neuerdings von Autoren kritisiert wird, die gar nicht auf der Höhe ihres Gegenstandes sind. Der Pariser ZDF-Korrespondent Alexander von Sobeck will mit seinem Buch ‚Ist Frankreich noch zu retten?' die ahnungslosen Nachbarn die Leviten lesen. Nach der Lektüre stellt sich freilich die umgekehrte Frage, ob Verlag und Autor noch zuretten sind, eine solche Fülle von Schlampereien, Vorurteilen und Frechheiten zwischen zwei Buchdeckel zu bringen. Kalauernd wie ein schlechter Reiseleiter, ereignisfern wie ein Kalenderblatt-Autor und mit der Unverschämtheit eines Pauschaltouristen versammelt Sobeck altbackene Gemeinplätze und echte Beleidigungen."

In seiner Dankesrede verglich Mosebach den Terror während der Französischen Revolution 1793 mit dem Terror der SS im Dritten Reich. Ich gebe Mosebach ein bisschen Recht. Robespierre und Marat hatten den ersten totalitären Staat der Moderne erfunden und waren auch Massenmörder. Sie verfügten nur nicht über die Mittel, die Hitler und Himmler, Stalin und Beria hatten, um die Produktionszahlen von Leichen zu steigern. Dennoch war das Nazi-Regime wegen seiner Grausamkeit und Rücksichtslosigkeit eine einmalige Erscheinung in der europäischen Zivilisation. Ein solcher Vergleich wäre vor nur wenigen Jahren nicht denkbar gewesen. Die Tendenz, Frankreich negativ darzustellen, ist in Deutschland gestiegen, und der Bumerangeffekt ließ nicht auf sich warten. Die französischen Intellektuellen halten nicht viel von Deutschland. Wird man jetzt, 60 Jahre nach Kriegsende und nach so viel Versöhnungsarbeit, eine Rückkehr zu dem Geist der Nachkriegszeit erleben?

Auf französischer Seite ist die Tendenz jetzt ausgeprägter, an die Verbrechen der Nazis zu erinnern. Ende August 2008 besuchte Nicolas Sarkozy das kleine Dorf Maillé südlich von Tours, wo am 25. August 1944 124 Bewohner, darunter 44 Kinder, von 60 bis 100 deutschen Soldaten niedergemetzelt worden sind. Das Massaker war eine Vergeltung für einen Anschlag der Résistance auf zwei deutsche Militärfahrzeuge in der Nacht zuvor. Anschließend wurde das 500-Einwohner-Dorf mit Granaten beschossen.[87] Wegen der Nicht-Beachtung durch die Regierungen fühlten sich die Anwohner bis heute verraten. Sarkozy weihte ein Museum ein, in dem an die Gräuel erinnert wird. „Frankreich hat einen moralischen Fehler begangen, indem es gegenüber dem Schmerz der Überlebenden teilnahmslos blieb und die Erinnerung an die Opfer aus seiner Erinnerung tilgen ließ", sagte der Präsident. Er sei nun, 64 Jahre später, nach Maillé gekommen, um ein Zeichen der Wiedergutmachung zu setzen.

Die französischen Medien sind bei weitem nicht frei von Fehlern. Aber im deutschen Blätterwald spürt der aufmerksame und deutschkundige französische Leser einen unterschwelligen Unterton der Besserwisserei, sobald von französischer Politik und Wirtschaft die Rede ist. Mit Eifer griffen deutsche Journalisten zur Feder, als Sarkozy in den französischen Umfragen tief unten war. Sie taten es umso leichteren Herzens, als die Franzosen ihn auch nicht mehr mochten. Es war ein schöner Fall von

---

87 Zwei Monate davor hatten deutsche SS-Truppen in Oradour 642 Zivilisten umgebracht, was als schwerstes Kriegsverbrechen der Deutschen in Frankreich gilt.

deutsch-französischer Eintracht. Der „egomane Präsident" der Franzosen wurde in unzähligen Artikeln gegeißelt.

Der linksliberalen „Süddeutschen Zeitung" etwa war Nicolas Sarkozy von vorneherein ein Dorn im Auge. Unter den Negativschlagzeilen kann man den Titel eines Artikels vom 17. Januar 2008 über Nicolas Sarkozy erwähnen, der lautete: „Der gepuderte Präsident". Das war noch ziemlich harmlos. Eine ordentliche Dresche verabreichte der Wirtschaftskorrespondent der „Süddeutschen" in Paris, Michael Kläsgen, im August 2008 dem französischen Präsidenten. Unter dem vielsagenden Titel „Medienpolitik nach Gutsherren Art" erschien seine Arbeit am 8. September 2008 als Studie Nr. 6 der angesehenen „Deutschen Gesellschaft für Auswärtige Politik" (DGAP). In diesem Beitrag wurde die Medien- und Informationspolitik von Nicolas Sarkozy als das Produkt einer Verschwörung von Großkapitalisten schlechthin dargestellt.

Abgesehen davon, dass es nicht ganz richtig war zu schreiben, dass man sich mehr an die Stimme De Gaulles als an sein Gesicht erinnert, weil die Zeit des Fernsehens damals noch nicht angebrochen war,[88] wurde Eingangs unter anderem daran erinnert, dass Mitterrand „gewieft" genug war, um die Kameras nach seiner Wahl zum Präsidenten auf sich zu lenken, indem er sich „zum Pantheon begab und eine Rose am Grab des sozialistischen Urvaters Jean Jaurès" niederlegte. Sarkozy dagegen sei nach seiner Wahl nichts Besseres eingefallen, als seine Freunde ins vornehme Restaurant Fouquet's einzuladen. „Die Namen der Feiernden wurden erst nach und nach publik. Umso erhellender war die Liste: Bouygues, Arnault, Bolloré etc. Sarkozy feierte mit den Besitzern großer Zeitungen und Mehrheitsaktionären von Fernsehen und Radiokanälen. Er muss entweder geglaubt haben, ihnen zu Dank verpflichtet zu sein oder seine guten Beziehungen zu ihnen nicht mehr verbergen zu brauchen. Der Aufbau dieses Beziehungsgeflechts war Bestandteil einer früh angelegten Kommunikationsstrategie. Der Wahlsieg war ein Zeichen ihres Erfolgs. Er formte so die öffentliche Meinung über ihn und seine anvisierte Reformpolitik; er vermittelte Informationen und unterdrückte unerwünschte Nachrichten."

Tatsächlich hatte die Feier bei Fouquet's zu einiger Kritik in den Reihen der Opposition Anlass gegeben. Aber ist es nicht verständlich, dass Sarkozy,

---

88 Die Fernseh-Ära fing in den frühen 60er Jahren an und De Gaulles Fernsehreden wurden sehr beachtet. Er war der erste „Fernsehpräsident". Wir haben ihn wie die meisten älteren Franzosen als majestätische Erscheinung am Bildschirm deutlich in Erinnerung.

der zu persönlichen Freundschaften steht und die Menschen nicht vergisst, die ihm durch dick und dünn gefolgt sind, mit diesen alten Gefährten am Wahlabend anstoßen wollte. Sicher kann man nachempfinden, dass der Umgang mit Vertretern der Geldelite Menschen mit einer linker Gesinnung schockieren kann. Aber es waren auch andere Gäste, Verwandte, Mitstreiter, Künstler, Intellektuelle dabei, die in dem Beitrag unerwähnt blieben.

Wenn der Autor die Rose von Mitterrand erwähnt, warum ist dann in dem Beitrag keine Rede von der Feier zum Andenken des von der Wehrmacht erschossenen Jungkommunisten Guy Mocquet als erste Amtshandlung von Sarkozy? Man findet in diesem Beitrag für das Frankreich-Programm der DGAP auch keine Erwähnung von den Berichten der angeblich manipulierten französischen Medien über die Reise Sarkozys zu Angela Merkel am Tage der Amtsübernahme.

Der Beitrag ist ein Sammelsurium von landläufigen linken Kritiken an der Medienpolitik von Sarkozy, die den Eindruck nahelegen, es finde eine heimliche Pressezensur statt. Keine ärgerliche und peinliche Episode wird ausgelassen. Das Positive bleibt auf der Strecke und manches wird negativ interpretiert, was in Wirklichkeit positiv ist. Wenn behauptet wird, dass die Werbung nur deswegen aus dem öffentlichen Fernsehen verschwinden soll, damit der private Bouygues-Sender TF1 die Werbeanzeigen vereinnahmen kann, so ist das eine undifferenzierte, unkorrekte Deutung.[89] Das, was Sarkozy fürs öffentliche Fernsehen will, und zwar keine Werbung nach 20 Uhr, ist nichts anderes als die Regel in Deutschland seit Jahrzehnten. Deswegen ist die von diesem Kollegen formulierte Kritik absolut unbegründet und gekünstelt. Wie kann das als wissenschaftliches Argument gelten?

Wenn Darstellungen wie diese, die wir hier leider sehr stark gekürzt wiedergeben müssen, von bedeutenden deutschen Einrichtungen abgesegnet werden, ist es nicht verwunderlich, dass sich Szenen wie die im Berliner ARD-Gebäude abspielen. Man bekam dort den Eindruck, das Hauptziel der preisgekrönten Beiträge bestehe darin, das Elend in Frankreich genüsslich darzustellen. So erhielten Catherine Menschner vom NDR und Vera Laudahn vom WDR 2 die Fernseh- und Hörfunkpreise. Die eine hat für den Kanal ARTE das Leben von straffällig gewordenen Mädchen in Deutschland und Frankreich verglichen, und der Moderator zog nach einem kurzen Gespräch mit ihr die Bilanz: „In Deutschland ist

---

89 Vgl. unsere Einschätzung am Ende des Kapitels 20: „Als er da war, hatten wir was zu sagen!"

die Justiz auf Erziehung und in Frankreich auf Repression ausgerichtet." Ein klares Wort, eine deutsche Belehrung. Auch das ging unwidersprochen über die Bühne. Was die Rundfunkjournalistin anging, so erhielt sie ihren Preis für „ein prägnantes und differenziertes Bild der französischen Gesellschaft vor der Präsidentenwahl, in dem es ihr gelang, das Wahlverhalten der Bevölkerung plausibel zu machen". Im Auszug, der vorgelesen wurde, handelte es sich in erster Linie um einen sympathischen französischen Klempner, der 1.200 Euro im Monat verdiente und der Armenanstalt sein Überleben verdankte. Es war nicht die Rede davon, dass es in Frankreich einen Mindestlohn gibt und in Deutschland nicht.

Dagegen entdecken junge Franzosen die „positiven" Seiten Deutschlands. Sie bewundern allmählich deutsche Helden. Nicht Georg Elser, nicht Claus von Stauffenberg, die versuchten, Hitler zu töten und dabei ihr Leben ließen. Nein, vor zwei Jahren hat eine französische Journalistin einen Preis bekommen, weil sie Rudi Dutschke entdeckte und einen Beitrag über ihn verfasste. Die spätgeborene junge Dame hätte sich nie vorstellen können, dass es auf unserem Planeten je einen so wunderbaren Menschen wie diesen Ideologen mit dem gestreiften Pullover gegeben hat, der sich bemühte, die neue deutsche Demokratie zu zerstören. Der Versuch, Dutschke auf eine Stufe mit Che Guevara (oder Jesus Christus?) zu heben, gelang aber nicht. Vielleicht haben die Berliner Stadtväter die Botschaft aus Frankreich aufgegriffen, als sie 2008 eine bekannte Straße des Berliner Presseviertels, die Kochstraße, in Rudi-Dutschke-Straße umtauften.

Rudi Dutschke wird verehrt. Nicolas Sarkozy wird verfemt. In den ersten Monaten der Sarkozy-Ära waren die deutschen Medien „in puncto Sarko" richtig gehässig. Ein ständiges Sarkozy-Bashing, ja fast eine Hetzjagd lief Tag für Tag durch den deutschen Blätterwald. „Kaum ein Tag, an dem nicht mehrere Anti-Geschichten in den Zeitungen diesseits des Rheins erschienen, stets mit mehr Häme und Unverständnis versehen als in den Präsidenten-feindlichen Schwester-Medien in Frankreich selbst", schrieb Hans Peter Sommer im Internet Magazin „Eurbag" im Sommer 2007. „Fast nirgends kommt der erste Mann Frankreichs selbst zu Wort. Und nirgendwo können – oder wollen? – Frankreichs diplomatische Interessenvertreter die neue Pariser Politik nachhaltig erläutern und schon gar nicht erklären."

Die deutsche Presse und das Auswärtige Amt am Werderschen Markt bekamen ihren Teil ab: „Stellvertretend für all diejenigen, die auf Sarkozy einschlagen", fuhr Sommer fort, „sei hier die jüngste Kommentar-Überschrift im einst renommierten ‚Handelsblatt' zitiert: ‚Rambo im Elysée'. Billiger und beleidigender geht es kaum. Natürlich ist selbst ein solch stupider Einfall von der Pressefreiheit gedeckt. Damit muss die Politik leben. Womit aber Sarkozy nicht leben muss, ist die Möglichkeit, dass ein Teil der Stimmungsmache gegen ihn aus dem Auswärtigen Amt in Berlin stammen könnte. Schon zu Zeiten von „Joschka' Fischer wurden hier Stichworte ausgegeben, die durchaus auch ideologisch motiviert waren. Man darf gespannt sein, wie Paris auf den deutschen Dauerbeschuss reagieren wird. Seine Spitzendiplomaten an der Spree waren wohl zu müde, um öffentlich aktiv zu werden. Oder sie hatten sich immer noch nicht umgestellt."

„Zum Glück", bemerkte unser Kollege, „ist am 1. Oktober ein neuer französischer Botschafter, Bernard de Montferrand, in Berlin angekommen. Es war höchste Zeit, dass ein neuer Wind über den Pariser Platz weht, wo er seine Arbeitsräume hat. Er wird die Tradition der französischen Präsenz in Berlin, im ehemaligen französischen Sektor inbegriffen, mit neuem Leben füllen müssen, wo so vieles, was übrig geblieben war, Collège Voltaire, Wohnstätten, Sportplatz, Schwimmbad, vernachlässigt oder gar unnötig vernichtet wurde. Nicht unwichtig ist auch das Französische Gymnasium in Berlin-Mitte, eine Elite-Schule für begabte deutsche und ausländische Kinder und Jugendliche, die ihren guten Ruf verteidigen muss, vor allem deshalb, weil rund herum die deutsche Ineffizienz in der Pädagogik sichtbar ist."

Früher besuchten junge französische Kommunisten und DDR-Sympathisanten die FDJ-Ferienlager in Mitteldeutschland. Heutzutage geben sich „progressive" Franzosen ein Stelldichein in Berlin und Umgebung. Das Land Berlin ist ein Ruheland für verdiente Altlinke und ein Sammelplatz ihrer Zöglinge geworden. Während bei der Präsidentenwahl 2007 die Auslandsfranzosen von London und vor allem von New York und Peking mit starken Mehrheiten Sarkozy ihre Stimmen gegeben hatten, votierten die frankophonen Studenten und Intellektuellen, die die Modebezirke deutscher Städte bevölkern, mit massiven Mehrheiten für Ségolène Royal. Unter den 6.663 in Berlin wahlberechtigten Franzosen (von 30.000 Frankophonen), von denen fast die Hälfte zu den Wahlurnen ging, entschieden sich im ersten Wahlgang 48 Prozent für Frau Royal, 25 Prozent für Bayrou und nur 16 Prozent für Sarkozy, unmittelbar gefolgt von der grünen Frau Voynet. Am Wahlabend des zweiten Urnengangs war das Ergebnis bestürzend: 71,93 Prozent der Stimmen für die linke Kandidatin Royal in Berlin, 61,90 Prozent für sie in Hamburg und in den anderen Konsulaten München, Frankfurt/Main,

Düsseldorf und Saarbrücken, überall 53 bis 57 Prozent der Stimmen waren für Frau Royal.[90]

Warum? In New York, London, Peking siedelten sich leistungsstarke und kreative Franzosen an, die im Heimatland ihre Talente und ihre Tatkraft nicht entfalten konnten. Nach Berlin zogen viele freischwebende Intellektuelle und Künstler, weltschmerzbeseelte Studenten und Aussteiger, welche die ideologische Permissivität und die Sittenlaxheit der deutschen Hauptstadt lockt. Hinzu kam, dass in den französischen Postillen in Deutschland sich über Monate hinweg eine Sarkozy-Hetze breitgemacht hatte, die Ihresgleichen suchte. Bis auf „Le Petit Journal", die unabhängige elektronische Tageszeitung der Journalistin Cécile Boutelet für die Auslandsfranzosen, sind die meisten in der deutschen Hauptstadt ansässigen französischen Medien linkslastig. Sie schlossen sich der allgemeinen Verteufelungskampagne an, die Sarkozy als einen herzlosen Haudegen beschrieb, der Otto-Normal-Bürger „Angst" machte, während Ségolène Streicheleinheiten nach Gusto verteilte. Die „Gazette de Berlin", französisches Informationsblatt in Berlin, rühmt sich zwar, parteiübergreifend zu sein, aber dort erschien die schlimmste Hetztirade gegen den Präsidentschaftskandidaten. Eine der Autorinnen verglich Sarkozy, diesen „kleinen, dunklen Mann" „österreichischer Herkunft" mit Hitler.

Während das Blatt der A.D.F.E. (Berlin-Brandenburg e.V. Demokratischer Verein der Auslandsfranzosen) klar im Fahrwasser der Sozialistischen Partei Frankreichs und der linken Gewerkschaften schwamm, gingen einzelne Blogger einige Schritte weiter. Pierre Girard, ein ständiger Mitarbeiter des französischen Magazins „Paris-Berlin", bezog sich in einem Kommentar vom 29. April 2007 auf eine „Nadine", die ihn darauf aufmerksam gemacht hatte, dass der Präsidentschaftskandidat seine Anfangsbuchstaben „NS" überall plakatierte. Dazu meinte Girard: „Für die Deutschen und all diejenigen, die sich mit der deutschen Geschichte befasst haben, sind diese Buchstaben schwer belastet, da sie verwendet werden, um eine ganz bestimmte Ideologie zu kennzeichnen, und zwar den Nationalsozialismus, mit anderen Worten den Nazismus." Dieser seltsame Vergleich war schon stark. Girard scheute auch sonst keine List, um seine Leser von eventuellen Sympathien für Sarkozy abzubringen. Das sollten alle tun, die wie er zu dem Schluss gelangten, dass „dieser Mann eine ständige Bedrohung für die Demokratie" sei.

---

90 Insgesamt entsprach das Endergebnis im Ausland dem Binnenlandergebnis, aber nur weil in New York und Peking die Auslandsfranzosen massiv für Sarkozy gestimmt hatten. Hätte man überall wie dort gestimmt, wäre er im ersten Wahlgang Präsident geworden.

Seine bedingungslose Parteinahme für Ségolène Royal war sein gutes Recht. Etwas fragwürdiger wurde es, als er für den „formidablen Fortschrittsmotor" schwärmte, den die Präsidentin Royal und die Kanzlerin Merkel abgeben würden, nachdem sie beide die niedrigen Attacken überwunden hätten, die sie als Frauen einstecken müssten. Dann kam das Sahnehäubchen auf den Kuchen, und zwar, dass Sarkozy in Caen und in Nizza während des Wahlkampfes unterstrich, dass nicht Frankreich den Holocaust beschlossen hätte und damit die Deutschen „gebrandmarkt" habe. Gerade deutsche Historiker haben bewiesen, dass die so genannte „Endlösung" auf ausdrückliche Empfehlung von Hitler im inneren Führungskreis des Dritten Reiches beschlossen und geplant worden ist. Man kann in Berlin die Villa am Wannsee besuchen, wo diese Konferenz des Schreckens stattfand, und das Holocaust-Denkmal steht mitten in der Hauptstadt. In seinen Reden hatte Sarkozy übrigens auch an Gewaltverbrechen erinnert, die in der französischen Geschichte begangen worden sind. War es antifranzösisch, daran zu erinnern?[91] Dieser Journalist erwähnte eine Umfrage der „Financial Times", wonach Deutsche, Italiener, Engländer und Spanier mehrheitlich für Ségolène Royal seien.

Eine Unterstützung anderer Art gewann Frau Royal in Deutschland. Ihre Bewerbung spornte die führende Feministin Deutschlands zu einem Huldigungsgesang an. „Ich finde es großartig, dass Ségolène Royal Präsidentschaftskandidatin der Sozialisten ist – denn sie ist nicht nur eine Frau, sondern sie kennt das Leben. Für den Fall eines Sieges freue ich mich schon jetzt auf die Bilder von Gipfeltreffen: wie die deutsche Kanzlerin der französischen Präsidentin lange die Hand schüttelt...", schwärmte Alice Schwarzer in einem AFP-Interview am 17. November 2006.

Um diese couragierte Frau zu schonen, die in ihrem Leben viel Falsches gesagt und geschrieben, aber immerhin die Freiheit der Frauen auf der Welt auch gegen den religiösen Fanatismus mutig verteidigt, zitieren wir hier nicht weitere Teile ihres Interviews. Wie Girard schwärmte sie von einer trauten Zweisamkeit von Frau Merkel und Frau Royal. Ob es für Frau Merkel ein besonderer Genuss gewesen wäre, die Hand einer französischen Präsidentin zu schütteln, statt einen Kuss von Nicolas Sarkozy zu bekommen, entzieht sich unserem Urteil, aber es steht nun einmal fest, dass Angela Merkel in ihrem Wahlkampf und später in ihrer Amtsführung nie einen Sonderstatus als Frau beansprucht hat.

---

91 Vgl. im Anhang die Rede von Nicolas Sarkozy in Montpellier.

28. Kapitel
Ich liebe Angela

Groß war die Überraschung in Deutschland und für einige die Enttäuschung, als Sarkozy im Mai 2007 mit Abstand zum französischen Präsidenten gekürt wurde. Einmal mehr hatten sich viele Deutsche in Sachen Frankreich verschätzt. Die Stimmung im Lande der Gallier und das Durchsetzungsvermögen des rechten Kandidaten hatten sie nicht wahrgenommen. Zum Trost müsste man daran erinnern, dass die meisten französischen Medien im Sommer 2005 in Gerhard Schröder den künftigen Sieger der Bundestagswahl sahen. Es herrschte in der „Chirakei" damals eine echte „Schröder-Manie". In die Vergangenheit zurückzublicken hilft zu begreifen, wie unbequem für den einen oder den anderen französischen Politiker es heute sein muss, den Aufstieg von Frau Merkel zu beobachten. Hatte man für sie doch lange Zeit nur Geringschätzung übrig. Selbst als sie im Jahre 2000 den CDU-Karren aus dem Dreck herauszog, wurde sie nur als eine interessante Nebenfigur der Zeitgeschichte betrachtet. Über sie wusste man wenig. Die Bestinformierten wussten, dass sie aus Ostdeutschland kam.

Warum können Deutsche französische Zustände nicht richtig einordnen, und umgekehrt Franzosen deutsche Zustände nicht richtig gewichten? Holländer, Belgier, Dänen, auch Engländer bleiben Frankreich treu. Die Deutschen gehen andere Wege. In der Nachkriegszeit entdeckten und liebten sie Frankreich. Heute entfernen sie sich von uns. Manche von ihnen glauben, Frankreich zu kennen, aber sie haben in Wirklichkeit ein Urlaubsfrankreich, ein Postkartenfrankreich erlebt. Dort lässt es sich gut leben. Außer Küche, Wein und Trallala funktioniert nichts richtig, und das ist das Frankreich, das sie mögen. Selbstverständlich passte der unseriöse, bizarre Sarkozy gut in dieses Klischee. Ségolène Royal harmonierte mit der Vorstellung, Frankreich sei eine permanente Modenschau, wo Schick und Charme die Werte seien. Die Deutschen empfanden die Royal als lieb und harmlos, während sie den Sarkozy als aggressiv und gefährlich einschätzten. Daher wäre ihnen die Royal lieber gewesen.

Dass sich Sarkozy von Deutschland abwenden könnte, kann man verstehen. Liebe beruht auf Gegenseitigkeit. Schade trotzdem, wenn die

Deutschen für ihre Journalisten jetzt bezahlen müssten. Monate lang himmelten sie Ségolène Royal an. Die „Welt am Sonntag" schmückte sie am 27. August 2006 mit dem Titel „Madame Unwiderstehlich". Sie verkörperte das gute Frankreich, lieb und feminin, wie es sich Lieschen Müller vorstellt. Fotos der weiß gekleideten, lächelnden „Sieglinde" schmückten Käseblätter und Regenbogenmagazine. Für die Franzosen, scherzte der „Wams"-Korrespondent Jörg von Uthmann, waren diese Wahlen wie ein Schönheitswettbewerb. Bestimmt würden meine Landsleute die schöne Ségolène wählen. Dabei hätte sich dieser Journalist an Franz Josef Strauß erinnern sollen, der vor der Bundestagswahl 1980 gesagt hatte, als man seine Figur monierte: „Man wählt den deutschen Bundeskanzler und nicht Miss Germany." Deutsch-französische Freundschaftsgesellschaften machten das Phänomen Ségolène zum Vortragsthema für Abendveranstaltungen. Sie faszinierte.

Das Luxusmagazin „Cicero" bestellte um die Jahreswende 2006/2007 beim Autor dieses Buches einen Artikel über Nicolas Sarkozy. Kurz vor dessen Veröffentlichung bat die Redaktion um Verständnis: der Sarkozy-Artikel müsse gekürzt werden, um einem Artikel des Schweizer Journalisten Jacques Pilet über Frau Royal mehr Platz zu gewähren. Unter dem Titel „Das Royal-Geheimnis" erschien der Beitrag dieses Royal-Fans mit einem Foto der Kandidatin. Ganz in Weiß gekleidet, erstrahlte sie darauf Wange an Wange mit einem weißen Pferd. Im Artikel war von ihrer „Lust auf Europa" die Rede. „Die Begeisterung der Franzosen für Ségolène ist unangetastet", schrieb dieser Autor. Er meinte, dass der Erfolg von Royal am Zusammentreffen einer Frau mit einem Publikum lag, das „etwas anderes suchte", denn sie wäre „anders".

War sie wirklich so „anders", die Frau Royal? Es reicht nicht, eine Frau zu sein, um anders zu sein. Sie holte konventionelle Klamotten aus der alten sozialistischen Kiste heraus, während Sarkozy ein Alternativprogramm anbot, das sich nicht nur von den linken Ideen, sondern auch von den tristen Realitäten in Frankreich und Europa abhob. Gegen Februar 2007 entdeckten die deutschen Medien mit einiger Verspätung François Bayrou. Sie dachten, er könnte vielleicht der Royal und auf jeden Fall Sarkozy den Rang ablaufen. Aber dann entzogen sie ihm ihr Vertrauen, weil sie doch lieber auf Royal setzten. Große Zeitungen wie die „Frankfurter Allgemeine Zeitung" und das „Handelsblatt" fanden, dass das Wirtschaftsprojekt von Sarkozy zu „lau" und zu „etatistisch" sei.

Auf dem wichtigen Gebiet der Wirtschaft wurde Sarkozy in Deutschland an der Elle der Klischees gemessen, die das Wirtschaftsbild Frankreichs hierzulande prägen. Die Schablone herrscht noch vor, dass die französische Wirtschaftspolitik „etatistisch" bzw. „colbertistisch" sei. „Colbertismus" bedeutet nach dem Namen des Finanzministers des Königs Ludwig XIV., Jean-Baptiste Colbert (1619-1683),[92] so viel wie „protektionistische, staatlich unterstützte Exportwirtschaft". „Colbertistisch" sei die deutsche Wirtschaft, sagte einmal ein Mitarbeiter der SPD-nahen Friedrich-Ebert-Stiftung in einer öffentlichen Diskussion in Berlin, an der ich teilnahm. Sie drückt die Löhne und bremst den Binnenkonsum, um enorme Außenhandelsüberschüsse einzufahren.

Stereotype beeinflussten die Wahrnehmung des neuen Präsidenten jenseits des Rheins. Monatelang hatten die deutschen Chronisten geglaubt, dass der erhabene Chirac mit Sarkozy, diesem Knirps, der sich anmaßte, den großen Dominique de Villepin über Bord zu werfen und dem traumhaften Geschöpf Ségolène Royal zu trotzen, kurzen Prozess machen würde. Aber nein, Chirac übergab Sarkozy sein Zepter, weil die dummen, unberechenbaren Franzosen falsch gewählt hatten! Abgesehen von ein paar reaktionären Skribifaxen, deren Namen unsere Leser ohne weiteres erraten werden, bestätigten doch die meisten sympathischen französischen Journalisten, die man hier in Deutschland kannte, das französische Volk hätte sich getäuscht, wäre getäuscht worden. „Die Regierung hätte sich ein anderes Volk wählen sollen", hätte Brecht dazu gemeint.

Nach Sarkozys „Machtergreifung" setzte sich die Sarko-Hetze umso heftiger fort, als es jetzt keine Alternative mehr zu dem Drama „Fünf-Jahre-Sarko" gab. Madame Royal geriet allmählich in den Hintergrund, trotz ihrer Bemühungen im Rampenlicht zu bleiben. Ihre Partei, die PS, zerfleischte sich selbst, und der ultralinke Konkurrent Besancenot bereitete der PS Schwierigkeiten. Das schaffte Verunsicherung unter den Royal-Fans. Wir haben dargestellt, wie die Meinungen bei der Verleihung des Deutsch-Französischen Journalistenpreises im Juni 2008 dem Anti-Sarkozy-Mainstream folgten. Es gab aber Ausnahmen. Preisgekrönt wurde zum Beispiel der Fernsehbeitrag von Martina Andrecht „Das Leben in Paris aus der Sicht einer Deutschen". „In der Serie konfrontierte

---

92 Jean-Baptiste Colbert, Marquis von Seignelay (1619-1663) war der Gründer des Merkantilismus. Er ersparte Frankreich teuere Importe und war bemüht den Reichtum des Landes mit einer „aktiven Außenhandelsbilanz" zu vermehren.

die Autorin die Franzosen liebevoll mit ihren kleinen Marotten", lautete die Bewertung der Jury. Insbesondere die Landkarte des Kusses im französischen Hexagon, die Frau Andrecht gezeichnet hatte, erfreute die Fernsehzuschauer.

Es war ein erfrischender, freundlicher Beitrag, den der Intendant Fritz Raff zum Anlass für eine Kurskorrektur nahm. „So versuchte beispielsweise eine junge deutsche Journalistin herauszufinden", sagte er in seiner Ansprache, „wie viele Begrüßungs-Küsschen man sich in den verschiedenen französischen Regionen auf die Wange drückt. Wenn ich ehrlich bin, war mir das bislang auch nicht ganz klar. Und ich habe mir sagen lassen, selbst Franzosen blicken da nicht immer durch." Raff ging dann zu der Politik über: Die deutsch-französischen Beziehungen", sagte er, „sind konstant gut geblieben. Sie haben die wechselnden Mehrheiten in den jeweiligen Parlamenten überstanden, sie hatten maßgeblichen Einfluss auf die Gestaltung der Europäischen Union. Das ‚deutsch-französische Paar' – wie man in Frankreich sagt – war Vorreiter für eine gemeinsame europäische Währung und nahm sogar die schwierige EU-Verfassungsfrage in Angriff. Und stets war auf die Achse Berlin-Paris Verlass. Ob Helmut Kohl mit François Mitterrand oder Jacques Chirac mit Gerd Schröder oder jetzt Angela Merkel mit Nicolas Sarkozy – jedes Duo hob stets die Bedeutung der deutsch-französischen Freundschaft hervor." Dann ging der Intendant auf eine lustige Episode der deutsch-französischen Politik ein: „Und selbst die vielbeschworene Krise des deutsch-französischen Paares seit dem Amtsantritt von Nicolas Sarkozy scheint seit Mai 2008 wie verflogen. Damals hatte der französische Präsident – scheinbar übermannt von seinen Gefühlen – offen verkündet: ‚Ich liebe Angela Merkel – mehr als manche schreiben mögen.' Diese Worte, Teil seiner Laudatio bei der Verleihung des Karlspreises der Stadt Aachen an die deutsche Kanzlerin, sorgten für Schmunzeln. Gleichzeitig aber wurden sie als positives Zeichen in Richtung Deutschland gewertet. Ich brauche ja nun wirklich niemandem zu erklären, was eine solche Liebeserklärung in einer leicht eingeschlafenen Beziehung bewirken kann."

Die Franzosen verstecken oft bitteren Ernst hinter Persiflage und Ulk, während in Deutschland die ernste und die leichte Muse in getrennten Appartements untergebracht werden. Der Saarländer Raff hatte wie ein Franzose gesprochen. Er wusste, dass Sarkozy sich bemühte, die aus deutscher Sicht ziemlich negative Wirkung mancher französischer Initiativen mit netten Gesten zu zerstreuen. Die erste Amtshandlung des frischgekürten Staatspräsidenten war eine Umarmung Angela Merkels in Berlin und seine Charakterisierung der deutsch-französischen Freundschaft als „heilig". Das war kein Versprecher. Es war bei einem gleichgesinnten, politischen Freund der deutschen Kanzlerin, schlicht gesagt, ein Programm.

Glaubt man den Schwarzmalern, so stagnierten vom Herbst 2007 bis zum Sommer 2008 die deutsch-französischen Beziehungen auf einem Tiefstand. Viele Franzosen bedauerten es, der Mehrheit war es gleichgültig. Im dem Bulletin des französischen Business in Frankfurt am Main konnte man im Juni 2008 auf einer Innenseite als Zitat eines serbischen Journalisten Folgendes lesen: „Diese sympathischen aber politisch unbedeutenden Reden (des Präsidenten Sarkozy), die manchmal an Unverschämtheit grenzen, sind das Markenzeichen eines Präsidenten, von dem man sich fragt, ob er den Stoff zu seinem Amt besitzt..." Es war eine Anspielung auf die Rede von Sarkozy vom Mai 2008 bei der Karlspreisverleihung in Aachen.

Aus der Sicht des deutschen Auswärtigem Amtes ist Sarkozy ganz einfach unberechenbar: „Verstehen Sie, lieber Freund, sagte mir ein Vertreter dieses Ministeriums, „Sarkozy ist sprunghaft, umtriebig und kapriziös. Er ist der typische Franzose, wie man ihn hier nicht mag, ein Spezialist für Kapriolen und Machenschaften. Schauen Sie sich mal an, wie er es mit der Befreiung der bulgarischen Krankenschwestern aus dem libyschen Gefängnis eingefädelt hat...". Die deutschen Diplomaten finden, dass der französische Staatspräsident überall vorprescht und ihnen zuvorkommt.

Ganz anders die Stimme aus dem Volke. „Mir ist der Mann sympathisch", sagt der Berliner Taxifahrer Mathias Guhl. „Er bringt etwas in Bewegung. Ich wünschte mir einen solchen Mann an der Spitze in Deutschland. Ich weiß, dass Steinmeier ihn nicht mag, aber wenn Steinmeier spricht, schläft man gleich ein. Nein, dieses Gelaber in der deutschen Politik immer mit den halbherzigen Reförmchen und mit dem Koalitionskrach wird unerträglich. Unmöglich, dieses kleinkarierte Spiel zwischen den Koalitionspartnern, die sich ständig Beine stellen. Es fehlt in unserer Politik eine große Vision, es mangelt an Kühnheit und Inspiration." „Sarkozy ist sprunghaft und unberechenbar..." Ein tausendmal gehörter Vorwurf, ein typisch deutscher Vorwurf. Während deutsche Parteifunktionäre den Ast absägen, auf dem sie sitzen, ist Sarkozy längst vom Ast abgesprungen.

Sarkozy mag Deutschland nicht so sehr... Das hatte Yasmina Reza von ihm geschrieben. Muss man ihr glauben? Die deutsch-französischen

Beziehungen sind für Sarkozy bestimmt eine Pflichtarbeit. Die Pflicht bleibt angenehm, so lange Angela ihm zugewandt ist. Im Allgemeinen mag man das nicht, was man nicht kennt. Angela kennt er gut. Wie die meisten Franzosen interessierte sich der Staatspräsident früher kaum für Deutschland. Was wurde aber getan, um seinen Blick zu öffnen? Eines Abends, als er nach einem Besuch in Berlin ein bisschen Zeit übrig hatte, bot ihm ein früherer französischer Botschafter an, das Holocaust-Denkmal zu besichtigen. Das Stelenfeld liegt in unmittelbarer Nähe der französischen Botschaft. Bei allem Respekt vor diesem Denkmal und seiner wichtigen Symbolik war das vielleicht an einem düsteren Abend nicht der richtige Vorschlag. Ich riet einmal Bernard Accoyer, dem Präsidenten der französischen Nationalversammlung, er solle einen Besuch des Präsidenten im Berliner Zoologischen Garten, der weltbesten Einrichtung dieser Art und dem Stolz der Berliner seit Generationen, organisieren. Immerhin besuchte kurz darauf der französische Erziehungsminister Xavier Darcos den Berliner Zoo.

Es ist sonst noch so viel Schönes in Berlin und in Deutschland zu sehen! Bevor sich Nicolas Sarkozy endgültig von Deutschland ab- und England zuwendet, müsste man ihm noch einiges davon zeigen. Man muss auch den Deutschen Sarkozy erklären und ihnen die Angst vor ihm nehmen, die Angst unter anderem, dass dieser Präsident mit napoleonischen Zügen der europäischen Einigung den Traum der „Grande Nation" voranstellt. Die Franzosen kennen diesen Ausdruck nicht. Einige kluge Leute im diplomatischen Korps bemühten sich schon 2007, die deutsch-französischen Beziehungen in ruhigeres Fahrwasser zu lotsen. Der deutsch-französische Gipfel vom 12. November 2007 hatte einen neuen Stil. Sarkozy und Merkel hatten sich vorgenommen, mit den üblichen Treffen Schluss zu machen, die standardisiert wirkten und bei den Medien nicht gut ankamen. Ihre Umgebung reagierte mit Kreativität und traf eine gute Wahl, indem die „Sichtbarkeit" des Treffens durch Besuche „vor Ort" im Zusammenhang mit dem Thema der Gespräche verstärkt wurde.

Das Thema war, wenn ich mich recht entsinne, die Integration der Ausländer durch öffentliche Einrichtungen. Alle französischen Minister besuchten solche Einrichtungen in Berlin. Die beiden Hauptprotagonisten besuchten das Romain-Rolland-Gymnasium im ehemaligen französischen Sektor von Berlin, wo man das deutsch-französische Abitur „Abibac" erwerben kann, und unterhielten sich dort mit Schülern und Schülerinnen auf eine spontane und entspannte Art und Weise, ein Prozedur, die

Sarkozy beherrscht und mag. Diese Initiative funktionierte perfekt. Die Reaktion in den Medien war entsprechend positiv. In der Berichterstattung der Tageszeitung „Die Welt" konnte man lesen, dass eine solche attraktive Optik für die TV-Kameras und für die Fotografen in Zukunft einfach als „Muss" zu jedem bilateralen wichtigen Ereignis hinzukommen sollte. Nur die Schweizerische „Neue Zürcher Zeitung" sprach mäkelnd von einer „Show". Warum nicht? Eine gelungene Aufführung stärkt doch die Freundschaft unter den Beteiligten! Es war nur ein bisschen bedauerlich, dass die Berichterstattung in der TV-Abendschau in Frankreich am Abend dieses Tages sehr kurz war.

Nach diesem Gipfel konnte man hoffen, dass „die deutsch-französische Scheuklappen-Sicht sich nicht lange durchhalten" ließe, wie es Hans Peter Sommer schrieb. „Die Kraft des Aufbruchs ist so stark", fuhr er fort, „dass semantische Pirouetten die Linke nicht vorwärts bringen werden, nicht in Frankreich und nicht in Deutschland. Aber das ist nur der Anfang eines Lernprozesses." Dennoch verfügte Ségolène, die Verliererin der Wahl, über ein frustriertes Fußvolk von Meinungsmachern sowohl in Frankreich als auch in Deutschland, das nicht bereit war, den Federhalter und den Computer, das Mikrophon und die Kamera abzulegen. Dass der neue Mann in Paris sehr schnell in Deutschland einen schlechten Ruf bekam, war nicht allein das Werk von Politikern der SPD, die ihren französischen Genossen der PS Flankenschutz gaben.

Sarkozy hatte angedeutet, dass das deutsch-französische Tandem nicht mehr ausreiche, um Europa zu führen. Als Antriebskraft war es noch notwendig, aber viel eher sollte Europa von einem Direktorium mit Deutschland, England, Italien, Spanien und vielleicht Polen an der Seite Frankreichs geleitet werden. Einverstanden, die deutsch-französische Ehe ist eine Vernunftehe und kann auf Staatsebene nichts anderes sein, während im Verhältnis der Franzosen zu Amerika immer irgendwo Liebe mit im Spiel ist. Das ist vielleicht besser so, weil Liebesverhältnisse dem Wechsel der Emotionen ausgesetzt sind. Was eint Deutschland und Frankreich eigentlich? Es steht fest, dass die deutsch-französische Versöhnung hinter uns liegt. Wenn man einer Rede folgt, die Bernard Kouchner im Juni 2008 in der Humboldt-Universität zu Berlin hielt, ist unser gemeinsamer Nenner die gemeinsame Friedenspolitik und unser Ziel für die Zukunft der Wille, Europa stark zu machen. Man muss aber auf eine neue, negative Komponente des deutsch-französischen Verhältnisses hinweisen, die ein Pragmatiker wie Sarkozy nicht außer Acht lassen kann.

Die Franzosen trauen sowohl dem politischen Klima in Deutschland als auch der Leistungskraft der deutschen Wirtschaft viel weniger als vor zehn oder zwanzig Jahren. Die Delle der Schröder-Ära, als Deutschland konjunkturell das rote Licht in Europa war, hat Spuren hinterlassen. Damals fingen gut situierte Familien in Frankreich damit an, ihre Kinder nicht mehr Deutsch, sondern Spanisch, Russisch und Chinesisch – Englisch sowieso – lernen zu lassen, weil sie meinten, dass der deutsche Markt ihnen keine Chancen mehr bieten würde. Begabte und fleißige Studenten und junge Fachkräfte gingen nicht mehr nach Berlin, sondern nach London, New York und Québec. Hinzu kommen die politischen Bremsseile, die in Deutschland Entscheidungen institutionell so langsam machen, und ideologische Augenklappen, die Umstellungen auf neue technologische Anforderungen erschweren.

Als Realist wird sich Sarkozy immer Deutschland zuwenden, wenn und wo es sich für ihn lohnt. Mehr ist nicht zu erwarten. Aber wenigstens das. Er weiß, dass Deutschland für die nächsten zwanzig Jahre die führende Wirtschaftsmacht in Europa sein wird, bis es von Frankreich demografisch und wirtschaftlich eingeholt wird. Die Deutschen sollten wissen, dass er tut, was er sagt, und sich daran hält. Aber er ist immer bereit, etwas infrage zu stellen, wenn es nichts oder nicht mehr viel bringt. Besonders beunruhigend für die Deutschen hätte die Erklärung von Sarkozy bei seinem Besuch in England am 26. Februar 2008 sein müssen, als er die Briten zu einer intensiven Kooperation mit Frankreich bei der Nutzung der Nukleartechnologie sowie zu einer Verstärkung der militärischen Zusammenarbeit beider Staaten aufrief. Nur nebenbei würdigte er die deutsch-französische Freundschaft als „treibende Kraft" für das Zusammenwachsen Europas.

Es war ein Wink mit dem Zaunpfahl in Richtung Berlin, und man kann nicht sicher sein, dass er am Ufer der Spree bemerkt worden ist. Die Optik ist in Deutschland verfälscht. Geht es in Deutschland um deutsch-französische und europäische Belange, so liegt Berlin immer richtig, während Paris die Rolle des Spielverderbers und Störenfrieds übernehmen muss. Es hieß lange, Sarkozy bringe die deutsche bzw. die deutsch-französische Harmonie durcheinander. Das deutsche Augenmaß fehle ihm offensichtlich. Das war im ersten Sarkozy-Jahr der Tenor der Berichterstattung in Deutschland in der sogenannten bürgerlichen Presse, genau sowie in den linken Blättern, ganz zu schweigen von der Mehrheit der elektronischen Medien.

Es ist wahr, der Franzose provozierte ein bisschen. Aber kaum ein ausländischer Politiker kam Wochen und Monate lang in den deutschen Medien so oft vor wie Nicolas Sarkozy – und wurde so oft missverstanden! Kaum ein Tag verging, ohne dass der französische Präsident mit einer neuen innen- oder außenpolitischen Initiative die Beobachter diesseits des Rheins in Erstaunen setzte und oft genug zur Verzweiflung trieb. Man hörte buchstäblich die Seufzer, wenn man am Auswärtigen Amt vorbei fuhr: „Was hat Sarkozy denn heute schon wieder angezettelt?" In der Tat war er für die systematisch, manchmal gemächlich operierende deutsche Politik eine wirkliche Herausforderung.

In Frank-Walter Steinmeiers Auswärtigem Amt hielt man sich zu Gute, dass Berlin im Gegensatz zu Paris eine spektakuläre internationale Rolle spielte, ohne mit den Muskeln zu protzen. Leider musste nach dem Auftritt von Sarkozy auf der europäischen und internationalen Bühne die deutsche Diplomatie kleine Brötchen backen. Der Unterschied zwischen dem Aufbruch in Paris und dem Schneckengang in Berlin fiel noch stärker ins Auge. Hochnäsige Kommentare in Medien und Politik nahmen sich den Sarkozy-Elan vor – die Entfremdung zwischen beiden politischen und administrativen Eliten nahm zu. Es wurde von den sozialdemokratischen Ministern eine Menge Porzellan zerschlagen. Hatten sie auch wie ihre Genossen in Paris gehofft, Sarkozy würde bald stürzen? Wurden sie von ihnen falsch informiert? „Wie sagte Kanzler Kohl nach der Wiedervereinigung: Wir sind von Freunden umzingelt. Frau Merkel sollte nicht eines Morgens aufwachen und konstatieren müssen: Wir sind wieder von Gegnern umgeben", warnte Hans Peter Sommer.

Sarkozy verlangte einfach wieder den Rang, der ihm gebührte und den Frankreich in den Jahren davor verloren hatte. Mitterrand war Kohl verfallen, und Chirac war von Schröder umerzogen worden! Als sie gewählt wurde, hatte die Bundeskanzlerin Chirac sozusagen von Schröder geerbt. Da war nicht mehr viel auszurichten. Da Frankreich in der Chirac-Endphase wie gelähmt war, entstanden für die Deutschen keine Probleme. Angela Merkel war der Star in Europa. Aber Nicolas Sarkozy konnte niemand an der Leine halten, nicht einmal Angela, die täglich als Zuchtmeisterin der Großen Koalition ihre Regierungsmeute zähmte. Und Sarko stahl ihr die Show. Vor wenigen Jahren veröffentlichte ein deutsch-französisches Consulting-Büro ein Foto, auf welchem sich Jacques Chirac an die Stirn fasste und Angela Merkel ziemlich ratlos aussah. Der Fotograf hatte Ihnen Sprechblasen in den Mund gelegt: „Wie können wir denn Europa ohne die Deutschen regieren?" seufzte Chirac. „Wie werden wir es denn schaffen, die Franzosen unter Kontrolle zu halten?" überlegte Merkel. Diese Karikatur passte eher zu der Sarkozy- als zu der Chirac-Ära.

Seit Jahrzehnten krächzt es im deutsch-französischen Gebälk, und diese Geräusche die sich zu Gerüchten verdichten, liefern den Medien täglich Brot. Ein „Wehepaar"... So lautete vor vielen Jahren der Titel eines Buches über die deutsch-französischen Beziehungen. Aber mit dem ungleichen Paar Angela und Nicolas steuerten die Streitigkeiten im September/Oktober 2008 angeblich auf einen neuen, noch nie erreichten Höhepunkt, den man im privaten Bereich als Ehekrach bezeichnen würde. Das lieferte natürlich Stoff für Klatschkolumnen. Kaum eine Woche verging, ohne dass ihre Spalten von Missverständnissen und Missstimmungen berichteten. Manches war frei erfunden. Es sah auch so aus, als ob die französischen Journalisten den deutschen Kollegen, die ein Jahr lang „Sarkozy-Bashing" betrieben hatten, Gleiches mit Gleichem vergelten und nun an Merkel kein gutes Haar mehr lassen wollten.

Man hätte sich an dieser Komödie ergötzen können, wenn die Weltlage drum herum nicht so angespannt gewesen wäre. Ohne das Paris-Berlin-Team kommt Europa nicht voran. Daher verdient die Stimmungslage zwischen der Kanzlerin und dem Präsidenten unsere Aufmerksamkeit. War etwas dran an der Abkühlung ihres Verhältnisses? Würde es sich auf die Politik auswirken? Die Gerüchteküche ist extrem produktiv. Es hieß eine Weile, er könne Angela nicht mehr ertragen. Woher wusste man das? Angela schmollt und zieht sich in ihr Schneckenhaus zurück. Nicolas neckt sie umso mehr. Ist seine Frechheit Absicht? Spontan, wie er ist, passt Sarkozy bestimmt nicht ins Raster der norddeutschen Kultur. Floskeln, die nach französischer Art nie so gemeint sind, wie sie ausgesprochen werden, sind gewiss nicht nach dem Geschmack der Pfarrerstochter aus Templin.

Sarkozy hat außerdem die Unart, den Menschen, die er mag, auf die Schulter zu klopfen und auf der Brustseite oder im Rücken zu berühren. Beim Papst oder bei der englischen Königin hatte er davon abgesehen. Und bei der Kanzlerin? „Lassen sie ihn wissen, dass er wenigstens aufhören soll, mich zu berühren", soll sie der deutschen Botschaft in Paris mitgeteilt haben, offenbarte „Le Journal du Dimanche". Sarkozy ist bestimmt kein Mann der alten Schule wie Chirac. Angela Merkel bemüht sich schon, Humor an den Tag zu legen. So schenkte sie ihm einen schönen Kugelschreiber, nachdem bekannt geworden war, dass er in einem

Hotel einen geklaut hatte. Seine Liebeserklärung „ex cathedra" in Aachen bei der Verleihung des Karlspreises hat sie mit einem Lächeln quittiert. Ein bißchen verletzend war es jedoch, als er ihren Mann, den „Prof. Dr. Joachim Sauer", mit „Herr Merkel" ansprach. Es war bestimmt unbeabsichtigt. In Frankreich heißt die Frau nicht anders als ihr Mann oder der Mann nicht anders als seine Frau, je nachdem, wessen Namen sie annehmen. Schlimm ist es jedoch, dass niemand in seiner Umgebung den Staatspräsidenten informieren konnte. Wenn Sarkozy immer wieder respektlos aus der Hüfte schießt und wie ein Wasserfall redet, wird Frau Merkel schon nervös. So fiel es mehreren französischen Kollegen auf, dass sie ihn einmal in der Öffentlichkeit unterbrach, auf den Tisch klopfte und etwas barsch „Zur Sache, Nicolas" mahnte. Das empfanden französische Medien als üble deutsche Belehrung. Der kleine Franzose verletzt den Kanon der in Nord-Deutschland hochgeschätzten sozialen Distanz. Aber warum sollte das nicht bei der Gesprächspartnerin ein gewisses Prickeln auslösen. Vielleicht genießt sie eben doch den gallischen Charme des Franzosen, der sie zugleich ein bißchen schockiert.

Dabei hatte Frau Merkel mit Sarkozy jahrelang ein Vertrauensverhältnis aufgebaut. Sie war auf wichtigen Parteitagen der Sarkozy-Partei UMP, und er war viele Male in Deutschland bei der CDU-CSU. In vielen Punkten der Innen- wie der Außenpolitik waren sich beide einig. Beide wussten Bescheid über Diktaturen und waren auf der gleichen Wellenlänge in Sachen Mittel- und Osteuropa, Frau Merkel aus ihrer Zeit in der DDR, Sarkozy als Abkömmling einer antikommunistischen ungarischen Familie und Enkel eines verfolgten jüdischen Großvaters. Anders als Brüssel wollen beide nicht, dass die Türkei Vollmitglied der EU wird. Beide sind überzeugte Europäer. Sie bemühten sich gleichermaßen, das im Verhältnis zu Washington zerschlagene Porzellan zu kitten. Beide wollen Israel vor der Vernichtung retten. Sie wollen beide mehr Atomkraft, um Europa selbstständiger und die Luft sauberer zu machen. Beide vertreten eine modernistische Variante des Konservatismus. Und beide glauben an Gott. Schließlich eint sie ihre überragende Klugheit. Sie duzen sich.

Aber es bestehen zwei fundamentale Unterschiede zwischen ihnen. Der erste ist, dass sie Deutsche ist, und der zweite, dass er Franzose ist. Aus diesem „kleinen Unterschied" mag Konstruktives entstehen, soweit man einander ergänzt und kooperieren will. „Speedy-Sarko" ist aber ein politischer Cowboy, der schnell aus der Hüfte schießt, während Frau Merkel den langen Atem vorzieht. „In der Ruhe liegt die Kraft", ist ihr Wahlspruch. Sarkozys Gegner streuen das Gerücht, dass er Aufputschmittel oder Vitamintabletten schluckt, während böse Zungen verbreiten, dass Frau Merkel den Kontrahenten Schlafmittel verabreicht, um sie zu betäuben. Die Bundeskanzlerin hat von ihrem früheren Mentor Helmut Kohl gelernt, Probleme „auszusitzen" und ihre Widersacher zu überdauern. Sarkozys Art ist das nicht. Er geht rasch an die Probleme und an die Leute heran. Am Tage seines Amtsantritts sagte er in seiner Ansprache in Berlin, es nütze nichts, die Probleme auf die lange Bank zu schieben, sie würden dadurch nicht lösbarer. Das war sehr „undeutsch". Frau Merkel und Herr Sarkozy müssen lernen, mit dieser Diskrepanz im Zeitplan umzugehen.

Aber die Deutschen lernen es auch, mit Vollgas zu fahren. Im Oktober 2008, angesichts der internationalen Finanzkrise, hat die deutsche große Koalition schnell reagiert und das Gesetz zur Rettung der Banken – immerhin 500 Milliarden Euro Bürgschaften und Kredite – im Hauruckverfahren verabschiedet, nachdem die Franzosen einen Tag davor für ihr 360 Milliarden-Paket gestimmt hatten. Gleich darauf machte sich die deutsche Regierung an ein Steuererleichterungspaket von 15 Milliarden Euro. Da merkte man schon, dass sich auch in Deutschland in Sachen Tempo etwas ändert. Auf der anderen Seite ist es manchmal gut, dass es eine zweite Lesung gibt und dazu noch eine Bedenkzeit, bevor etwas in die Wege geleitet wird. So war Sarkozy mit seinem Mittelmeerunionprojekt zu schnell gestartet. Er musste ganz Europa zuerst heranholen. Das retardierende Element bei Frau Merkel bremst das dynamische Moment bei Sarkozy. Das ist oft gut, denn die permanente Geschwindigkeit kann zur Überhitzung führen. Früher hat man „fast food" gegessen und jetzt gibt es die „slow food"-Restaurants, bemerkt der bayerische Europa-Abgeordnete und Präsident der Paneuropa-Union Deutschland, Bernd Posselt.

Der Präsident und die Kanzlerin haben unterschiedliche Lebenspläne. Sie kann hoffen, Ende 2009 wiedergewählt zu werden und dann mit einer eigenen Mehrheit die Politik zu machen, die Deutschland braucht, um topfit zu werden. Es liegt ihr auch, auf ihre Stunde zu warten. Die Deutschen haben in der Nachkriegszeit mit Erleichterung die Langsamkeit entdeckt und halten sich daran. Sarkozy will dagegen das Umkrempeln Frankreichs innerhalb seines fünfjährigen Mandats oder noch schneller durchziehen und das Steuer herumreißen, bevor die Gegner und die Bremser diese Mutation seines Landes verhindern oder den Rückwärtsgang einschalten können. Er will sie vor unumkehrbare, vollendete

Tatsachen stellen. Mag sein, dass er 2012 wieder gewählt wird. Aber das ist nicht sein Ziel, zumal er jetzt die Frau seiner Träume gefunden hat, Kinder hat, die etwas werden, und einfach das Leben genießen möchte, nachdem er sein historisches Werk hinter sich gebracht hat. Praktisch arbeiten deswegen auch Berlin und Paris zeitversetzt. Mit Sachen wie der Union für das Mittelmeer und mit totgeborenen Projekten wie einee Europäischen Wirtschaftsregierung hatte er Frau Merkel überrascht. Die Diskrepanz war umso stärker, als Deutschland einen Großteil seiner Reformen bereits vollbracht hatte, als Sarkozy damit anfing.

„Er drängelt sie, er rempelt sie an, sie mögen das nicht." Das sagte mir ein erfahrener arabischer Diplomat aus Tunesien, der seit geraumer Zeit die deutsche und die französische Politik beobachtet, über das Verhältnis des französischen Staatspräsidenten Nicolas Sarkozy zu den deutschen Politikern. Gut getroffen: die deutschen Eliten, ob in der Politik oder in der Wirtschaft, können sich für den Stil des französischen Staatspräsidenten nicht erwärmen. Der technokratische Giscard d'Estaing, der stille Mitterrand und der majestätische Chirac waren ihnen lieber. Deren überaktiver Nachfolger überrumpelt die deutsche Regierung und andere Europäer. Er ist um eine Überraschung nie verlegen und reagiert auf fremde Initiativen mit der Wucht eines Torpedos. So geschah es wohl, als der deutsche Kassenwart Peer Steinbrück ihm vorwarf, seine Geldreserven mit Geschenken zugunsten seiner Wahlklientel zu vergeuden, statt zu sparen. Diese Bemerkung des rheinischen Berufssozialdemokraten empfand Sarkozy als schmerzhaften Seitenhieb. Er fragte, mit welchem Recht dieser Mensch ihn kritisierte. Der bereits in Brüssel gehörte Vorwurf nervte ihn. Die deutschen Medien haben diese Marginalie hochgespielt, während die französischen Gazetten zuerst „Harmonie" zwischen Sarkozy und Merkel registriert hatten. Erst danach erwähnten die französischen Kollegen aus deutschen Quellen dieses Gezänk.

Danach machten einige deutsche Köpfe große Anstrengungen, um sich mit dem neuen Franzosen anzufreunden. Aber immer wieder entfuhr ihnen ein Fluch. Kaum dachten sie, der Franzose würde in ruhigeren Gewässern schwimmen, da erhob sich wieder eine neue Welle. Kaum hatte Sarkozy den Gedanken an eine europäische Wirtschaftsregierung aufgegeben und sich mit dem starken Euro abgefunden, da schlug der Oberst Gaddafi in Paris sein Zelt auf und Sarkozy verkaufte ihm zwei (zivile) Atomreaktoren. Da hatten sie immerhin einen triftigen Grund, auf ihn zu schimpfen. Die Schnelligkeit der einsamen Entschlüsse des Franzosen passte ihnen nicht. Die deutsche Politik ist langsam und bedächtig. Erst wird drei Jahre diskutiert und dann werden alle Details durchgecheckt. Das Ding wird erst dann ausprobiert, wenn man einen Versicherungsvertrag abgeschlossen hat. Eines der meist benutzten Wörter in der deutschen Sprache ist „Versicherung". So geht Deutschland seinen ruhigen Gang. Sarkozy verhält sich wie ein Hund bei einem Kegelspiel.

Schlimmer noch: Er verwirrt die Deutschen. Hierzulande muss die Statik stimmen. Erst dann kommt ein bisschen Bewegung. Bis zur nächsten statischen Stufe. Sarkozy rollt und rollt. „Wir wären dankbar, wenn Sie ihn uns erklären", sagen mir deutsche Freunde. Der Mann im Elysée-Palast lässt sich nicht in deutsche Kategorien hineinpressen. Stehaufmännchen, Irrlicht und Wirbelwind, Kasperle, ja Kasperle, all diese deutschen Begriffe versuchen, ihn einzufangen und doch passt keiner auf ihn. Und wenn er Deutscher wäre? Sein Patriotismus würde als gefährlicher Nationalismus, sein Wille, nicht übervorteilt zu werden, als Selbstsucht, sein Tatendrang als Aggressivität und seine Lobpreisung ureuropäischer, identitärer Werte als finsterste Reaktion gelten. Nein, er könnte kein Deutscher sein. Eine Rede wie die letzte Rede seines Wahlkampfes in Montpellier, zwei Tage vor seiner Wahl zum Staatspräsidenten,[93] hätte Nicolas Sarkozy in Deutschland nie halten können. Er wäre gleich des Rechtsradikalismus verdächtigt worden. Für die Franzosen bedeutete diese Rede die Rückkehr zur Demokratie, zu den Werten der Republik nach einer jahrzehntelangen Ideologisierung. Die Franzosen waren im Begriff, auf das europäische Mittelmaß abzusinken. Er gab ihnen einen Ruck.

Für Sarkozy ist der persönliche Kontakt wichtig. Er nimmt die Welt durch die Menschen wahr, die ihn umgeben und die er kennt. Er denkt nicht in Abstraktionen. Sein „guter Draht" zu Angela Merkel und zu einigen anderen deutschen Politikern ist deswegen wichtig. So lange er besteht, kann nichts Schlimmes passieren. Allerdings kann man daran zweifeln, ob er in Sachen Deutschland gut beraten ist. „Kaum jemand kennt Deutschland und die Deutschen in der französischen Diplomatie. Der Staatspräsident ebenso wenig wie sein Außenminister", vertraute mir neulich ein pensionierter Diplomat elsässischer Abstammung, der lange Jahre französischer Botschafter in Bonn war, an. „Ich kenne nur einen Menschen im Stab des Außenministers, der Deutschland gut kennt und Deutsch kann, das ist Herr E. Ich denke, er wird eines Tages Botschafter

---

93 Vgl. Anhang weiter unten.

in Berlin. Aber bei den Franzosen hapert es immer mit der Sprache. Die wenigsten können Deutsch." Ist der Präsident in Sachen Deutschland gut beraten? Hat er um sich wirkliche Kenner, die mit Deutschland und den Deutschen eng und lange genug zusammengelebt haben? Ségolène Royal hatte als Deutschland-Berater den Germanisten Jacques-Pierre Goujeon genommen, der Berater von Jospin und Kulturattaché in Berlin gewesen war. Außer seinen engen Kontakten mit der bayerischen CSU und mit Frau Merkels CDU, hat Sarkozy kein wirkliches Deutschland-Expertenteam zur Verfügung. Früher hatte er gute Kontakte zu Friedrich Merz. Wer kann ihn, außer seiner Berliner Botschaft, vor Fehltritten warnen und über Gerüchte informieren?

Das Grundübel besteht darin, dass man Leute zusammenarbeiten lässt, die die Sprache des Partners nicht beherrschen. Mit der Sprache, der „Seele eines Volkes", hängen Kulturtraditionen, Verhaltensweisen und überhaupt die Wahrnehmung der Welt zusammen. Ohne Kenntnis der Partnersprache müssen sich Industriemanager in einem armseligen Pidgin-Englisch miteinander unterhalten, das die Franzosen überdies meist weniger gut als die Deutschen beherrschen. Ich war vor drei Jahren als Journalist Zeuge einer Begegnung der Führung der französischen Gruppe Thales mit Vertretern eines Bremer Marineindustrieunternehmens, in das Thales einsteigen wollte. Denis Ranque, der Thales-Chef, konnte gut Englisch. Der Gewerkschaftsvertreter des deutschen Unternehmens konnte sich aber nicht mit ihm in der Sprache Shakespeares unterhalten. Der anwesende Journalist musste dolmetschen. Sonst ertönte allenthalben im Saal das bekannte seelenlosen Job-Englisch.

Der erste Reformschritt beim deutsch-französischen Konzern EADS hätte darin bestehen sollen, dass man für die Führungsposten Leute ausgewählt hätte, die die Sprache des Partners fließend sprechen. Die Schirmherrin des Zusammenschlusses der französischen Aerospatiale-Matra und der deutschen Dasa, aus denen im Jahre 2000 EADS entstand, war die inzwischen verstorbene Brigitte Sauzay, die französische Beraterin von Gerhard Schröder, die davor Dolmetscherin der deutsch-französischen Spitzentreffen gewesen war. Hätte denn ihr Beispiel nicht Schule machen sollen? Es ist offensichtlich schwierig, in Frankreich kompetente Ingenieure, Manager, Fachleute zu finden, die einigermaßen gut Deutsch können und keine Elsässer sind. Die in den letzten Jahren zunehmende Abneigung auf beiden Seiten des Rheins, Deutsch oder Französisch als erste Fremdsprache in den Schulen zu pflegen, kann nicht zu einer Verbesserung dieses bedauerlichen Zustandes beitragen. In Baden-Württemberg lief eine Kampagne von Eltern gegen Französisch als erste Fremdsprache in bestimmten Gymnasien. Diese Leute meinten, dass ihre Sprösslinge mehr Chance hätten, wenn sie Englisch beherrschen.

Da der Mensch, auch in jungen Jahren, von Natur aus faul ist, sollte man gerade mit der schwierigeren Sprache anfangen. Umso leichter ist es danach, sich die leichtere, in diesem Fall Englisch, anzueignen. Die Attraktivität des „Deutsch-Französischen", sollte umso größer sein, zumindest für eine Schüler- und Schülerinnenelite, die dazu berufen sein wird, die kostbare Zusammenarbeit zwischen unseren beiden Nationen weiter zu entwickeln. Ob wir es wollen oder nicht, wird uns der Zwang zur deutsch-französischen Kooperation von der Globalisierung aufgedrückt.

Der Fall EADS lehrt uns, dass die Idee eines deutsch-französischen „partnerschaftlichen Wettbewerbs" nicht vom Tisch ist. Dieses große gemeinsame Unternehmen haben Nicolas Sarkozy und Angela Merkel im Juli 2007 gerettet, als alle Stricke rissen, weil die Doppelspitze des Vorstandes, deutsch-französisch, nicht funktionsfähig war. Die in Toulouse damals von der Kanzlerin und dem Staatspräsidenten beschlossene Reform von EADS hat bei weitem nicht alle Divergenzen im deutsch-französischen Airbus- und Rüstungskonzern behoben. Da hat man sich erst einmal darum bemüht, die persönlichen Reibungsflächen zu reduzieren, indem der Abstand zwischen Louis Gallois, dem bestätigten französischen Konzernchef, und dem neu ernannten deutschen Airbus-Chef Tom Enders erweitert wurde. Die Franzosen hätten, wie gesagt, gerne die Führung der Flugzeugabteilung Airbus für sich behalten. Dann wäre EADS, das Mutterhaus, Enders in den Schoß gefallen. Gallois weigerte sich, „von dem Deutschen befehligt zu werden". Die Herren vertrugen sich nicht, hieß es. So begrub man die deutsch-französische Doppelführung. Eine profunde Ignoranz des Denkens des Partners behindert nach wie vor die industrielle Verschmelzung. Was weiß Louis Gallois von Deutschland? Hat er in der deutschen Industrie ein Praktikum gemacht? Ich war entsetzt zu hören, wie er seine Freude über die Vereinbarungen von Toulouse nach den Verhandlungen vom Juli 2007 zum Ausdruck brachte, indem er äußerte, dass „nun die Chemie stimmt, wie die Engländer sagen"! Dabei ist diese Redewendung in Deutschland geläufig.

Könnten die Deutschen französisch parlieren und die Franzosen deutsch einigermaßen radebrechen, so würde man sich vielleicht über die tieferen, elementaren Wurzeln der Missverständnisse unterhalten können.

Gespenster aus längst vergangenen Zeiten verderben zu oft noch die Laune. Während die deutschen Unternehmen und Politiker einen übertriebenen Einfluss der französischen Regierung auf die Wirtschaft beklagen, denunziert in Frankreich die linke Opposition den Einfluss von Privatunternehmern auf den Staat und auf die Medien! Also genau das Gegenteil des deutschen Vorwurfs! Können denn Privatmanager Wunder wirken? Sind sie im Besitz der Zauberformel? Bei einigen Großbanken offensichtlich nicht, erfuhr die Welt im September 2008. Die freie Wirtschaft hat sich, auch in Deutschland, in den letzten Jahrzehnten, oft verschätzt. Keiner kann leugnen, dass angesichts der neuen weltweiten Herausforderungen staatlicher Weitblick die unternehmerischen Aktivitäten und die Währungspolitik flankieren muss. Außenwirtschaft und Außenpolitik sind miteinander eng verzahnt.

Warum scheiterte die termingerechte Auslieferung des erwiesenermaßen flugtauglichen A380? Weil Probleme der elektrischen Ausrüstung des Flugzeugs auf deutscher Seite auftauchten. Man hatte sich über eine gemeinsame elektronische Software nicht verständigt. Dieses 12 Milliarden Euro schwere, im Jahre 2000 angefangene Projekt, wurde um zwei Jahre verschoben, was die Wut der Kunden auslöste und den Konzern in eine beispiellose Krise brachte. Es grenzte ans Absurde, dass sechs europäische Betriebe geschlossen und 10.000 Mitarbeiter entlassen werden mussten, weil man den Bestellungen nicht nachkommen konnte... Offensichtlich litt EADS an einem Kommunikationsproblem sowohl innerhalb des Unternehmens als auch nach außen. Liegt es an der Sprache, an der Unkenntnis der Mentalität und der Arbeitsweise des Partners?

Es ist nicht ganz richtig, wenn wir schreiben, dass die Franzosen sich nicht für Deutschland interessieren. Aber die Unkenntnis über Deutschland ist in Frankreich außerordentlich. Neulich am 14. Juli 2008 sah ein französischer Reporter Bundeswehrsoldaten in Paris. „Die deutschen Wehrmachtssoldaten werden Pariser Eindrücke mit nach Hause nehmen", sagte er allen Ernstes im ersten Kanal des französischen Fernsehens. Aber warum sollte es anders werden? Die Franzosen haben keine Lust, kostbare Urlaubstage in Deutschland zu vergeuden. „Würden Sie Ihren Urlaub in Deutschland verbringen?", soll Nicolas Sarkozy Parteifreunde gefragt haben."[94] Ein Satz ohne Zusammenhang... Es gibt dennoch einen Bereich,

---

94 Das schrieb die Pariser Zeitung „Le Canard Enchaîné" am 28. Mai 2008 mit Bezug auf den „Courrier International" von Alexandre Adler vom 22. Mai, der wiederum die deutsche

in dem die Kooperation gut läuft: die Armee. Dort ist auch der Wille zum deutsch-französischen Schulterschluss sehr stark. Kurz vor der französischen EU-Präsidentschaft im Juli 2008 hatte der außenpolitische Berater von Nicolas Sarkozy, Jean-David Levitte, in einer Diskussion in der Deutschen Gesellschaft für Auswärtige Politik in Berlin im Hinblick auf die europäischen Verteidigungskapazitäten als überlebenswichtig erklärt, die gegenseitige Annäherung der europäischen Rüstungsindustrien zu betreiben. Großen Handlungsbedarf sah er auf dem Gebiet der militärischen Ausbildung und regte gerade aufgrund der unterschiedlichen militärischen Traditionen die Schaffung eines Erasmus-Austauschprogramms für Offiziersschulen an.

Sarkozy könnte der Kanzlerin helfen. Unter anderem, 2009 wieder gewählt zu werden. Chirac hatte doch Schröder 2002 diesen Dienst erwiesen. Aber Sarkozy muss es geschickter anstellen. Als er sich beim Bau des europäischen Kernreaktors EPR von Siemens trennen wollte, weil „es keinen Markt dafür in Deutschand gibt", war sie außer sich. Dabei ist es ihr Herzenswunsch, aus dem Ausstieg aus der Kernenergie auszusteigen. War es geschickt, wenn man weiß, wie wichtig es für die Deutschen ist, die Kontrolle über ihr Geld zu behalten, im Vorfeld der Mittelmeerunion die Schaffung eines gemeinsamen EU-Mittelmeer-Investitionsfonds vorzuschlagen?

Die letzte Episode dieser Art spielte sich am 1. Oktober 2008 ab, als die französische Wirtschaftsministerin Christine Lagarde in einem „Handeslblatt"-Interview die Gründung eines europäischen Hilfsfonds für die Banken mit 300 Milliarden Euro ankündigte. Das war ein Versuchsballon, freilich, lag aber zwischen Stichelei und Provokation. Bereits am Nachmittag konnte die Kanzlerin diese Nachricht online lesen. Ihr blieb vor Schreck beinahe das Herz stehen. Sie muss gleich zum Telefon gegriffen haben, denn Sarkozy dementierte dies um 19:22 Uhr und dann am Tage danach nochmal vor der Presse. Dass Finanz-Christine desavouiert wurde, war nicht so wesentlich wie Angelas Anwesenheit am 4. Oktober beim EU-Vierer-Gespräch in Paris. Die Kanzlerin soll gedroht haben, nicht zu kommen.

Die deutsch-französische Zwangsehe wird nur dann funktionieren, wenn beide die unterschiedlichen Mentalitäten und Verhaltensweisen besser kennen. Ein großes Problem besteht darin, dass Sarkozy kein

Tageszeitung „Die Welt" zitierte.

Wort Deutsch kann und dass Frau Merkel die Sprache von Voltaire nicht spricht. „Speedy Sarko" muss auch kürzer treten und Angela sich seinem Tempo trotz der sozialdemokratischen Fesseln ein bißchen anpassen. Eines haben Sarkozy und Merkel gemeinsam: Sie sind beide aus Leidenschaft sachlich. Sie können beide vollkommen unideologisch denken und das tun, was die Lage jeweils erfordert.

Immerhin scheint es, dass Sarkozy letzten Endes bisher Angela immer nachgegeben hat, wenn sie einen Schritt in seine Richtung tat. Sarkozy hat auch das Zuhören gelernt, das eine der Tugenden von Frau Merkel ist. Aber er muss aufpassen. Angela Merkel hat das Talent, die Männer zu zähmen und sich zu unterwerfen, ohne dass sie es selbst merken. Typisch Frau? Nicht alle Frauen können das.

Bevor Angela Merkel 2009 wieder gewählt wird, geschieht nichts Wichtiges. Aber eine Koalition der SPD mit der Linkspartei und den Grünen könnte die Regierung bilden, falls die CDU/CSU-FDP-Koalition ein schwaches Ergebnis bekommt. In diesem Falle wäre es aus mit dem deutsch-französischen Europa. Sarkozy macht Europa nur mit Angela Merkel. Ist sie nicht mehr Kanzlerin, wendet er sich England, Polen, den Niederlanden, Spanien und Italien zu. An Mitspielern wird es nicht mangeln.

Freilich hat es sich bisher immer wieder gezeigt, dass die deutsch-französische Kooperation unabhängig von Parteizugehörigkeit ist und auf vielen Schienen fährt. Städtepartnerschaften, Jugend- und Studentenaustausch, Austausch von Lehrenden und Forschern, von Ministerialbeamten. Aber diese Kooperation muss ständig neu belebt werden und es muss an der Spitze stimmen, denn die Kommunikation zwischen Deutschen und Franzosen ist nicht gottgegeben.

Sechster Teil

Von Afrika bis zum Nordkap:
alles Mittelmeer

Unterwegs nach Eurabien

Schwamm drüber!

Im Zelt des Wüstenfuchses

29. Kapitel
Von Afrika bis zum Nordkap: alles Mittelmeer

Nicolas Sarkozy war noch Präsidentschaftskandidat, als er in einer Rede vor seinen erstaunten Parteifreunden eine kuriose Idee leidenschaftlich vortrug. Es handelte sich darum, eine Union der Anrainerstaaten des Mittelmeeres zu gründen. Die Türkei sollte der Architekt und der Anker sein. Es wäre, erklärte er, der ureigene Auftrag der Türkei, beide Ufer des Mittelmeeres zu vereinigen und Frieden und Wohlstand dort zu sichern. So würde man Kultur, Wirtschaft und Geographie gelten lassen. Mit anderen Worten die Türkei sollte auf ihre EU-Mitgliedschaft verzichten und stattdessen in diesem neuen Konglomerat an den Toren Europas die erste Geige spielen. Das Projekt war von Henri Guaino, dem Sonderberater des Präsidenten, ausgeheckt worden, aber man kann sich des Eindrucks nicht erwehren, dass Sarkozy diese Idee an der Quelle geholt hatte, wo sie tatsächlich geboren worden war, und zwar in der Paneuropa-Union von Richard Coudenhove-Kalergi und später von Otto von Habsburg.[95]

Der Europa-Abgeordnete Otto von Habsburg hatte diese Union des Maschreks,[96] Türkei eingeschlossen, und des Maghrebs in seinen Reden und Büchern schon lange propagiert, bevor der künftige französische Präsident sie aufgriff. Bereits 1993 hörten wir von ihm, dass dies der einzig gangbare Weg für diese Region sei, denn, so argumentierte der Erbe der K. u. K.-Monarchie, wenn man der Türkei die EU-Mitgliedschaft schenkt, müsste man sie den drei Staaten des Maghreb, Marokko, Algerien und Tunesien, ebenfalls anbieten, die über Frankreich mit der EU verbunden sind, wie die Türkei über Deutschland. Aber das geht nicht. Europa kann nicht so viele neue Staatsbürger anderer Kulturen aufnehmen, abgesehen davon, dass Deutschland sich nicht damit abfinden würde, dass bevölkerungsreiche, arme Staaten Nordafrikas EU-Mitglied werden. Die frühere EWG hatte allmählich zu einer politischen Union ausreifen können, weil

---

95 Heute wird die Paneuropa-Union von Bernd Posselt in Deutschland und von Alain Terrenoire in Frankreich geleitet.
96 Der Maschrek ist der östliche Teil der arabischen Welt am Mittelmeer, der Maghreb ist davon der westliche Teil.

General de Gaulle im Jahre 1962 die algerischen Departements vom französischen Mutterland abgetrennt hatte.

Also gehörten diese Mittelmeerstaaten in ein anderes Gefüge,[97] äußerte der Erzherzog von Habsburg: „Schon in der Antike war nicht das Mittelmeer, sondern die Wüste Sahara, diese Region, wo der Sand das Wasser ersetzt, die Südgrenze Europas. Afrika fing südlich der Sahara an und es ist falsch, die arabischen Staaten des südlichen Mittelmeers als ‚afrikanisch' zu bezeichnen. Das Mittelmeer war in der Antike die Drehscheibe der europäischen Zivilisation. Seit den Phöniziern, den Griechen und den Römern war das ‚mare nostrum' immer ein Bindeglied, ein einigender Mythos. Vorderasien, heute die Türkei, gehörte dazu. Auf seiner Ostseite habe die Türkei außerdem den Auftrag, die Turkvölker Zentralasiens zu einigen. Das wäre für sie wichtiger als die Europa-Mitgliedschaft." Habsburg schwebte eine Mittelmeertriade vor: im Nordosten die Türkei und die Turkvölker, im Norden Europa und im Süden, die Südküste des Mittelmeeres von Marokko bis Nahost. Dem Erzherzog, einem der letzten Politiker, die fähig sind, „in Kontinenten zu denken", darf man nicht absprechen, dass er sich für die Staaten Mitteleuropas und die Osterweiterung der EU eingesetzt hatte. Es war das Anliegen seines Lebens. Aber er war auch ein Verfechter des Mittelmeerprojektes. „Wir müssen unsere Vision der Weltteile ändern und zugeben, dass die Anrainerstaaten des Mittelmeeres untrennbar sind", mahnte er.

Habsburg konnte seine Vision eines vereinten Mittelmeeres nicht realisieren. Seinen Traum, Außenminister eines europäischen Staates zu werden, hat er nie verwirklicht. Sein „ungarischer Landsmann Nicolas Sarközy y Nagy-Bócsa", wie er sagte, hatte dagegen die Mittel dazu. Am 23. Oktober 2007 hielt der nun zum Präsidenten gekürte Sarkozy in Tanger eine Rede, die man als Grundstein des Projektes seiner Mittelmeer-Union betrachten kann. Seltsamerweise sollte diesmal nicht mehr die Türkei sondern Marokko Angel- und Drehpunkt des neuen Ensembles werden. Wahrscheinlich hatte man ihm inzwischen erklärt, dass Ankara nie mitmachen würde, wenn man den Türken die Mittelmeer-Union als Alternative zur EU-Mitgliedschaft präsentieren würde. So wurde die Mittelmeer-Union mit einem arabischen Gravitationszentrum zum großen außenpolitischen Vorhaben der französischen EU-Präsidentschaft im zweiten Halbjahr 2008.

---

97   Siehe: Otto de Habsburg: „Le nouveau défi européen. Conversations avec Jean-Paul Picaper". Editions Fayard.Témoignages pour l'Histoire. Paris 2007, S. 249 ff.

Sarkozy sprach etwas pathetisch von einer „Schicksalsgemeinschaft" der Mittelmeerstaaten. Mitglied sollten nur die Anrainerstaaten des Mittelmeers werden. Brüssel hätte damit nichts zu tun. So weit so gut, aber davor musste man einige Hürden überwinden. Zunächst in Europa, da Sarkozys Vorhaben in der deutschen Diplomatie Gezeter auslöste, während andere Hauptstädte gellende Schreie ausstießen, zumal der Franzose seine europäischen Partner nicht konsultiert hatte, bevor er seinen Mittelmeerplan verkündete. Nur in Madrid und Rom wurde die Idee höflich in Betracht gezogen. In einer deutsch-französischen Diskussion im Juni 2008 in Berlin bedauerte Reinhart Silberberg, Staatssekretär im Auswärtigen Amt, ironisch, dass die Presseberichterstattung in Deutschland damals den Eindruck vermittelt hätte, dass der nächste deutsch-französische Krieg unmittelbar bevorstünde.

Dreierlei befürchteten die Deutschen. Erstens würde sich Sarkozy von Kontinentaleuropa und seiner Ost-Erweiterung abwenden und diese Last den Deutschen aufbürden. Das war eine Fehleinschätzung, denn der französische Präsident hatte zwar eine Mutter griechischer Abstammung aber einen Ungarn als Vater. Er hatte als Präsident nichts Eiligeres zu tun, als die traditionellen guten Beziehungen Frankreichs zu den Staaten Mittel- und Osteuropas wiederherzustellen. Noch vor seinem ersten Besuch in Russland bei Putin machte Sarkozy eine Tour durch Osteuropa. Er besuchte auch den Geburtsort seines Vaters in Ungarn. Zweitens befürchtete man in Berlin, dass dieses neues Projekt sehr viel Geld kosten und die Finanzen Europas belasten würde, die nach der Osterweiterung ohnedies stark strapaziert waren. „Also", dachten die Deutschen, „werden wir doch wieder blechen müssen, wir die Lastesel Europas! Der Franzose will uns ausplündern. Er steigt in die Fußstapfen von Napoleon und ist ein Verehrer von Clemenceau." Drittens befürchtete Frau Merkel ganz persönlich, die Mittelmeer-Union würde ein Konkurrenzprojekt zu einer EU sein, von der Sarkozy sich loslösen wollte, um einen Alleingang zu unternehmen. Bei allen Differenzen, die sie mit dem Altkanzler hatte, hat Angela Merkel Helmut Kohl hoch und heilig versprochen, sie werde sich nie von den europäischen Pfaden entfernen, das sei das A und O der deutschen Politik. Die Angst, der neue französische Präsident könnte sich von Europa abwenden, war in Berlin im Herbst 2007 durchaus real und spürbar. Denn die EU-Mitgliedschaft ist kündbar.

Es dauerte einige Zeit, bis der Franzose die Ängste seiner deutschen Partnerin zerstreuen konnte. Die Mittelmeer-Initiative von Sarkozy hatte tatsächlich im Herbst 2007 die EU vor eine Beziehungskrise „à la De Gaulle" gestellt. Aber De Gaulle und Adenauer wussten, dass man an der Substanz der deutsch-französischen Freundschaft nicht rühren durfte. Was wusste der „junge" Nicolas Sarkozy von Deutschland und von der fünfzigjährigen Geschichte einer einmaligen Versöhnung? Es zeigte sich wieder, dass das deutsch-französische Verhältnis zerbrechlicher war, als man dachte. Aber Sarkozy erwies sich als lernfähig. Bei einer ersten Begegnung nach der Tanger-Rede mit der Kanzlerin wurde das Thema am 7. Dezember 2007 in Paris diskret behandelt, weil der Boden vermint war. Hinzu kam, dass die Beziehungen Sarkozys zu den sozialdemokratischen Ministern der „schwarz-roten" Regierungskoalition in Berlin damals mehr als angespannt waren. Das Mittelmeer-Unions-Projekt war nur der geringste Stein des Anstoßes mit ihnen.

Die Kanzlerin hatte entsprechende Bedenken öffentlich artikuliert – und bei Journalisten die roten Warnleuchten angeknipst. Aber der Präsident und die Kanzlerin waren auf besserem Fuß als vermutet. Da half das gute Verhältnis, ja die Komplizenschaft, die sie in den Jahren davor an der Spitze ihrer Parteien geschmiedet hatten. Sarkozy und Merkel hatten bei dem Treffen in Paris die aufkommenden Gewitterwolken gesichtet und vereinbart, dass niemand in der EU von diesem Lieblingsprojekt des Präsidenten ausgeschlossen werden sollte. Sie beschlossen, einen gemeinsamen Vorschlag zu erarbeiten, der den Partnern in der EU vorgelegt werden könnte. Als Nicolas bei der Eröffnung der Elektronik-Messe CEBIT in Hannover am 3. März 2008 Angela traf, waren die SPD-Herrschaften nicht anwesend. Dieses Zwiegespräch unter vier Augen ersetzte einen deutsch-französischen Gipfel, der am 3. März in Bayern hätte stattfinden sollen, aber auf den 9. Juni verschoben wurde. Daraus hatten gleich einige Medien, darunter die angesehene „Neue Zürcher Zeitung", geschlossen, dass sich „zwischen Deutschland und Frankreich eine tiefe Krise abzeichnete". Ganz im Gegenteil erklärte sich nun die deutsche Bundeskanzlerin öffentlich mit dem Sarkozy-Projekt einverstanden.

Der Staatssekretär im Außenministerium, Jean-Pierre Jouyet, hatte dem Präsidenten die Spielregeln der EU erklärt. Der Plan musste eine Stufe tiefer angesetzt werden, und sein Urheber sollte ein bisschen Demut an den Tag legen. Es wurde vereinbart, Sarkozy würde sein Projekt während der französischen EU-Präsidentschaft vorstellen und dafür alle Interessenten vom Mittelmeer und aus Europa nach Paris einladen. Weitere Vereinbarungen, zum Beispiel in der Zusammenarbeit bei den elektronischen

Großrechnern, befestigten die neue „Entente Cordiale" zwischen Frankreich und Deutschland. Drei Monate später wurde alles im bayerischen Straubing besiegelt.

Danach knisterte es nicht mehr im deutsch-französischen Gebälk. Was war passiert? Sarkozy hatte sich damit abgefunden, seine Mittelmeer-Union zu einem Entwicklungsprojekt der EU herunterzustufen. So könnten alle EU-Staaten, die es wünschten, auch vom Mittelmeer entfernte EU-Mitglieder wie die Skandinavischen Staaten, Holland und Deutschland, den Daumen darauf halten. Frau Merkel hatte etwas mehr Gleichberechtigung zwischen der EU und der künftigen UM (Union Méditerréenne) eingestanden. Sie erklärte sich mit dem Prinzip von gemeinsamen Baustellen einverstanden, aber sie konnte ihrem französischen Partner das Versprechen abringen, dass der auf 7,5 Milliarden Euro angesetzte UM-Haushalt für die Jahre 2007-2013 nicht auf Kosten der Nachbarschaftspolitik im Osten Europas erweitert werde. Sarkozy müsste also anderswo im Rahmen von privat-öffentlichen Partnerschaften Finanzierungsquellen finden. Sie würden notgedrungen labiler als gute EU-Gelder sein. London, Kopenhagen und Berlin blieben trotzdem skeptisch. Würde es reichen, um deutsches Misstrauen abzubauen? Berlin befürchtete nach wie vor, dass Frankreich mit Hilfe der EU-Gelder alle wichtigen Verträge für seine Unternehmungen in dieser sonnigen Region an sich reißt. Empfindlich wie ein rohes Ei, witterte der Türke Erdogan eine List der bösen Europäer, um sein Land auf ein Abstellgleis abseits von Europa zu schieben. Der Mittelmeermatrose Sarkozy ruderte also gerade noch rechtzeitig in Richtung Deutschland zurück, bevor sein Schiff kenterte und rettete so das Projekt.

Der französische Präsident war bestimmt nicht bereit, seinen Plan auf die lange Bank zu schieben. Aber der Franzose musste einige dicke Kröten schlucken. Klug genug war er allerdings, um die Grundregel der EU zu begreifen, und zwar, dass weder Deutschland noch Frankreich etwas alleine zustande bringen können. Sie können es nur, wenn sie es zusammen tun. Also änderte er sein Projekt so, dass er nicht mehr als Vorreiter gelten würde. Mit einem Taschenspielertrick wurde das Projekt für Brüssel verdaulich gemacht. Angela war gnädig genug, Nicolas einen Rettungsring zuzuwerfen. Wie war das Umdenken abgelaufen?

„Die ‚Mittelmeerunion' MU wird es nicht geben." Am 26. Februar 2008 hatte der französische Staatssekretär für Europafragen, Jean-Pierre Jouyet, seine Kollegen in Brüssel mit diesem Geständnis überrascht. Da freuten sich die anwesenden EU-Mitglieder. Ihre Freude war aber von kurzer Dauer, denn Jouyet fügte hinzu, dass das künftige Gebilde nur eine Namensänderung, und zwar „Barcelona Prozess: Union für das Mittelmeer", bekommen sollte. Gehüpft wie gesprungen? UFM statt MU? Der Unterschied war dennoch nicht unbeträchtlich. Man setzt sich „für" den Frieden, „für" die Kinder der Welt, „für" eine gute Sache ein, ohne unmittelbar betroffen zu sein. Andere als die Anrainer-Staaten des Mittelmeeres, andere EU-Mitglieder als Spanier und Italiener, die Initiatoren des kränkelnden Barcelona-Prozesses, durften also mitmachen. Paris führte das Beispiel des Ostseerates vom Jahre 1992 vor, welchem Länder wie Russland, Norwegen und Island, die keine Anrainer sind, angehören. Die Anspielung auf Barcelona war eine echte Beruhigungspille. Dieser Entwicklungsprozess bestand schon dreizehn Jahre und hatte nicht viel gebracht.

Die Wende war dem Europa-Experten Jouyet zu verdanken. Ein semantischer Trick hatte gereicht. Aber vor allem die Einbeziehung aller EU-Mitglieder in den Prozess garantierte, dass es keine Spaltung der EU-Außenpolitik geben würde. Der französische Präsident würde nicht Mittelmeerpolitik im Alleingang betreiben. Wohl wissend, dass viele Köche den Brei verderben, freuen sich die Wikinger und die Germanen im Norden. Die 27 EU-Mitgliedstaaten, die 12 Südländer vom Barcelonaer Prozess und fünf kleine neue Mittelmeer-Anrainer, Kroatien, Montenegro, Albanien und Monaco würden beitreten dürfen. Libyen soll den Status eines Beobachters bekommen. Dafür wird im Süden noch ein Staat dabei sein, dessen Strände von den Mittelmeerwellen nicht umspült werden: Mauretanien. Bezüglich der institutionellen Ausstattung musste Sarkozy ebenfalls zurückstecken.

Man wird nur ein ständiges Komitee Mittelmeer in Brüssel einrichten und es wird nur ein kleines Sekretariat geben, über dessen Sitz im Herbst 2008 entschieden wird, anstelle des autonomen Generalsekretariats, das in Tunis angesiedelt werden sollte. Die nordeuropäischen Staaten misstrauen aber Tunesien. Außer Frankreich, Italien und Spanien waren alle EU-Mitglieder dafür, dieses Sekretariat zu entmachten. Es wird nur aus zwanzig Personen bestehen, aber das ist vielleicht kein Nachteil, wenn man bedenkt, wie belastend die aufgeblähte Brüsseler Bürokratie ist. Paris wollte ursprünglich einen Generalsekretär in Marokko und eine Agentur für Mittlere und Kleine Unternehmen in Algier ansiedeln. Das alles findet vorerst nicht statt. Statt neue Instanzen zu schaffen, wird man alle zwei Jahre eine Konferenz der Teilnehmerstaaten einberufen. Das neue Gebilde soll einen Doppelkopf bekommen. Hofften manche, dass eine solche Chimäre nicht lebensfähig wäre? Die UFM wird also zwei Vorsitzende haben, einen aus dem Norden und einen aus dem Süden. Der aus dem Süden ist der Ägypter Hosni Mubarak, 80 Jahre, und der aus dem Norden bis zum 30. Dezember 2008 Nicolas Sarkozy. Aber der Franzose will sein Mandat verlängern, bis im Jahre 2010 wieder ein Mittelmeeranrainer, Spanien, den EU-Vorsitz bekommt. Die Tschechen, die im Januar 2009 den EU-Vorsitz bekommen, sind ja keine große Seemacht...

Von einer Mittelmeerentwicklungsbank ist nicht mehr die Rede. Die Kooperationsprojekte im Mittelmeer wurden vorerst auf zwei oder drei verkleinert, insbesondere in den Bereichen Transport und Energie. Aber die Europäische Entwicklungsbank BEI, die seit 2002 7 Milliarden Euro in die Region investierte, wird schon helfen. Die französische Caisse des Dépôts und die italienische Cassa di Depositi werden 600 Millionen Euro in Stadtinfrastrukturen, in Transport und Energie anlegen. Eines der wichtigsten Projekte ist die Maghreb-Autobahn von Mauretanien bis Libyen. Ägypten wünscht, die Seeverbindungen zwischen Alexandria und Piräus, Tanger, Barcelona und Marseille mit leistungsfähigen Schiffen auszubauen. Solche kostspieligen, wohlstandstiftenden Projekte konnten Frankreich, Italien und Spanien nicht allein bewältigen. Über die Agentur, die kleinen und mittleren Unternehmen die Ansiedlung auf der Südseite des Meeres erleichtern soll, ist das letzte Wort noch nicht gesprochen. Ein Elektrizitätsverbund mit Nordeuropa wird geplant und die Zufuhr von nordafrikanischem Erdgas nach Europa ist für die EU wichtig.

Die UFM ist zu einem Rumpfprojekt geschrumpft, aber immerhin gibt es sie... Die Experten dachten an Wirtschaft und Handel, an Kommunikation und Rechtssysteme. Außenstehenden Skeptikern und europäischen Bremsern zum Trotz hat die Union für das Mittelmeer von vorneherein eine politische Eigendynamik entwickelt. Sie ist bereits mehr als ein bloßes Anhängsel der EU, obwohl die Eurokraten sie an der Leine halten. Für Sarkozy und Mubarak ist sie ein großer Schritt nach vorne. Hatte es nicht Jahrzehnte gedauert, bis die Zoll- und Wirtschaftsunion EWG zu einer politischen Union wurde? Brüssel hat keine Bedenken mehr, bestätigte die EU-Kommissarin für Auswärtige Beziehungen, Benita Ferrero-Waldner. Zweifelsohne wird der Stabilisierungseffekt für die Region die Schwarzmaler widerlegen.

Wird nun der rührige Franzose, fragt man sich in Berlin und Brüssel, nicht schon wieder die Bettdecke an sich reißen, wie etwa bei der

Befreiung der bulgarischen Geiseln in Libyen? Wollen die Franzosen aus der Region einen Markt für ihre Kernreaktoren machen? Mit lauter kleinen Atomkraftwerken die schönen Strände von Mallorca unter Strom setzen? Deutsche Alpträume... Französische Wunschträume... In der Tat betonte der für die UFM zuständige französische Diplomat Alain Le Roy in einem Interview mit der Zeitung „La Croix", dass der Stromkreis um das Mittelmeer geschlossen werden müsste. Da sei ein enormer Bedarf zu decken, zum Beispiel um Meerwasser für die Landwirtschaft in Süßwasser zu verwandeln, wie es in Andalusien und Israel geschieht. Die Deutschen seien daran erinnert, dass die neuen, sicheren und leistungsfähigeren Kernreaktoren, soweit es sich um den EPR handelt, von dem französischen Unternehmen Areva zusammen mit Siemens gebaut werden. Für den Solarstrom, der in der Region im Mittelpunkt stehen wird, ist die deutsche Industrie führend.

In Brüssel wurde man sich plötzlich bewusst, dass die Staaten des Barcelona-Prozesses, d. h. die Nationen der Nordküste des Mittelmeeres, mit allen Staaten Nordafrikas und des Nahen Ostens bis auf Syrien Handelsabkommen abgeschlossen hatten, sodass die Region innerhalb von wenigen Jahren zu einer Freihandelszone werden könnte. Das hätte schon Vorteile. Wie sollte man sonst den Migrantenfluss vom Südufer zum Nordufer des Mittelmeeres eindämmen, wenn man nicht Arbeit und Lohn für die Millionen arbeitsloser Jugendlicher in Algerien und in Ägypten schaffen würde? In Ägypten leben 40 Prozent der Menschen unterhalb der Armutsschwelle. Müssten denn nicht die Europäer Frankreich dankbar sein, dass es diese Initiative gestartet hat, wo es sonst keine andere Lösung als polizeiliche Sperren und in absehbarer Zeit vielleicht Krieg geben würde? Sarkozy setzt nun auf die Macht der Fakten. Darüber hinaus liegt es für ihn auf der Hand, dass die Doppelregion EU-UFM ein bestimmender politischer und ökonomischer Faktor in der Welt sein wird, wenn es ihm gelingt, sie zusammenzuführen. Die EU überragt mit ihren 493 Millionen Einwohnern die Großmächte USA und Russland deutlich und mit den 461 Millionen Einwohnern der Anrainerstaaten des Mittelmeeres könnte sie sich mit China und Indien messen.

Die Europäer sollten sich nicht unterschätzen. Sie bringen 25 Prozent des Weltreichtums mit nur 5 Prozent der Weltbevölkerung auf die Waage. Die EU-Staaten produzierten im Jahre 2007 ein BIP von 21.242 Milliarden Dollar gegen 15.200 seitens der USA. Die Staaten der Euromittelmeer-Zone mit Spanien, Frankreich, Italien, Slowenien, Kroatien,

Bosnien, Montenegro, Albanien, Griechenland und der Türkei einerseits und Marokko-Mauretanien, Algerien, Tunesien, Libyen, Ägypten, Israel, dem Libanon und Syrien andererseits hatten 2007 zusammengenommen ein BIP von 6.858 Milliarden Dollar, mehr als Südostasien und Japan sowie China, Indien und Lateinamerika...

Nach der deutschen Wiedervereinigung war davon die Rede gewesen, dass Berlin sich für Osteuropa und Frankreich für Südeuropa und das Mittelmeer einsetzen sollten. Dagegen sprach, dass Frankreichs historisches Schicksal nur wenig vom Mittelmeer, sondern historisch gesehen vor allem von Deutschland und Russland abhängig war. Jahre nach dem Ende des Kalten Krieges entdeckt Frankreich, dass es Küsten an drei Meeren hat und daraus Nutzen ziehen kann. Bisher hat Deutschland seine zentrale Lage in Europa voll ausgenutzt, während Frankreich geopolitisch benachteiligt war. Aber einem im europäischen Maßstab so großen Staat wie Deutschland kann die Stabilität in der Mittelmeerregion auch nicht gleichgültig sein. Die deutsche Bundesmarine kreuzt heute vor der Küste Libanons im Rahmen der Finul, um den theoretischen Waffenschmuggel zu verhindern. An diesem militärischen Unternehmen beteiligen sich die Franzosen und andere Europäer, aber nicht die Amerikaner.

Zum Einstieg in eine Konfliktregion gehört die Möglichkeit des Ausstiegs, und es wäre für alle beteiligten Staaten eine substantielle Einsparung, ihr militärisches Wachpersonal zurückziehen zu können. Darüber hinaus deutete Alain Le Roy an, dass die drei Millionen türkischen Arbeiter in Deutschland und die Kooperationsverträge Berlins mit Ägypten in dem Zusammenhang von großer Bedeutung seien. Um die deutsche Bundeskanzlerin und die anderen europäischen Partner zu überzeugen, dass die Mittelmeerunion die Mühe wert war, spielte Sarkozy einen Trumpf aus, den er zuvor versteckt hielt. Bei der Gründungsversammlung in Paris wurden Wirtschaft und Handel den Experten überlassen. Mit dem Hinweis auf das vereinte Europa als friedensstiftenden Zusammenschluss gab der französische Präsident der UFM eine politische Bestimmung, und zwar, einen Frieden „made in Paris" hervorzubringen.

Der französische Staatspräsident knüpfte an die neogaullistische arabische Politik an. Er muss sie mit der EU teilen. Logisch: gibt es nicht Ansätze einer gemeinsamen Außen- und Wirtschaftspolitik? Er musste den Arabern gleichzeitig beweisen, dass er nicht „Israel-lastig" ist. Darüber hinaus hat er als Initiator in dieser arabischen Region eine Evolution in Bewegung gesetzt, die Israel allmählich als Verbündeten der arabischen

Staaten gegen die iranische Gefahr, gegen die pakistanische Labilität und gegen die Terroraktionen von Al-Qaida erscheinen lässt.

Kaum waren die Konferenzteilnehmer wieder abgereist, wehte ein neuer Wind. König Abdallah von Saudi-Arabien drückte vor Fotografen auf einer interreligiösen Konferenz im Madrider Prado einigen Rabbinern die Hand. Nicolas Sarkozy weihte in Paris das neue Islam-Museum im Louvre ein und warnte vor einem Kulturkampf zwischen Ost und West. Die Hisbollah vom Libanon und Israel tauschten Särge aus. Israel ließ sechs Gotteskrieger laufen, darunter einen vielfachen Mörder, der ein kleines Mädchen getötet hatte. Als er nach Hause kam, wurde er von seinen Leuten als Held gefeiert...

„Der Islam ist der Fortschritt, die Wissenschaft, die Feinheit, die Modernität", äußerte der französische Staatspräsident im Louvre. Eine zweifelsohne wohlklingende Floskel! Es wäre schön, wenn in Ägypten, in Algerien und Marokko, oder gar in der Türkei, ein Staatsoberhaupt ähnliches vom Christentum behaupten würde. Darauf wartet man seit mehr als Tausend Jahren.

30. Kapitel
Unterwegs nach Eurabien

Mit seinem skurrilen „Unternehmen Mittelmeer", das viele für eine Fehlgeburt gehalten hatten, hat Nicolas Sarkozy möglicherweise seinen Namen als Friedenspräsident in die Marmortafel der Geschichte eingemeißelt. Wird diese Region, wo noch blutige Konflikte toben, ähnlich wie die EU zu einem Vorbild für Aussöhnung und Zusammenarbeit werden? Seit Jahrzehnten versuchten die USA, die EU und die UNO vergeblich, dort Frieden zu stiften. Der Konflikt zwischen Palästina und Israel hatte einen der aktivsten Vermittler, Henry Kissinger, dazu veranlasst, die These zu vertreten, es gebe eben unlösbare Konflikte, die man immer wieder so gestalten sollte, dass sie relativ unblutig verlaufen, aber mehr wäre sonst nicht zu erreichen. Damit sollte man sich abfinden. Aber Nicolas Sarkozy pfeift darauf. „Politik ist Schicksal" hat Napoleon gesagt. Sarkozy mag Napoleon nicht. Schicksal ist machbar. Sarkozy hat eine andere Methode als alle bisherigen Mittler, um Unlösbares zu lösen. Der Nahe Osten ist ein Herd multilateraler Konflikte. Das verkompliziert die Lage, aber gerade darin steckt der Ausweg, begriff der französische Präsident. Statt bilaterale Verhandlungen zwischen den verfeindeten Parteien zu knüpfen, muss man an die Probleme in einem multilateralen Zusammenhang herangehen. Das setzt allerdings einiges voraus.

Erstens müssen die Kontrahenten einsehen, dass ihr langfristiges Interesse nicht in der Fortsetzung der Konflikte liegt. Zweitens muss jeder Betroffene begreifen, dass es für ihn vorteilhafter ist, am großen Ganzen teilzuhaben, in diesem Falle UFM-Mitglied zu werden, als in der Konfrontation zu beharren. Das Ziel des von Sarkozy vorgeschlagenen Treffens am 13. und 14. Juli 2008 in Paris bestand also darin zu zeigen, dass es die UFM tatsächlich geben wird und dass man die eigenen Interessen in diesem kollektiven Gebilde besser als in der Isolierung durchsetzen kann. In Paris drückten sich Libanesen und Syrer, Libanesen und Israelis, Israelis und Palästinenser die Hand. Sie drückten auch sonst viele Hände. Es standen viele Zeugen, Freunde und Förderer um sie herum. Die ganze EU warf ihr Gewicht in die Waagschale, aber die Türkei, die Emirate, Ägypten und der Maghreb übten auch gemeinsam Druck aus. Zum ersten

Mal seit Jahrzehnten saßen Vertreter von verfeindeten Staaten – im Falle Syriens und Israels seit 1948 im Krieg miteinander – am selben Tisch. „Wir sind noch nie dem Frieden so nahe gewesen", äußerte der israelische Ministerpräsident.

Das hätten auf keinen Fall die USA bewerkstelligen können, und die UNO hätte dafür nicht genug Ausstrahlung besessen. Das wissen viele Leute, auch in Deutschland. „Europa wird in der Region nach wie vor glaubwürdiger als die USA wahrgenommen", sagte Karl-Theodor zu Guttenberg, MdB, Außenpolitiker und Rüstungskontrollpolitischer Sprecher der CDU/CSU. Die Herzlichkeit des französischen Präsidenten Sarkozy, seine anerkannte Intelligenz, der Elan, mit dem er an Probleme herangeht, seine Unvoreingenommenheit, die Vorarbeit der französischen Diplomaten, der gute Ruf des Außenministers Bernard Kouchner als humanitärer Aktivist und die Sanftmut der Präsidentengattin haben sicherlich auch dazu beigetragen.

Die politische Arbeit ging in Paris mit einer Charmeoffensive einher. Paris ist die von Touristen meist besuchte Stadt des Planeten. Nicht ohne Grund nennt man die Champs-Elysées „die schönste Prachtstraße der Welt". Die Glorie der französischen Hauptstadt erfüllte manchen Gast mit Genugtuung. Für das Wohlbefinden und die Sicherheit der hohen Gäste wurde vorbildlich gesorgt. Die Franzosen sind Experten der Luxusindustrien und beherrschen die Kunst, edel und stilvoll zu empfangen. All diese Mittel hatte Sarkozy eingesetzt. Er hat keine Mühe gescheut. Manche Äußerlichkeit wirkt manchmal mehr als zähe Verhandlungen. Wegen der Neuheit dieser Verfahrensweise war die Gründungskonferenz der UFM zum Erfolg verdammt. Sie konnten nicht alle nach Hause fahren und sich sagen „Außer Spesen nichts gewesen", wenn das auch bei internationalen Konferenzen oft der Fall ist. Zu viel stand diesmal auf dem Spiel. Krieg oder Frieden... Als Fazit darf man sagen, dass die Dimensionen des Ereignisses die Erwartungen übertrafen.

Treffpunkt und Angelpunkt ist und bleibt Paris. Es hat sich im Juli 2008 bewahrheitet, was unabhängige Beobachter aus dem Ausland seit Monaten feststellten, dass Paris wieder Weltpolitik wie zur Zeit De Gaulles macht, ebenso provokativ wie zurzeit des seligen Generals, aber kooperativer und einigender als er. Das Ausland nimmt die Ideen und Initiativen des Staatspräsidenten Sarkozy als Mittler und Stifter ernst. Frankreich ist zwar wie Deutschland nur eine Mittelmacht, das weiß Sarkozy sehr wohl. Der Präsident in Paris weiß, dass es ohne Deutschland und ohne die EU nicht genügend Gewicht auf die internationale Bühne bringt. Seine Berater erinnern ihn stets daran. Daher hat er letzten Endes die Deutschen und die anderen EU-Partner als wohlwollende Unterstützer bei seiner waghalsigen Unternehmung herangezogen. Ähnlich verfuhr er am 1. September 2008, als er eine EU-Konferenz in Brüssel einberief, um über den Überfall der Russen in Georgien zu reden, statt weiter allein als Mittler zu handeln. Aber in Sachen UFM hat er das Verfahren selbst entwickelt, um den gordischen Knoten im Nahen Osten zu entwirren. Die Methode erinnert an die Art und Weise, wie Helmut Kohl seinerzeit mit der Absegnung von Gorbatschow und der Unterstützung von George Bush Senior die deutsche und die europäische Einheit bewerkstelligt hatte. Nicht im Zwiegespräch mit der DDR, wie seinerzeit Egon Bahr, sondern in einem multilateralen Rahmen mit den Russen und den Amerikanern suchte und fand der Einheitskanzler die Lösung.

Die UFM ist französische Politik bester Qualität, weil der Friedensfaktor die Gründungsfeierlichkeiten in einem unerwarteten Ausmaße bestimmte. Für die Begegnung von 44 Nationen und von 43 Staats- und Regierungschefs der EU und der Anrainerstaaten des Mittelmeeres in Paris war der 13. Juli gewählt worden. Daher konnte Sarkozy seine Nord-Süd-Konferenz mit der traditionellen Militärparade am Nationalfeiertag, dem 14. Juli, und mit der festlichen Gartenparty des Präsidialamtes krönen. Fast alle Konferenzteilnehmer waren noch anwesend. Es flogen die französische Luftwaffe und ein paar europäische Flugzeuge über die Köpfe hinweg und es defilierten die französischen Militärschulen und Regimenter. Elitesoldaten vollführten einige Kunststücke. Frankreichs Geschichte marschierte im Gleichschritt, Degen blank gezogen und in voller Montur. Die Botschaft war eindeutig: Frankreich hat moderne Streitkräfte, die auf eine ungebrochene Tradition zurückblicken, und ein Ordnungsfaktor im Mittelmeerraum und im Nahen Osten sein können. Wer es nicht verstanden hatte, brauchte nur auf die internationalen Blauhelme zu blicken, die unter der Fahne der UNO in Anwesenheit des Generalsekretärs der Vereinten Nationen, des Südkoreaners Ban Ki Mun, defilierten. Die Zeit, als Charles de Gaulle die UNO „das Ding da"[98] nannte, ist vorbei.

Aus dem Jahrestag der Erstürmung der Bastille, dem 14. Juli 1789, hat die Republik ein Freudenfest aller Franzosen gemacht, und sie verfügt dafür über eine herrliche Kulisse, die Paradestraße der Champs-Elysées

---

98 „Le machin".

zwischen dem Triumphbogen und dem Obelisk auf dem Platz der Eintracht (Place de la Concorde). Dort, wo deutsche Soldaten 1994, zum ersten Mal seit 1940, aber Gott sei Dank unter ganz anderen Vorzeichen, an François Mitterrand und an Helmut Kohl vorbeimarschiert waren, hatte Sarkozy in seinem ersten Amtsjahr 2007 alle Staaten der Europäischen Union und ihre politischen Vertreter eingeladen, um sein dezidiertes Engagement für Europa zu bezeugen. Im zweiten Sarkozy-Amtsjahr 2008 stellte der Staatspräsident seinen internationalen Einfluss zur Schau. Er stand im Mittelpunkt. Sein Premierminister François Fillon fehlte wegen eines Ischiasanfalls.

Ganz ohne Schutz in einem Jeep neben dem Oberbefehlshaber seiner Truppe stehend, winkte Sarkozy den zahlreichen Zuschauern und den Soldaten zu. Nach vielen Tagen und Stunden diplomatischer Bemühungen wirkte er müde und konnte ein Gesichtszucken nicht verbergen. Aber das war für ihn ein befreiender Moment. Er weiß um die Macht der Symbole. Frankreich ist eine Demokratie, französisch gesagt: „une république"– „eine Republik", aber es kann zur Not aus einem Guss sein und patriotisch einheitlich handeln. Darin liegt die französische Überlegenheit. Die Engländer können das auch.

Seinen Gästen und ihren Ehefrauen hat er die Macht Europas und den Ruhm Frankreichs in musikalischer Form zu spüren gegeben, als ein französischer Soldatenchor die Europahymne, den Schlussteil der 9. Sinfonie von Beethoven, nach der Marseillaise ertönen ließ. Das Bekenntnis zu den Menschenrechten und zur Völkerverständigung wurde ihnen durch die öffentliche Lektüre der Präambel der in Paris 1948 verabschiedeten UNO-Charta veranschaulicht. Der Text wurde von dem bekannten Schauspieler Kad Merad vorgelesen.[99] Einige von ihnen, die auf diesen Gebieten Sünder waren, haben vielleicht daraus ihre Schlüsse gezogen. Zweifelsohne war das auch ein Wink an Peking, wo Sarkozy einen Monat später bei den Olympischen Spielen Europa vertreten sollte.

Selbst innenpolitische Gegner des französischen Staatspräsidenten hatten danach nur Lob im Munde. Auch eine Aufwertung der französischen Armee war das Ergebnis dieser Übung. Nach den Polemiken der Wochen zuvor war es notwendig, den Militärs zu versichern, dass sie immer noch ihren Platz in der Nation und in der Außenpolitik haben.

---

99 Kad Merad ist Schauspieler, Humorist und Filmemacher. Er wurde am 27. März 1964 in Sidi-Bel-Abbès (Algerien) geboren. Er kam als Kleinkind nach Frankreich und ist Franzose.

Hunderttausende von französischen Staatsbürgern waren gekommen, um ihren Soldaten Beifall zu spenden. Aus deutscher Sicht würde man sagen, dass die Franzosen überwiegend Militaristen sind. Die Vorbehalte gegen die Verteidigungspolitik und das Militär, die in Deutschland leider stark verbreitet sind, sind in Frankreich nur selten anzutreffen. Die Soldaten sind eine wichtige Komponente der Republik. Wenn es notwendig wurde, hat Paris nie gezögert, seine Truppen auch im Alleingang auf anderen Kontinenten einzusetzen.

Auf dieser Tribüne vom 14. Juli fehlte der algerische Präsident Bouteflika. Dadurch verlieh er seiner Enttäuschung über die Kürzung der finanziellen Ausstattung der UFM Ausdruck. Aber er war auf der Konferenz am Vortag dabei gewesen. Das war für Sarkozy wesentlich. Der marokkanische Monarch Mohammed VI. hatte sich auf der Konferenz und bei der Parade durch seinen Bruder vertreten lassen. „M6", wie man den König auch nennt, ist Sarkozy gram, weil er, anders als vor ihm Chirac, die Ansprüche des Algeriers über die Ostsahara unterstützt. Sarkozy setzt auf die Republik Algerien. Außerdem hat er eine „Algerierin" in seiner Regierung, Fadela Amara, und eine halbe „Algerierin" Rachida Dati.

Präsent waren der neugewählte libanesische Allparteien-Präsident, der General Michel Sleimane, und der syrische Präsident Bachar el-Assad. Letzterer vollführte einen richtigen Slalom zwischen den Stühlen des Konferenzsaales, um dem israelischen Premierminister Ehud Olmert auszuweichen. Der Händedruck zwischen dem Israeli Olmert und dem Palästinenser Abbas aber war Gold wert.

„Sie wird auf Gegenseitigkeit beruhen und alle werden Gewinner sein", hatte Sarkozy in seiner ersten Rede zum Thema UFM gesagt. Das zu begreifen waren offensichtlich zwei Männer imstande. Der Ägypter Hosni Mubarak und der Emir von Qatar, Frankreichs reicher Freund in der moslemischen Welt, waren als Vermittler gekommen. Das gute Einvernehmen zwischen der Bundeskanzlerin Merkel und dem Präsidenten Sarkozy tat den Rest. Im Grunde genommen hat Angela Merkel in dieser Sache den Rahm abgeschöpft, obwohl sie Sarkozy den Vortritt und Paris den Vorrang vor Berlin ließ. Die UFM ist zu einem deutsch-französischen Projekt mutiert. Aus allen vorher genannten Gründen, aber auch wegen des großen Interesses der Bundesrepublik Deutschland an einem Frieden in Nahost, um die Existenz Israels und die zukünftige Sicherheit Europas zu sichern, hat die Kanzlerin offensichtlich an dem kühnen Vorhaben ihres französischen Freundes Geschmack gefunden. Kurz nach dem Gipfel in Paris fuhr sie nach Algier.

Deutschland und Frankreich ziehen da an einem Strang. Mit einer wichtigen Geste gegenüber dem jüdischen Staat haben sie das Gleichgewicht wieder hergestellt, das De Gaulles und Chiracs proarabischer Politik gefehlt hatte. Nicht von ungefähr hatten Frau Merkel und Monsieur Sarkozy im Frühjahr 2008 wenige Wochen nacheinander Israel besucht und beide eine Rede in der Knesset gehalten. Für die deutsche Seite war es der erste Besuch eines Regierungschefs im jüdischen Staat. Französischerseits konnte Sarkozy zusammen mit seiner Frau Carla den schlechten Eindruck, den Jacques Chirac in Jerusalem hinterlassen hatte, vergessen machen. Seit dem General de Gaulle, der unfreundliche Worte über das jüdische Volk ausgesprochen und die Waffenlieferungen an Israel gestoppt hatte, galten die Gaullisten als Freunde der Araber und als Widersacher Israels. Nicolas Sarkozy ist der erste „Post-Gaullist", der Freund beider Konfessionen, Araber und Juden, sein kann.

Vielleicht wird man eines Tages die Union für das Mittelmeer „Eurabia" nennen. Sie wird den tausendjährigen Konflikt zwischen der europäischen und der arabischen Kultur überwinden helfen. Allerdings müsste Europa zuerst Türken und Araber miteinander versöhnen. Der türkische Ministerpräsident Recep Tayib Erdogan, der wegen der ablehnenden Haltung von Nicolas Sarkozy bezüglich des EU-Beitritts seines Landes im Streit mit Frankreich steht, war trotzdem nach Paris gekommen. Ankara vermittelt zwischen Damaskus und Tel-Aviv und will die Regierung des Irak unterstützen.

Trotz dieses positiven Neubeginns wird dem „Kontinent Eurabia" immer die Religion im Wege stehen. Trotz der Gemeinsamkeiten von Koran und Bibel, weisen sowohl der Glaubenskanon als auch der Verhaltenskodex, insbesondere wegen der stringenten Regeln des Islams, zu viele Unvereinbarkeiten auf, um aus der UFM in naher Zukunft eine Wertegemeinschaft wie die EU zu machen.

31. Kapitel
Schwamm drüber!

Vor diesem 13./14. Juli 2008 hatte es viel Vorbereitungsarbeit gegeben. Am vorletzten Tag des Jahres 2007 landete Nicolas Sarkozy mit Carla Bruni in Kairo und von dort aus besuchten sie Luxor. „Die beiden genießen die Sonne am Nil, während Obdachlose in Paris frieren". „Mit unseren Steuern leisten sie sich einen Luxusurlaub", nörgelten die Neider. Mitterrand hatte zwar oft das Neujahrsfest in Assuan mit seiner zweiten Familie verbracht, aber Mitterrand sündigte immer ganz privat und diskret, und er war, als Sozialist, ein Freund der leidenden Menschheit... Sarkozy, der Kapitalistenlakai, zeigte sich ganz offen mit seiner Mätresse...

Niemand stellte sich die Frage, warum der französische Präsident diese Inszenierung aufzog und seine Kleopatra mit der kurzen Nase und den langen Beinen der Welt vorführte. Den verliebten Kavalier zu spielen, machte ihm sicher einen Riesenspaß. Aber der Staatspräsident machte den Leuten in diesem besonderen Falle einen blauen Dunst vor. Unter besonderer Berücksichtigung von Sarkozys Spaß am Komödiantentum hätten sich die Zeitgenossen fragen müssen, ob dieser touristische Honeymoon ein verstecktes Ziel verfolge. Denn der französische Präsident traf dabei seinen Freund Hosni Mubarak, um ihn dafür zu gewinnen, mit ihm zusammen die Weichen in Richtung Frieden in Nahost zu stellen. Es ging um das Dreieck Syrien-Libanon-Israel. Mubarak versprach, an einer Lösung mitzuarbeiten. Kurz darauf besuchte Sarkozy, wieder von Carla begleitet, König Abdullah II. von Jordanien. Alle Welt sah die Fotos ihres Besuchs in der antiken Ruinenstadt Petra. Mit ihrem erbsengroßen Hirn übersahen die Sarko-Kritiker hinter der exotisch-archäologischen Wanderung die politische Brisanz der Reise.

Nach Damaskus fuhren die Verliebten nicht, und am 30. Dezember 2007 brach Sarkozy offiziell die Kontakte mit Syrien ab. Syrien gehörte wie Libyen zu den sogenannten Schurkenstaaten. Sich mit so genannten Schurkenstaaten abzugeben, war nicht einfach! Die Anschläge von Gaddafis Geheimdiensten gegen eine Boeing der Panam über Lockerbie 1988 (270 Todesopfer) und gegen eine DC-10 der UTA über der Tenere-Wüste 1989 (170 Tote) waren unvergessen. Gaddafi war von Reagan bestraft worden. Bei einem amerikanischen Angriff war er knapp einer amerikanischen Rakete entgangen. Die Lektion hatte er verstanden. 1981 war Syrien in den Mord des französischen Botschafters Louis Delmarre in Beirut verwickelt gewesen. Der Tod von 58 französischen Soldaten, die Bachar al-Assads Vater, Hafez al-Assad, am 23 Oktober 1983 im Drakkar-Stützpunkt im Libanon mit Hilfe von Sprengstoff ins Jenseits befördert hatte, war unvergessen. Die französische Armee hatte immer von einem Vergeltungsschlag gegen Damaskus geträumt.

Mit hoher Wahrscheinlichkeit war der syrische Geheimdienst ebenfalls für die Ermordung des libanesischen Premierministers Rafic Hariri im Februar 2005 verantwortlich gewesen. Jacques Chirac, der mit Hariri befreundet war, hatte es sehr persönlich genommen und alle Kontakte zu Syrien abgebrochen. Der Mord an Hariri war ein schreckliches Verbrechen, aber ein deutscher Journalist, Klaus D. Voss, Chefredakteur der „Preußischen Allgemeinen Zeitung" (Hamburg), brachte es mit folgender lapidarer Feststellung auf den Punkt: „Im Nahen Osten kann es ohne Ägypten keinen Krieg geben. Und ohne Syrien keinen Frieden." Syrien war der entscheidende Faktor für Ruhe im Libanon und ein wichtiger Faktor für eine Regelung des Konflikts mit Israel. Wollte man das große Mittelmeerprojekt zustande bringen, so war Syrien als Eckstein der Sicherheit in Nahost unumgänglich. Mit diesem Land, in dem die französische Sprache und Kultur hoch geschätzt werden, hatte Frankreich früher besondere Beziehungen. Insofern war die Haltung Chiracs aus der Sicht seines Nachfolgers falsch gewesen. Ein Staatspräsident darf sich nicht von Emotionen leiten lassen.

Freilich, mit dem syrischen Präsidenten Bachar el-Assad zu verkehren, war riskant. Aber Sarkozy hatte sich bereits mit dem Libyer Gaddafi kompromittiert. Ist der Ruf erst ruiniert... Im Oktober 2007 schickte er seinen Getreuen, Claude Guéant, dreimal zu Sondierungsgesprächen nach Damaskus. Dass Sarkozy seinen Vertrauensmann dorthin beorderte und den Kontakt zu al-Assad zur Chefsache machte, zeigte, wie wichtig ihm die Angelegenheit war. Sarkozy wusste, wie die Verfemung, die Assad traf, den Betroffenen belastete. Angesichts der Militärpräsenz der Amerikaner in Nahost, von Tsahal[100] immer bedroht und als Nachbar des NATO-Staates Türkei allein auf sich gestellt zu sein, war für Assad unbequem. Besteht denn nicht die Kunst der Politik darin, Erwartungen zu

---

100 Tsahal ist die israelische Armee.

erfüllen, die unerwidert bleiben, weil keiner sie wahrnimmt? Die Besuche von Guéant so wie die faire Behandlung, die Gaddafi von Sarkozy erhalten hatte, ließen bei Assad den Wunsch entstehen, von Frankreich in die Weltgemeinschaft zurückgeführt zu werden und sich vom Odium des Verbrechens befreien zu lassen.

Aber die Nicht-Wahl eines libanesischen Präsidenten, die seit Monaten andauerte, weil Syrien eine Verschleppungstaktik praktizierte, die an Sabotage grenzte, wurde von Mubarak als „gefährlich" betrachtet. In diesem Schwebezustand ohne Staatsführung driftete der unfertige Staat („failed state") Libanon wieder in Richtung Bürgerkrieg. Das Faustrecht bewaffneter Banden aller Schattierungen und Religionen ersetzte das Gesetz. Der Iran gewann über die Hisbollah an Boden und Einfluss trotz der Präsenz der Interpositionstruppen der Finul[101] im Süden des Landes. Ein Bürgerkrieg im Libanon hätte die ganze Region wieder angesteckt. Erst musste der Libanon stabilisiert werden. Dann könnte Sarkozys großes Projekt Gestalt annehmen. Mubarak und Sarkozy waren der Meinung, dass der zerrissene Libanon nur einen Konsens-Präsidenten vertragen könnte. Da entwickelte der Franzose mit seinem ägyptischen Freund folgenden Plan.

Paris würde die Beziehungen mit Syrien einfrieren, bis ein Konsens-Präsident im Libanon gewählt sei. Sarkozy telefonierte ein letztes Mal mit dem Syrer. Dann war seinerseits Funkstille. Assad kannte jetzt die Bedingung: der Libanon musste befriedet werden und einen unabhängigen Präsidenten bekommen. Was Israel anging, wurde beschlossen, man würde den jüdischen Staat unterstützen, wenn er die Gründung eines modernen, demokratischen und unabhängigen palästinensischen Staats förderte. Tel-Aviv sollte sofort konkrete Gesten wie einen Stopp der Siedlungen machen. Sarkozy und Mubarak hatten damit ihre Konditionen formuliert. Genau in dieser Phase stattete der deutsche Außenminister Frank-Walter Steinmeier Damaskus einen Besuch ab. Vielleicht wusste er nicht, was gespielt wurde. Was Herrn Steinmeier motivierte, dazwischen zu funken, muss ein Rätsel bleiben.

Sarkozy zeigte sein Interesse an einer Beruhigung der Lage und wusste, dass die UNO seine Bemühungen unterstützte. Seit seiner Ernennung zum Minister war Bernard Kouchner sieben Male in diesem bürgerkriegsgeplagten Staat gewesen. Der Libanon sollte der Test für den guten Willen

---

101 Finul ist die Force Interimaire des Nations Unies au Liban, Interim-Streitkräfte der Vereinten Nationen im Libanon.

Syriens sein. Dieser kleine Staat am östlichen Mittelmeer hatte immer einen Sonderstatus in der Außenpolitik Frankreichs gehabt. Dort wird heute noch vielerorts Französisch gesprochen und dort gibt es arabische Christen. Mitterrand war in den 80er Jahren gleich nach dem Drakkar-Anschlag dorthin gefahren. Minister wie François Leotard und Alain Madelin waren in den 90er Jahren mehrmals im Libanon. Sarkozy musste aber erst warten, bis die Lage sich beruhigt hatte. Es sah nicht gut aus.

Nach achtzehn Monaten schwelender Unruhen lieferten sich im Frühjahr 2008 die proiranische Hisbollah und die libanesische Armee Gefechte. Der Emir von Qatar, der zwischen den pro- und den antisyrischen Fraktionen in Libanon vermittelte, brachte endlich die verfeindeten Kräfte dazu, unter seiner Führung am 21. Mai 2008 das Waffenstillstandsabkommen von Doha zu unterschreiben. Allerdings ließ sich die Hisbollah ihr Entgegenkommen teuer bezahlen. Sie erhielt im Libanon ein politisches Vetorecht, ein außerstaatliches Kommunikationssystem und die Kontrolle des Beiruter Flughafens. Mit Waffengewalt (65 Tote) und unter Missachtung der UNO-Resolution 1701, die ihre Entwaffnung vorsah, war es ihr gelungen, einen Staat im Staate zu bilden.

Am 25. Mai wurde trotzdem ein Präsident im Libanon gewählt. Es war der General Michel Sleimane, ehemaliger Oberbefehlshaber der einzigen einigermaßen funktionierenden Ordnungskraft, der libanesischen Armee. Sarkozy hatte kurz davor mit Bachar el-Assad gesprochen und seine Rolle als Kaisermacher im Libanon anerkannt. Assad ließ dann verlauten, dass er eventuell nach Paris zur Gründung der UFM kommen würde. Einen Tag vor der Pariser UFM-Konferenz ließ Syrien die Bildung einer Allparteien-Regierung in Beirut zu. Israel tat das Seine. Es verhandelte mit Mahmud Abbas, stoppte Siedlungsbauten, reagierte nur wenig auf die Raketen, die die islamistisch-terroristische Organisation Hamas vom Gaza-Streifen auf israelische Dörfer abschoss und führte „indirekte" Verhandlungen mit Syrien. Damit waren die Voraussetzungen für die Gründungskonferenz der UFM gegeben. Im Juni 2008 fuhr Claude Guéant wieder nach Damaskus. Assad kam im Juli nach Paris.

Nicht alle Probleme waren gelöst. Aber die Lage sah anders aus als ein Jahr davor. Hätte es sonst jemand in Europa anstelle von Sarkozy tun können? Ganz zu schweigen von Griechenland konnten Spanien und Italien es nicht. Den anderen Europäern, die keine Strände im Süden haben, passte das Mittelmeer nicht in den Kram. Seit der Ausformung der Kontinente leben sie ohne Mittelmeer, wenn man vom sogenannten „17.

deutschen Bundesland", der Insel Mallorca, absieht. Der Elysée-Palast in Paris war die Retorte, in der die UFM entstand. Wenn man die Episode Gaddafi im Juli 2007, von der weiter unten noch die Rede sein soll, ausklammert, hatte Nicolas Sarkozy nur neun Monate gebraucht, um das zu erreichen, was niemand seit Jahrzehnten zustande bringen konnte. Keiner war auch auf die Idee gekommen, eine Gesamtkonferenz aller Staaten und Parteien vom Mittelmeer und von Europa einzuberufen. Jetzt war der Beweis erbracht, dass es möglich war, eine Beruhigung der Lage zu erreichen. Und das hatte der Franzose in Rekordzeit geschafft.

Der Planer der Konferenz war Henri Guaino, der Ghostschreiber des Präsidenten. „Alle haben über Guaino gelacht und hielten ihn für doof. Aber er hat eine Schlüsselrolle beim Gelingen des Gipfels gespielt", sagte Sarkozy anerkennend und freundlich wie immer. Der andere enge Mitarbeiter, dem es gelungen war, Staatsführer wie al-Gaddafi und al-Assad zu zähmen, denen der Ruf vorausging mit dem Teufel im Bunde zu sein, war der Generalsekretär des Präsidialamtes, Claude Guéant. Immerhin musste Guéant Hände drücken, die noch mit dem Blut der Opfer befleckt waren. Al-Assad hatte eine Woche vor dem Pariser Gipfel einen Aufstand im Gefängnis von Sednaya niederwerfen lassen. Bilanz: 25 Tote. Das veranlasste einen Teilnehmer an der Konferenz zu sagen, dass man „die Bedeutung eines Staatsoberhaupts an der Zahl der Leute messe, die er tötet".

Angst davor, mit dem Teufel zu speisen, hat Nicolas Sarkozy bestimmt nicht. Er könnte Mephisto schon Paroli bieten. Sicher, ein Schmaus mit dem Teufel erfordert einen langen Löffel. Aber mit dem arabischen Teufel, dem Sheitan, hatte Paris einige Kontakte. Bei Freundschaften war man in der französischen Hauptstadt nicht immer wählerisch gewesen. Jahrzehntelang unterhielt Jacques Chirac zum Beispiel eine persönliche Beziehung zum irakischen Tyrannen Saddam Hussein und machte mit ihm gute Geschäfte, denen die amerikanische Armee 2003 ein abruptes Ende setzte. Chirac musste später zusehen, wie sein alter Freund Saddam aufgehängt wurde. Sicher kein schöner Anblick für ihn! Seinerzeit hatte der Präsident Giscard d'Estaing Khomeiny in einem Flugzeug von Air France von Paris nach Teheran bringen lassen, damit er die islamische Republik Iran gründen konnte. Zehntausende von Menschen ließ Khomeiny grauenhaft hinrichten.

Was sind denn die Essentials von Sarkozy? Problem Nummer eins ist im Nahost der Iran, der mächtigste Staat der Region. Die Welt blickt auf sieben Jahre unnützer Diskussionen zurück, in denen Jack Straw für Großbritannien, Jacques Chirac für Frankreich und Joschka Fischer für

Deutschland Ahmadineschad genug Zeit geschenkt haben, um sein Atomrüstungsprogramm voranzutreiben. Gleich nach seiner Wahl hatte Nicolas Sarkozy unterstrichen, dass eine iranischen A-Bombe „indiskutabel" sei und sein Außenminister Kouchner hatte für diesen Fall das Gespenst eines Krieges heraufbeschworen (er wurde zurückgepfiffen). Sarkozy hat die französischen Unternehmen gebeten, keine Geschäfte mehr mit der islamischen Republik Iran zu machen. Der Konzern Total hat darauf verzichtet, in die Förderung der iranischen Gasvorkommen zu investieren. Wird aber der Elysée-Palast genug Durchhaltevermögen haben, wenn andere sich den iranischen Kuchen aufteilen? Zumal die Amerikaner jetzt selbst in die Verhandlung mit Teheran einsteigen?

Gegen den Willen der Bundesregierung treiben nach israelischen Quellen 1.700 deutsche Unternehmen einen schwunghaften Handel mit dem Iran (jährliches Volumen 5 Milliarden Dollar). Gordon Brown pocht auf seine Ablehnung der iranischen Bombe, aber London stellt eine Milliarde Dollar Exporthilfe für den Iran-Handel zur Verfügung. Silvio Berlusconi will an den Abrüstungsgesprächen mit Teheran teilnehmen, Italien ist mit einem Umsatz von 7 Milliarden Dollar der erste Außenhandelspartner des Iran in Europa. Die Schweiz unterschreibt mit Teheran einen Gas-Vertrag im Werte von 22 Milliarden Dollar über mehrere Jahre. Schließlich wurde am 17. Juni 2008 ein Bericht über die Aktivitäten des russischen Geheimdienstes in Frankreich bekannt. Daraus ging hervor, dass Moskau mit dem Iran, mit Syrien und mit der proiranischen Gottespartei Hisbollah im Libanon kooperiert.

Sorge Nummer zwei ist die Sicherheit Israels. Die europäische Diplomatie weiß, was dem hebräischen Staat droht, wenn der Iran die Bombe hat. Die Trägerraketen hat Teheran schon. Würde aber Europa Israel Schutz gewähren können, wenn es selbst von iranischen, pakistanischen und sonstigen Raketen in Schach gehalten wird? Hitler ließ die europäischen Juden ermorden, und niemand machte Anstalten, sie zu retten. Daran erinnert sich Israel. Am 22. Juni 2008 haben Nicolas Sarkozy und seine Frau Carla Israel besucht. Angesichts der von Sarkozy ausgestreckten Hand in Richtung Araber musste Tel-Aviv beruhigt werden. Es war viel mehr als eine Pflichtvisite. Es war echte Emotion dabei. „Ich rede mit keinem Feind Israels", hatte Sarkozy nach seiner Wahl verkündet. Hätte er sich daran gehalten, hätte er seine UFM nicht zusammen trommeln können. Oder sind diejenigen Araber, mit denen er spricht, automatisch keine Feinde Israels mehr?

Es ist der französischen Diplomatie immerhin gelungen, aus zwei Gegnern Israels, den Staatschefs von Libyen und Syrien, zunächst Freunde Europas zu machen. Chirac konnte die Verbrechen nicht vergessen. Der Altpräsident fehlte auf der Tribüne in Paris am 14. Juli 2008, auf der Bachar al-Assad sich aufhielt. Aber Sarkozy hatte beschlossen, das Thema auszuklammern, das war Sache der Justiz, meinte er. Dass das Mandat des Internationalen Tribunals, das Hariris Mord und andere darauffolgende Morde unter der Leitung eines kanadischen Richters untersucht, um sechs Monate verlängert worden ist, macht Damaskus nervös. Der in Paris einigermaßen wiederhergestellte gute Ruf von Assad hängt deshalb an einem seidenen Faden. Dass er sich in Paris mit General Sleimane in Anwesenheit des Emirs von Qatar unterhielt, war schon eine Sensation. Davor hatte Syrien in Istanbul die „indirekten" Verhandlungen mit Israel aufgenommen. So durfte wenigstens der israelische Ministerpräsident an der Pariser Konferenz teilnehmen. Die Franzosen ihrerseits eröffneten Geheimverhandlungen mit der Hamas. Es geht dabei um einen israelisch-französischen Soldaten, den die Hamas als Geisel gefangen hält. Diese diplomatische Offensive wurde insofern honoriert, als die arabischen Staaten die Präsenz des israelischen Premiers Ehud Olmert neben sich in Paris akzeptierten, was allem widersprach, was sie davor behauptet hatten.

Für Nicolas Sarkozy hatte es sich also gelohnt, mit dem Sheitan zu speisen. Anlässlich seiner Reise nach Israel hatte er auch mit dem Palästinenserchef Mahmud Abbas ein herzliches Treffen gehabt. Er behandelte diesen vernünftigen und gemäßigten Politiker wie einen Staatschef. Allerdings musste er erfahren, dass seine Kontakte mit dem Syrer zu Hause als unmoralisch, vielleicht sogar als Verrat angesehen werden könnten. Der Generalsekretär der Sozialistischen Partei, François Hollande, und nicht allein er, kritisierte heftig die Einladung Bachar al-Assads nach Paris. Er sei der Star und der wahre Sieger der Veranstaltung vom 13. Juli gewesen, meinte Hollande. Sarkozy habe diesem „Terroristen", ebenso wie sieben Monate davor dem libyschen Diktator Muammar al-Gaddafi, die Rückkehr aufs internationale Parkett ermöglicht und ihn wieder salonfähig gemacht. Die Kritik war berechtigt, aber Sarkozy war dabei etwas gelungen, was den Sozialisten vor ihm nicht geglückt war.

Der großgewachsene, elegante „Ex-Terrorist" Assad bemühte sich in Paris, seinen schlechten Ruf hinter einem freundlichen Gesicht zu verbergen. Er war überaus entgegenkommend und moderat. Er wurde in der „prime time" im öffentlichen Kanal France 2 ausführlich interviewt. Er wäre für kleine Schritte, sagte er, und sowieso entscheidet bald die amerikanische Präsidentenwahl... Was für ein netter Mensch! Er sprach Pressefotografen an und verriet ihnen, dass er die Laporte-Sprachschule in Paris besucht hatte, um Französisch zu lernen. Sicherlich ist er gebildeter als sein Vater, und er ist – wie übrigens Gaddafi – in der islamischen Welt ein laizistischer Staatschef, was aus französischer Sicht für ihn spricht. Ist er der Mörder Hariris? Bedauert er die Verbrechen seines Vaters? Kann er sich vom väterlichen „Über-ich" befreien? Auf der offiziellen Tribüne am 14. Juli applaudierte Bachar al-Assad als einziger Gast dem 1. und 9. Fallschirmjägerregiment (RCP), das im Libanon Opfer seines Vaters gewesen war. Immerhin eine Geste des guten Willens und der Reue...

Schwamm drüber! Den Frieden im Libanon kann es ohne syrischen „good will" nicht geben, und Sarkozy will derjenige sein, der die Konfliktparteien im Land der Zedern zur Koexistenz führt. Es ist absolut notwendig, das Feuer dort zu löschen. Daher startete Sarkozy gleich nach der Wahl von Präsident Sleimane eine diplomatische Initiative ohne Beispiel. Vom Premierminister François Fillon und von den Verteidigungs- und Außenministern, Hervé Morin und Bernard Kouchner, begleitet, flog er nach Beirut. Er war der erste nicht-arabische Staatschef, der dem neuen libanesischen Präsidenten einen Besuch abstattete. Vor allem ließ er sich von den Vorsitzenden aller französischen Parteien begleiten, um den Libanesen zu zeigen, dass man sich in der Demokratie miteinander vertragen kann und dass das nationale Interesse wichtiger als Parteifehden ist und politischer Streit ohne Waffengewalt ausgetragen werden kann. In seiner Begleitung kamen also Patrick Devedjan von der UMP, François Hollande von der PS, Jean-Michel Baylet vom PRG, François Bayrou vom Modem, Marie-George Buffet von den Kommunisten und sogar die Grüne Dominique Voynet, die man anfangs übersehen hatte, war dabei. Es hat geheißen, dass Olivier Besancenot von der LCR auch im Flugzeug gewesen sein soll. Der ehemalige Premierminister Jean-Pierre Raffarin und der Fraktionschef der UMP, Jean-François Copé, waren mit von der Partie. Man unterhielt sich mit Vertretern aller vierzehn libanesischen Parteien, Hisbollah eingeschlossen. Sarkozy betonte den politischen Charakter seines Besuchs. Er stattete den französischen Soldaten der Finul im Südlibanon deswegen keinen Besuch ab.

In diesen Breitengraden ist der Erfolg nie gesichert. In der arabisch-moslemischen Kultur, wo Erzählungen aus Tausend und einer Nacht häufig einen höheren Wert als handfeste Realitäten besitzen, kann man nicht immer Dichtung von Wahrheit unterscheiden. Wenn die Wahrheit hinter den Worten verborgen bleibt, stößt die europäische Logik ziemlich ins Leere. Allerdings respektieren die Araber den starken Gesprächspartner, und Ehre hat bei ihnen eine Bedeutung. Als Sarkozy dem Algerier Bouteflika zu verstehen gab, dass er ihn als erfahrenen älteren Mann respektiert, aber dass Reue für angebliche kolonialistische Untaten der Franzosen nicht mehr auf der Tagesordnung steht, konnte er mit ihm Zukunftspläne schmieden. So tat er es auch gegenüber allen schwarzafrikanischen Herrschern. Das Büßerhemd, das sich sein Vorgänger Chirac gerne anzog, verschaffte seinem Träger wenig Respekt.

Trotz aller Schwierigkeiten der Amerikaner im Irak und trotz der nie endenden Kämpfe gegen die Taliban in Afghanistan muss man feststellen, dass die Präsenz westlicher Truppen in diesem Teil der Welt die arabischen Staaten gefügiger gemacht hat. Mag sein, dass eine Besatzungsmacht sich dort auf Dauer nur schwer halten kann, aber der Beweis wurde von Bush erbracht, dass die militärische Supermacht Amerika bestehende Herrschaftssysteme im Nu beseitigen kann. Ganz im Gegenteil zu den damaligen Warnungen von Joschka Fischer, der Einmarsch der Amerikaner und der Briten im Irak würde in der ganzen Region einen Flächenbrand auslösen, sind die terroristischen Aktionen seitdem in Nahost – außer im Irak und in Afghanistan natürlich – eher zurückgegangen. Aber das Militär reicht dafür nicht aus. Diplomatie und Entwicklung sind entscheidender. Am 3. September 2008 stattete Sarkozy Bashir al-Assad in Damaskus einen offiziellen Besuch ab. Er konnte ihm nicht verweigern, was er Gaddafi gewährt hatte. Al-Assad wurde wieder im französischen Fernsehen interviewt.

Im Vorfeld hatten diskrete Sondierungen und Expertenwissen stichhaltige Bewertungen über die zwei unsicheren Kantonisten Bachar al-Assad und Muammar al-Gaddafi geliefert. Mit dem Emir von Qatar und mit dem Ägypter Mubarak verfügte Sarkozy außerdem über exzellente Ratgeber und geachtete Mittler. Assad und Gaddafi gehören derselben arabischen Kultur an und sind beide, wie übrigens auch Bouteflika und Mubarak, überzeugte Laizisten, aber diese Männer sind extrem verschieden. Gescheit bis schlau sind beide, aber die Primitivität und die Patzigkeit des instinktbetonten Libyers stechen ins Auge, während beim Syrer intellektueller Scharfsinn und gute Manieren auffällig sind.

32. Kapitel

Im Zelt des Wüstenfuchses

Die Versöhnung mit Muammar al-Gaddafi war spektakulärer als diejenige mit Bachar al-Assad verlaufen. Anders war es von diesem Egomanen nicht zu erwarten. Libyen war die große Klippe, die man umschiffen musste, um weiter zu fahren. Von Gaddafi war nicht viel zu erwarten, nicht einmal, dass er sich an einer Mittelmeerkonferenz beteiligt. Er blieb am 13. Juli 2008 der Konferenz fern, weil er wohl dieselbe Luft wie ein Israeli nicht einatmen wollte. Sein Land erhielt in der UFM einen Beobachterstatus.

Der selbstherrliche und besserwisserische Wüsten-Oberst hatte behauptet, das Mittelmeerprojekt sei „schrecklich und gefährlich", weil es sich um „ein neues Mittel der Europäer handele, um die arabische Welt zu beherrschen". Trotzdem kann er nicht einer Einrichtung ganz fern bleiben, wenn seine arabischen Kollegen anderer Meinung sind. Er wird heute nach seiner Versöhnung mit der zivilisierten Welt von allen Seiten hofiert. Im August 2008 überwies Italien ihm einen happigen Betrag als Wiedergutmachung für die Kolonialzeit und im darauffolgenden September stattete Condoleezza Rice ihm einen Besuch ab. Alles Zeichen der Erleichterung, denn es hätte keine positive Entwicklung am südlichen Ufer des Mittelmeeres geben können, solange sechs bulgarische Krankenschwestern und ein palästinensischer Arzt bei ihm als Geiseln eingekerkert waren.

Sarkozy hatte sich am Abend seines Wahlsiegs am 6. Mai 2007 für die Freilassung der Bulgarinnen ausgesprochen (er versprach sich und erwähnte die „libyschen Krankenschwestern"). Die Wette war ein bisschen riskant. Aber Freunde kamen ihm zu Hilfe. Am 10. Mai 2007 klopfte Moussa Koussa, der Chef des libyschen Geheimdienstes, an die Tür seines guten Freundes, des Generalsekretärs des Präsidialamtes, Claude Guéant. Vier Tage nach der Wahl von Sarkozy deutete der Abgesandte von Gaddafi an, dass „Frankreich eine besondere Rolle in der Befreiung der Krankenschwestern spielen könnte", da man diese sowieso „eines Tages befreien müsste." „Speedy Sarko" griff sofort zu. Die Sache war schon einige Zugeständnisse wert. Aber die Libyer wollten nicht nur einen politischen Tribut. Sie wollten Geld.

Dafür spielte ein zweiter Mann, ein Märchenfürst aus der arabischen Halbinsel, eine entscheidende Rolle. Schon einmal, am 14. Juli 2007, als französische und europäische Soldaten an der Regierungstribüne auf den Pariser Champs-Elysées vorbeimarschierten, saß neben dem Staatspräsidenten Sarkozy ein von einem weißen Gewand umhüllter, wohlbeleibter Mann mit dunklem Schnurbart, der Emir von Qatar. Dessen Frau mit dem grünen Tschador saß etwas weiter entfernt neben Cécilia Sarkozy. 2008 war das Ehepaar aus Qatar wieder am 14. Juli anwesend. Der Emir saß zwar nicht mehr neben dem Staatspräsidenten, jedoch auffällig in der ersten Reihe auf der Tribüne – in seiner weißen Dschellaba. Diesmal leistete Carla Sarkozy seiner Ehefrau Gesellschaft. Warum genoss der Herrscher über einen kleinen arabischen Staat von nur 11.000 km2 mit 750.000 Einwohnern, wovon nur 20 Prozent die qatarische Staatsangehörigkeit besitzen, eine so hohe Ehre? Warum nahm er den Platz ein, der einst unter Mitterrand und Chirac für Helmut Kohl und für den König von Spanien und unter Sarkozy für den Generalsekretär der Vereinten Nationen reserviert war?

Die Antwort auf diese Frage hatte man zehn Tage nach der Truppenparade vom 14. Juli 2007, als die Krankenschwestern und ihr Arzt, die acht Jahre in Libyen hinter Gittern verbracht hatten und dreimal zum Tod wegen angeblicher Ansteckung libyscher Kinder mit AIDS verurteilt worden waren, im Flugzeug des französischen Staatsoberhauptes in Begleitung der Präsidentengattin in Sofia landeten. Schon 2003 war von einer internationalen Ärztekommission, an deren Spitze der französische Entdecker des AIDS-Virus, Professor Luc Montagnier, und dessen italienischer Kollege Vittorio Colizzi standen, bestätigt worden, dass nicht die angeklagten Ausländerinnen und der palästinensische Arzt, sondern die schrecklichen hygienischen Verhältnisse im libyschen Krankenhaus an der Übertragung der Krankheit schuldig waren. Aber Gaddafi wollte seine Geiseln nicht früher preisgeben. Er ließ deren Preis steigen.

Der immense Reichtum des Mannes aus Qatar befreite sie aus der libyschen Gefangenschaft. Vollkommen richtig hieß es aus Sarkozys Amtssitz, dass Frankreich und die EU keinen einzigen Euro für die Freilassung der Geiseln ausgegeben hatten. Freilich, einige westliche Staaten hatten libysche Schulden getilgt und die EU sollte ein AIDS-Bekämpfungsprogramm in Bengasi in Höhe von 2,5 Millionen Euro finanzieren. Frankreich und Italien hatten 2006 150 kranke libysche Kinder aufgenommen und gepflegt. Aber das Lösegeld von 332 Millionen Euro, und zwar

723.000 Euro bzw. 1 Million Dollar pro AIDS-krankem libyschen Kind (2004 hatte Tripolis noch 10 Millionen Euro pro krankem Kind in Libyen verlangt) hatte wohl der Emir von Qatar seinem Glaubensgenossen in Tripolis überwiesen. Seltsamerweise entsprach dieser Betrag genau den Entschädigungen, die Oberst Gaddafi den Familien der Opfer der von ihm „abgeschossenen" Linienflugzeuge hatte zahlen müssen. „Alles, was ich sagen kann, ist, dass die Franzosen das Paket geschnürt haben. Woher sie das Geld hatten, dazu darf ich nichts sagen. Ich will unsere Freunde nicht in Verlegenheit bringen", beichtete Saif Al-Islam Gaddafi, 34, ein Sohn des libyschen Herrschers, der Pariser Tageszeitung „Le Monde" bezüglich der Zahlung des Lösegeldes.

Während Cécilia Sarkozy, die ihr Ehemann damals noch als seine „nächste Mitarbeiterin" bezeichnete, ihre humanitäre Mittlerinnenaufgabe mit viel Fingerspitzengefühl und menschlicher Wärme, aber auch recht energisch (ihre Leibwächter begaben sich zuletzt ins Gefängnis der Krankenschwestern und zeigten dort den Wächtern ihre Muskeln) im Laufe zweier Reisen nach Libyen erfüllte, verhandelte im Hintergrund Claude Guéant mit seinem Freund Moussa Koussa. Der Libyer meinte, dass „eine neue Beziehung zu Frankreich Libyen ermöglichen würde, seinen Platz in der internationalen Gemeinschaft wieder zu erlangen". Er ließ am 21. Juli Guéant wissen, dass der „Oberste Führer" sich freuen würde, wenn der französische Präsident auf seiner Reise nach Afrika einen Zwischenstopp in Tripolis einlegen würde. Während ihrer letzten Verhandlung am 23. Juli sagte Cécilia dem libyschen Machthaber, dass die Freilassung der Geiseln ihm ein neues Verhältnis mit Frankreich eröffnen und dadurch sein „jämmerliches" Image verbessern würde.

Der Charme von Cécilia Sarkozy hatte in mehreren Zwiegesprächen den Wüstenobersten überzeugt. Man hatte in Paris gewusst, wie anfällig Gaddafi für schicke Frauen war. Der Wüstenfuchs umgibt sich mit einer Leibgarde durchtrainierter Amazonen. Offensichtlich hatte Cécilia bei ihm einen starken Eindruck hinterlassen. Als er im Dezember desselben Jahres in Paris fünf Tage lang zelten durfte, fragte er nach ihr. Er hätte sie so gerne wieder gesehen und möglicherweise unter seinem Zelt empfangen (denn er hatte tatsächlich in Paris ein Zelt aufgeschlagen, in dem er wohnte), aber er erhielt von seinem Gastgeber dazu nicht die Genehmigung. Cécilia hatte ihm ganz besonders imponiert, als sie am 23. Juli um 6 Uhr morgens darauf bestand, in das Flugzeug mit den befreiten Geiseln einzusteigen. Der Libyer wollte sie noch zwei Tage bis zu dem Besuch von

Nicolas in Tripolis am 25. bei sich behalten, um sie als Luxusgeisel sozusagen zu verwöhnen. Schweren Herzens ließ er sie gehen. Später kritisierte Pierre Moscovici, der ehemalige sozialistische Europaminister, das Vorpreschen von Cécilia Sarkozy. Aber die Bulgarinnen waren in Libyen schon in Haft, als er 2002 Minister war. Er hatte nichts für sie getan. Die Opfer, die Krankenschwestern, wurden danach offensichtlich angehalten, nicht zu reden über das, was sie an Demütigungen, Psychoterror, Folter und Vergewaltigungen in libyschen Gefängnissen erlitten hatten. Dabei waren sie zum Schein eines Verbrechens beschuldigt worden, das sie nicht begangen hatten.

Die englische und die deutsche EU-Präsidentschaften hatten die Rettung der Geiseln in die Wege geleitet. Tony Blair war im Mai 2007 in Tripolis gewesen. Ohne den Druck der gesamten EU wäre ihre Entlassung aus dem Kerker vielleicht nicht möglich gewesen. Aber den Durchbruch erreichte zweifelsfrei Paris. Der überzeugende und schnelle Erfolg der Sarkozys machte manche in Europa, besonders in Berlin, neidisch. Daraufhin folgte zum Dank für die Entlassung der bulgarischen Krankenschwestern die Ehrenrettung von Gaddafi durch einen Besuch von Sarkozy in Syrte. Der Franzose unterschrieb dort ein paar Handelsverträge. Er betrat sogar gemeinsam mit dem einst verfemten Diktator eine Tribüne und hielt eine kurze Rede. Dann lud er Gaddafi nach Paris ein.

Der Aufenthalt des Wüstenherrschers in Paris im darauffolgenden Monat Dezember war auf zwei Tage und zwei Stunden programmiert. Er ließ sich jedoch Zeit, blieb fünf Tage als Tourist, besuchte den Louvre und Versailles, ging nach Rambouillet jagen und kreuzte per Schiff auf der Seine. 34 Jahre nach seinem letzten Besuch in der französischen Hauptstadt als Gast des Präsidenten George Pompidou – Mitterand und Chirac hatten sich geweigert, ihn zu empfangen – genoss er jede Stunde. Er beklagte in einem Fernsehinterview die Missachtung der Menschenrechte in Frankreich, insbesondere gegenüber den Arabern, und sprach sich dafür aus, „die europäische Frau zu retten". In Umfragen tadelte eine Mehrheit der Franzosen den Aufenthalt des Wüstenfuchses in Paris, und Sarkozys Nimbus schwand immer mehr. Der Schalk narrte Sarkozy derart, dass die Staatssekretärin für Menschenrechte, Rama Yade, eingreifen musste und erklärte: „Unser Land ist kein Fußabtreter, auf dem Machthaber, ob sie Terroristen sind oder nicht, sich die Füße vom Blut ihrer Verbrechen abwischen können."

Neben der Tragikomödie war Ernstes im Gespräch. An sich sollte das Lösegeld nach Europa als Zahlung für Militärimporte zurückfließen. So war es nicht ganz falsch zu behaupten, dass es beim Freikauf der bulgarischen Geiseln um „Leben gegen Waffen" ging, obwohl es keinen direkten zeitlichen Zusammenhang zwischen dem Waffendeal und der Freigabe der Geiseln gab. In seinem „Le Monde"-Interview hatte der Sohn des Diktators zwar eine Beziehung zwischen der Geiselentlassung und einem Waffendeal und auch mit einer eventuellen Entlassung des libyschen Terroristen Al-Megrahi aus einem britischen Gefängnis hergestellt. Anschließend nahm er seine Behauptung zurück und bekannte sich zum Standpunkt amtlicher Stellen in Frankreich, die jeden Zusammenhang leugnen. Der 1972 in Tripolis geborene, „geliebte Sohn" aus zweiter Ehe und Möchtegern-Nachfolger des „obersten Führers" Libyens ist für seine abenteuerlichen Spagate bekannt. Einmal behauptete er, die bulgarischen Krankenschwestern und der palästinensische Arzt seien „unschuldig", ein anderes Mal betonte er, es müsste „Blutgeld" für sie bezahlt werden. Wenig Zurückhaltung gegenüber den „Freunden" zeigte er, als er offenbarte, dass Frankreich seinem Land panzerbrechende Raketen vom Typ Milan „in Höhe von 100 Millionen Euro, so denke ich" liefern und dass „eine Waffenfabrik" in Libyen von den Franzosen gebaut würde: „Die allererste Lieferung militärischer Rüstung an Libyen durch einen westlichen Staat", brüstete er sich. Vertreter der Firmen Thales und Sagem hielten sich zu diesem Zweck derzeit in Libyen auf. Das Militärgeschäft, betonte er, sei für Libyen viel wichtiger als die Lieferung eines französischen Kernreaktors, den sein Staat „kaum brauche, da er über Öl und Gas verfügt". Ein AKW könne Libyen allenfalls „zum Stromexporteur" machen, „wohl in Richtung Italien".

Paris hätte sicherlich mehr Diskretion gewünscht. Zumal die Verträge noch gar nicht unter Dach und Fach waren. Die satirische Zeitung „Le Canard Enchaîné" veröffentlichte eine Karikatur, in der Claude Guéant Sarkozy fragte, ob die Verträge in Ordnung seien. „An Ihrer Stelle würde ich die Unterschriften überprüfen", erwiderte der Präsident. Die von den Franzosen versprochene atomare Hilfestellung an einen ehemaligen bzw. potenziellen Schurkenstaat war in Deutschland kritisiert worden. Bezüglich der Waffenlieferung zeigte Berlin sich aber verständnisvoller, zumal Deutschland mit im Boot saß. „Für solche Fragen haben wir bewährte deutsch-französische Verfahrensweisen", äußerte Minister Frank-Walter Steinmeier. Der Sohn des Diktators und Vorsitzende der Gaddafi-Stiftung, der eine Schlüsselrolle bei den Verhandlungen gespielt hatte, versetzte den Deutschen in seinem Interview einen Seitenhieb. Sie hätten „Schwierigkeiten gemacht", aber mit den Franzosen habe man sich arrangiert. „Schon lange habe man mit ihnen verhandelt." Trotz der offiziellen Aufhebung des Waffenembargos im Jahr 2000, nachdem Libyen auf den Bau von Massenvernichtungswaffen verzichtet hatte, bestand noch ein „stillschweigendes Waffenembargo", fügte Gaddafis Sohn hinzu. Die Franzosen hätten es überbrücken können.

Nicht viel anders hatte sich der bulgarische Geheimdienstchef Kritscho Kirov geäußert, als er von „Waffen und Öl", von „gigantischen Interessen" sprach, die weit über den Freikauf der Geiseln hinausgingen. Dennoch lösten die Worte Saif Gaddafis in Frankreich im ersten Moment blankes Entsetzen aus. Die sozialistische Opposition witterte Morgenluft. „Eine Staataffäre", warf der Generalsekretär der sozialistischen Partei (PS), François Hollande, voreilig ein. PS-Abgeordnete schwächten dennoch seine Attacke ab und pochten nur noch auf das Informationsrecht des Parlaments. Der Vorsitzende des Auswärtigen Ausschusses des französischen Parlaments, Axel Poniatowski, Mitglied der Regierungspartei UMP, verteidigte den Deal mit Libyen und erklärte sich, wie der Premierminister und der Staatspräsident, mit der Bildung eines parlamentarischen Untersuchungsausschusses einverstanden, denn „die Regierung habe in dieser Sache nichts zu verbergen". Dazwischen hatte Verteidigungsminister Hervé Morin gefunkt, dass die Opposition eine „systematische Aushöhlung nationaler Erfolge" betreibe. Anfangs hatte sich die Regierung hinter der rein „kommerziellen" Beschaffenheit dieses Geschäfts verschanzt. Die für Waffengeschäfte zuständige Interministerielle Kommission, abgekürzt „CIEEMG", habe doch – so Morin – im Jahre 2006 grünes Licht gegeben. Staat und Industrie stellten klar: Die Waffenschmiede MBDA, deren Anteilseigner die deutsch-französische EADS, die englische BAE und die italienische Finmeccanica sind, verkauften Libyen Milan-Raketen im Werte von 168 Millionen Euro und das Kommunikationssystem mit Verschlüsselung Tetra im Wert von 128 Millionen. Die Verhandlungen darüber liefen bereits 18 Monate. Das erste Geschäft sei so gut wie abgeschlossen, das zweite auf gutem Weg.

Der Sarkozy-Freund aus Qatar war konsequenter. Er hatte 2008 am Vorabend der Flugzeugschau in Le Bourget bei Paris sage und schreibe 80 Stück des Airbus A350 XWB und insgesamt fünf A380 bestellt. Über Doha, die qatarische Hauptstadt, laufen diskret subventionierte Exporte in die Welt und auch Gelder nach Afrika. Qatar ist für Paris, was die Virgin Islands für Washington sind. Und der arabische Sender Al-Jazira hat in Doha seinen Sitz. Interessant sind in dem Zusammenhang die Kontakte der Franzosen zur arabischen Welt. Axel Poniatowski, der Sohn des engsten Freundes vom ehemaligen Staatspräsidenten Valéry Giscard d'Estaing, Michel Poniatowski, und Abkömmling der polnischen Fürstenfamilie, steht zum Beispiel an der Spitze eines Ausschusses für den Handel mit den Arabischen Emiraten. In seinem Wahlkreis im Norden von Paris liegt die Filiale des deutschen Produzenten von Getrieben für Panzerfahrzeuge und Helikopter, die Firma Renk aus Augsburg. Sie hat an der Lieferung von französischen Panzern des Typs Leclerc, für die sie die Kupplungen gebaut hatte, an die Arabischen Emirate mitgewirkt. Genau der Typ Panzer, der am 14. Juli auf den Champs-Elysées an der offiziellen Tribüne vorbeirollte. Die Araber wollten unbedingt deutsche Kupplungen. Sonst hätten sie den Panzer nicht gekauft.

Geschäft ist Geschäft. Frankreich hat „vergessen", dass ein Pariser Gericht Gaddafis Schwager, den mit der inneren Sicherheit in seinem Lande beauftragten Abdallah el-Senoussi, wegen Beteiligung am Anschlag auf die DC-10 der UTA 1989 zu lebenslanger Haft verurteilt hatte. Die Engländer, genauer gesagt, die Schotten, beginnen ihrerseits, jetzt an der Schuld ihres libyschen Häftlings Al-Megrahi beim Lockerbie-Anschlag zu zweifeln. Claude Guéant unterhält gute Beziehungen zum libyschen Spionagechef Moussa Koussa, der einst für die Liquidierung der Regimegegner im Ausland zuständig war, was dazu führte, dass er 1980 aus London ausgewiesen wurde, wo er Botschafter war. Die CIA konnte aber nicht beweisen, dass er in den Lockerbie-Crash der Panam-Boeing 1988 involviert war und der französische Antiterror-Richter Jean-Louis Bruguière hat ihn vom Verdacht einer Beteiligung am Anschlag auf die DC-10 freigesprochen. Der perfekt englisch sprechende und mit einem amerikanischen Hochschuldiplom ausgerüstete Moussa handelte 2003 mit London und Washington die Aufgabe des atomaren Militärprogramms Libyens aus und profilierte sich zum Macher der Wende Gaddafis nach Westen. Moussa ist jetzt in Libyen zum Vertrauensmann der CIA im „Anti-Terror-Kampf" befördert worden.

Auf diesem Gebiet ist er Fachmann. Er brauchte nur die Seite zu wechseln. Plötzlich wurde man sich bewusst, dass Libyen wie Syrien keine islamistischen Regime sind. Mit ein bisschen Sehnsucht nach Saddam Hussein, der den islamistischen Fanatismus mit Gewalt unterdrückte (es war der größte Fehler von Bush, das nicht verstanden zu haben), setzt der Westen nun auf laizistische Regime in Libyen und in Syrien, in Tunesien und Ägypten, um Al-Qaida und Co. einen Riegel vorzuschieben. Von Menschenrechten ist dabei nicht viel die Rede. Aber die Islamisten sind auch keine Engel. Auf diese Weise mutieren ehemalige Schurkenstaaten zu Verbündeten im Kampf gegen den Kraken Al-Qaida. „Gaddafi hat dem Terror abgeschworen", sagte Sarkozy kurz und bündig. In solcher Lage wäre es unpassend gewesen, wenn die bulgarischen Krankenschwestern nach ihrer Freilassung über ihre Haft ausgepackt hätten. „Es stimmt nicht, dass sie gefoltert wurden", behauptete Saif Gaddafi. So lautete wohl als Teil des Deals die offizielle Sprachregelung. Da Sofia diesen Frauen offensichtlich einen Maulkorb verpasst hatte, strebten sie an, in einem Staat Asyl zu beantragen, in dem man sich frei äußern darf. Zum Beispiel in Frankreich. Aber man hat nicht viel von ihnen gehört. Offensichtlich gibt es in der Politik goldene Maulkörbe, wie es in der Industrie „golden parachutes" „goldene Fallschirme" gab.

Die Ausstattung des Mittelmeeres mit Produktionsstätten und Zivilkernkraft ist trotz aller derzeitigen Kreditkürzungen ein vielversprechendes Geschäft. Die arabische Halbinsel, die ihre immensen Reserven an Kapital für die Zeit nach dem Ende der Ölreserven investiert, will ca. 100 Kernkraftwerke bestellen. Ein enormes Geschäft für Frankreich, das diesen Industriesektor nie aufgegeben hatte und über die modernste Nukleartechnologie und hervorragende Experten verfügt. Da wird die Bundesrepublik, die Nein zur Atomkraft gesagt hat, den kürzeren ziehen. Sarkozy verkauft befreundeten Staaten das, was sie sich sonst anders beschaffen würden. Pakistan hat die A-Bombe. Der Iran verfolgt weiter sein Ziel, potenziell waffenfähiges Uran anzureichern. Die Atombehörde IAEA ist gegen die Intransigenz von Ahmadinedschad und Co. ohnmächtig. Das iranische Beispiel kann in der ganzen Region Schule machen. Trotz heftiger deutscher Kritik baut Sarkozy also systematisch seine zivile Nuklearkooperation mit den arabischen Staaten aus. Nach Marokko, Algerien, Libyen und Tunesien sollen Qatar und die VAE Atomreaktoren bekommen. Wäre es nicht angebracht, diesen Staaten ein gemeinsames europäisches Angebot zu unterbreiten, Nukleartechnologie auf legalem Wege zu erlangen? Sonst werden sie sich bei anderen Staaten, Pakistan, Russland, China, bedienen, die den Unterschied zwischen ziviler und militärischer Kernkraft nicht so genau beachten. Karl-Theodor zu Guttenberg machte da in Deutschland Vorschläge, die sich von den Kriterien der sozialdemokratischen deutschen Minister deutlich absetzen. Berlin muss entscheiden.

Die Vereinigten Arabischen Emirate gehören ebenfalls zu den besten Kunden Frankreichs in Sachen Rüstungsgüter. Frankreich, dessen Rüstungsausfuhren 2006 5 Milliarden Euro betrugen, ist die drittgrößte Waffenexportnation der Welt nach den USA und Russland. Nachdem man in Deutschland daran Anstoß genommen hatte, dass Sarkozy dem libyschen Diktator einen Atomreaktor versprach, erklärte der französische Präsident im Fernsehen, dass er damit ein Exempel statuieren wollte, und zwar in Richtung Iran, denn Gaddafi hatte auf chemische und nukleare Massenvernichtungswaffen nach langwierigen Verhandlungen mit den USA und mit England verzichtet.

„Mit dem fünftägigen Besuch von Gaddafi in Paris im Dezember 2007 hat Sarkozy die berühmte dünne rote Linie überschritten", sagte mir damals mein Gesprächspartner Hans Peter Sommer. „Es war ein Lehrbeispiel für mangelndes Augenmaß einerseits und für ein hohes Maß an Scheinheiligkeit andererseits." „Bleiben wir Realisten", fügte Sommer aber gleich hinzu, „auch wenn die selbsternannten Menschenrechts-Päpste schon dieses Wort für Sünde halten. 1994 hat der Ex-Terrorist Arafat den Friedensnobelpreis bekommen. Das hat Maßstäbe gesetzt, nach unten. Die Ungeniertheit, mit der Sarkozy heute seine direkte Diplomatie in Geschäfte umsetzt, kann nur diejenigen irritieren, die internationalen Handel für eine moralische Anstalt halten. Wer nur noch mit eindeutig demokratisch legitimierten Staaten Wirtschaftsaustausch betreibt, könnte sich bald auf dem Wohlstandsniveau von Burkina Faso wiederfinden."

Siebter Teil

Wieder weltweit operieren

Das Auge Frankreichs

33. Kapitel
Wieder weltweit operieren

Die Erfahrungen, die die englische und die französische Diplomatie in den Vor- und Nachkriegsjahrzehnten auf der Weltbühne gesammelt haben, fehlen heute der Bundesrepublik Deutschland. London und Paris mussten sich um ihre Kolonien kümmern. „Kümmern" hängt mit „Kummer" zusammen. Aber immerhin: sie verkehrten mit der großen weiten Welt. Dagegen war Deutschland zur Kontinentalmacht geschrumpft. Man hätte gedacht, dass sich das nach der Wiedervereinigung ändert. Weit gefehlt!

Vergessen war die Zeit, als Werner Höfer jeden Sonntag „Sechs Journalisten aus fünf Ländern" vorführte. Deutsche Talkshows pflegen heute deutsche Nabelschau. Ein sozialdemokratischer Verteidigungsminister behauptete einmal, dass „Deutschland am Hindukusch verteidigt wird". Aber Peter Struck wurde ausgelacht. Deutschland bleibt bis ins Mark deutsch. Sonst wäre die Linkspartei, die so furchtbar nach DDR-Mief riecht, nicht groß in den Bundestag eingestiegen. Sie sorgt dafür, dass man sich in die eigenen deutschen vier Wände zurückzieht und zum Pantoffelhelden des Klassenkampfs wird. Soldaten und Tornados werden nach Afghanistan, Schiffe nach Libanon geschickt. Aber diese Soldaten müssen tun, als ob sie dort Kindergärten bewirtschafteten statt zu kämpfen. Im Vergleich zu den Seemächten England und Frankreich, von den USA ganz zu schweigen, ist Deutschland provinziell geworden. Zum Glück zwingen die Bundesmarine, die Bundeswehr, die Lufthansa und das Technische Hilfswerk die Deutschen, über den Tellerrand hinauszuschauen.

Diesen Vergleich muss man machen, will man die aktuelle Außenpolitik von Nicolas Sarkozy begreifen. Wie sollte man sonst hierzulande englische oder französische Außenpolitik, die in erster Linie „internationale Politik" ist, veranschaulichen? Wie seine beiden Vorgänger, Mitterrand und Chirac, hat Sarkozy eingesehen, wie wichtig es ist, dass die Trikolore auf Inseln fern von Europa flattert. Im Indischen Ozean hat Frankreich Besitztümer, wie die Inseln Réunion und Mayotte, und unterhält enge Beziehungen zu Madagaskar. Ganz abgesehen von der französischen Karibik ist es im Pazifik in Französisch-Polynesien, Neukaledonien, auf den Fidschis und in Wallis und Futuna präsent. Von Guyana in Südamerika werden Raketen ins Weltall geschossen. Die meisten dieser Gebiete sind klein und kosten viel Geld, aber große Territorien sind heutzutage nicht mehr entscheidend. Stützpunkte sind wichtiger. Die meisten dieser Gebiete sind Departements. Ihre Einwohner sind Franzosen und damit EU-Bürger. Die EU wird eines Tages Frankreich danken, dass es diese Stückchen Land behalten hat. Die Europäische Weltraumbehörde (ESA) weiß ihre Startrampe in Kourou (Guyana) schon zu schätzen.

Hinzu kommen die Militärflugzeuge, unter ihnen bald der große, europäische A4000M von EADS, der die „Projection"-Strategie, das heißt die Fernentsendung von Soldaten und Ausrüstungen, unterstützen soll. Aber vor allem die Kriegsmarine ist wichtig, deren Prachtstücke der Flugzeugträger „Charles de Gaulle" und die (bald) vier modernen, atombetriebenen, strategischen U-Boote, die Horrornamen wie „Le Redoutable", „Le Téméraire" und „Le Terrible", der Furchterregende, der Tollkühne und der Schreckliche tragen. Sie sind mit jeweils 16 Raketen mit sechs Atomsprengköpfen pro Rakete bestückt, wovon jeder Kopf die Sprengkraft von sechs Hiroshima-Bomben hat. Sie schießen unter Wasser ab und treffen Ziele in 6.000 bis 7.000 Kilometer Entfernung. Die „Boote" haben eine „Autonomie" von mehreren Monaten und können infolgedessen den ganzen Erdball bereisen. Sie sind unsichtbar. Ein Flugzeugträger ist dagegen wie ein Stück beweglicher Heimaterde. Sarkozy träumt von einem moderneren zweiten Flugzeugträger. Aber einen solchen „Kahn" zu bauen kostet Milliarden. Küstenstützpunkte sind schon billiger.

Kaum war Sarkozy Präsident, als er die überraschende Entscheidung traf, im Jahre 2009 im Persischen Golf einen Militärstützpunkt zu eröffnen. Seit einem halben Jahrhundert hatte Frankreich in Übersee keine Dependancen mehr eingerichtet. Es verwaltete nur noch das Erbe seiner einstigen Kolonialbesitztümer. Die mit den Vereinigten Arabischen Emiraten (VAE) vereinbarte Verankerung Frankreichs in Abu Dhabi, in der Nähe der Enge von Ormuz und direkt gegenüber dem Iran, den Paris als eine werdende Großmacht betrachtet, kann man als eine Projektion des bisherigen Stützpunktes in Dschibuti am Roten Meer betrachten. In der Tat kommen die am Golf stationierten 400 bis 500 Mann teilweise aus der Garnison in Dschibuti, wo seit Jahrzehnten 2.800 französische Soldaten biwakieren. Aber die Seestreitkraft in Abu Dhabi soll verstärkt werden, was die Absicht unterstreicht, die Landesverteidigung weit weg zu verlagern, zumal der neue Stützpunkt im Mittelpunkt des unruhigen Nahen Ostens liegt. Nach Informationen aus Paris bestehen Erwägungen für

weitere Stützpunkte Frankreichs in Afrika und im Indischen Ozean.
Diese Initiative unterstreicht den Willen des Präsidenten, unter den Großmächten mitzumischen. In Nahost wird dem französisch-amerikanischen Verteidigungspakt mit dem neuen Stützpunkt eine französische Komponente hinzugefügt, und das ist eine wichtige Änderung des neuen transatlantischen Bündnisses, von dem die Diplomaten in Paris schwärmen. Alle reden dort auch von einem Bündnis USA-Europa als ökonomischem Bollwerk gegen die neuen Tiger der Globalisierung. Vor einem Jahrzehnt war Frankreich in die militärische Organisation der NATO nicht zurückgekehrt, weil die Amerikaner ihm nicht das Kommando über die NATO-Mittelmeerflotte abgeben wollten. Nun schwimmen seine Schiffe in beinah-amerikanischen Gewässern, da die USA im Golf extrem präsent sind. Der Generalstab der 5. US-Flotte ist in Bahrein, das Hauptquartier des Central Commands und die Leitung der Luftoperationen (CAOC) für Afghanistan und den Irak stehen in Qatar und gigantische Landstützpunkte liegen in Kuwait. Ganz abgesehen von amerikanischen Lande- und Wartungsfacilities in den Emiraten (in Al Dhafra, nahe bei Abu Dhabi) und in Oman. In Qatar, wo 5 000 amerikanische Soldaten auf dem Riesenstützpunkt al-Udeid stationiert sind, unterhält Frankreich bereits eine militärische Polizeischule und eine Filiale der Militärakademie Saint-Cyr.

Davor galt die französische Anwesenheit im Golf als „flexibel". Dort nahmen französische Schiffe und Flugzeuge regelmäßig an Manövern teil. Französische Ausbilder unterrichteten emiratische Helikopterpiloten, qatarische Gendarmen und viele andere Experten. Aber vor allem die Emirate sind mit Frankreich befreundet. Jährlich veranstalten sie Manöver mit den Franzosen, und eine emiratische Brigade wird von französischen Soldaten im Kosovo unterstützt. Der Schulterschluss mit ihnen ist vor allem im Rüstungssektor besonders eng. Die Emirate verwenden französische Mirage-Kampfflugzeuge (aber auch amerikanische F16) und besitzen mehr Leclerc-Panzer als die französische Armee.

Man verhandelt über die Sicherheitsvorkehrungen des künftigen französischen Stützpunktes, der eine Zielscheibe für iranische und sonstige Raketen und Attentäter sein könnte. In den Irak wird Frankreich nicht mehr gehen. Aber die Libanon-, Libyen- und Syrien-Politik von Paris ist mit Washington abgesprochen, und die französische Präsenz in Afghanistan mit Infanterie, Artillerie, Rafale-Kampfjets und bald mit Leclerc-Panzern ist wichtiger geworden, seitdem es klar ist, dass der Proliferationsvertrag nicht erfolgreich war. „Wenn wir jetzt nicht 700 Soldaten mehr dorthin schicken, wird es der Sieg der Burqa und der Taliban sein", sagte Sarkozy klipp und klar, als es darum ging, die französischen Streitkräfte dort zu verstärken. Er sagte mehrmals, dass der Terrorismus dort ausgerottet werden muss. Sonst kommt er nach Europa.

Sarkozys Entscheidung vom Jahr 2008, sein Truppenkontingent von 3.200 Mann in Afghanistan um 800 Soldaten zu erhöhen, wobei die Entsendung zusätzlicher Spezialkräfte eine Rolle spielt, berücksichtigt den Umstand, dass das kleine Land Afghanistan zwischen zwei potenziell gefährlichen Staaten liegt, und zwar Pakistan, das schon die Atombombe besitzt und politisch labil ist, und dem Iran, der leider politisch stabil ist und bald die Bombe haben könnte. Dadurch gewinnt die Präsenz westlicher Truppen in Afghanistan mit der Möglichkeit der Positionierung von Frühwarnsystemen eine neue Dimension. Es ist nicht mehr nur so, dass maritime Routen für unsere Versorgung mit Brennstoffen und sonstigen Produkten als Lebensadern Europas geschützt werden müssen. Es geht um unser nacktes Überleben.

Das alles wäre nicht vorstellbar gewesen, wenn Sarkozy nicht einen Schritt weiter in Richtung Amerika gegangen wäre. Die Rückkehr in die Militärstruktur der NATO hat er ein Jahr nach seiner Amtseinführung vollzogen. Das war keine Kleinigkeit, denkt man an eine 48 Jahre alte, fest verankerte Tradition der französischen Militärpolitik. Der General de Gaulle muss sich dabei in seinem Grabe umgedreht haben. Sein fünfter Nachfolger als Staatspräsident, Nicolas Sarkozy, kehrt in die Militärintegration der NATO zurück! Sakrileg! Das löst bei der kleinen Schar der „Souveränisten" in Paris heftige Proteste aus.

1966 hatte der aufsässige französische General den Amerikanern mitgeteilt, dass er seine Armee aus der NATO-Integration zurückzieht, der Frankreich seit der Gründung des Atlantischen Bündnisses am 4. April 1949 angehörte. Offizieller Grund: Washington wollte ihm keine gleichberechtigte Entscheidungsvollmacht im Direktorium der Allianz gönnen. Der wahre Grund war, dass De Gaulle seinem Land wieder Weltmachtgeltung verschaffen wollte. Dafür hatte er seine eigene „Atomschlagkraft" aufgebaut, die sogenannte „force de frappe", die sein Land vom US-Schutzschild frei machte.

Nach 42 Jahren einer „splendid isolation" kehrt Staatspräsident Sarkozy also in das Militärbündnis zurück. Auch er will seinem Land Weltmachtgeltung verschaffen, und das kann man heute – nach dem Ende des

„Kalten Krieges" – nur mit den USA zusammen. Das durfte er eigenmächtig entscheiden, da der Staatspräsident laut 1958er Verfassung militärischer Oberbefehlshaber ist und strategische Entscheidungen ohne Votum des Parlaments treffen darf. Die „Kränkung des Parlaments", auf die sich Frankreichs sozialistische Opposition berief, als Sarkozy in London im April 2008 ankündigte, er werde sein militärisches Kontingent in Afghanistan aufstocken, war deshalb nur bloßes Gerede. Dass Sarkozy sich in London statt in Paris dazu äußerte, hatte allerdings Symbolwert. Es zeigte, dass Paris fortan in Sachen Militärpolitik England näher als Deutschland steht.

Nicht nur aus Nahost kommt jetzt die Bedrohung, sondern auch wieder aus Russland. Bis Anfang April 2008 noch wurde Kritik an Sarkozys Bekenntnis zur Schaffung eines amerikanischen Schutzschildes gegen interkontinentale Atomraketen in Europa mit dem Argument formuliert, er mache sich von „Onkel Sam" abhängig und trete dem russischen Bären auf die Füße, der strikt gegen die Aufstellung von amerikanischen Stützpunkten für dieses Verteidigungssystem in Tschechien und in Polen sei. Bei einer Begegnung von George W. Bush und Wladimir Putin in Sotchi hat sich aber der Russe kurz darauf mit einem gemeinsamen System dieser Art in einem Verbund USA-Russland-Europa einverstanden erklärt, vorausgesetzt, die Partner diesseits des Atlantiks bekämen gleiche Entscheidungsrechte wie die Amerikaner. Später haben der Kreml-Chef und sein Nachfolger Medwedew ihr Wohlwollen zurückgenommen. Sie unterwerfen den Westen einem ständigen Wechselbad, das oft wie eine Nostalgie des Kalten Krieges aussieht, als hätten die Russen die Ambitionen der Sowjets nicht aufgegeben. Immerhin müssen sie durch die Zerstörung eines amerikanischen Satelliten im Weltraum durch eine von einem amerikanischen Kriegsschiff abgeschossene Rakete aufgeschreckt worden sein. Offizielle amerikanische Begründung: dieser Himmelskörper wäre umweltschädigend auf die Erde heruntergestürzt. In Wahrheit wurde damit der beeindruckende Beweis erbracht, dass das Anti-Missile-System der Amerikaner funktioniert.

Die Russen, aber auch die Chinesen und andere muss es überzeugt haben, dass die USA gegen Missile mit größerer Reichweite jetzt technologisch immun werden. Offensichtlich will Moskau seine Fähigkeit zur Erpressung gegenüber Westeuropa mit Raketen wie mit Gas- und Öllieferungen behalten. Man fühlt sich in die Breschnew-Zeit zurückversetzt. Der in den 80er Jahren von Ronald Reagan gestartete und von

Hans-Dietrich Genscher nachdrücklich abgelehnte amerikanische „Krieg der Sterne" nimmt aber endlich Gestalt an. Damit wird ein Großteil des Atompotenzials einiger Atommächte obsolet. Die Russen besitzen kein solches System, geschweige denn die Europäer.

Der zweite Beweggrund, der Sarkozy dazu antreibt, Bündnisse wieder zu beleben, ist das Scheitern des Verbots der Verbreitung von Atomwaffen. Vor wenigen Jahren noch dachten die Politiker, dass unsere Kinder und Enkel möglicherweise in einer gefährlicheren Welt als wir leben würden. Atomare Proliferation, internationaler Terrorismus, unkontrollierbare Zuwanderung, Risiko von ethnisch-religiösen Konflikten in unseren Städten, Hunger- und Klimakatastrophen schienen nicht unmittelbar bevorzustehen. Aber diese Prozesse haben sich beschleunigt, und wir sind selbst schon bedroht. Daher lassen sich bestimmte Entscheidungen nicht mehr aufschieben. Nur im Verbund mit Amerika ist unsere Sicherheit zu verteidigen, zumal die chinesische Führung mit den Fällen Tibet, Sudan und anderen zeigt, dass sie auf einem anderen Planeten als der Rest der Menschheit – mit Ausnahme der islamistischen Staaten – lebt. Mag sein, dass er jetzt bedauert, auf dem Gipfel der NATO in Bukarest Anfang April 2008 einen raschen Beitritt der Ukraine und Georgiens in die Reihen des atlantischen Bündnisses verweigert zu haben. Obwohl der amerikanische Präsident offiziell die Anträge dieser beiden Staaten Osteuropas unterstützte, war es Teil des französischen Deals mit Putin, dass Kiew und Tbilissi noch eine Weile vor der Tür warten müssen, wenn Putin dafür Zugeständnisse in Sachen Raketenschutzschild macht.

Auf dem Sender Canal + warf am 7. April 2008 Dominique de Villepin Nicolas Sarkozy vor, die Selbstständigkeit Frankreichs und seinen strategischen Entscheidungsspielraum aufzugeben. „Die NATO ist eine Organisation unter amerikanischer Dominanz", hob der frühere Premier hervor, wobei er nicht vollkommen Unrecht hat, abgesehen davon, dass die Amerikaner heutzutage an ihre Grenzen stoßen und wissen, dass sie nicht alles selbst bewältigen können. Die französischen Sozialisten, die einen Misstrauensantrag gegen die Regierungspolitik in Sachen Bündnis im Parlament einreichten, waren nicht logischer. Sie hatten 1966 gegen den NATO-Austritt De Gaulles gestimmt.

Im Rahmen der Balkan-Krise hatte sich Frankreich 1995/1996 bereits der NATO angenähert, da es wieder im Militärausschuss der Allianz saß und Offiziere in den Generalstab SHAPE schickte. Frankreich entsendet nach den USA die meisten Soldaten zu den NATO-Operationen (mehr als

4.000 Mann) und trägt 14,78 Prozent zu den Zivilausgaben des Bündnisses und 13,85 Prozent zu seinen Militärausgaben bei. Ein Viertel der Schnellen Eingreiftruppe der NATO ist französisch. Allerdings blieben die französischen Streitkräfte unter nationalem Befehl, was sich jetzt zum großen Teil ändern müsste.

Dabei ist es unverkennbar, dass Sarkozy immer wieder betont, sein Land wolle sich trotz der Normalisierung der Beziehungen zu Washington nicht seiner Handlungsfreiheit berauben lassen. Er widersprach Bush in Sachen Beitritt der Türkei zur Europäischen Union. Er kritisierte die amerikanische Sturheit in Sachen Umweltschutz (Kyoto-Abkommen). Im Juni 2008 verabschiedete das französische Parlament ein Verbot der freien Verfügbarkeit über die genetisch veränderten Saatgüter, die bisher ein Monopol der amerikanischen Firma Monsanto sind... Schließlich hat Sarkozy bei der provisorischen Lösung des Georgien-Konfliktes mit Russland im August und September 2008 gezeigt, dass Europa die USA wirkungsvoll ersetzen kann, wenn diese nicht imstande sind zu handeln.

34. Kapitel

Das Auge Frankreichs

Der französische Staatspräsident stellte am 17. Juni 2008 vor dreitausend Militärs in der Versammlungshalle an der Porte de Versailles in Paris das neue Weißbuch der Verteidigung vor. Diese umfangreiche Studie definiert die neuen Herausforderungen der Sicherheitspolitik und die strategische Ausrichtung Frankreichs in den nächsten fünfzehn Jahren sowie deren Konsequenzen für den Umfang, die Ausrüstung und die europäische und atlantische Einbindung der französischen Streitkräfte. Um die zusätzlichen Ausgaben im Rahmen der veränderten Strategie zu finanzieren, schlug das Weißbuch schmerzhafte Einschnitte in die Landesverteidigung vor. Über zehn Regimenter, mehrere Garnisonen sollen aufgelöst, ein Drittel der Bomben, der Raketen und der Flugzeuge der strategischen Luftwaffe verramscht werden. Dieses Programm wirkte in der französischen Armee wie ein Erdbeben.

Auch hier baut Sarkozy eine Säule der Nation um. Dennoch setzt er die Tradition der nuklearen Abschreckung von General de Gaulle fort. Trotz seiner Rückkehr in die NATO bleibt Sarkozy also doch der autonomen gaullistischen Abschreckungsdoktrin treu. Dafür soll bis 2010 das vierte, modernere Atom-U-Boot SNLE-NG „Le Terrrible" zum Preis von 1,52 Milliarden Euro vom Stapel laufen. Es wird mit der neuen Atomrakete M51 ausgerüstet, die größer und wirksamer als die früheren ist und doch weniger wiegt. Dafür mussten komplizierte Probleme der Bootsstabilisierung beim Abfeuern dieser „dicken Zigarre" gelöst werden.

Hinzu kommt eine neue Komponente, die für die Sarkozy-Ära typisch werden soll, und zwar die Stärkung der Aufklärung. Diese dritte Funktion soll zukünftig an erster Stelle der nationalen Sicherheit stehen. Sie richtet ihren Blick auf die Lageerkenntnis und auf die Früherkennung von Gefahren, die mit der Prävention und dem Schutz vor Angriffen eng verbunden und kombiniert werden. Man kann diese neue Funktion „das Auge Frankreichs" nennen. Zusammenfassend kann man sagen, dass Nicolas Sarkozy die Haushaltsausgaben auf die Aufklärung und auf die Abschreckung verlegt. Man nennt in den angelsächsischen Staaten die Aufklärung nicht ohne Grund „Intelligence". Vom Militär wie von der

Diplomatie will Sarkozy als Erster umfassend und im Detail über das Geschehen in der Welt informiert werden, um sachkundig und adäquat reagieren zu können.

Dieses „Auge Frankreichs" wird in 695 km Höhe positioniert sein. Kernstück der künftigen Informationsbeschaffung werden in der Tat zwei Plejaden-Satelliten sein, zwei elektronische Augen. Feststehend in Richtung des Polarsterns, werden sie der Erdrotation folgen, um einen Korridor beobachten zu können, der ganz Frankreich, Ostengland, London eingeschlossen, die Niederlande, Belgien, den Westen Deutschlands, das seinerseits von dem Satelliten Sarlupe überwacht wird, die Schweiz, Norditalien und einen Großteil Spaniens umfassen wird. Diese „Augen" werden innerhalb von 25 Sekunden ihre Zielrichtung auf Befehl ändern können, um Gegenstände mit einer Auflösung von siebzig Zentimetern in einem jeweiligen Radius von 20 km sowohl bei Licht als auch infrarot „sehen" zu können. Es bedeutet, dass sie in einem Umkreis von 20 km alle Gegenstände die nicht kleiner als 70 Zentimeter sind, identifizieren und ihre Bewegungen nicht nur auf der Erdoberfläche, sondern in der Luft und im Weltraum überwachen werden.

Die Leistung wird also derjenigen der bisherigen Spot-5-Satelliten deutlich überlegen sein, die sowieso 2012 durch die Astro-Terra-Satelliten von EADS-Astrium abgelöst werden. Die Spots 5 hatten eine Auflösung von drei Metern. Die Plejaden, deren Kosten auf 560 Millionen Euro beziffert werden, sollen im Jahr 2010 mit einer Sojus-Rakete in Kourou (Guyana) gelauncht werden. Plejade ist Teil eines gemeinsamen Programms mit Italien, das seinerseits die Satelliten Cosmos-Skumed aus dem Jahr 2001 betreibt. Mit kleinen Anteilen sind auch Belgien, Spanien, Österreich und Schweden an dem Plejade-Projekt beteiligt. Diese Satelliten gehorchen dem Prinzip des „double use", sie dienen sowohl zivilen als auch militärischen Zwecken. Nebenbei werden sie in der Lage sein, jeden Flugkörper zu orten, der sich Westeuropa nähert.

Der Militärhaushalt sieht vor, dass die Ausgaben für Militärsatelliten bis 2020 verdoppelt werden sollen. Er involviert neue Programme mit wissenschaftlich-technischem Hintergrund, etwa die Beobachtung aus dem Weltraum, in der Luft und zu Wasser, das elektronische Abhören und die Frühwarnung bei allen drei Waffengattungen. Vorgesehen ist dabei insbesondere der Ausbau der Überwachungsdrohnen und der bewaffneten Drohnen sowie der Fähigkeiten zur offensiven und defensiven Bekämpfung von Cyber-Attacken.

Freilich, der unmittelbare Bodenkampf gegen die terroristischen Bedrohungen wird in Zukunft fortgesetzt. Daher fand die in der Amtszeit von Jacques Chirac verstärkte Komponente der Truppenprojektion, d. h. der schnellen Verlegung von Elitetruppen mit Kriegsgerät zu entfernten Krisengebieten, im Weißbuch ihren Platz. Chirac hatte im Jahre 2000 die allgemeine Wehrpflicht abgeschafft, die Frankreich als erster Staat Europas, bald von Preußen gefolgt, während der Revolution von 1789 als Massenmobilmachung eingeführt hatte. Er wollte aus der Wehrpflichtarmee eine Berufsarmee von Spezialisten machen, die für weitreichende Kommandoaktionen trainiert werden und hochmodernes Gerät bedienen können.

Das Weißbuch geht davon aus, dass seit dem Ende des Ost-West-Konflikts in den Jahren 1990/91 und seit dem zehn Jahre später am 11. September 2001 verübten Anschlag auf das World-Trade-Center in New York die Gefahren vielschichtiger und weniger greifbar geworden sind. Die französischen Pläne beruhen auf der Erkenntnis, dass man heutzutage nicht mehr zwischen äußerer und innerer Sicherheit unterscheiden kann. Der Terror richtet sich nicht mehr nur gegen Armeen, sondern gegen die Bevölkerung. Die Armee hat derzeit Schwierigkeiten, dieses Konzept zu verarbeiten, zumal das Heer mit der Unterstellung der Gendarmerie unter das Innenministerium einen Teil seiner Kompetenzen verloren hat. Bislang war die Gendarmerie Teil der Streitkräfte.

Der Cyber-Terrorismus, die Nuklearproliferation und die Gefahr eines Anschlags mit einer so genannten „schmutzigen Atombombe" sowie die Möglichkeit von biologischen und chemischen Anschlägen durch anonyme, nicht staatliche Terroristengruppen, sind heute leider aktuell geworden. Das macht eine bessere Zusammenarbeit der Kräfte der inneren und äußeren Sicherheit erforderlich. Um Politikbereiche wie die innere Sicherheit und die Außenpolitik miteinander und mit der Verteidigung und dem Schutz der nationalen und kollektiven Wirtschaftsinteressen besser zu vernetzen und zu koordinieren, wird ein Rat für Verteidigung und nationale Sicherheit eingerichtet, im Rahmen dessen sich Premierminister François Fillon, Außenminister Bernard Kouchner, der diplomatische Präsidentberater Jean-David Levitte, Innenministerin Michèle Alliot-Marie, Verteidigungsminister Hervé Morin, Wirtschaftsministerin Christine Lagarde und Haushaltsminister Eric Woerth unter der Ägide von Staatspräsident Nicolas Sarkozy mit den Sicherheitsfragen befassen. Dieser Rat soll die wichtigsten Leitlinien für die einzelnen Nachrichtendienste festlegen und die Ziele und die Mittel bestimmen.

Um den neuen Funktionen der Lageerkenntnis und der Früherkennung gerecht zu werden, schafft das Weißbuch den Posten eines Koordinators für die Nachrichtenbeschaffung, der im Elysée-Palast sitzt und dem etwa zehn Vertreter des Außen-, des Verteidigungs- und des Innenministeriums zur Seite stehen. Dieses Amt wird einem Kenner der arabischen Welt, dem ehemaligen Botschafter in Algier, Bernard Bajolet, 59, übergeben. Bajolet hatte 2003 und 2006 dem Innenminister Sarkozy bei der Analyse des islamistischen Terrorismus beigestanden und war anschließend Botschafter in Bagdad gewesen. Er spricht Arabisch und ist kein klassischer Diplomat. Seine Stellvertreter sind Oberst Christophe Gommard, bisher im Stab von Verteidigungsminister Nacer Meddah, der einer Familie aus der Kabylei entstammt und sich bis in die Superbeamtenakademie ENA hochgearbeitet hat, und der Polizeioffizier Pierre Lieutaud, der fünfzehn Jahre in dem „Service Action" des Auslandsgeheimdienstes DGSE tätig war. Von nun an wird die „Intelligence" die mit ihren 12.000 Spezialisten beim Premierminister, Innenminister und Verteidigungsminister angesiedelt war, vom Elysée-Palast aus gelenkt und geführt. Die Dienste werden auch vor dem Zugriff der Judikative „verbunkert" sein, allerdings mit dem Parlament enger zusammenarbeiten.

Ob das die Zusammenarbeit mit den Partnern in der NATO fördern wird, bleibt dahingestellt. Die Staaten, erklärte uns ein deutscher Offizier im Rang eines Admirals, mögen geheimdienstliche Informationen nicht austauschen. Sie befürchten, dass etwas durchsickert. In Deutschland könnten solche Informationen an die Linkspartei geraten und über sie an den potenziellen Feind. Obschon er in alle Windrichtungen redet und sehr kommunikativ wirkt und Transparenz bis in sein Privatleben hinein an den Tag legt, ist Nicolas Sarkozy ein Mensch, der um die Sicherheit sehr besorgt ist und gefährliche Unternehmungen bis zum Tag X, Stunde H für sich behält.

Als der französische Präsident Charles de Gaulle den ersten Schritt zur Modernisierung der französischen Armee in Richtung globale Verteidigung zu Beginn der 60er Jahre machte und sich von der Tradition der Kolonial- und Territorialkriege löste, gründete er eine französische Rüstungsagentur. Die Generäle Ailleret, Conze und Lavaud ließ er wissen, dass die nukleare Abschreckung mit ihren Labors und Produktionsstätten für Raketen und Flugzeuge in einer bestimmten Region Frankreichs, dem Südwesten, verankert werden sollte, damit „stets das politische Schicksal von ca. 30 Parlamentsabgeordneten aus dieser Region von der Erhaltung dieser Allround-Verteidigung abhängen würde", denn „sie müssten sich gegen die Militärs zur Wehr setzen können, die nie aufhören würden, die Abschreckung in Frage zu stellen, um zur guten alten Militärtaktik zurückzukehren". Dafür sollte auch die neue Verteidigung eine breite Zustimmung in der Bevölkerung erhalten.

Das war General de Gaulle, der zweifelsohne weit vorausschauen konnte, einigermaßen gelungen. Nicolas Sarkozy, der zu den Verehrern des seligen Generals gehört, kennt sicherlich diese Problematik, denn er steht heute, wenn auch in etwas anderer Form, vor demselben Dilemma wie der Gründer der Fünften Republik damals. Die neuen Verteidigungsrichtlinien werden in der Tat eine Verlagerung der Militärausgaben auf neue, sehr kostspielige Bereiche und drastische Kürzungen, ja sogar die Streichung von ganzen Positionen des Militärhaushaltes, erfordern. Das hat sofort heftigen Widerstand bei den Offizieren ausgelöst. Zwei Tage nach der Publikation des Weißbuchs haben mehrere von ihnen unter dem gemeinsamen Pseudonym „Surcouf", nach dem Namen eines berühmten Korsaren aus dem 17. Jahrhundert, eine stringente Kritik in der Tageszeitung „Le Figaro" veröffentlicht. Automatisch hat die militärische Sicherheit Nachforschungen angestellt, um die Namen der „Täter" herauszubekommen. Aber Sarkozy hat sich über diesen Akt des Ungehorsams derartig geärgert, dass er auch die zivile DST (den französischen Verfassungsschutz) eingeschaltet hat, was Entrüstung bei den Militärs ausgelöst hat. Die DST soll gleich fündig geworden sein. Einige der Protestler gehörten dem Zentrum für hohe militärische Studien an, wo Offiziere ausgebildet werden, die an prominenter Stelle der nationalen Verteidigung später eingesetzt werden.

In der Wochenzeitung „Valeurs Actuelles" sprach sich der Verteidigungsminister Hervé Morin für deren Entlassung aus der Armee aus. Die Spannung stieg merklich. Der Staatschef, dem man nicht nachsagen kann, dass er in militärischen Dingen ein Ignorant ist, denn er hat vor dreißig Jahren seine Wehrpflicht bei der Luftwaffe absolviert, nahm einen schlimmen Zwischenfall in Carcassone zum Vorwand, um der Armee die Leviten zu lesen. Ein Fallschirmjäger hatte während einer Übungsvorführung irrtümlich mit scharfer Munition statt mit Platzpatronen geschossen und mehrere Personen, darunter Kinder, schwer verletzt. Sarkozy bauschte das Drama auf und prangerte den Mangel an Professionalismus der Armee an. Der oberste Stabschef des Heeres, General Bruno Cuche, reichte seine Entlassung ein. Minister Morin musste Appeasement-Politik gegenüber den

Soldaten üben und Sarkozy schickte vorsorglich vor der Parade vom 14. Juli einen lobenden Brief an seine lieben Soldaten. Der oberste Stabschef aller Streitkräfte, General Jean-Louis Georgelin, gab dem „Figaro" ein Interview, in welchem der kleine Satz zu finden war: „Männer werden immer notwendig sein, um unser Land zu verteidigen."

Die Militärs befürchten, dass bald von den 250.000 Soldaten in Friedenszeiten nur noch einige Zehntausend übrig bleiben, wenn sich der Staatspräsident weiter für kostspielige technologische Systeme begeistert. Die Schließung von ganzen Garnisonen sorgt für Gemütsregungen in einer Bevölkerung, die keineswegs antimilitärisch ist und an vielen Orten von der Armee lebt. Regional- und Lokalbehörden sind in höchster Alarmbereitschaft, da 60 Garnisonen, davon mehrere Luftstandorte wie Dijon, Reims, Orange, Luxeuil, Colmar, Cambrai und Nîmes von Schließung bedroht sind. Die Kampfeinheiten werden auf 87 Stützpunkte zusammengezogen, davon 50 für das Heer, 19 für die Luftwaffe und 4 für die Marine. Das Heer wird am meisten darunter leiden. Die Verteidigung vor Ort wird den Kommando-Operationen den Vortritt lassen. Die Panzerregimenter werden stark reduziert. Deren Stolz, der Kampfpanzer Leclerc, wird weitgehend eingemottet. Sowieso war nur ein Bruchteil der Leclerc im Dienst, die anderen mussten instand gehalten werden, das war teuer.

Die Offiziere bedauern, dass zu den 35 prominenten Mitgliedern der Kommission, die das Weißbuch unter der Leitung eines höheren Beamten, Jean-Claude Mallet, verfasst hat, nur fünf Generäle zählten. Keinem einzigen Unterausschuss der Kommission saß ein Militär vor. Offiziere nahmen zwar an Hearings teil, aber unter ihnen keine Leute, die Felderfahrung hatten. Das war Absicht, meinen die obersten Soldaten. „Das Weißbuch ist anfechtbar", sagte General Jean-Claude Thomann, ehemaliger Kommandant des ruhmreichen Fallschirmjägerregiments in Castres und Nummer zwei im Kosovo während des Jugoslawien-Kriegs. „Der absolute Vorrang wird der Intelligence und der Satellitenaufklärung gegeben, die unerschwingliche Investitionen voraussetzt, und das Werkzeug der Armee, die Streitkräfte, wird auf knappe Rationen gesetzt."

Die Offiziere mögen in der Tat recht haben, da die Deeskalation in Krisengebieten sehr viele Männer und Frauen vor Ort erfordert, die auch Zivilaufgaben erfüllen. Sie verlieren 23.000 Soldaten und Kader. Die Luftwaffe (65.000 Mann) wird um 23 Prozent verringert. Die „Projektionskräfte" sollten aus 50.000 Mann mit 100 Flugzeugen bestehen. Sie werden auf 30.000 Mann mit 70 Maschinen zurückgefahren. Die Gendarmerie

(100.000 Mann), eine Art Bundespolizei, muss vier Akademien mit 1.400 Ausbildern schließen.

Gemeinden und Städte protestierten massiv, weil sie wirtschaftlich ausgetrocknet werden, wenn die Militärs (hier und da bis zu 20.000 Personen mit den Familien in Städten mit einer Wohnbevölkerung von 30.000 bis 50.000 Einwohnern) sich zurückziehen. Besonders bedauert der Ort Bourg-Saint-Meurice in der Alpenregion die Schließung der Kasernen von Gebirgsjägern, wo die künftigen Kosovo- und Afghanistan-Soldaten ausgebildet wurden. Viertausend Gebirgsjäger haben einen langen Brief an den Staatspräsidenten geschickt. Lothringen ist auch sehr stark betroffen. In der Stadt Dieuze, die das 13. Fallschirmdragoner-Regiment verlieren soll, haben Bürgermeister und Gemeinderäte der ganzen Region den Rücktritt von ihren Ämtern angedroht. Sie sind nach Paris gefahren und haben dort vor dem Verteidigungsministerium demonstriert. Man versprach ihnen einen Ausgleich.

Dabei werden in den kommenden vier Jahren die jährlichen Militärausgaben (Pensionslasten ausgenommen) real beibehalten, d. h. inflationsangepasst erhöht. In einzelnen Bereichen sind Sonderausgaben möglich. Ab 2012 wird das Verteidigungsbudget dann über die Inflationsanpassung hinaus um real 1 Prozent jährlich erhöht. Insgesamt wird Frankreich 377 Milliarden Euro (Pensionslasten ausgenommen) bis 2012 für seine Verteidigung ausgeben. In die Nuklearabschreckung wird weiter viel Geld gesteckt, und der Schutz der Bevölkerung vor Anschlägen wird zu einer der neuen Prioritäten. Die mit „Le Terrible" verstärkte unabhängige „force de frappe" kostet Frankreich 2 Prozent seines Jahresetats. Aber „sie ist die Lebensversicherung der Nation", betonte der Staatspräsident.

Abgesehen davon, dass er aus Frankreich die erste Militärmacht in Europa machen will, versucht Sarkozy, Armee und Bevölkerung einander näher zu bringen. Eine Taskforce von 10.000 Mann in ständiger Alarmbereitschaft wird gebildet, um speziell gegen den Massenterrorismus und bei Großkatastrophen vor Ort zu sein. Nach einer aktuellen Umfrage sind 86 Prozent der Franzosen stolz auf ihre nationale Verteidigung. Sarkozy tritt in die Fußstapfen General de Gaulles, indem er die Amputation der traditionellen Aufgaben zugunsten neuer strategischer Ziele durch Zivilisten vorantreiben lässt. Er muss wie De Gaulle den Widerstand der Militärs brechen. Er traut nicht der Weitsicht der Militärs und verteidigt den Primat der Politik. Wie seinerzeit der General will er dem Krieg von morgen einen Schritt voraus sein. Andererseits unterscheidet er sich radikal von ihm, indem er die Rückkehr der französischen Armee in die Militärorganisation der NATO vollzieht. Die französische Armee hat Niederlagen im Jahr 1940, dann in Indochina und in Algerien erlebt. Man hat ihr oft vorgeworfen, dass sie immer „um einen Krieg im Rückstand war". Sarkozy will diesem Zustand ein Ende setzen. Die Autoren des Weißbuchs unterstreichen die Notwendigkeit, internationale Krisen vorwegzunehmen, um die Zivilbevölkerung, Landsleute und Europäer, in Krisengebieten zu schützen. Sarkozy ist das erste Staatsoberhaupt, das sich für ein Fach, die Spionage, interessiert, das seine Vorgänger als „schmutzig" betrachteten. De Gaulle verstand nichts davon, sein Nachfolger George Pompidou verachtete die Geheimdienste und François Mitterrand war das Thema völlig gleichgültig. Kaum war er im Elysée-Palast, hat Sarkozy eine parlamentarische Arbeitsgruppe für die Beobachtung der Dienste geschaffen; er hat an einer Verschmelzung der inneren Spähdienste (DST und RG) gearbeitet; er hat Profis an der Spitze der Dienste ernannt. Natürlich wird das meiste Geld der Weltraumbeobachtung (die Kredite für den Weltraum werden verdoppelt und erreichen 2020 700 Millionen Euro jährlich) zufließen, aber die Ausgaben für die DGSE, den französischen BND, die heute nur 0,9 Prozent des Verteidigungshaushaltes ausmachen, der seinerseits nur 2 Prozent des Staatshaushaltes bekommt, werden aufgestockt werden müssen. Die Aufklärung ist angesichts des Terrorismus, des Drogenhandels und der organisierten Kriminalität zweifelsohne noch unterdimensioniert. Und Nicolas Sarkozy will immer alles wissen...

Wende in Frankreich

„Cherchez la femme..." Diese französische Weisheit bedeutet, dass hinter jedem Mann eine Frau steckt, die zu seinem Erfolg beiträgt. Nicolas Sarkozy war, bei aller Kritik, bereits ein sehr erfolgreicher Politiker, bevor er Carla Bruni begegnete. Aber sie sekundiert ihm offensichtlich recht effektiv und spielt ihren Part als Erste Dame der Republik mehr als zufriedenstellend. Unmittelbar nach der Begegnung mit ihrem künftigen Ehemann war sie das Thema für Stammtische, aber der nach oben zeigende Trend in den Umfragen hat sie nach ihrer Trauung noch schneller als ihren Mann erfasst.

Ein paar Wochen reichten, damit die Franzosen merkten, dass die neue Frau im Elysée-Palast unterschätzt worden war. Laut einer Umfrage des „Journal du Dimanche" äußerten sich 68 Prozent der befragten Personen Ende Juni 2008 positiv über sie. Sie seien froh darüber, dass diese ruhige und zurückhaltende Frau die Gattin des Staatschefs sei. 64 Prozent fanden, dass sie Frankreich im Ausland gut repräsentiere und 60 Prozent, sie frische die „Rolle der ersten Dame" wieder auf. Mehr als die Hälfte meinten, sie übe einen „positiven Einfluss" auf den Präsidenten aus. Die Staatsbürger führten sein dezenteres Auftreten fast ausschließlich auf den mäßigenden Einfluss seiner Frau zurück. „Haben Sie gesehen, wie sie ihn von der Seite unauffällig anschiebt, wenn er aus dem Rahmen fällt? Man merkt bei ihr die gute Kinderstube", sagte ein französischer Diplomat.

Die Wahrnehmung des Staatspräsidenten war anfangs nicht weniger falsch. Einigen Schaden hatte die Theaterautorin Yasmina Reza angerichtet, die den wuseligen Sarkozy als einen glitzernden Politiker dargestellt hatte, der von Schokolade und Klimbim lebe. „Er ist ein Schauspieler und wollte Frankreich verführen", schrieb sie. Dabei ist Sarkozy eher Spieler als Schauspieler. Es muss ihm Spaß gemacht haben, sich über Monate von dieser Schriftstellerin beschatten zu lassen. Schlagfertig und geistesgegenwärtig, wie er ist, hat er sie sicherlich mit Bonmots gefüttert. So sagte er ihr verrückte Dinge wie: „Ich mag Leute, die einen kleinen Fimmel haben. Die beruhigen mich." Hat er ihr den wahren Sarkozy vorgeführt? Wohl kaum! Als sie ihm ihr Buch bringen ließ, musste sie erfahren, dass

„Nicolas Sarkozy nie Bücher liest, die über ihn geschrieben werden". Aber die Fiktion wirkte nach. Über ein Jahr brauchte das Publikum, um sich bewusst zu werden, dass hinter der schillernden Fassade ein politisches Schwergewicht und ein geschickter Krisenmanager steckten. Schwierig war es, gegen die „Diagnose" seiner Gegner vorzugehen, er sei ein übernervöser, durchgedrehter und gefährlicher Zeitgenosse. Nun gilt Sarko wieder als „ganz normal". Aus der Sicht des kleinen Mannes ist er durch die Ehe „geheilt" worden. „Wir sind ein Ehepaar, wie es so viele auf der Welt gibt." So drückte sich Carla Sarkozy wiederholt aus, als sie von der Tagesschausprecherin Claire Chazal anlässlich der Herausgabe ihrer dritten CD, Mitte Juli, befragt wurde. Aus ihrem Munde und in der Hauptsendezeit kam diese Botschaft gut an. Damit setzte sie ganz ohne Polemik die gegnerische Stimmungsmache schachmatt.

Die Reisen ins Ausland nach der Eheschließung, als beide im Fokus der Kameras standen, haben zur Klimabesserung beigetragen. Die wirksamste von allen war der Besuch des Präsidentenpaares in London. Diese Prüfung bestanden beide mit Würde und Stil. Sie waren dem englischen Königspaar ebenbürtig. Da trat die monarchistische Seite des Präsidentenamtes wieder hervor, die die Franzosen so sehr vermisst hatten. Aber der Besuch des Präsidentenpaares in Israel war nicht weniger bedeutsam. Sarkozy sprach seinen Gastgebern aus der Seele wie kein französischer Staatschef vor ihm; er bestätigte die französische Existenzgarantie für den jüdischen Staat, befürwortete aber zugleich „Vergebung" für die Deutschen und „Versöhnung" mit den Palästinensern, ohne beide Völker zu nennen.

Die Stabilisierung der Wertschätzung des Staatspräsidenten in den Umfragen kam zeitversetzt nach derjenigen seiner Frau. Er hatte zwar seine Stammunterstützer nicht verloren. In einem telefonischen Interview von „Paris Match" bei 1.003 repräsentativen Personen über 18 Jahren war im Mai 2008 festgestellt worden, dass die Mehrheit (über 65 Prozent) der Handwerker und der Kaufleute auf seiner Seite war. Aber die Bewertung insgesamt ging immer noch leicht zurück.[102] Zu seinem Trost

---

102 42 Prozent (43 im April) lobten seine Außenpolitik; 65 Prozent (66 im April) meinten, er verteidige die Interessen Frankreichs gut im Ausland, 55 Prozent (58 im April) sagten, er sei fähig, das Land zu reformieren; aber nur 37 Prozent (39 im April) hielten seine Sozialpolitik für gut.

hatten die Franzosen wenig Vertrauen in die Opposition: Nur 37 Prozent der Befragten meinten, sie sei besser als Sarkozy, und 62 Prozent waren der Meinung, sie würde es schlechter machen als er. Der erste deutliche Schritt nach oben ereignete sich Anfang Juni 2008, als Sarkozy in drei Erhebungen Pluspunkte bekam: +5 bei TNS SOFRES, +1 beim CSA und +3 beim Institut Viavoice. Im Juli wurde er laut „Politoscopie/LCI" von den Franzosen zunehmend als „dynamisch" (82 Prozent), „reformorientiert" (74 Prozent) und „mutig" (64 Prozent) empfunden. Aber er lag noch immer bei nur 39 Prozent positiven Urteilen. Wenn man bedenkt, dass er einige Monate davor auf 29 Prozent abgesackt war, so war das schon ein Fortschritt.[103]

Der leichten Verbesserung der Quote des Präsidenten im Juni und Juli folgte im August ein klarer Sprung nach oben, der sich nicht mehr allein aus der gloriosen Begegnung an der Themse und aus dem guten Einfluss von Frau Sarkozy erklären ließ. Nicolas Sarkozy ist ein Präsident, der nicht auf Repräsentanz, sondern auf aktive Politik setzt und an dieser Elle gemessen wird. Ein aufmerksamer Beobachter, den wir Anfang September 2008 befragten, führte den Aufwärtstrend sogar auf ein politisches Ereignis zurück, dessen Tragweite heruntergespielt worden war, das der Präsident aber als Alarmsignal bewertet hatte: die Gemeindewahlen vom März 2008. „Ich glaube, dass die sich ergebende Verbesserung seiner Quote in den Umfragen ein Resultat seiner Fähigkeit und Kapazität ist, das Volk zu hören und zu verstehen", meinte der Auslandsfranzose Ronan Le Gleut.

„Jede Wahl", fuhr er fort, „ist ein wichtiger Moment der Demokratie. Das ist der Moment, in dem das Volk die Möglichkeit hat, sich mitzuteilen. Das enttäuschende Ergebnis der Gemeindewahlen bedurfte einer Interpretation. Die hat er durchgeführt. Der gegenwärtige Präsident der Republik ist ein Vollblutpolitiker, ein geborener Demokrat. Er hat auf seinem Weg nach oben schwere Niederlagen erlebt. Das passierte 1995, als er Edouard Balladur als Präsidentschaftskandidat unterstützte, und 1999, als er bei einer Europawahl schlecht abschnitt. Dann hat er sich immer wieder

---

103 Man bemerkte auch eine positive Entwicklung bei denjenigen, die meinten, dass er „den Sorgen der Bevölkerung nahe stand" (nur 32 Prozent, aber 5 Punkte Verbesserung gegenüber dem Vormonat). Nur 24 Prozent allerdings fanden ihn „beruhigend" (+ 1 Punkt bei dieser Frage im Vergleich zum Vormonat). Diese positiven Entwicklungen, dachten die Meinungsforscher, konnten damit zusammenhängen, dass Sarkozy der ungeliebten Kommission in Brüssel widersprochen hatte und seinen Willen zum Ausdruck brachte, „die Europäer zu schützen" und ihren alltäglichen Sorgen den Vorrang zu geben.

aufgerappelt", sagt Le Gleut. Dieses prominente Parteimitglied, Koordinator der Berliner Abteilung der Sarkozy-Partei UMP, sieht seinen Präsidenten als „Phönix aus der Asche", der wieder aufsteigt, nachdem man ihm die Flügel verbrannt hat. „Er braucht den politischen Kampf, er braucht die Challenge", sagt er. „Nicolas Sarkozy reagiert auf politische Herausforderungen, auf politische Stürme. Ich habe sogar das Gefühl, dass es ihn beflügelt. In schwierigen Zeiten erkennt man die wahren Staatsmänner. Und er ist einer."

Jedenfalls zog im Spätsommer 2008 die Popularitätskurve des Präsidenten wieder nach oben. Das Politbarometer Ipsos verzeichnete für das kritische Magazin „Le Point" eine Steigerung um 5 Punkte (auf 44 Prozent positive Meinungen) im Vergleich zum Monat Juli, und Opinion Way erarbeitete Ende September für den Sarkozy-freundlichen „Le Figaro" sogar ein Plus von 8 Prozent im Vergleich zum Juli. Selbst die oppositionellen Medien nahmen die Verbesserung wahr: das Politbarometer ViaVoice hatte schon im August für „Libération" einen Anstieg der Sarko-Werte um 5 Punkte auf 43 Prozent notiert, und Anfang September 2008 attestierte eine Umfrage von LH2-nouvelobs.com für den „Nouvel Observateur" 45 Prozent positive Meinungen. François Fillon gewann sieben Punkte (52 Prozent positiv).[104]

Die öffentliche Meinung braucht Zeit, um sich zu ändern. Nachwahlen bestätigten, dass die Franzosen anfingen zu begreifen, dass die Politik der Regierung vielleicht doch gar nicht so falsch ist. In drei schwierigen Wahlkreisen, in Chartres, Sedan und Calais, eroberten Mitte September 2008 Kandidaten der UMP Mandate, die bislang zwei Sozialisten und einem Kommunisten gehört hatten. Entscheidend ist heute jedenfalls, dass ein Teil der Leute, die sich von Nicolas Sarkozy abgewandt hatten, sich davon beeindruckt zeigen, dass er Angriffen und Problemen so willensstark die Stirn bietet. Bei der Erneuerung eines Drittels der Mitglieder des Senats, der zweiten Parlamentskammer, verlor im September die

---

104 In den September-Umfragen wird Sarkozy nicht mehr als „Spalter" sondern als „Sammler" der Franzosen betrachtet, obwohl zugegeben wird, dass „die Reformen die Menschen entzweien". Seine Rolle als Friedensstifter in Israel und in Georgien wird anerkannt. Er gilt nunmehr als der Politiker, der „den Sorgen der Franzosen am nächsten steht" und als „Verteidiger der Freiheit." Es ist ihm gelungen, die Kritik an der Polizeidatei „Edvige" zum eigenen Vorteil zu wenden, indem er die allzu persönlichen geheimdienstlichen Informationen, wie Erkrankungen und Sexualität, religiöse und ethnische Zugehörigkeit daraus entfernen ließ.

Regierungsmehrheit deutlich an Boden. Das war aber eine Nachwirkung der verlorenen Gemeindewahlen vom März, da die Regionen beim Wahlmodus des Senats wichtig sind.

Die Sozialpolitik der Regierung hatte auch Wirkung. Die Politologen hatten den Popularitätsabfall des Präsidenten seit Anfang 2008 mit der Minderung der Kaufkraft und der Zurschaustellung seines Privatlebens erklärt. Im Sommer 2008 hat die Preissteigerung der Nahrungsmittel und des Benzins nachgelassen. Ein guter Sommer wirkte sich positiv auf die Gemüsepreise aus, und die Mieten stiegen nicht mehr. Sie gaben sogar in wichtigen Städten wie Marseille, Lyon, Straßburg und Bordeaux nach. So schwächte sich die Inflation etwas ab. Die Arbeitslosenquote stabilisierte sich im Mutterland auf 7,2 Prozent (7,6 Prozent mit den Überseegebieten), dem niedrigsten Stand seit 25 Jahren. Allerdings ist dieser Trend seit der anschwellenden internationalen Rezession gebrochen, und im August 2008 zählte man 40.000 Arbeitsuchende mehr. Die Tagesschau berichtete von Entlassungen in großen Betrieben und Schließungen von Unternehmen. Aber innerhalb eines Jahres waren 300.000 neue Arbeitsstellen geschaffen worden. Eine ganze Reihe von Maßnahmen sollte wieder etwas Ruhe an der Sozialfront einkehren lassen.

Die Beteiligung der Arbeitnehmer am Betriebsergebnis wird auf die Unternehmen mit weniger als 50 Personen (40 Prozent der Arbeitnehmer) erweitert (seit 1967 gab es sie in Unternehmen mit mehr als 50 Arbeitnehmern). Eine Direkthilfe für die Pendler zwischen Wohn- und Arbeitsort wird in Zukunft auf dem Lohnzettel erscheinen. Der Kommissar für Solidarität der französischen Regierung, Martin Hirsch, früher Vorsitzender der karitativen Hilfsorganisation „Emmaus", erwägt u. a., die Mieten Bedürftiger mit Abgaben des Arbeitgeberverbandes zu subventionieren. Die Gesundheitspflege wird verstärkt. Krankenhäuser und Kliniken werden nach ihrer Leistungsfähigkeit für die Patienten beurteilt. Der Mindestlohn (SMIC)[105] wird erst zum 1. Januar 2010 leicht erhöht; er hinkt der Inflation hinterher, ebenso wie die Renten, die nach der knappen Erhöhung von 1,1 Prozent am 1. Januar 2008 noch einen Nachschub von 0,8 Prozent

---

105 Anders als in der Bundesrepublik Deutschland gibt es in Frankreich einen Mindestlohn. Der „Salaire Minimum Interprofessionnel de Croissance" (SMIC) liegt derzeit bei 8,71 Euro Stundenlohn, was bei einer vollen Arbeitszeit von 35 Wochenstunden knapp über 1.000 Euro Monatslohn bedeutet.

am 1. September erhalten müssen, weil viele Rentner nicht mehr über die Runden kommen. Die Privatversicherungen[106] werden Federn lassen, um bis 2010 das Loch der staatlichen Krankenkassen zu stopfen.

Es wird überall geflickt und zugekleistert. Nicolas Sarkozy nimmt nicht nur linken Parteien und Gewerkschaften, sondern auch gezielt den Grünen den Wind aus den Segeln. Das geschieht durch das Umweltprogramm von Jean-Louis Borloo und von Nathalie Kosciusko-Morizet, wozu auch die Zulassung von genetisch veränderten Pflanzen[107] und die Förderung einer ökologischen Landwirtschaft gehören. Mit dem Minimaldienst im Schul- und Transportwesen sowie mit Geldgratifikationen für Neulehrer und Studenten werden Engpässe beseitigt.

Aber es stiegen dunkle Wolken am Horizont auf. In seiner Rede in Toulon am 25. September 2008 wies der Präsident darauf hin, dass die Krise der amerikanischen Finanzmärkte sich auf die Kaufkraft, den Arbeitsmarkt und das Wirtschaftswachstum negativ auswirken wird. Er versicherte aber, dass kein Sparer je einen Euro seines Guthabens verlieren wird. Dafür wird Vater Staat gerade stehen. Staatliches Eingreifen stellt in der französischen Wirtschaft kein ordnungspolitisches Problem dar. Außerdem, bestätigte Sarkozy, wird es keine neuen Steuern geben, die die Wachstumsdelle erweitern könnten.

Ähnliches hatte François Fillon im August 2008 nach einer Beratung mit der Wirtschaftsministerin Christine Lagarde und dem Budgetminister Eric Woerth geäußert. Nach deren Meinung konnte von „Rezession" keine Rede sein und infolgedessen war kein Konjunkturbelebungsplan aktuell. Die Kassen waren leer. Die Reformpolitik sei das Wachstumsprogramm. „Das Land muss Muskeln ansetzen", sagte der Premierminister. Allerdings wird das Wachstum des BIP 2008 aufgrund der internationalen Rezession und des Zusammenbruchs der US-Finanzmärkte, statt der vorgesehenen 2,5 Prozent, voraussichtlich unter 1 Prozent betragen. Am 27. September warnte François Fillon aber deutlicher: Die Weltwirtschaft steht am Rande des Abgrunds; die Franzosen müssen Solidarität üben. Ab Mitte Oktober 2008 war das Wort Rezession doch nicht mehr tabu.

---

106 Les mutuelles.
107 Es hatte einen Zwischenfall im Parlament gegeben, als ein kommunistischer Misstrauensantrag diese Bestimmung im Mai 2008 mit einer Stimme Mehrheit zu Fall brachte. Dann hat die Regierung sie mit der beschleunigten Verfahrensweise doch durchgebracht.

Am 28. August hatte der Staatspräsident eine neue Reform angekündigt, die am 1. Juli 2009 in Kraft treten wird. François Fillon war beauftragt worden, das so genannte Aktive Solidaritäts-Einkommen (RSA)[108] als Gesetzesvorlage vorzubereiten. Das RSA ist eine vom Staat gewährte Aufbesserung des Lohns von mindestens 62 Prozent für diejenigen Arbeitslosen, die eine Arbeit übernehmen, und für die „armen Arbeiter", deren Lohn 1,4 Prozent des Mindestlohns nicht übersteigt. Sie wird den Arbeitnehmern gewährt, die über 25 Jahre alt sind oder ein Kind haben. Davon betroffen sind insgesamt 3,7 Millionen Haushalte, die unter der Armutsschwelle leben. Das RSA wird vor seiner allgemeinen Anwendung in 34 Departements getestet. Dank dieser Maßnahme wird das Aufnehmen einer Arbeit mehr Einkommen als das garantierte Minimaleinkommen für Arbeitslose (RMI) und die staatliche Unterstützung für mittellose Alleinerzieher (API),[109] die verschwinden werden, bringen. Wenn der Lohn steigt, wird das RSA proportional zurückgehen, bis die Unterstützung nicht mehr notwendig ist. Das RSA wird allmählich mit einer Zuwendung von 450 Euro pro Person auch das Arbeitslosengeld ersetzen. Nicolas Sarkozy brachte es auf einen einfachen Satz: „Kein Franzose, der arbeitet, darf weniger verdienen, als einer, der nicht arbeitet." Diese Ermutigung zur Arbeitsaufnahme schließt sich an sein Credo an, dass jeder neue Arbeitsplatz weitere Arbeitsstellen generiert.

Das RSA wird den Staat 1,5 Milliarden Euro zusätzlich kosten. Das Geld dafür wird durch eine Besteuerung von 1,1 Prozent aller Kapitaleinkünfte mit Ausnahme der Sparbücher und der Staatsanleihen beschafft. Betroffen sind 12 Millionen Inhaber von Lebensversicherungen (1.154 Milliarden Euro Kapital), 6,5 Millionen Kleinaktionäre und 4 Millionen Haushalte, die Einkünfte aus Vermietung und Verpachtung beziehen (16,6 Milliarden). Abgeordnete der Regierungsmehrheit argumentierten, dass der bereits schwer belastete Mittelstand noch mehr bluten wird, da die Besteuerungshöchstgrenze von 50 Prozent die großen Vermögen schützt. Vermutlich wird die unumgängliche Solidarität mit den Unterprivilegierten, die Integration der Jugendlichen aus der Zuwanderung und die Tilgung der Staatsschuld eine fortschreitende Vermögenserosion bei den Mittelständlern zur Folge haben. Einige fiskalische Grausamkeiten werden auf die Dauer kaum zu vermeiden sein, da der Haushalt saniert

---

108 „Revenu de Solidarité Active".
109 „Revenu minimum d'insertion" und „Allocation de parent isolé".

werden muss. Das Budgetdefizit 2008 betrug 2,9 Prozent des BIP nach 2,7 Prozent 2007, statt der vorgesehenen 2,4 Prozent.

Frankreich ist bereits für mittlere Einkommen ein Hochsteuerland. Die Gefahr einer Spaltung zwischen „reich und arm" ohne Zwischenschichten als Puffer ist deswegen nicht von der Hand zu weisen. Nicolas Sarkozy muss aufpassen, dass sich diese Wählerschichten, die seine wichtigste Stütze sind, nicht von ihm abwenden, meinen namhafte Mitglieder seiner Partei. Die Vermehrung von verfassungswidrigen Doppelbesteuerungen, wie es mit der Vermögenssteuer und dem RSA der Fall ist, sowie die Zweifachbesteuerung bestimmter Renten und Pensionen bergen die Gefahr von erfolgsversprechenden Klagen, zumal die Staatsbürger seit der Verfassungsreform vom Juli 2008 über neue Waffen gegen Staat und Verwaltung verfügen.

Gegen das RSA hatte – mit Ausnahme von Ségolène Royal – die linke Opposition keine Einwände. Zum ersten Mal erwog die Sozialistische Partei PS, im Parlament einer Sarkozy-Maßnahme zuzustimmen. Allerdings wollte der Noch-Generalsekretär der PS, François Hollande, das Votum seiner Fraktion an Bedingungen knüpfen, darunter die Forderung, dass die Abgabe zur Finanzierung des RSA der Besteuerungshöchstgrenze von 50 Prozent nicht unterworfen wird. So wird es wohl auch sein. François Bayrou stimmte für das RSA, aber nicht für dessen Finanzierung.

Der Präsident kann nicht erwarten, dass sich seine Beliebtheitsquote jetzt rasch verbessert, zumal er eine ausgesprochen linke Sozialpolitik macht und damit Stammwähler und Anhänger enttäuscht. Aber er hat noch fast vier Jahre Amtszeit vor sich, und er entwaffnet seine Gegner. Mit dem RSA hat er wieder Verwirrung in die Reihen seiner Gegner gebracht. Seine Politik ist parteiübergreifend. Er hat keine Berührungsängste mit links.

Der Stimmungswechsel zum Positiven, mit anderen Worten „die Wende", wurde in zwei Artikeln veranschaulicht, von denen der eine Ende April 2008 im „Le Figaro" und der andere Ende Juli im Magazin „Le Point" erschien. Der erste wurde von einem Mann vom rechten Flügel, Jean d'Ormesson, der zweite von einem Mann der Linken, einem Mitglied der Sozialistischen Partei, Claude Allègre, geschrieben.

„Wir sind noch einige in Frankreich, die denken, dass Nicolas Sarkozy den Stoff zu einem Staatsmann hat. Nur im Sturm werden Staatsmänner geschmiedet", schrieb der berühmte Schriftsteller, Publizist und Mitglied der Académie Française Jean d'Ormesson am 24. April 2008 in „Le Figaro". Er zählte alle äußeren Umstände, alle Fehler der Regierung und auch manche Geringfügigkeiten auf, die zum Niedergang von Sarkozy in den Umfragen geführt hatten. Hinzu kamen einige Brandschriften und kritische Bücher gegen den Staatspräsidenten, die im Übrigen einander widersprachen. Schließlich mahnte d'Ormesson das Staatsoberhaupt, sein Reformwerk trotz der internationalen Krise und des Misskredits im eigenen Land fortzusetzen. „Das ist der Preis, den er bezahlen muss für einen Platz in der Geschichte", schloss er.

Am 24. Juli 2008 prangte auf dem Cover des Magazins „Le Point" ein vielsagender Titel: „Und wenn Sarkozy recht hätte?"[110] Der Autor des Beitrags war der ehemalige sozialistische Erziehungsminister und Physikprofessor, Mitglied des Nationalen Zentrums für wissenschaftliche Forschung CNRS, Claude Allègre. Er hatte schon im Jahre 2000 „den Mammutapparat verschlanken" wollen, d. h. das Lehrpersonal reduzieren, musste aber nach schweren Lehrer-Demos und Schulstreiks zurücktreten (Jack Lang war sein Nachfolger). Jetzt lobte Professor Allègre Nicolas Sarkozy nicht nur dafür, dass er „30.000 Stellen von Lehrern, die nicht unterrichten", streichen wollte, und zwar unter anderem diejenigen, die Hobby-Fächer lehren, was „zu vierzig Fremdsprachen beim Abitur, davon viele mit zwei oder drei Schülern pro Klasse, führt". Er lobte andere wichtige Reformmaßnahmen und meinte, dass „nicht seine Worte, nicht sein Stil, ja nicht einmal der Einfluss seines Privatlebens die Ursache seiner Unpopularität in den Umfragen seien", sondern gerade diese umfassende Reformpolitik, die eine „Jahrhunderte alte Erstarrung erschüttert" und dem „Auf-der-Stelle-Treten" Frankreichs ein Ende setzt. „Freilich, nicht alles ist seit einem Jahr perfekt in der Aktion des Staatspräsidenten, aber wenigstens hat sie das Verdienst zu versuchen, das nachzuholen, was man seit dreißig Jahren hätte tun sollen!" Allègre erinnerte daran, dass Mitterrand und Chirac auf die Krisen reagiert hatten, indem sie Minister entließen, um die Gewerkschaften zufrieden zu stellen. Mit jedem entlassenen Minister fielen dessen Reformvorhaben ins Wasser. Sarkozy steht dagegen zu seinen Ministern, so dass sie ihre Reformen durchführen.

Allègre lobte „den Mut" von Sarkozy, die Defizite zu tilgen, indem er unter anderem die Zahl der Staatsbediensteten reduziert. Die Sozialisten wollten das tun, trauten sich aber nicht. Die Vorschläge der

---

110 „Et si Sarkozy avait raison?"

Gewerkschaften, Defizite der Sozialkassen durch Reichensteuern und Stock-Options-Abgaben auszugleichen, seien kleinkariert. Die Reform der Armee bejahte er auch. Aber „Frankreich kann nicht weiter fast die ganze Last der Verteidigung Europas tragen. Wir müssen unsere Partner um einen Beitrag zur Finanzierung der atomaren Verteidigung bitten." Schließlich griff er „den Schlendrian der permanenten Streiks" an.

Frankreich hat noch einige Trümpfe. Es zweifelt weniger an sich selbst als Deutschland. Sein Klima, seine Landschaftsvielfalt und seine kulinarischen Produkte, die einen erfreulichen Touristenzufluss sichern (aber kaum noch deutsche Touristen). Einige Großunternehmen und Großbanken sind neulich entstanden. Die Infrastrukturen sind verjüngt worden. Dazu kommen die technologischen Leistungen in der Nukleartechnologie, in der Medizin, in der Pharmaindustrie, in der Eisenbahntechnik, in der Luft- und Raumfahrt und im Schiffsbau. Außerdem bezieht es (und exportiert) billigen Strom aus 58 Kernkraftwerken, die sicherer sind, als Angstmacher es behaupten. Es wird überlegt, einen zweiten modernen Atomreaktor EPR im Lande zu bauen, um die Verteuerung der Energiepreise auszugleichen. Vor allem ist Frankreich für den Bau der weltweit projektierten hundert Kernkraftwerke bestens gerüstet und schlägt schon Wurzeln im englischen Kernkraftmarkt. Nach einer Modellrechnung des Instituts der deutschen Wirtschaft Köln (IW) für die Berliner Tageszeitung „Die Welt" könnte Frankreich 2035 den führenden europäischen Wirtschaftsraum bilden. Etwa um 2045 herum dürfte es Deutschland auch bei der Bevölkerungszahl überrunden. Es wird sich also in der ersten Hälfte dieses Jahrhunderts zwischen Frankreich und Deutschland entscheiden, wer Europa führen wird (am besten wäre eine deutsch-französische Konföderation).

Die Demographie ist für die Zukunft der springende Punkt. Frankreich hat viele junge Menschen auf seinem Territorium und die höchste Geburtenrate in Europa, die zu einem Vorteil werden könnte, wenn es für diese Jugend Qualifikationsmöglichkeiten und Arbeit gäbe. Wir haben die „positive Diskriminierung" zugunsten der Jugendlichen aus den schwierigen Bezirken erwähnt. Mit 2,07 Kindern pro Frau, so lautete am 16. Januar 2008 die Nachricht, liegt die Geburtenfreudigkeit Frankreichs mit dem katholischen Irland an der Spitze in Europa. Der europäische Durchschnitt beträgt 1,52 Kinder, also eine leichte Steigerung (2000: 1,48). Bis 1993 war die Geburtenrate zurückgegangen. Aber die Fiskalpolitik, die

Entwicklung der Teilzeitarbeit, die Kita-Grundschule ab 2 Jahren, zahlreiche Familienhilfen, zeitigen ihre Früchte. Man heiratet immer weniger, aber der 1999 gegründete „Solidarpakt" macht es unverheirateten Männern und Frauen möglich, Kinder zusammen großzuziehen. Jedes zweite Kind wird heute „unehelich" und später geboren (Durchschnittsalter bei der ersten Geburt: 30 Jahre).

Die Überalterung der französischen Bevölkerung nimmt trotzdem zu (die über 65-Jährigen machten in Frankreich am 1. Januar 2007 16,2 Prozent der Bevölkerung gegen 15 Prozent im Jahre 1994 aus – bis 2030 wird die Zahl der alten Menschen um 60 Prozent steigen). Abgesehen von der geplanten Verlängerung des Berufslebens werden deswegen Maßnahmen umgesetzt, die den Senioren ermöglichen sollen, länger zu arbeiten. Ende Juni 2008 begann eine konzertierte Aktion von drei Ministern (Lagarde, Bertrand und Wauquiez) sowie den Sozialpartnern mit dem Ziel, den arbeitswilligen Rentnern die Fortsetzung ihrer Tätigkeit oder die Übernahme anderer steuerlich begünstigter Arbeiten zu erleichtern. Unternehmen, die sich verweigern, sollen bestraft werden.[111]

Was nicht so laut ausposaunt wird, ist die Tatsache, dass die Geburten deutlich zahlreicher bei Frauen aus der Zuwanderung sind als bei Stammfranzösinnen. Es ist in Frankreich verboten, die Bevölkerung nach ethnischen Kriterien statistisch zu erfassen. Nach dem Bevölkerungsexperten Gérard-François Dumont liegt die Zahl der Kinder bei nordafrikanischen Frauen bei 3,25, bei schwarzafrikanischen Frauen bei 4,07, bei türkischen Frauen bei 3,35 und bei den Asiatinnen bei 2,83, also deutlich höher als bei den Stammfranzösinnen, die keineswegs mehr Kinder als ihre europäischen Nachbarinnen auf die Welt bringen. „Seit 25 Jahren werden die Franzosen zu der Frage der Migrationstrends belogen", schreibt er. Die Bevölkerungsexpertin Michèle Tribalat griff in der „Revue

---

111 Das französische Parlament hat vor der Sommerpause 2008 das Gesetz zur Modernisierung der Wirtschaft verabschiedet. Unter Hunderten von Maßnahmen sieht es vor, dass Supermärkte bis 1000 m2 Verkaufsfläche Eröffnungsfreiheit ohne vorherige Genehmigung haben (bisher nur bis 300 m²), um den Wettbewerb zu fördern. Nebenbei werden die Wettbewerbsaufsichtsbehörden verstärkt. Mikrounternehmen dürfen nunmehr ohne vorherige Anmeldung gegründet werden. Sie bezahlen keine Einkommenssteuer und keine Beiträge. Die Zahlungsfristen für Rechnungen werden auf 60 Tage begrenzt. Der Zugang zum ADSL-Netz wird im ganzen Land homogenisiert. Ausländische Unternehmen werden fiskalische Vorteile bekommen. Das beliebte, staatlich unterstützte A-Sparbuch wird in allen Banken und Sparkassen geführt werden.

générale de stratégie" den Direktor des INED[112], François Héran, an, der am 4. Januar in der linken Wochenzeitung „Le Nouvel Observateur" eine „neue Ära der Immigration" pries. Im Departement Seine-Saint-Denis, das an Paris grenzt, stellt sie einen „Rückgang der Jugend französischer Herkunft und ein unglaubliches Wachstum derjenigen ausländischer Abstammung" fest, so dass „ein Prozess des Bevölkerungsaustauschs sich abzeichnet". Das gilt für das Pariser Umland, aber auch für viele andere Städte und Bezirke. Diese ethnischen Konzentrationen, die vor allem Ansammlungen moslemischer Bevölkerung schaffen, könnten zu „Enklaven führen, in denen politische Forderungen nach Ausnahmerechten auf der Grundlage von ethnisch-religiösen Kriterien und generell nach Gleichbehandlungskriterien aufkommen, die die gesamte französische Gesellschaft verändern würden".

Gewöhnen sich die Franzosen an ihre ethnische „Mischung"? Das Fernsehen arbeitet in Nachrichtensendungen und Filmen intensiv daran. Die ethnische Vielfalt wurde von Staats wegen verstärkt. Giscard d'Estaing, nach ihm Mitterrand und Chirac wollten aus Frankreich ein bevölkerungsstarkes, dynamisches Land machen. Da bot sich das unerschöpfliche Reservoir der ehemaligen Kolonien an. Je nachdem wie man es nimmt, stellt sich jetzt die Frage nach der kritischen Masse, ab der eine Bevölkerung, eine Sprache, eine Kultur umkippen. Toleranz und Assimilation haben finanzielle und psychologische Grenzen. Die Stärkung der für die Grenzüberwachung gegen illegale Zuwanderung zuständigen europäischen Agentur Frontex ist nicht von ungefähr ein zentrales französisches Anliegen. Ob dieses Problem gemeistert werden kann, werden die nächsten Jahre zeigen. Als Sarkozy ein „Ministerium für Nationale Identität und Zuwanderung" seinem Bruder im Geiste, Brice Hortefeux, anvertraute, meinten seine linken Gegner, er begebe sich damit in Le Pens Fußstapfen. Weit gefehlt, er versucht, im republikanischen Rahmen die entstehenden Probleme zu lösen, die die Rechtsradikalen durchaus erkannt hatten, aber als Werkzeug verwenden wollten, um die Republik aus den Angeln zu heben.

Die Deutschen wissen, dass es der Weimarer Republik nicht gelang, (neo-)konservatives und (neo-)liberales Denken mit den republikanischen Werten kompatibel zu machen. Darum bemüht sich Sarkozy derzeit. Er ist

---

112 Institut National d'Etudes Demographiques.

dabei, den Konservatismus um eine soziale Komponente zu erweitern. Den Sozialisten ist es dagegen bis heute nicht gelungen, ihr Dogma zu modernisieren. Wenn es so wie bisher weiter gegangen wäre, wären in Frankreich „Weimarer Zustände" entstanden. Die meisten Franzosen sind sich des Gefahrenpotenzials nicht bewusst gewesen. Anders als seine Vorgänger kümmert sich Sarkozy intensiv um die von diesen Zuständen betroffenen Landsleute. Das verstärkt die „Bürgernähe", die dem Mann an der Spitze seit eh und je ein Herzensanliegen ist.

Die Feindseligkeit, die Sarkozy noch zu spüren bekommt, rührt daher, dass er die kranke Republik mit konservativen Werten und Rezepten saniert. Konservatismus bedeutet Respekt vor dem Einzelnen und seinem Eigentum, Belohnung von Leistung und Talent, statt Gleichschaltung und Gleichmacherei. Die Aufgabe ist gewaltig. Viel Dank ist nicht zu erwarten. Aber damit macht er den Linken wie den Rechtsradikalen einen Strich durch die Rechnung. Seitdem der Mai 1968 wie ein Heldenepos gefeiert wurde, war es in Frankreich schick geworden, links zu sein. Heute ist die Linke in der Defensive. Sie hat keine gültigen Antworten auf die Vielzahl der gewaltigen Veränderungen, die vom Jahrhundert-Phänomen der Globalisierung ausgelöst wurden und noch werden. Sie hat nach dem Tod des Marxismus ihre Zukunftsvision verloren und kümmert sich nur noch um Gruppen und Minderheiten.

Nicolas Sarkozy gehört zu den seltenen Politikern des rechten Lagers, die sich nicht schämen, rechts zu sein. Er hält den Linken den Spiegel ihrer Ineffizienz vor, und die Rechtsradikalen erinnert er daran, falls sie es vergessen haben sollten, dass ihre obsoleten Pferdekuren mehr als einmal den Patienten getötet haben. Er zeigt, dass es eine demokratische Rechte gibt, die keine Sprach- und Denktabus, keine Schwarzmalerei und Unterstellung daran hindern können, Gutes für Frankreich und für Europa zu tun. In diesem Sinne darf man jetzt in Frankreich wieder stolz sein, rechts zu sein. Wie drückte es Michel Rocard am 27. September 2008 in der Zeitung „Le Parisien" aus? Der ehemalige sozialistische Premierminister unter Mitterand räumte sehr zum Ärger seiner Genossen ein, Nicolas Sarkozy verkörpere „eine reformorientierte und intelligente Rechte".

Seit dem Sommer 2008 zollen sogar die ärgsten Sarkozy-Verächter dem Präsidenten Respekt. So wird er in der satirischen Zeitung „Le Canard enchaîné" nicht mehr in der Gestalt eines Teufels karikiert. Die

Persiflage gegen Nicolas und Carla Sarkozy, die Kritik an der Regierungspolitik werden fortgesetzt, aber die Dämonisierung des Staatsoberhaupts ist offensichtlich nicht mehr angebracht. Er ist im Begriff, im eigenen Land die Gegenkräfte unschädlich zu machen und die Dinge in Bewegung zu bringen. Nach anderthalb Jahr im Amt ist ihm das bereits weitgehend gelungen.

Sarkozy nur ein Reformator? Vielleicht doch eher ein Erneuerer! Auf der internationalen Bühne hatte er mit der im Juli 2008 erfolgten Gründung der Mittelmeerunion, die die Einflusssphäre der EU nach Süden erweiterte und die Weichen für einen eventuellen Nahostfrieden legte, Pluspunkte gesammelt. Sein Ruf als Friedensmacher konnte sich aber zwei Monate später weiter festigen. Seine schnelle Reaktion während des bewaffneten Konfliktes in Georgien, als die russischen Streitkräfte nur noch 30 Kilometer von Tbilissi entfernt waren, und der daraufhin durch zähe Verhandlungen mit dem Kreml von ihm erreichte, planmäßige Rückzug der Russen aus diesem Kaukasusstaat, der dank seines mutigen Eingreifens seine Selbstständigkeit bewahren konnte, haben ihm die Statur eines Staatsmannes verliehen.

Nachdem die internationale Börsen- und Bankenkrise offenbar wurde, berief er – ohne andere EU-Partner zu verletzen – die Vierergruppe der EU-Staaten, die dem G7 angehören ein, um der globalen Krise eine global sinnvolle Antwort so rasch wie möglich zu geben.Damit hat er der EU eine neue, abgestufte Struktur gegeben, die in Krisenzeiten effektiv funktionieren könnte. Als Sarkozys Wirtschaftsministerin einen europäischen Rettungsfond für die Banken vorschlug, der Berlin nicht behagte, war das nur ein Versuchsballon! Aber warten wir mal ab! Darüber hinaus hat sich der in Deutschland vor gar nicht so langer Zeit viel kritisierte Staatsvoluntarismus und -interventionismus von Sarkozy sogar in dem Mekka des Neoliberalismus, Amerika, in dieser Krise als das Allheilmittel erwiesen. Man kann vielleicht bedauern, dass weder in Frankreich noch in Deutschland jemand aufstand, um zu sagen, wie schön es in der Finanzkrise war, dass wir den starken Euro hatten, der wie ein Fels in der Brandung stand und uns einen Wettbewerb von Abwertungen mit allen negativen Folgen erspart hat. Freilich, das hat auch Sarkozy versäumt. Es wurde auch zu wenig gesagt, dass die europäischen Banken seit dem 1. Januar 2007 die Kreditschutzregeln genannt „Basel II" übernommen hatten, während die Amerikaner sie auf 2009 oder auf den Sankt Nimmerleinstag verschoben hatten. Die französischen Banken haben sich als relativ standfest erwiesen und konnten in der Krise durch Fusion und Akquisition noch wachsen. Schließlich hat es sich als goldrichtig erwiesen, dass Sarkozy noch vor der Krise geäußert hatte, man solle „den Kapitalismus moralisieren".

Das linke Tageblatt „Libération" erteilte ihm am 14. Oktober 2008 ein überschwängliches Lob, das von dieser Seite kommend bestimmt viel Überwindung gekostet hat und umso aufschlussreicher ist. „Die 27 EU-Mitgliedsstaaten", schrieb diese Oppositionszeitung, „dürfen sich freuen, dass sie in dieser unruhigen Zeit einen willensstarken und hyperaktiven Präsidenten an ihrer Spitze hatten, der aus einem Gründerstaat der EU kam, zum Herzen der Union (Euro, Schengen) gehörte, aber auch ständiges Mitglied des UNO-Sicherheitsrates, Gründer des G8 und NATO-Mitglied war… Ohne Nicolas Sarkozy hätte es die EU sehr viel schwerer gehabt, die Russen im letzten Sommer abzustoppen, und ihr eigenes Handel angesichts der Bankenkrise zu koordinieren." Der dänische Premierminister Anders Fogs Rasmussen hat zu Recht das „energische Leadership" von Nicolas Sarkozy in der georgischen und in der finanziellen Krise gelobt. Für Jean-Claude Juncker, den luxemburgischen Premierminister und Vorsitzenden der Eurogroup, „war noch nie davor Europa so intensiv geführt worden". Selbst die konservative deutsche „Frankfurter Allgemeine Zeitung", die davor zu dem französischen Staatschef wenig freundlich gewesen war, begrüßte das „bemerkenswerte Management im Kaukasus" des „dynamischen Präsidenten". Während der Bankenkrise habe er „wieder die Hebel in die Hand genommen (…), um das Euroland zu retten". Sarkozy sei „auf dem Gipfel seiner Form als Krisenmanager".

Der „Libération"-Korrespondent in Brüssel meinte, dass ein Mann wie Sarkozy (dem noch nicht rechtskräftigen europäischen Verfassungsvertrag gemäß) für zwei Jahre an die Spitze Europas gewählt werden und dass dies bei der nächsten Ratsversammlung per Akklamation geschehen sollte. Nicht weniger überraschend war in den Spalten dieser linken Zeitung eine Kritik an den französischen Sozialisten, die sich genau an diesem Tage wieder einmal geweigert hatten, im Parlament für ein Gesetz der Sarkozy-Fillon-Regierung zu stimmen, und zwar das Gesetz zur Rettung der Banken. Nach der Parlamentsdebatte bedauerte der sozialistische Abgeordnete Manuel Valls dieses kleinkarierte Verhalten der derzeitigen PS-Führung. „Wir haben keinen wirklichen Staatsmann an unserer Spitze", sagte er.

Doch, ein Sozialist hat in diesen Krisentagen Format gezeigt: Dominique Strauss-Kahn, ehemaliger Finanzminister unter Mitterrand und heute Direktor des Internationalen Währungsfonds. Er ist bisher der einzige potentielle, ernst zu nehmende Konkurrent für Sarkozy in der Opposition. Erstaunlich ist es nur, dass es so lange gedauert hat, bis die französischen und die ausländischen Medien entdeckten, dass Sarkozy den Stoff zu einem Hoffnungsträger hatte. Die erfahrene Pariser Korrespondentin der „Frankfurter Allgemeinen Zeitung", Michaela Wiegel, die zuvor auch schon die Politik des französischen Präsidenten vorurteilsfrei dargestellt hatte, publizierte am 26. Oktober 2008 in der „Frankfurter Allgemeinen Sonntagszeitung" einen bemerkenswerten Beitrag über Sarkozy mit dem spöttischen Titel „Der Welt-Boss". Dieser Bericht wird für die deutschen Medien ein Markstein und ein Wendepunkt sein. Freilich, jeder deutscher Journalist, der etwas auf sich hält, muss über den kleinen Gernegross im Elysée-Palast ironisch berichten, aber der Untertitel des Artikels von Frau Wiegel war zutreffender: „Nicolas Sarkozy braucht Krisen. Dann läuft Frankreichs Präsident zur Höchstform auf." Die Wortwahl wies die notwendige Distanz auf: „Krise heißt der Stoff, mit dem sich der französische Präsident dopt." „Aktenstudium", „freundliches Bad in der Volksmenge", „Stehvermögen auf dem diplomatischen Parkett" – „Non merci, das behagt ihm nicht", schrieb unsere Kollegin mit flotter Feder. Richtig stellte sie jedoch fest, dass Sarkozy „kein Staatslenker für gewöhnliche Zeiten" sei.

Dass „das seine Landsleute schon lange geahnt haben", wie sie vermutete, davon sind wir nicht überzeugt. Die negative Voreingenommenheit bleibt noch bei vielen. Nur ganz langsam stellt sich die öffentliche Meinung in Frankreich um. Laut einer Umfrage von Opinion Way für „Le Figaro" und für den TV-Sender LCI bejahten am 17. Oktober 2008 60 Prozent seiner Landsleute die Art und Weise, wie er die Finanzkrise handhabte. Nur 39 Prozent waren anderer Meinung. Vor allem teilten 69 Prozent der Wähler von François Bayrou, 55 Prozent der Wähler von J.-M. Le Pen und sage und schreibe 40 Prozent der Wähler von Ségolène Royal die „Sarko-Positivierung". Der Staatschef erklettert wieder die Leiter der Werteskala. Wichtig ist jedenfalls, dass diese kompetente deutsche Journalistin darauf aufmerksam machte, dass Sarkozy während der Georgienkrise im August 2008 gegen den strikten Rat von George W. Bush als Vermittler in den Kaukasus gefahren war, „als Bomben noch fielen" und dass er wieder „einen zweiten diplomatischen Parforceritt" zum Kreml unternahm, bis „eine

Waffenstillstandsvereinbarung stand". Manche sagen: Sarkozy verhandelt nicht, er handelt. Das stimmt wiederum nicht: Die Verhandlungen im Kreml waren lang und schwer.

Die „FAZ"-Korrespondentin verschwieg nicht, dass Frau Merkel in Sachen Georgien „dem Treiben des amtierenden EU-Ratspräsidenten (Sarkozy) eher schmallippig zugesehen hatte" und dann doch „gratulieren" musste. Auch gegen die raschen Initiativen von Sarkozy angesichts der unerwarteten „Explosion der Finanzmärkte" hatte sich die Kanzlerin „gesträubt" und „widerspenstig" gezeigt. Es wird angedeutet, dass Frau Merkel nicht ohne Zögern „in ein Euro-Gipfeltreffen" eingewilligt hatte, „das einen europäischen Krisenplan verabschiedete". Während die deutsche Regierung nach getaner Unterstützung ihrer Banken sich dann anschickte, in den Alltagsschlendrian zurückzukehren, wollte sich Sarkozy mit dem weiteren Abdriften der Banken und Börsen, schließlich auch der Unternehmen, in die Fänge der Pleitegeier nicht zufrieden geben. Am 21. Oktober schlug er in Straßburg vor, dass die EU-Mitglieder staatliche Investitionsfonds gründen, um unterbewertete Aktien von europäischen Unternehmen zu kaufen, die die Russen mit ihren Gas-Euros, die Chinesen mit ihren üppigen Handelsüberschüssen und die mit Öldollars gemästeten Ölscheichs am Golf beäugten. Dabei könnten die billig gekauften Aktien später von den Staaten mit Gewinn verkauft werden, meinte Sarkozy. Der Schutz der EU-Unternehmen vor Fremdübernahmen durch Supermächte und Schwellenländer war immer ein Leitmotiv in den Reden von Sarkozy. Die Übernahme des Stahlkochers Arcelor durch den Inder Mittal mit ihren katastrophalen Folgen für den französischen Arbeitsmarkt liegt ihm noch quer im Magen.

Für diese Fonds konnte sich der deutsche Wirtschaftsminister Michael Glos ebenso wenig wie davor die Bundeskanzlerin für einen gemeinsamen europäischen Fonds zur Rettung der EU-Banken erwärmen. Dabei zeigen die Bankenpleiten und industriellen Schwächen in Deutschland, dass das Land zwischen Rhein und Oder nicht weniger (eher sogar mehr) als England und Frankreich gefährdet ist, zumal bisher die Banken im deutschen System die Schutzfunktion für die Unternehmen innehatten, die in Frankreich der Staat ausübte. Fragt sich, wer der bessere Europäer im Sommer 2008 war. Sarkozy, den die Bundesregierung im Januar desselben Jahres noch verdächtigte, die EU auf dem Altar der französischen Glorie opfern zu wollen, hat während seiner EU-Präsidentschaft Engagement als europäischer Spitzenmann und standfester Europäer gezeigt.

Er geht weiter, wenn er Europa als treibende Kraft gegenüber Asien und Amerika für eine Reform der internationalen Finanzmärkte stark machen will. Nicht zuletzt hat er dem scheidenden Pleite-Präsidenten Bush einen großen G-8-Krisengipfel abgetrotzt. Dabei halfen seine zu Amerika wiederhergestellten Beziehungen.

„Den EU-Partnern gehen seine neuen Vorschläge zu weit", kommentierte die ARD-Tagesschau frostig am 22. Oktober 2008. Die Korrespondentin der „Frankfurter Allgemeinen Sonntagszeitung" durfte über die plakativen neogaullistischen Ambitionen des Franzosen schmunzeln. Von außen gesehen ist das recht und billig. Jedoch muss man zugeben, dass die Weltfinanzkrise und die darauffolgende allgemeine Rezession diejenigen Lügen strafen, die Paris übertriebene Staatslenkung, Dirigismus und Etatismus vorgeworfen haben. In seiner Straßburger Rede vom 21. Oktober wiederholte Sarkozy seinen Ruf nach seiner aus Berliner Sicht ach so unzeitgemäßen europäischen Wirtschaftsregierung. Es scheint, dass er damit nicht mehr tauben Ohren predigt.

Die Zukunft wird davon abhängen, ob sich die Konjunktur bis zur Wahl 2012 erholt und ob die Reformen greifen. Die Finanzkrise und die Rezession werden die Rückkehr Frankreichs zum Wohlstand für alle verzögern und Leid und Elend eine Weile verschlimmern. Im Unterschied zu Angela Merkel hat Nicolas Sarkozy jedoch noch Zeit bis zu seinem nächsten Wahltermin. Er ist widerstandsfähig und rostfrei. Er braucht die Krise, um zu zeigen, wozu er fähig ist. Er braucht sie wie die Luft zum Atmen. Er fühlt sich in ihr wohl und handelt in ihr instinktiv richtig. Gegen den Blitz und Donner aus dem Olymp Chiracs und gegen die Listen und Tücken der bösen Fee Ségolène hat er sein Amt in Frankreich erobert und in stürmischen Zeiten international an Profil gewonnen. Er verzettelt sich nicht in Details und schafft keine überflüssigen Nebenprobleme. So mied er u. a. einem Konflikt mit China, versöhnte sich mit den Staaten Osteuropas und den USA und streichelte ein bisschen den russischen Bären. Er spürt und ahnt, worauf es ankommt. Frankreich hat jetzt an seiner Spitze einen echten Staatsmann, der Geschichte schreibt.

Bildteil

Bildnachweis

GettyImages/AFP: 2, 16 ,30, 34
GettyImages/Pierre Andrieu: 7
GettyImages/ Eric Bouvet: 11
GettyImages/Gérard Cerles: 9, 14, 15, 23
GettyImages/Jacques Demarthon:13
GettyImages/Khaled Desouki: VI
GettyImages/Dominique Faget: IV, 3, 21
GettyImages/Eric Feferberg: III, 1, 5, 11, 24, 25, 26, 29, 31, 40
GettyImages/Frederick Florin: 37
GettyImages/Christopher Furlong: 8
GettyImages/Sean Gallup: 19
GettyImages/François Guillot: 33
GettyImages/Patrick Hertzog: 39
GettyImages/Patrick Kovarik: 10, 12
GettyImages/Rémy de la Mauvinière: 38
GettyImages/François Mori: 27
GettyImages/Pascal Parrot: 3, 6, 35
GettyImages/Charles Platiau: 28
GettyImages News/ Andreas Rentz: 17
GettyImages/Scoopt: V
GettyImages/Stringer: 32
GettyImages/Pierre Verdy: 36
Pool/Tim Graham Royal Photos: 20
Jürgen Schwarz/ddp: 18
WireImage/Dominique Charriau: VII
WireImage/Henry Duke: 22

22. Februar 2008: Eröffnung des „Historial Charles de Gaulle" in Paris

24. März 1981: Nicolas Sarkozy, Jugendbeauftragter der RPR mit dem Parteivorsitzenden und Bürgermeister von Paris Jacques Chirac

3. Mai 2007: Wahlkampf mit Bernadette Chirac in Montpellier

24. März 2007: Mit Parteianhängern in Dijon

3. Mai 2007: Ségolène Royal im Wahlkampf in Lille ...

... und Nicolas Sarkozy mit Michèle Alliot-Marie (rechts) und Bernadette Chirac (2.v.r.) in Montpellier.

2. Dezember 2007: Präsidentschaftskandidat François Bayrou in Serres-Castet

6. Mai 2007: Wahlsieger Sarkozy mit Michèle Alliot-Marie (links) und Mireille Mathieu (rechts) in Paris

12. Juli 2008: Henri Guaino im Gespräch mit dem Präsidenten in Paris

18. Mai 2007: Mitglieder des Kabinetts vor dem Élysée-Palast
Obere Reihe von links nach rechts: Christine Albanel, Christine Boutin, Hervé Morin, Roselyne Bachelot-Narquin, Christine Lagarde, Eric Woerth, Jean-Pierre Jouyet
Untere Reihe von links nach rechts: Jean-Louis Borloo, François Fillon, Nicolas Sarkozy, Alain Juppé, Michèle Alliot-Marie, Brice Hortefeux

12. Juli 2008: Während des Mittelmeer-Gipfels in Paris mit Jean-David Levitte (l.) und Claude Guéant (r.)

20. Juni 2007: Mitglieder des Kabinetts vor dem Élysée-Palast
Hintere Reihe von links nach rechts: Valérie Létard, Christine Albanel, Christine Lagarde, Rama Yade, Valérie Pécresse, Nathalie Kosciusko-Morizet
Vordere Reihe: Fadela Amara, Rachida Dati, Michèle Alliot-Marie, Nicolas Sarkozy, Roselyne Bachelot-Narquin, Christine Boutin

8. Februar 2008: Vorstellung eines Jugendförderungsprogrammms in Paris
Von links nach rechts: Jean-Louis Borloo, Fadela Amara, Nicolas Sarkozy, Christine Boutin

4. Juni 2007: Kabinettsmitglieder nach einer Sitzung im Élysée-Palast
Hintere Reihe von links: Hubert Falco, Laurent Wauquiez
Vordere Reihe von links: Xavier Darcos, Jean-Marie Bockel, François Fillon

27. August 2008: Regierungsmitglieder in Paris
Von links: Rama Yade, Valérie Pécresse, Laurent Wauquiez

7. Juni 2007: G8-Gipfel in Heiligendamm
Von links: Tony Blair, Romano Prodi, Wladimir Putin, Nicolas Sarkozy, Angela Merkel, Georges W. Bush, Stephen Harper, Shinzo Abe, José Manuel Barroso

16. Mai 2007: Antrittsbesuch im Kanzleramt in Berlin

1. Mai 2008: Gratulation anlässlich der Karlspreis-Verleihung an Angela Merkel in Aachen

6. Juni 2007: Teilnehmer des G8-Gipfels mit ihren Ehepartnern in Heiligendamm

26. März 2008: Staatsbankett mit Elizabeth II. in Windsor Castle

13. Juli 2008: Silvio Berlusconi beim Mittelmeer-Gipfel in Paris

12. Dezember 2007: Empfang von König Juan Carlos vor dem Élysée-Palast

12. September 2008: Papst Benedikt XVI. zu Gast in Paris

29. Mai 2008: Wladimir Putin in Paris

12. Juli 2008: Baschar al-Assad beim Mittelmeer-Gipfel in Paris

10. Dezember 2007: Muammar al-Gaddafi zu Gast in Paris

26. November 2007: Jean, Andrée und Nicolas Sarkozy mit dem chinesischen Staatspräsidenten Hu Jintao in Peking (von links nach rechts)

4. Juli 2008: Empfang nach der Befreiung von Ingrid Betancourt in Paris
Von links nach rechts: Bernard Kouchner, Ingrid Betancourt, Nicolas Sarkozy, Carla Bruni-Sarkozy, Rama Yade, Neffe von Betancourt

4. Oktober 2007: Treffen mit den aus der Haft entlassenen bulgarischen Krankenschwestern und Ärzten in Sofia · Von links nach rechts: Snejana Dimitrova, Ashadf Ahmad Juma'a, Valia Tcherveniachka, Nicolas Sarkozy, Kistiana Valtcheva, Nassia Nenova, Valentina Siropoulo, Zolzarro Gueorguiev

7. Oktober 2008: Rede zum 50.Jahrestag der Verfassung der V. Republik in Paris

21. Mai 2008: Rede in Paris zum 30. Jahrestag der „Opération Léopard" (Zaire)

14. Juli 2008: Nicolas Sarkozy und Jean Louis Georgelin am Nationalfeiertag in Paris

11. Januar 2008: Treffen mit Jean-Pierre Crouzet, dem Vorsitzenden der französischen Bäckerinnung, im Élysée-Palast

19. Mai 2008: Mit Vincent Bolloré (links) in Paris anlässlich des 10. Geburtstags von dessen Stiftung

16. Juli 2007: Besuch bei Airbus in Toulouse · (v.l.n.r.) Arnaud Lagardère, Angela Merkel, Rüdiger Grube, Dieter Zetsche, Nicolas Sarkozy, Thomas Enders

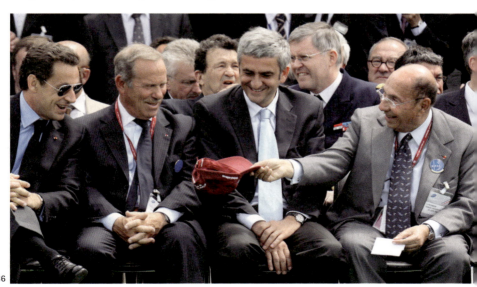

23. Juni: Flugschau in Le Bourget · (v.l.n.r.) Nicolas Sarkozy, Charles Edelstenne, Hervé Morin, Serge Dassault

4. Februar 2008: Besuch in Gandrange bei ArcelorMittal

8. Februar 2008: Treffen mit Vertretern der « banlieues » im Élysée-Palast

24. Mai 2008: Gratulation an einen Spieler des französischen Fußball-Meisters Lyon im Stade de France in St. Denis

23. September 2008:
Übergabe des „World Statesman Award" in New York
Serge Dassault (l.) und Carla Bruni-Sarkozy (2.v.l.),
Michael Bloomberg (r.), Rabbi Arthur Schneier (2.v.r.)

Anhang

*Rede von Nicolas Sarkozy in Montpellier
am 3. Mai 2007*

Bibliographie

Dank des Autors

Personenregister

Rede von Nicolas Sarkozy in Montpellier am 3. Mai 2007

Meine lieben Freunde,
hier im Languedoc endet nun dieser Wahlkampf, er war lang, er war hart, er wurde leidenschaftlich geführt, und alle Franzosen spürten, wie bedeutungsvoll er war, wie weitreichend seine Folgen. Alle hatten diese Vorahnung, dass das, was auf sie zukommt, ausschlaggebend sein würde, dass sich dies nicht ohne sie abspielen dürfte, dass zu viele Treffen in der Vergangenheit verpasst, zu viele Wahlentscheidungen aufgeschoben wurden, dass zu viele Rückstände zusammenkamen und dass Frankreich jetzt zu lange gewartet hat, doch länger konnte es nicht warten, länger durfte es da nicht stehen bleiben.
Und das Volk, das nichts mehr dazu sagte, das seine Enttäuschung und seine Wut für sich behielt, das Volk, das entmutigt war, das nur noch aus Pflichtgefühl zur Wahl ging oder mehr und mehr fernblieb, das Volk hat sich erhoben, das Volk hat sich wieder zu Wort gemeldet und gesagt: „Niemanden lasse ich an meiner Stelle Entscheidungen treffen."
Zu diesem Languedoc, wo sich so viele Völker und Religionen auseinandergesetzt und miteinander vermischt haben, wo sich aus so grausamen Kämpfen, aus so starker Leidenschaft heraus ein energischer Charakter geformt hat, der unverzüglich bereit ist zum Widerstand, zur Verteidigung seiner Freiheiten, zu diesem Languedoc sagte Michelet: „Das ist ein hübsches altes Fleckchen Erde, dieses Languedoc. Sie finden da überall Ruinen unter den Ruinen, die Kamisarden kamen über die Albigenser, die Mauren lagen über den Goten, unter diesen wiederum die Römer, die Iberer...
In diesem sehr alten Flecken Erde, wo es Ruinen, Völker, Geschichten zu Hauf gibt, in diesem alten Stück Land, das vom Kreuzzug der Albigenser, von den Religionskriegen, den Invasionen heimgesucht wurde, in diesem sehr alten Flecken Erde, wo sich seit so langer Zeit die Erinnerungen der Toten mit den Hoffnungen der Lebenden mischen, in diesem sehr alten Flecken Erde, wo man seit so vielen Jahrhunderten betet, sich herumstreitet und arbeitet, weiß man, was der Elan eines Volkes ist, das sich erhebt, was die Kraft eines Volkes ist, das sich immer dagegen gewehrt hat, versklavt zu werden, und das nein sagen kann, nein zum Verzichten,

nein zum Verhängnisvollen, nein zu allem, womit das Volk unterworfen werden soll".

Hier in diesem bodenständigen Land, das so viel Gewalt und Tragödien erlebt hat, wollte ich bis ans Ende dieser Volkswoge gehen, die sich seit Wochen aus den Tiefen des Landes erhebt und in sich selbst eine ungeheure Hoffnung auf Erneuerung trägt.

Hier nach Montpellier bin ich ein letztes Mal in diesem Wahlkampf gekommen, dem französischen Volk zu begegnen, mit dem ich Freud und Leid teilen gelernt habe, und das in drei Tagen über sein Schicksal entscheiden wird.

Seit 4 Monaten, seit jenem 14. Januar, als ich an der Porte de Versailles zu meinen Freunden gesagt habe, dass ich auf die Franzosen zugehen sollte, selbst auf diejenigen, die niemals meine Freunde waren, auf diejenigen, die niemals derselben politischen Familie angehörten wie ich, auf diejenigen, die niemals ihre Stimme für mich gegeben haben, auf diejenigen, die mich bekämpft haben, seitdem stellte sich zwischen den Franzosen und mir langsam diese tiefe Beziehung her, die sich in dem Präsidentschaftswahlkampf zwischen dem Volk und demjenigen aufbaut, der danach strebt, Mann der Nation zu werden. Frankreich hat für mich derartig aufgehört, nur eine Idee zu sein, dass es zu fast einer einzigen Person wird, die atmet und die hofft, die Gefühle hat, die Wertvorstellungen hat, die eine Identität hat.

Frankreich ist eine Vielzahl von kleinen Ländern, Kulturen, Anschauungen, Geschichten, Schicksalen, die sich durchmischt haben, die in einem Ganzen verschmolzen sind. Das ist individueller Wille in einer Vielzahl, woraus sich vereint ein Ganzes ergibt. Frankreich hat eine Seele, einen Charakter, eine Sensibilität.

Während dieser vier Monate bin ich an all diese Orte zurückgekehrt, die für mich und für alle Franzosen immer Frankreich symbolisiert haben, weil sie alle einen mysteriösen Teil davon selbst verkörpern.

Ich bin an all diese heiligen Orte zurückgekehrt, die ich früher schon einmal aufgesucht hatte, ohne damals diese Emotion verspürt zu haben, die mich in den letzten Wochen am Mont-Saint-Michel, in Verdun oder Colombey befiel und ich dabei an Frankreich dachte.

Zum ersten Mal in meinem Leben habe ich mich den Mönchen nahe gefühlt, die dem Ozean und dem Sand trotzten, um sich Gott zuzuwenden mit einem der schönsten Gebete, das je die Menschheit gen Himmel gerichtet hatte, und ich fühlte mich als Empfänger dieses Gebets, das aus der Tiefe der Zeitalter kam, und ich spürte, dass in dieser in den Himmel ragenden Spitze aus Stein wie in den Turmspitzen aller Kathedralen die Seele Frankreichs lag.

Zum ersten Mal in meinem Leben habe ich bei meiner Rückkehr nach Verdun das Schlachtfeld nicht so betrachtet, nicht die unendlich aneinander gereihten weißen Kreuze und das Beinhaus von Douaumont, wie man einen geschichtsträchtigen Ort sonst sieht, ich habe nicht versucht mir vorzustellen, was das für schreckliche Schlachten gewesen sind, sondern ich spürte, was dabei den Horror dieser Auseinandersetzungen, ihre tragische Dimension ausmachte, ich habe das ganze Unheil gespürt, den ganzen Schmerz, der geballt über diesen Tausenden von Gräbern der Tausenden von Toten lag, deren Körper so sehr verstümmelt worden waren, dass sie namenlos und in vielen Fällen gar unauffindbar blieben, weil im Schlamm untergegangen, und ich habe gespürt, in diesem Unheil, in diesem Schmerz gab es die Seele Frankreichs.

In Colombey, wohin ich seit 30 Jahren so oft gefahren bin, hatte ich den Eindruck, ich sei zum ersten Mal da. Auf diesem kleinen Friedhof, der so vielen in unseren Dörfern ähnelt, spürte ich beim Niederknien vor dem schlichten Grab von General de Gaulle, dass in diesem kleinen Dorf die Seele Frankreichs lebte.

An den Stränden der Landung in der Normandie habe ich die Seele Frankreichs gespürt. In Rouen, wo Johanna zum Scheiterhaufen geführt wurde, habe ich die Seele Frankreichs gespürt. In Toulon, in Nizza, in Bordeaux, in Nantes, in Tours, in Poitiers, in Saint-Quentin, in Clermont-Ferrand, in Lille, in Straßburg, in Lyon, in Toulouse, in Marseille habe ich die Seele Frankreichs gespürt.

In Nîmes, wo ich vor einem Jahr meine erste Rede über Frankreich hielt, vielleicht entsinnen sich einige von Ihnen, habe ich beim Erinnern an die Kamisarden und an die Verfolgungen, an die auf Befehl von Louis XIV. im Tour de Constance in Aigues-Mortes eingeschlossenen protestantischen Frauen, beim Erinnern an all dieses Leiden, das niemals aufgehört hat, den Atem der Seele Frankreichs gespürt.

Auf dem Lande bei den Bauern, in Châteauneuf-du-Pape bei den Winzern, in den Laboratorien, in den Schulen, in den Krankenhäusern, in den Seniorenheimen, in Lorient bei den Fischern, in den Ardennen bei den Arbeitern, überall dort, wo ich mit den Franzosen Berührung hatte, mit Frankreich, mit seiner Vergangenheit, seiner Gegenwart, seiner Zukunft, habe ich die Seele Frankreichs gespürt.

In Montpellier, wo noch die Schatten eines Rabelais und eines Jean Moulin herumgeistern, spüre ich die Seele Frankreichs, spüre ich seine Vitalität, spüre ich seine Jugend, spüre ich seine Energie, spüre ich seine Hoffnung.

So nah bei Sète und dem Meeresfriedhof –
„Gerechter Mittag überflammt es nun.
Das Meer, das Meer, ein immer neues Schenken! (...)
Ein Erdenstück erstauntem Lichte offen (...)
aus Baum und Gold und Marmor sich verwebend,
das Meer schläft treu auf meiner Gräberwelt!"
– da erinnere ich mich an die Gedichte, die man mich in meiner Jugend lehrte, und in denen sich die ganze Seele Frankreichs offenbarte.
Frankreich hat mich auf dem gesamten Weg dieses Wahlkampfes nicht allein gelassen.
Welches Thema ich auch anschnitt, ich habe nur von Frankreich gesprochen.
Ich habe nur an Frankreich gedacht.
Ich habe diesen Wahlkampf nur für Frankreich gemacht.
Das war es, was die Franzosen erwarteten: dass ich ihnen etwas zu Frankreich sagte.
Das war es, was die Franzosen forderten: dass man ihnen das erklärte, was man für Frankreich tun wollte.
Das war es, was die Franzosen erhofften: dass Frankreich wieder in den Mittelpunkt der Politik gerückt wird, dass man ihnen sagt, was aus Frankreich werden wird, wie es weiter existieren, wie es seine Seele bewahren könnte.

Denn schon lange spricht man nicht mehr von Frankreich. Schon lange, seit Mai 68 ist die Nation nicht mehr Mode.
Nach und nach verlor sie schließlich ihren Platz in der Politik.
Man diktierte uns, sie zu verleumden, sie abzulehnen, sie zu hassen.
Es gab so etwas wie eine Bußfertigkeit, mit der den Söhnen abverlangt wurde, für die vermeintlichen Fehler ihrer Väter, selbst die ihrer Großväter und Urahnen gerade zu stehen.
Man sollte Buße tun für die Geschichte Frankreichs, für die Kreuzzüge, die Revolutionen, die Kriege, die Kolonisation. Abbüßen sollte man für alles, für einfach alles.

Nicht durch Hineinstochern in die Wunden der Erinnerung, nicht durch Schüren des Grolls beim übertriebenen Herkunftskult, nicht durch Manipulation des Leidens und Frusts in Stammtischpolitik auf andere sehr reelle Weise erreicht man Brüderlichkeit, sondern man erntet Gewalt und Hass. Frankreich ist nicht auf Vergessen aufgebaut. Niemand hat die Pein, das Leid und das Unheil aus dem Gedächtnis gelöscht. Felix Eboué, Gouverneur der Kolonien und erster Widerstandskämpfer Frankreichs in Übersee, hat niemals vergessen, dass er der kleine Sohn eines schwarzen Sklaven aus Guyana war. In Béziers, in Carcassonne, im Ariège hat keiner den Kreuzzug der Albigenser vergessen, als Simon de Montfort und die Legaten des Papstes schrien: „Tötet sie alle, Gott wird die seinen erkennen!". Nicht vergessen haben die Protestanten der Cevennen die Verfolgungen. Nicht vergessen haben die Bewohner der Vendée die Terrortruppen der Revolution. Nichts vergessen haben die spanischen Republikaner, die man in die Lager steckte. Nichts vergessen haben die jüdischen Kinder, die zusahen, wie die Vichy-Polizei ihre Eltern zum Stadion Vel d'Hiv führte.

Nein, keiner hat je etwas vergessen von der Pein, vom Leid und vom Unheil, aber für alle war die Liebe zu Frankreich am stärksten, sie war um so stärker, je mehr sie aus überwundenen Schmerzen erwuchs.

Frankreich, das ist nicht das Vergessen dessen, woher man gekommen ist, das ist der Glaube an ein gemeinsames Schicksal, das stärker ist als der Hass und die Rache.

In Aigues-Mortes ritzten die im Tour de Constance eingeschlossenen protestantischen Frauen in die Mauern ihres Gefängnisses „Widerstand leisten", keine von ihnen schrieb „Tod für Frankreich", wie man es heute an bestimmten Wänden lesen kann.

Auf Hass lässt sich nichts aufbauen, nicht auf dem Hass der anderen, nicht auf dem eigenen. In Marseille sagte ich zur französischen Jugend: „Frankreich ist euer Land, ihr habt kein anderes, selbst wenn eure Eltern von woanders hergekommen sind. Das Land zu hassen, bedeutet, euch selbst zu hassen. Frankreich gehört euch. Es ist euer Erbe. Euer Gemeingut. Fordert nicht, dass man seine Fehler sühnt. Fordert nicht von den Kindern, für die Fehler der Väter einzustehen."

1962 hat General de Gaulle zu Adenauer gesagt: „Von so viel Blutvergießen und Tränen darf nichts vergessen werden, aber Frankreich und Deutschland haben zusammen ohne irgendwelche Dominanz des einen gegenüber dem anderen das herausgearbeitet, was ihre gemeinsame

Aufgabe ist." Er hat nicht zu ihm gesagt: „Tut zunächst Buße, dann werden wir hinterher sehen!" Und zur deutschen Jugend hat er nicht gesagt: „Ihr seid für die Verbrechen eurer Väter verantwortlich." Er hat zu ihr gesagt: „Ich beglückwünsche euch, junge Deutsche zu sein, d. h. Kinder eines großen Volkes, das im Laufe seiner Geschichte manchmal schwere Fehler begangen hat."

Den Völkern unserer ehemaligen Kolonien dürfen wir nicht Sühne anbieten, sondern Brüderlichkeit, Freiheit und Gleichheit, auch all denen, die Franzosen werden wollen, woher sie auch kommen mögen.

Nun, es ist wahr, es gab in unserer Geschichte Irrtümer, Fehler, Verbrechen – genauso wie in der jeweiligen Geschichte aller anderen Länder. Wir brauchen uns aber nicht der Geschichte Frankreichs zu schämen. Frankreich hat keinen Völkermord begangen, Frankreich hat keine Endlösung erfunden. Es ist das Land, das sich am stärksten für die Freiheit der Welt eingesetzt hat. Es ist das Land, das am meisten für die Aufwertung von Freiheit, Toleranz, Humanismus getan hat.

Wir können stolz sein auf unser Land, auf das, was es zur Weltkultur, zum Humanitätsgedanken beigetragen hat.

Wir können stolz sein, Kinder eines Landes der Freiheit und Demokratie zu sein.

Wir können stolz sein, Kinder der Heimat der Menschenrechte zu sein.

Und wir können berechtigterweise diesen Stolz mit unseren eigenen Kindern teilen. Wir können ihnen die Geschichte Frankreichs erzählen, ohne zu erröten.

Wir können ihnen berichten, dass nicht alle Franzosen während des Krieges Pétain-Anhänger waren, dass es auch Franzosen gab, die im Maquis gekämpft haben, dass es Franzosen gab, die ihr Leben in der Widerstandsbewegung riskierten, dass es Franzosen gab, die in den Reihen des „Freien Frankreich" kämpften, dass es Franzosen gab, die Juden versteckt haben in ihren privaten Häusern, in ihren eigenen Familien.

Wir können unseren Kindern berichten, dass die Siedler in den Kolonien nicht alle Ausbeuter waren, viele von ihnen haben niemals irgendwen ausgebeutet. Und wenn der Kolonialismus ein System war, das Ungerechtigkeit und Gewalttätigkeit mit sich brachte, waren viele Franzosen mit dem ernsthaften Gedanken in die Kolonien aufgebrochen, an einem Zivilisationsprojekt zu arbeiten. Sie bauten Brücken, Krankenhäuser, Schulen, haben unfruchtbaren Boden urbar gemacht, haben ihr ganzes Leben gearbeitet. Und eines Tages hatten sie nur noch die Wahl zwischen dem

Koffer und dem Sarg, und sie mussten das Stück Erde verlassen, auf dem sie geboren wurden, dieses Land, das sie liebten, das Haus ihrer Kindheit, das Wenige an Gütern, das sie besaßen.

Diese Frauen und Männer haben Respekt verdient, wie er auch den Söldnern der Hilfstruppen von Indochina und den Harkis zukommt, die ihr Land verlassen mussten, um nicht abgeschlachtet zu werden, weil sie Frankreich treu gedient hatten. Frankreich hat sie im Stich gelassen. Ihnen gegenüber ist Frankreich in der Schuld, die es noch nicht beglichen hat. Ich möchte, dass diese Schuld bereinigt wird, denn das ist eine Ehrenschuld, und eine Nation darf mit der Ehre nicht nachlässig umgehen, vor allem, wenn es um Frankreich geht.

Es musste Schluss sein mit der Verunglimpfung der Geschichte Frankreichs. Es musste Schluss sein mit der Geringschätzung der Werte Frankreichs.

Frankreich, das ist Weltlichkeit. Frankreich, das sind gleiche Rechte und Pflichten. Frankreich, das ist die Gleichberechtigung von Mann und Frau. Frankreich, das ist Glaubensfreiheit. Frankreich, das ist freie Meinungsäußerung.

Diese Werte sind nicht verhandelbar. Diese Werte sind das Herzstück unserer nationalen Identität. Niemand kann in Frankreich leben wollen, ohne diese Werte zu respektieren. Wie auch niemand die Absicht hegen kann, in Frankreich zu leben, ohne Französisch zu sprechen, ohne die Lebensgewohnheiten des Landes zu beachten, das ihn aufnimmt.

In Frankreich wird der Karikatur Freiraum gelassen. In Frankreich wird Voltaire in den Schulen gelehrt. In Frankreich trachtet man den Philosophen nicht nach dem Leben. In Frankreich wird kein Theaterstück von Voltaire wieder abgesetzt, weil der Intendant Todesdrohungen von Fanatikergrüppchen erhalten hat.

In Frankreich lässt man sich nicht ohne Papiere nieder. Man arbeitet nicht ohne Erlaubnis und kassiert dafür Schwarzgeld. Man holt nicht seine Familie nach, wenn man nicht weiß, wo man sie unterbringen soll, und ob man sie von den Arbeitseinkünften ernähren kann.

Frankreich, das ist ein Land, das nicht erst seit gestern oder vorgestern besteht. Wer in Frankreich leben möchte, muss zugeben, dass die Geschichte von Frankreich lange vor ihm begonnen hat.

Frankreich, das sind zweitausend Jahre Wertvorstellungen der christlichen Zivilisation, die in die weltliche Moral eingegangen sind.

Frankreich, das ist e i n e Republik, eins und unteilbar, wo die Ghettoisierung keinen Platz hat. Frankreich ist ein Land, wo niemand nach seiner

Hautfarbe oder nach seiner Religion beurteilt wird, wo sich niemand auf seine Herkunft oder seine Überzeugung festgenagelt fühlen sollte.
Der Kommunitarismus ist das Gegenteil der Republik, das ist eine Isolierung, das ist ein freies Feld für Apartheid und für Ghettos, das ist die offene Tür für das Gesetz der Banden und Seilschaften. Das ist Abspaltung, das ist Gewalt.
Frankreich, das ist eine Nation, die immer einen starken Staat brauchte, der ganz reell seinen Auftrag erfüllt und der demzufolge die einflussreichen Gruppen, die Bündnisse beherrscht, und darauf achtet, dass das Gemeinwohl vor den Einzelinteressen steht.
Der Staat – das ist Philippe le Bel, das ist Richelieu.
Das ist Louis XIV., das ist Napoleon, das ist Clemenceau, das ist de Gaulle.
Seit 25 Jahren, und zwar in dem Maße, wie der Staat schwerfälliger, bürokratischer wurde, sich verschuldete, an Autorität verlor,
seit 25 Jahren, als der Staat immer mehr Mühe hatte, seinen Platz zwischen der Dezentralisierung, Europa und den Märkten zu finden, riss eine Ideologie der öffentlichen Ohnmacht die Politik herunter, indem verkündet wurde, dass sie für rein gar nichts könne, dass die Politik am Ende sei, dass der Staat am Ende sei, dass die Republik am Ende sei, dass die Nation am Ende sei.
Seit 25 Jahren hat man mit dem Herunterwirtschaften des Staates auch die Politik niedergemacht und zugelassen, dass sich Bündnisse, Vereinigungen, Seilschaften und Banden bildeten.
Seit 25 Jahren hat man mit dem Herunterwirtschaften des Staates, mit dem Abbau seiner Autorität, mit seiner Verarmung die Republik niedergemacht, hat man die Einheit der Nation, ihren inneren Zusammenhalt gefährdet.
Seit 25 Jahren hat man Frankreich unbeweglich gemacht, indem man den Staat in eine Trägheitskraft, einen Pfeiler des Konservatismus verwandelte, denn sonst war in Frankreich der Staat immer der Hebel für Veränderung und Modernisierung.
In Frankreich ist ein starker Staat die notwendige Voraussetzung für Öffnung, Freiheit, Dezentralisierung, denn in Frankreich ist es der Staat, der schützt, der vereint, durch den die Nation einen gemeinschaftlichen Willen, ein gemeinsames Vorhaben vorbringt, durch den sie die Zukunft vorbereitet, durch den sie investiert.
Eine Forderung nach Nation, Republik, Staat, das steckt hinter der Forderung nach Politik, die während des Wahlkampfes zum Ausdruck kam, das steckt hinter der Forderung nach Frankreich, die den Charakter des gesamten Wahlkampfes prägt.

Man durfte nicht mehr von der Nation, von der Republik, vom Staat sprechen, seitdem die Ideologie vom Mai 68 die intellektuelle Macht, die Macht der Medien, die politische Macht ergriffen hatte, seitdem die Ideologie vom Mai 68 ihren Einheitsgedanken, ihre politische Korrektheit durchsetzte, bei der es sich verbot, von der Nation zu sprechen, wollte man nicht als Nationalist gescholten werden, bei der es sich verbot, von der Republik zu sprechen, wollte man nicht als Jakobiner gelten, bei der es sich verbot, vom Staat zu sprechen, wollte man nicht als Despot hingestellt werden.

Ich will von der Nation reden können, ohne als Nationalist behandelt zu werden.

Ich will von der Republik reden können, ohne als Jakobiner behandelt zu werden.

Ich will vom Staat reden können, ohne als Etatist oder Dirigist behandelt zu werden,

wie ich von Protektion reden will, ohne als Protektionist behandelt zu werden,

wie ich von der Ordnung reden will, ohne als Konservativer behandelt zu werden,

wie ich von der Autorität reden will, ohne wegen Autoritarismus angeklagt zu werden,

wie ich von der Moralisierung des Kapitalismus reden will, ohne als Antikapitalist angeprangert zu werden,

wie ich den Mai 68 kritisieren dürfen will, ohne als Pétainist hingestellt zu werden,

wie ich von den Problemen der Franzosen reden will, ohne der Demagogie bezichtigt zu werden,

wie ich zum französischen Volk reden will, wie ich der Sprecher dieses Volkes sein möchte, das man von allem fernhalten, auf das man nicht mehr hören, das man nicht mehr verstehen will, wie ich im Namen dieses verbitterten Frankreichs sprechen möchte, dieses Landes, dessen Leben so schwer, so hart, so anstrengend geworden ist, und dessen Leid niemand mehr zu begreifen und zu teilen sucht. Ich will für dieses Frankreich kandidieren, das leidet, und nicht für das Frankreich der Apparate, der Prominenten, der Eliten, die für sich in Anspruch nehmen, anstelle des Volkes zu denken und zu entscheiden.

Ich will der Kandidat des Volkes sein, ohne als Populist behandelt zu werden.

Ich will der Kandidat des Volkes sein, nicht um die Politik auf den Populismus

herabzusetzen, sondern um sie aufzuwerten, indem ich ihr eine volkstümliche Dimension verleihe, die einzig wahre, um sie menschlich zu machen.
Ich will der Kandidat des Volkes sein, weil es in einer Demokratie keine andere Legitimität für die Politik gibt als die Legitimität durch das Volk.
Ich will nicht Parteien versammeln. Ich will die Franzosen zusammenbringen. Ich will nicht ein Lager zusammenführen. Ich will das französische Volk über die Spaltungen der Parteien hinaus sammeln.
Ich will Menschen über die Werte und Überzeugungen vereinen, denn für mich sind die Werte und Überzeugungen viel wichtiger als die Aushängeschilder.
Gegen die heteroklitische Koalition der Extrem-Linken, der Grünen, der Anhänger von Chevènement, der Kommunisten, der Sozialisten, die sich sehr wohl zur Mitte hin ausdehnen möchten und die nur aus Sektierertum und Hassgefühlen zusammengeschweißt sind, was sie eben antreibt, dagegen will ich mich auflehnen, ich will den Zusammenhalt des französischen Volkes.
Den Apparate-Manövern will ich mit einer bestimmten Idee von der Nation, der Republik und vom Staat begegnen.
Dem Wahlkalkül will ich die Ernsthaftigkeit des nationalen Gefühls, der Liebe zur Republik und der Einstellung zum Staat entgegenhalten.
Dem Hass will ich die Brüderlichkeit und den Respekt desjenigen gegenüberstellen, der nicht denkt wie ich und der mich nicht wählt.
Dem Sektierertum will ich die Öffnung des Geistes und die Toleranz für Ideen entgegensetzen, die nicht meine sind.
Ich will meine Ideen verteidigen, will meine Überzeugungen verteidigen, meinen Plan, will es aber ohne Hass, ohne Missachtung, ohne Arroganz, ohne Gewalt tun.
Ich will es mit Würde, mit Höflichkeit tun und dabei immer den Blick darauf richten, dass es sich um eine Debatte unter Bürgern ein und derselben Nation handelt, die das gleiche Gut an allgemeinen Wertevorstellungen teilen, die Bürger derselben Republik sind, die im Grunde nichts Wertvolleres besitzen, als diese Fähigkeit des Zusammenlebens, als diesen Wunsch nach Zusammenleben, das die vorangegangenen Generationen für sie geschmiedet haben.
Denn man darf niemals vergessen, dass das, was alle diejenigen eint, die an die Nation glauben, an die Republik und an den Staat, stärker bleiben muss, als das, was sie trennt.
Wir dürfen niemals vergessen, weder der eine noch der andere, dass wir

gemeinsam ein und dieselbe Geschichte haben, ein und dieselbe Kultur, ein und dieselbe Sprache, wir dürfen niemals vergessen, dass wir ein gemeinsames Schicksal haben und dass das Schicksal jedes Einzelnen von uns vom Schicksal aller abhängt.
Wir dürfen niemals Politik mit Krieg verwechseln. Für keinen Franzosen darf ein anderer Franzose je ein Feind sein, außer wenn er Frankreich verrät, wenn er dessen Ideal und dessen Werte negiert.
Im Wald von Fontainebleau, am Denkmal zu Ehren von Georges Mandel, das an der Stelle errichtet wurde, wo er durch die Miliz zu Tode kam, steht dieser simple Satz eingraviert: „Hier starb Georges Mandel, ermordet von den Feinden Frankreichs", denn die französischen Milizsoldaten, die ihn umgebracht hatten, sind Feinde Frankreichs geworden, indem sie sich in den Dienst des Besatzers stellten und andere Franzosen töteten.
Ja, unsere Fähigkeit zum Zusammenleben ist unser wertvollstes Gut, und wir müssen es um jeden Preis bewahren.
Nun, das spürt wohl jeder, die Identitätskrise ist so schwerwiegend, das Infragestellen der Republik so tiefgehend, das Herabsetzen der Autorität so offenkundig, dass unsere Fähigkeit, zusammen zu leben, selbst unsere Fähigkeit, uns gegenseitig zu unterstützen, bedroht sind.
Es mangelte an der sicheren Weitergabe einer gemeinsamen Kultur, dank derer man miteinander spricht, sich gegenseitig versteht,
es mangelte an einer geteilten Moral,
es mangelte an einem Mindestmaß von Regeln, Normen, Kodexen, die gemeinschaftlich angenommen und respektiert werden,
es mangelte an einer auf Pflichten und nicht nur auf Rechten begründeten Staatsbürgerschaft,
es mangelte an Kenntnissen, wie die ansteigende Unsicherheit einzudämmen und die Vollbeschäftigung wieder herzustellen sind,
es mangelte am Wissen, wie die Bedingungen für ein starkes Wachstum, für Dynamik und für Innovation zu schaffen sind,
es mangelte an einer Möglichkeit, uns gegen übertriebene Globalisierung, gegen unlauteren Wettbewerb, gegen soziales, finanzielles, fiskalisches, ökologisches Dumping zu schützen,
so wird Frankreich von Angstzuständen geplagt, von Ängsten, die aus den Franzosen so langsam untereinander Feinde werden lassen.
Wenn jeder beginnt, das Gefühl dafür zu entwickeln, dass er nur auf Kosten des Anderen überleben kann, dann bricht die Republik auseinander, wird die Nation geschwächt, dann beginnt das Schreckgespenst des Kampfes

aller gegen alle in den Köpfen herumzuspuken und die Gesellschaft zu untergraben. Das kommt auf uns zu, wenn wir fortsetzen, was wir seit 25 Jahren tun, wenn wir so weitermachen mit den gleichen Ideen, denselben Zielen, demselben Verhalten, den gleichen politischen Praktiken.
Ich rufe alle Franzosen guten Willens auf, alle Franzosen, die Frankreich und das, was das Land für die Menschen bedeutet, lieben, denen die Republik am Herzen liegt, und die eine hohe Meinung vom Staat haben, sich mir anzuschließen, um eine brüderliche Republik aufzubauen, bevor es zu spät ist, eine Republik, in der jeder, auch der einfachste, der zerbrechlichste, der vom Leben am meisten verletzte, der abhängigste, der am stärksten leidende Mensch seinen Platz findet, eine Republik, in der jeder als ein gleichgestellter Bürger anerkannt wird, egal in welcher Lage er sich befindet, wie anfällig, wie schwach er augenblicklich ist, in der alle eine voll gültige Staatsbürgerschaft genießen, so die abhängige Person, der an Alzheimer Leidende, der Kranke oder der Depressive, derjenige, der alles verloren hat, die gepeinigte Frau, die alleinerziehende Mutter, der Immigrantensohn, derjenige, der in einem Problemviertel oder in einem von aller Welt abgeschiedenen Landstrich wohnt, eine Republik, in der alle ein Recht auf Ansehen und auf Respekt haben, wie es den Bürgern einer Republik wie der unsrigen gebührt oder zukommen sollte, in einem Land wie unserem, das Brüderlichkeit in denselben Rang wie Freiheit und Gleichheit erhebt, wagte man wie Antigone zu sagen: „Ich bin geboren, um Liebe zu teilen, nicht um Hass zu teilen."
Jedem Menschen das Gefühl seiner eigenen Würde zu geben, müsste Ziel jeder Politik sein. Deshalb wollte ich mich an alle Franzosen wenden, und ich möchte sie alle vereinen, denn in meinen Augen haben alle eine Rolle zu erfüllen, eine soziale Nützlichkeit, einen ihnen eigenen Wert. Nach meiner Vorstellung kann es da keine halben Messlatten geben: Den Menschen zu respektieren, heißt ausnahmslos jeden Menschen.
Zulassen, dass unter allen Umständen jeder sein Selbstwertgefühl behält, das ist meine Konzeption von Politik. Brüderlichkeit besteht für mich nicht nur aus Beihilfen, nicht nur aus Gebäudesanierung, aus Raummanagement. Brüderlichkeit heißt, bei den Menschen zu sein. Bei den Opfern zu sein. Aber das heißt auch, bei den Verurteilten zu sein, wenn die Haftbedingungen unwürdig sind. Das heißt, an der Seite all derer zu sein, die Begleitung brauchen auf ihrem Weg zur Ausbildung, Wohnung, Arbeit, Integration. Das heißt, den jungen Eltern Beistand zu leisten, ihre

Kinder zu erziehen. Bei dem Jugendlichen zu sein, der eine zweite Chance braucht. Beim Immigranten, der Franzose werden will. Doch Brüderlichkeit bedeutet nicht Abkehr vom Kampf gegen illegale Einwanderung, die so viele Unglückliche den Ausbeutern ausliefert, die so viele arme Leute dazu verdammt, unter dürftigen Verhältnissen zu leben, weil es unmöglich ist, das ganze Elend der Welt würdig zu empfangen.

All denen, die sich vor Ausschluss, vor Deklassierung fürchten, die mit der Angst im Leib leben, ihre Kinder nicht mehr unterbringen zu können, sie nicht mehr ernähren, nicht mehr kleiden zu können, möchte ich sagen, dass Frankreich ihr Land ist, dass es sie braucht und dass es sie nicht aufgibt.

Brüderlichkeit bedeutet für mich, dass die vom Leben Benachteiligten Hilfe bekommen, dass die Kranken ein normales gesellschaftliches Leben führen können, dass sie Wohnung und Arbeit finden – zu den gleichen Bedingungen wie die anderen, wenn es sein muss, mit einer öffentlichen Sicherheitsleistung. Das heißt, dass Vollbeschäftigung erreicht werden muss, damit alle arbeiten, ihre Familie ernähren, ihre Kinder großziehen können. Das heißt, dass derjenige, der schwer arbeitet, sich anständig einrichten kann.

Ich will keine Gesellschaft, in der die Arbeiter so arm sind, dass sie sich keine Wohnung leisten können. Ich will keine Gesellschaft, die zulässt, dass Männer und Frauen auf dem Bürgersteig vor Kälte sterben. Deshalb habe ich vorgeschlagen, das Recht auf Unterbringung durchzusetzen.

Ich will keine Gesellschaft, in der Armut als Verhängnis toleriert wird, in der Arbeitslosigkeit als ein notwendiges Übel ertragen wird.

Man kann die Vollbeschäftigung erreichen, viele andere Länder haben es geschafft.

Ich will gegen die Armut und gegen die Arbeitslosigkeit kämpfen durch eine neue Sinngebung der Arbeit, durch Erhöhung der Kaufkraft, durch Anregung zu mehr Arbeit, um mehr zu verdienen, denn Arbeit schafft Arbeit. Brüderlichkeit, das heißt Aufteilen der Reichtümer, nicht Aufteilen der Arbeit. Die 35-Stunden-Arbeitswoche bedeutet weniger Kaufkraft, weniger Wachstum, weniger Beschäftigung. Wozu sind die 35 Stunden gut, wenn man kein Geld hat, um die Freizeit zu nutzen, wenn man kein Geld hat, den Kindern einen Ferienaufenthalt zu bezahlen? Brüderlichkeit, das heißt für mich Chancengleichheit, es heißt, alles zu tun, damit jeder seine Talente entwickeln und versuchen kann, seine Ambitionen, seine Träume zu verwirklichen. Wenn ich gewählt werde, werde ich eine

Politik der positiven Diskriminierung betreiben, die natürlich nicht auf ethnischen Kriterien beruht, womit der Kommunitarismus genährt würde, sondern auf ökonomischen und sozialen Kriterien, denn die Gleichheit im Sinne der Republik bedeutet nicht, ungleiche Situationen auch als solche zu bedienen, sondern denen etwas zu geben, die weniger haben, die Benachteiligungen auszugleichen.

Um eine brüderliche Republik aufzubauen, müssen wir vor allem dafür sorgen, dass die Gewalt zurückgedrängt wird, der die Schwächsten und die Verwundbarsten als erste zum Opfer fallen.

Der willkürlichen Gewalt müssen wir mit der Sachlichkeit der Strafe und der Erziehung entgegentreten, die Zeichen setzt. Für die Kinder braucht es Lehrer und Eltern, die auch Erzieher sind.

Die Eltern sind die ersten Erzieher des Kindes. Eine entscheidende Rolle spielt die Familie in der Entwicklung des Intellekts, der Moral und des Gefühlslebens des Kindes. Bei den Familien, die sich nicht um ihre minderjährigen Kinder kümmern, die sie durch die Straßen herumziehen und Straftaten begehen lassen, die nicht die Schulpflicht respektieren, da wünsche ich, dass rechtlich durchgegriffen wird, dass die Verantwortung der Eltern in den Prozess mit einbezogen wird, dass eventuell die Familienbeihilfen vormundschaftlich verwaltet werden. Wenn ich gewählt werde, setze ich mich auch dafür ein, dass den Familien geholfen wird, die darauf angewiesen sind, um ihre Kinder großzuziehen.

Um aber gute Erzieher zu sein, müssen wir ein Beispiel geben.

Wir haben keine Chance, unseren Kindern Mut beizubringen, wenn es uns selbst an Courage fehlt.

Ich erinnere mich an diese Familie in La Courneuve, die den Tod eines kleinen Jungen von elf Jahren beweinte. Es war am Vatertag, zwei rivalisierende Banden stritten sich unten vor dem Wohnhochhaus. Ihn erwischte eine versprengte Kugel. Das war an dem Tag, als ich vom „Hochdruckreiniger" sprach. Ich bereue nichts.

Eines Tages hatte ich das Wort „Abschaum" gebraucht und damit auf die Anfrage einer Einwohnerin von Argenteuil reagiert, die so diejenigen bezeichnete, die das Leben in ihrem Viertel unmöglich machten und sie dazu zwangen, in Angst zu leben. Man hat es mir zum Vorwurf gemacht. Ich bereue nichts.

Es hieße, die Jugend falsch zu verstehen, käme man ihr mit Schönfärberei unter dem Vorwand, dass sie nicht in der Lage wäre, der Realität ins Auge zu blicken. Was für Erzieher wären wir, wenn wir die Störenfriede

nicht mal mehr Störenfriede nennen könnten? Und wenn wir unsere Kinder glauben machten, alles sei erlaubt?
Was für Erzieher wären wir für unsere Kinder, wenn wir alle diese kleinen Nachlässigkeiten durchgehen ließen, die Stück für Stück die Autorität untergraben?
Mir wurde vorgeworfen, gegen die Missetäter rücksichtslos vorgehen zu wollen. Was für Erzieher wären wir, würden wir uns als unfähig erweisen, die Kriminellen zu bestrafen?
Was für Erzieher wären wir, wenn wir für das Verbrechen oder das Delikt immer nach Entschuldigungen suchten?
Was für Erzieher wären wir, wollten wir vor allen Betrügereien die Augen verschließen?
Ich will eine Republik aufbauen, in denen die Politiker, die Beamten, die Richter, die Polizisten, die Chefs, die Eltern ihre Verantwortung wahrnehmen, damit die Jugendlichen die Notwendigkeit begreifen, ihrerseits Verantwortung zu tragen.
Mir wurde gesagt, dass man ja keinen Spannungszustand herstellen, den Zerstörungswütigen keinen Vorwand liefern solle, dass man um jeden Preis verhindern müsse, den Boden für Streitigkeiten zu bereiten.
Will man dafür, dass sich die Polizei raushält? Dass sie ein Auge zudrückt? Dass sie den Randalierern Handlungsfreiheit lässt? Dass sie die Betrüger nicht zur Rechenschaft zieht?
Wie werden wir unsere Kinder erziehen? Welche Ausbildung wollen wir ihnen mitgeben? Welche Werte werden wir ihnen vermitteln, wenn wir den Gedanken akzeptieren, jede Polizeipräsenz sei eine Provokation?
Wenn wir den Polizisten verbieten, Kriminelle zu verfolgen – aus Angst, sie könnten einen Unfall erleiden?
Wenn die Tatsache, ein Minderjähriger zu sein, alles entschuldigt?
Wenn wir den kleinen Missetäter in seinem Viertel einen Helden werden lassen, nur weil keine Strafe verhängt wird, die geeignet wäre, diejenigen nachdenklich zu machen, die versucht sind, ihm nachzueifern?
Wenn man die kleinen Schiebereien toleriert, dank derer der Halbwüchsige mehr verdient als sein Vater, der in der Fabrik arbeitet?
Mir wird vorgeworfen, die Wut anzufachen. Wessen Wut? Die Wut der Unruhestifter? Der Dealer? Aber ich suche nicht die Freundschaft der Unruhestifter. Ich versuche nicht, unter den Dealern und Betrügern zu Popularität zu gelangen.
Und ich sage, dass ein Präsident der Republik, der den Problemen der

Unsicherheit nicht ins Auge sehen will, der die Probleme der Gewalt nicht direkt erkennen will, und dessen einzige Sorge darin besteht, bloß keine Wellen zu schlagen – da sage ich, dass der demagogisch und verantwortungslos ist, denn die Rolle eines Präsidenten der Republik ist es zunächst, darüber zu wachen, dass das Gesetz Anwendung findet und die rechtschaffenen Leute geschützt werden.

Auf die daherkommende Gewalt, für die man keine Worte findet, für die man kein Verständnis aufbringen und keine Gefühlsregungen zeigen kann, müssen wir durch Kultur und durch Selbstüberwindung reagieren, worauf sie ja abzielt.

Ich werde niemals diesen jungen Mann aus dem Vorort vergessen, der mir sagte: „Nicht mit der Schule, nicht mit dem Sport haben wir ein Problem, die Liebe ist es." Nicht in der Lage zu sein, Gedanken, Worte, Gesten der Liebe zu finden, nichts ist schlimmer, nichts stachelt so sehr zur Gewalt gegenüber dem Nächsten oder gegen sich selbst an.

Wie anders können wir diesem Angstschrei einer durch die eigenen Gefühle, durch die eigenen Antriebe aus dem Tritt gekommenen Jugend begegnen, wenn nicht mit der Literatur, der Poesie, der Kunst, der Philosophie? Die Kultur ist niemals ein Garant gegen die Barbarei gewesen, gegen die Bestialität, sie ist aber das Einzige, was wir ihnen entgegenhalten können. Wenn wir allen Kindern, nicht mehr nur einigen, Zugang zu den Werken großer Geister verschaffen, wenn alle Kinder im Erwachsenenalter an ihren ehemaligen Lehrer schreiben können: „Danke, Herr Lehrer, dass Sie mich neugierig gemacht haben auf das, was schön ist", dann wird es, da bin ich mir sicher, weniger Brutalität, weniger verrohte Zustände, weniger Gewalt und vor allem weniger Übergriffe auf Mädchen geben.

Doch es gibt auch in der Gesellschaft eine Gewalt, die aus dem Gefühl der Ungerechtigkeit heraus entsteht. Man sollte nicht die Hoffnungslosigkeit einer Jugend unterschätzen, die verdammt ist, weniger gut als die Eltern zu leben, deren Diplome nichts auf dem Arbeitsmarkt gelten, die gezwungen ist, bei den Eltern zu leben, denn es gibt keine Arbeit für sie, deren Träume an der Arbeitslosigkeit und an der Unmöglichkeit zerplatzen, finanziell unabhängig zu werden.

Man muss um diesen bei der Jugend anwachsenden Ärger besorgt sein, die sich als Diskriminierungsopfer sieht, die das Gefühl hat, dass ihre Hautfarbe oder ihr Wohnviertel mehr zählen als ihre Qualifikationen und ihre Kompetenzen.

Man muss um die Wut besorgt sein, welche zunimmt in einer Republik, die nicht ihre Versprechen für Gleichheit und Brüderlichkeit denen

gegenüber hält, die an die Gegenleistung für das Verdienst und die Mühe geglaubt haben.
Wir müssen all denen eine Antwort geben, die unter den Blockaden unserer Gesellschaft leiden und die das Gefühl haben, da niemals herauszukommen, egal was sie auch tun. Damit die Republik respektiert wird, muss sie mustergültig sein, muss sie ihre Grundsätze an der Realität ausrichten und nicht einfach an seinen Denkmälern. Doch damit die brüderliche Republik zur Wirklichkeit wird, damit der Staat wieder respektiert wird, damit er erneut Autorität, Legitimität, Glaubwürdigkeit erlangt, muss der Staat Schutz bieten und darf nicht zum Trojanischen Pferd aller Bedrohlichkeiten innerhalb der Gesellschaft werden.
Ich will der Präsident eines Frankreichs sein, das versteht, Europa ist die einzige Chance, um das Absterben einer bestimmten Idee des Menschen zu verhindern, auf dass diese Idee am Leben erhalten bleibt im Dialog der Zivilisationen und der Kulturen.
Hier in Montpellier will ich es noch einmal sagen: Ich will der Präsident eines Frankreichs sein, der Europa begreiflich macht, dass seine Zukunft, sogar sein Schicksal am Mittelmeer liegen. Ich will der Präsident eines Frankreichs sein, der die Mittelmeerländer nach zwölf Jahrhunderten Teilung und Zerrissenheit auf den Weg der Wiedervereinigung bringt.
Niemals war es vielleicht so notwendig, von so vitaler Bedeutung für Europa und für die Welt, den Mittelmeerbau anzugehen, wie vor einem halben Jahrhundert der Bau Europas in Angriff genommen wurde.
Denn an diesem Ort und genau zu diesem Augenblick, da der Zivilisationsschock eine reelle Bedrohung für die Menschheit wird, dort um dieses lichtumflutete Meer herum, wo die Vernunft und der Glaube seit zweitausend Jahren im Dialog und im Streit liegen, dort an den Ufern, wo zum ersten Mal der Mensch in den Mittelpunkt des Universums gestellt wurde, dort spielt sich noch einmal unsere Zukunft ab.
Wenn wir nicht aufpassen, werden dort die gemeinsamen Werte aller Zivilisationen, deren Erben wir sind, die Schlacht der Globalisierung verlieren. In der Welt zeichnen sich gewaltige kontinentale Strategien ab, die die Hemisphären überspannen. Zwischen dem amerikanischen Kontinent einerseits und Asien andererseits wird Europa durch die Geographie der Globalisierung dahin getrieben, eine euro-afrikanische Strategie zu ersinnen, bei der das Mittelmeer unvermeidlich zum Dreh- und Angelpunkt zwischen dem Mittleren Osten und Afrika wird.
Aus der Tatsache, dass unser Blick sich ausschließlich auf den Norden und

Osten richtete, dass der Süden intellektuell, kulturell, moralisch, politisch, ökonomisch außer Acht gelassen wurde, dass das Mittelmeer nicht mehr der Ort war, wo für uns der Reichtum sprudelte, die Kultur und das Leben, dass es vorbei war mit einem Versprechen, keine Bedrohung mehr darzustellen, kommt die Identitätskrise und die moralische Krise, in der wir gerade stecken, also nicht von ungefähr.

Man muss die Dinge beim Namen nennen: Indem sie dem Mittelmeer den Rücken zukehrten, haben Europa und Frankreich geglaubt, die Vergangenheit hinter sich lassen zu können. Das bedeutete, dass sie der Zukunft den Rücken zuwandten. Denn die Zukunft Europas liegt auch im Süden. Der europäische Traum braucht den Mittelmeertraum. Er verkümmerte, als der Traum zerbrach, den einst die Ritter ganz Europas auf den Straßen zum Orient im Sinn hatten, der Traum, der so viele Kaiser aus dem Heiligen Römischen Reich Deutscher Nation und so viele Könige Frankreichs Richtung Süden zog, der Traum, den Bonaparte in Ägypten, Napoleon III. in Algerien, Lyautey in Marokko hatten, dieser Traum, der nicht so sehr ein Eroberungstraum war als vielmehr ein Zivilisationstraum. Unter dem Blickwinkel dieser Mittelmeerunion müssen wir die Beziehungen Europas mit der Türkei betrachten. Unter dem Blickwinkel dieser Mittelmeerunion müssen wir neu durchdenken, was früher die arabische Politik Frankreichs genannt wurde.

Unter dem Blickwinkel dieser Mittelmeerunion müssen wir uns dem Problem des Friedens im Mittleren Osten nähern und einen Ausweg aus dem israelisch-palästinensischen Konflikt suchen. Allen Völkern des Mittelmeers, deren Zeitvertreib es ist, die Vergangenheit und die alten Feindschaften wieder aufleben zu lassen, will ich heute Abend sagen, dass die Zeit gekommen ist, in die Zukunft zu schauen.

Was Frankreich nach meiner Vorstellung bei sich zu tun hat, ist genau dasselbe, was es am Mittelmeer tun soll. Es ist der gleiche Zivilisationstraum, den es nach innen wie nach außen vertreten muss. Wie wollten wir etwas für die Anderen tun, was wir für uns selbst nicht tun könnten?

Viele von uns entsinnen sich gewiss des schönen Gedichts von Victor Hugo vom kriegsgeschädigten griechischen Kind auf der Insel Chios, das wir einstmals in der Schule gelernt haben. Erinnern Sie sich: „Freund, sagt das griechische Kind, sagt das Kind mit den blauen Augen, ich will Pulver und Kugeln." Wenn das griechische Kind aufhört, das türkische Kind zu verabscheuen, wenn das palästinensische Kind aufhört, das jüdische Kind zu hassen, wenn das schiitische Kind aufhört, das sunnitische

Kind zu verdammen, wenn das christliche Kind dem muslimischen Kind die Hand reicht, wenn das algerische Kind dem Franzosen die Arme öffnet, wenn sich das serbische Kind zum Freund des Kroaten macht, wird das Mittelmeer wieder Hochburg der Kultur und des menschenfreundlichen Geistes, und es wird dem Schicksal der Welt wieder Nachdruck verleihen. Die Kinder sind nicht für alle Ewigkeit zur Rache und zum Hass verdammt. Ich träume davon, dass eines Tages alle Söhne, deren Familien seit Generationen Franzosen sind, alle Söhne von Rückwanderern und Harkis, alle Immigrantensöhne, alle Enkel von Italienern, Polen und spanischen Republikanern, alle katholischen, protestantischen, jüdischen oder muslimischen Kinder, die in diesem Land wohnen, das ihr Land ist, den gleichen Stolz, Franzosen zu sein, die gleichen Träume und die gleichen Ambitionen teilen können, dass sie das Gefühl haben, nicht immer haben sie es heute, im selben Land mit den gleichen Chancen und den gleichen Rechten zu leben. Es bleiben uns noch zwei Tage.

Zwei Tage, um das Erbe vom Mai 68 auszuräumen.

Zwei Tage, um den Verzicht aufzugeben.

Zwei Tage, damit aus den Tiefen des Landes eine neue Energie empor sprudelt.

Zwei Tage, damit sich die große Volksbewegung erhebt, welche alle Hindernisse, alles Zögern, alle Furcht, alle Ängstlichkeit über das Einheitsdenken hinweg überwindet, über die politische Korrektheit hinweg, welche das Denken befreit, welche die Aktion befreit.

Es bleiben uns zwei Tage, damit die Voraussetzungen für die Erneuerung geschaffen werden.

Zwei Tage, damit der Zweifel besiegt wird.

Zwei Tage, damit alles möglich wird.

Zwei Tage, in denen ich Ihre Leidenschaft brauche, Ihren Enthusiasmus.

Es lebe die Republik!
Es lebe Frankreich!

Bibliographie

- Claude Allègre: „Et si Sarkozy avait raison?" „Le Point" v. 24. Juli 2008. N 1871. S. 30/31. www.lepoint.fr
- Nicolas Baverez: „La France qui tombe?". Editions Perrin. Paris 2003.
- Valérie Benaïm, Yves Azeroual: „Carla et Nicolas, la véritable histoire". Editions du Moment. Paris 2008.
- Patrick Besson: „Qui connaît Madame Royal ?". Editions Grasset. Paris 2007.
- Edouard Boulon-Cluzel, Christine Richard: „Carla Bruni. Qui est-elle vraiment?". Editions Privé-Michel Lafon. Paris 2008.
- Les dossiers du „Canard Enchaîné": „Ces premières dames qui nous gouvernent". Paris 2008.
- Frédéric Charpier: „Bertrand Delanoë. Une irrésistible ambition". Presses de la Cité. Paris 2008.
- Thierry Coljon: „La dame de Cœur – Carla Bruni". Editions Luc Pire. Brüssel 2008.
- Jean-Marie Colombani: „Un Américain à Paris". Editions Plon. Paris 2008.
- Eric Decouty, Bruno Jeudy: „Sarkozy et ses femmes". Editions Plon. Paris 2008.
- Bertrand Delanoë: „De l'audace!". Editions Robert Laffont. Paris 2008.
- Bertrand Delanoë: „La vie passionnément". Editions Robert Laffont. Paris 2004.
- Denis Demarpion, Laurent Léger: „Cécilia, la face cachée de l'ex-première dame". Editions Pygmalion. Paris 2008.
- Eric Denécé: „Tout comprendre: Les services secrets". Editions EPA. Paris 2008.
- Valérie Domain, Cécila Sarkozy: „Entre le cœur et la raison". Editions Fayard. Paris 2008.
- Alain Duhamel: „Le Désarroi français". Editions Plon. Paris 2003.
- Christian Duplan, Bernard Pellegrin: „Claude Guéant, l'homme qui murmure à l'oreille de Sarkozy". Editions du Rocher. Paris 2008.

- Anna Gavalda: „Ensemble, c'est tout". Editions J'ai lu. Paris 2008. Auf deutsch unter dem Titel: „Zusammen ist man weniger allein". C. Hanser Verlag. München 2005.
- André et Raphaël Glucksmann: „Mai 68 expliqué à Nicolas Sarkozy". Editions Denoël. Paris 2008.
- Romain Guibert, Emmanuel Saint-Martin: „L'Arrogance française". Editions Balland. Paris 2003.
- Doc Gynéco (Pseudonym für Bruno Beausir): „Les grands esprits se rencontrent – Sarkozy et moi, ume amitié au service de la France". Editions du Rocher. Paris 2007.
- Otto de Habsbourg: „Le nouveau défi européen. Conversations avec Jean-Paul Picaper." Editions Fayard. Paris 2007.
- Eric Hacquemand: „Olivier Besancenot, l'irrésistible ascension de l'enfant de la gauche extrême". Edition Le Rocher. Paris 2008.
- Didier Hassoux, Renaud Dély: „Sarkozy et l'argent roi". Editions Calman Levy. Paris 2008.
- Anita Hausser: „Sarkozy. Itinéraire d'une ambition". Editions de l'Archipel. Paris 2003.
- Christine Kelly: „François Fillon, le secret et l'ambition". Editions du Moment. Paris.
- François de Labarre: „L'incompris". Timée-Editions. Paris 2008.
- Chris Lafaille, Paul-Eric Blanrue: „Carla et Nicolas. Chronique d'une liaison dangereuse". Editions Scali. Paris 2008.
- Marc Lambron: „Eh bien dansez maintenant". Editions Grasset. Paris 2008.
- Corinne Laurent: „Mister Kouchner. Portrait d'un aventurier". Editions Jacob-Duvernet. Paris 2008.
- Bruno Le Maire: „Des hommes d'Etat". Editions Grasset. Paris 2008.
- Catherine Ney: „Un Pouvoir Nommé Désir". Editions Grasset. Paris 2007.
- Victor Noir: „Nicolas Sarkozy ou le destin de Brutus". Denoel. Paris 2005.
- Pierre Pean: „Chirac, l'inconnu". Editions Fayard. Paris.
- Yasmina Reza: „Les coulisses d'un système: Sarkozy". Paris. 2007.
- Yasmina Reza: „L'aube, le soir ou la nuit". Editions Flammarion. Paris 2007.

- Philippe Ridet: „Le président et moi". Editions Albin Michel. Paris 2008.
- Ivan Rioufol: „La France veut la paix (mais à quel prix?)". In: „Le Figaro" vom 18.7.2008.
- Jean-Marie Rouart: „Adieu à la France qui s'en va". Editions Grasset. Paris 2003.
- Ségolène Royal, Alain Touraine: „Si la gauche veut des idées". Editions Grasset. Paris 2008.
- Nicolas Sarkozy: „Constitution – Le président s'efforce de réunir une majorité en vue du Congrès à Versailles le 21 juillet. L'ultime geste de Nicolas Sarkozy sur les institutions". Interview in: „Le Monde" vom 17.7. 2008.
- Nicolas Sarkozy: „Europe: l'engagement français". In: „Politique Internationale", N° 120- Sommer 2008. S.11-19. (Interview).
- Nicolas Sarkozy: „Témoignage". XO Editions, Paris 2006. – Deutsche Übersetzung: „Bekenntnisse". C.Bertelsmann Verlag. München 2007.
- Nicolas Sarkozy: „Ensemble". XO Editions. Paris 2008.
- Nicolas Sarkozy: „La République, les religions, l'espérance". Entretiens avec Thibaud Collin, Philippe Verdin. Editions Le Cerf. Paris 2004.
- Nicolas Sarkozy: „Libre". Editions XO Editions/Robert Laffont. Paris 2001.
- Nicolas Sarkozy: „Au bout de la passion, l'équilibre". Entretiens avec Michel Denisot. Editions Albin Michel. Paris 1995.
- Nicolas Sarkozy: „George Mandel. Le Moine de la politique". Editions Grasset. Paris 1994.
- Yvan Stefanovitch: „Bertrand le magnifique. Enquête au cœur du système Delanoë". Editions Flammarion. Paris 2008.

Dank des Autors

Für kultivierte und lebhafte Gespräche und für viel Geduld mit dem Autor ist mein allererster Dank meinem Verleger Alfred Diwersy gewidmet.
Meinem ehemaligen Kommilitonen an der Universität Bordeaux Rudolf Warnking, Professor im Saarland und Vorsitzender der Union Stiftung, der mich anregte, ein Buch über Nicolas Sarkozy zu schreiben, gilt meine Dankbarkeit.
Dem Freund Gilles Dubois, Wirtschaftsanwalt in Frankfurt am Main und Paris und Außenhandelsrat der Republik Frankreich, danke ich für viele sachkundige Gespräche über die schwierige deutsch-französische Zusammenarbeit.
Dem Kollegen Hans Peter Sommer, Chefredakteur der Berliner WMP Eurocom AG, früher Chefredakteur u. a. der „Saarbrücker Zeitung", gehört mein Dank für manche Erkenntnis an der Schnittstelle zwischen Frankreich und Deutschland.
Danke auch dem Intendanten des Saarländischen Rundfunks, Fritz Raff, einem klugen und beständigen Mittler zwischen Deutschland und Frankreich.
Danke dem bayerischen Gefährten und Frankreich-Kenner Wolfgang Mettmann für seine Hilfe.
Danke der Dipl.-Dolmetscherin und -Übersetzerin Johanna Brunne, Abkömmling von Hugenotten und Tochter eines französischen Kriegsgefangenen in Berlin, für die Übersetzung der Montpellier-Rede von Nicolas Sarkozy ins Deutsche.
Danke an meine liebe Frau Monique Picaper dafür, dass sie das Geschehen in Frankreich so aufmerksam verfolgt.
Der Dank gilt auch ganz besonders der Union Stiftung Saarbrücken.
Dem Wahlsaarländer Roland de Bonneville „in memoriam".

Personenregister

A Abbé Pierre 73, 174, 177 · Abdallah, König von Saudi-Arabien 318, 340 · Accoyer, Bernard 293 · Adenauer, Konrad 262, 312, 411 · Agostellini, Mathilde 223, 225 · Ahmadineschad 330, 341 · Ailleret, General 355 · Albanel, Christine 99 · Albeniz, Isaac 112 · al-Gaddafi, Muammar 167, 329, 331, 333, 334 · Allègre, Claude 65, 93, 368, 369, 426 · Alliot-Marie, Michèle 62, 98, 111, 134, 148, 150, 231, 354 · Al-Megrahi 338, 340 · Amara, Fadela 37, 99, 106, 132, 149, 155, 323 · Andrecht, Martina 290, 291 · Arnault, Bernard 108, 188, 282 · Attali, Jacques 46, 57, 64, 99, 105, 167 · Attias, Cécilia, ex-Sarkozy, geb. Ciganer 110, 113, 114, 225 · Attias, Richard 110, 113, 114, 225 · Aubry, Martine 66, 135, 136, 137, 138, 139, 236 · Auden, W. H. 218 · Audran, General 88

B Bachelot, Roselyne 98, 245 · Bahr, Egon 321 · Bajolet, Bernard 355 · Balladur, Edouard 42, 50, 52, 223, 244, 246, 363 · Ban, Ki Mun 196, 321 · Barbelivien, Didier 227, 231 · Barbier, Christophe 215 · Barnier, Michel 268 · Barroso, Jose Manuel 266, 267 · Baverez, Nicolas 23, 24, 426 · Bayon, Hauptmann 51 · Bayrou, François 27, 77, 78, 79, 81, 82, 83, 84, 85, 88, 89, 90, 92, 99, 107, 127, 129, 130, 157, 164, 166, 168, 180, 181, 184, 197, 208, 240, 247, 251, 256, 285, 289, 332, 368 · Bazire, Nicolas 223 · Beausir, Bruno, genannt Doc Gyneco 231, 427 · Bellouti, Mohamed 114 · Benaïm, Valérie 45, 219, 220, 225, 426 · Benarrosh, Denis 229 · Benedikt XVI. 223 · Berberian, Alain 217 · Bérégovoy, Pierre 50, 64 · Beria, Lavrenti 281 · Berlusconi, Silvio 211, 275, 330 · Bertignac, Louis 217 · Bertrand, Xavier 129, 166, 229, 230, 234, 250, 371, 426, 428 · Besancenot, Olivier 77, 86, 87, 88, 89, 91, 129, 139, 180, 290, 332, 427 · Besse, George 88 · Besson, Eric 65, 80, 81, 200, 426 · Betancourt, Ingrid 42, 267, 270 · Blair, Tony 43, 225, 337 · Blum, Léon 101 · Bockel, Jean-Marie 185 · Bonacossa, Caroline 45 · Bonaparte, Napoleon 26, 424 · Borini, Marysa 216 · Bouteflika 323, 333 · Boutelet, Cécile 286 · Bouvier, Adèle 33, 226

· Bouygues, Francis 46, 47, 108, 188, 198, 209, 282, 283 · Bouygues, Martin 46, 47, 108, 188, 198, 209, 282, 283 · Bové, José 87, 89 · Breschnew, Leonid 349 · Brown, Gordon 330 · Bruguière, Jean-Louis 340 · Bruni-Sarkozy, Carla kein Einzelnachweis · Bruni-Tedeschi, Alberto 216, 217 · Bruni-Tedeschi, Valeria 216, 217 · Bruni-Tedeschi, Virginio 216, 217 · Buffet, Marie-George 86, 332 · Buhrow, Tom 278 · Bush, George W. 102, 252, 254, 256, 321, 333, 341, 349, 351 · Butler, Yeats William 218

C Callas, Maria 225 · Calvi, Gérard 208 · Cambadélis, Jean-Christophe 86, 193 · Campbell, Naomi 217 · Camus, Albert 163 · Carax, Leos 218 · Castro, Fidel 32 · Cervantes, Miguel de 176 · Chabot, Arlette 201, 212 · Charasse, Michel 84, 85, 247 · Charest, Jean 73 · Chavez, Hugo 267 · Chazal, Claire 81, 362 · Che, Guevara 284 · Chérèque, François 190 · Chevrier, Stéphanie 87 · Chirac, Bernadette, geb. Chaudron de Courcel 78, 224 · Chirac, Jacques 21, 23, 24, 25, 27, 32, 34, 38, 41, 44, 47, 48, 49, 50, 52, 53, 54, 57, 59, 60, 61, 62, 63, 74, 75, 78, 84, 90, 92, 102, 108, 119, 120, 121, 123, 124, 127, 135, 156, 171, 172, 178, 182, 185, 186, 202, 203, 204, 206, 208, 210, 222, 223, 224, 225, 236, 251, 252, 253, 256, 261, 273, 274, 290, 291, 296, 297, 300, 323, 326, 329, 331, 333, 335, 337, 345, 354, 369, 372 · Ciganer, André 109, 112, 113 · Ciganer, Antoine 109, 112, 113 · Ciganer, Christian 109, 112, 113 · Ciganer, Patrick 109, 112, 113 · Clapton, Eric 218 · Clavier, Christian 231 · Clemenceau, Georges 34, 311, 414 · Clerc, Julien 217 · Clinton, Bill 32, 179 · Cohn-Bendit, Daniel 58, 60, 100, 166 · Colbert, Jean-Baptiste 290 · Colizzi, Vittorio 335 · Coluche, Michel 46 · Conze, General 140, 355 · Coudenhove-Kalergi, Richard 309 · Cruela de Vil 67 · Cuche, General Bruno 356 · Culioli, Marie-Dominique 31, 48, 108, 110

D Darcos, Xavier 181, 293 · Darriulat, Philippe 193 · Dassault, Serge 188 · Dati, Rachida 37, 43, 94, 98, 104, 114, 130, 148, 150, 151, 152, 153, 154, 185, 220, 245, 323 · Debré, Jean-Louis 75, 174, 244 · Debré, Michel 75, 174, 244 · Delanoë, Bertrand 129, 166, 250, 426, 428 · Delmarre, Louis 326 · Delors, Jacques 135, 272 · Delterme, Marine

223 · Demosthenes 82 · Dicale, Bertrand 229 · Dickinson, Emily 218 · Dior, Christian 215, 217 · d'Iribarne, Philippe 183 · Doc, Gynéco 103, 231, 427 · d'Ormesson, Jean 120, 368, 369 · Dornac, Jean 199 · Douillet, David 231 · Dray, Julien 58, 86, 193 · Dreyfus, Laurence 51 · Dubois, Gilles 155, 198, 236 · Duhamel, Alain 23, 24, 426 · Dumas, Alexandre (Sohn) 66 · Dumont, Gérard-François 371 · Dupuy, Marie-Claire 151, 152 · Dupuy, Romain 151, 152 · Durand, Guillaume 220 · Dutschke, Rudi 284

E el-Assad, Bachar 323, 326, 328 · el-Senoussi, Abdallah 340 · Elser, Georg 284 · Emir von Qatar 323, 328, 333, 335, 336 · Enders, Tom 303 · Engels, Friedrich 45, 86, 90, 96, 97, 141, 267, 290, 302 · Enthoven, Jean-Paul 217, 219 · Enthoven, Raphaël 217, 219 · Erdogan, Recep Tayib 313, 324 · Estrosi, Christian 181, 234 · Eugénie, Kaiserin 102 · Evrard, Francis 153

F Fabius, Laurent 66, 67, 68, 149 · Faithfull, Marianne 218 · Ferrero-Waldner, Benita 315 · Fischer, Heimo 126, 171, 197, 258, 267, 268, 278, 285, 329, 333 · Fischer, Josef, genannt Joschka 126, 171, 197, 258, 267, 268, 278, 285, 329, 333 · Fringant, Samuel 102

G Gaddafi, Saif Al-Islam 167, 300, 325, 326, 327, 329, 331, 332, 333, 334, 335, 336, 337, 338, 341, 342 · Gainsbourg, Serge 218 · Galledou, Mama 146, 147 · Galliano, John 217 · Gallois, Louis 303 · Gardner, Ava 109 · Gariod, Hervé 151 · Gariod, Lucette 151 · Gaudin, Jean-Claude 150, 181 · Gaudin, Michel 150, 181 · Gaulle, Charles de 34, 41, 46, 47, 60, 71, 101, 119, 124, 146, 159, 166, 174, 182, 183, 186, 223, 224, 237, 240, 244, 248, 253, 310, 312, 321, 324, 346, 348, 352, 355, 356, 358, 359, 409, 411, 414 · Gaulle, Yvonne de 34, 41, 46, 47, 60, 71, 101, 119, 124, 146, 159, 166, 174, 182, 183, 186, 223, 224, 237, 240, 244, 248, 253, 310, 312, 321, 324, 346, 348, 352, 355, 356, 358, 359, 409, 411, 414 · Gavalda, Anna 79, 427 · Geismar, Alain 58 · Genscher, Hans-Dietrich 350 · Georgelin, General Jean-Louis 357 · Gérin, André 166 · Gilles, General Roland 150, 198, 236 · Girard, Pierre 286, 287 ·

Giraud, François 201 · Giscard d'Estaing, Valéry 75, 119, 122, 152, 155, 300, 329, 340, 372 · Gloser, Günter 278 · Glucksmann, André 107, 427 · Gollnisch, Bruno 129 · Gommard, Christophe 355 · Goubet, Cédric 102 · Grossmann, Robert 48 · Guaino, Henri 100, 101, 102, 158, 165, 309, 329 · Gubert, Romain 23, 24 · Guéant, Claude 99, 100, 101, 103, 258, 326, 327, 328, 329, 334, 336, 338, 340, 426 · Guigou, Elisabeth 153 · Gurfinkiel, Michel 88

H Habsburg, Ferdinand II. von 309, 310 · Habsburg, Otto von 309, 310 · Halliday, Johnny 103, 231 · Hariri, Rafic 326 · Heinrich IV. 82 · Héran, François 372 · Hirsch, Martin 99, 365 · Hitler, Adolf 281, 284, 286, 287, 330 · Hollande, François 64, 65, 85, 128, 157, 240, 246, 247, 249, 250, 331, 332, 339, 368 · Hortefeux, Brice 47, 49, 53, 98, 108, 157, 159, 185, 274, 275, 372 · Hugo, Victor 101, 267, 424 · Hulot, Nicolas 86 · Hussein, Saddam 329, 340

J Jagger, Mick 218 · Jaurès, Jean 101, 282 · Joffrin, Laurent 178 · Johanna von Orléans 72, 101, 268 · Jospin, Lionel 23, 63, 65, 66, 86, 89, 93, 127, 135, 194, 241, 247, 248, 302 · Jouyet, Jean-Paul 99, 258, 266, 312, 313, 314 · Julliard, Bruno 58, 59, 147, 148, 193 · Julliard, Jacques 58, 59, 147, 148, 193 · Juppé, Alain 27, 52, 53, 62, 98, 103, 107, 141, 180, 181, 256, 259

K Kahn, Jean-François 66, 68, 129, 139, 208, 346 · Karajan, Herbert von 225 · Kennedy, Jackie 32 · Kennedy, John F. 32 · Kessel, Joseph 109 · Khelfa, Farida 223 · Khomeiny 329 · Kissinger, Henry 319 · Klarsfeld, Arno 219 · Kläsgen, Michael 282 · Klimaszewski, Chantal 151 · Kosciusko-Morizet, Nathalie 107 · Koella, Freddy 229 · Kohl, Helmut 23, 32, 61, 124, 127, 128, 198, 201, 255, 291, 296, 299, 311, 321, 322, 335 · Kouchner, Bernard 99, 106, 107, 185, 245, 256, 257, 258, 259, 267, 268, 294, 320, 327, 330, 332, 354, 427 · Koussa, Moussa 334, 336, 340 · Krebs, Diethart 165 · Krivine, Alain 88 · Krusche, Lutz 280 · Kuntz, Sabine 278

L Labbey, Bertrand de 230 · Lafargue, Paul 136, 137, 143 · La Fayette, Marquis de 253 · Lafontaine, Oskar 87, 180 · Lagarde, Christine 98, 143, 255, 266, 354, 366, 371 · Lagardère, Arnaud 64, 188, 198, 206, 209, 215 · Laidet, Remi 210 · Laidet, Sandrine 210 · Lamassoure, Alain 256, 270, 271 · Lang, Jack 99, 124, 246, 247, 250, 369 · Larguillier, Arlette 88, 89, 158 · Laudahn, Vera 283 · Lavaud, General 355 · Leacock, Richard 217 · Lebel, François 223 · Le Gleut, Ronan 363, 364 · Le Maire, Bruno 61, 427 · Léotard, François 61, 174, 197 · Le Pen, Jean-Marie 23, 37, 73, 76, 77, 85, 88, 89, 90, 92, 129, 158, 202, 232, 244, 246, 252 · Le Roy, Alain 316, 317 · Levitte-Duggan, Doreen 102 · Levitte, Georges 102, 224, 258, 354 · Levitte, Jean-David 102, 224, 258, 354 · Levitte-Jonas, Marie-Cécile 102 · Lévy, Justine 158, 218, 219, 427 · Lieutaud, Pierre 555 · Louvrier, Franck 103, 104 · Luca, Marcia de 216 · Ludwig XVI. 182

M Macias, Enrico 231 · Madelin, Alain 256, 328 · Mahmud, Abbas 328, 331 · Mallah, Andrée 33, 34, 38 · Mallah, Benedict 33, 34, 38 · Mallah, Jean-Claude 33, 34, 38 · Mallah, Mordechai 33 · Mandela, Nelson 223 · Mandel, Georges 34, 417, 428 · Marat, Jean-Paul 281 · Mare, Walter de la 218 · Mariani, Thierry 156, 158 · Marie-Antoinette 182 · Marseille, Jacques 36, 37, 89, 140, 147, 149, 157, 180, 181, 315, 365, 409, 411 · Martin, Jacques 23, 24, 46, 47, 89, 99, 108, 109, 110, 112, 176, 188, 209, 280, 365, 427 · Martin, Jeanne-Marie 23, 24, 46, 47, 89, 99, 108, 109, 110, 112, 176, 188, 209, 280, 365, 427 · Martin, Judith 23, 24, 46, 47, 89, 99, 108, 109, 110, 112, 176, 188, 209, 280, 365, 427 · Martinon, David 104, 115 · Marx, Karl 24, 87, 88, 136, 140 · Marx, Laura 136 · Mazarin, Kardinal 99 · Meddah, Nacer 355 · Medwedew, Dimitri 275, 276 · Mégret, Bruno 202 · Menigon, Nathalie 88 · Menschner, Catherine 283 · Merkel, Angela 35, 61, 92, 121, 234, 254, 266, 267, 272, 279, 283, 287, 288, 291, 293, 296, 297, 298, 299, 300, 301, 303, 306, 311, 312, 313, 323, 324 · Merz, Friedrich 45, 302 · Mignon, Emmanuelle 103 · Mitterand, Danièle 337, 373 · Mitterand, François 337, 373 · Mocquet, Guy 101, 123, 283 · Mohammed VI. 323 · Montagnier, Luc 335 · Montand, Yves 31 · Monteil, Martine 150 · Montferrand, Bernard de 260, 278, 285 · Morin, Hervé 332, 339, 354,

356 · Mosebach, Martin 280, 281 · Moss, Kate 217 · Mouledous, Maria 151 · Mubarak, Hosni 222, 315, 323, 325, 327, 333 · Mugabe, Robert 259 · Müller, Peter 273 · Muriel 40

N Nihous, Frédéric 87 · Noah, Yannick 231 · Noelle-Neumann, Elisabeth 279

O Olmert, Ehud 323, 331

P Parker, Dorothy 218 · Pasqua, Charles 47, 48, 49, 50, 51, 99, 100, 108 · Péchenard, Frédéric 150 · Pécresse, Valérie 99, 192 · Pégard, Catherine 102, 103, 194 · Peretti, Achille 48, 49, 108 · Perrineau, Pascal 95 · Pfister, Thierry 103 · Philipp, Herzog von Edinburgh 225 · Picasso, Pablo 31 · Pierer, Heinrich von 57 · Pierre-Brossolette, Sylvie 163 · Pilet, Jacques 289 · Pingeot, Anne 72 · Pingeot, Mazarine 72 · Poivre d'Arvor, Patrick 201, 212 · Pompidou, Georges 119, 337, 359 · Poniatowski, Axel 339, 340 · Popper, Sir Karl 44 · Posselt, Bernd 309 · Pringle, Colombe 215 · Proudhon, Pierre Joseph 136 · Putin, Wladimir 275, 276, 311, 349, 350

R Rabane, Paco 217 · Raffarin, Jean-Pierre 53, 62, 332 · Raff, Fritz 278, 291 · Rallo, Gurvan 112 · Ranque, Denis 302 · Raoult, Eric 149 · Reagan, Ronald 325, 349 · Régent, Pierre 104 · Remmert, Maurizio 216 · Reza, Yasmina 42, 196, 292, 361, 427 · Ribery, Franck 268 · Rice, Condoleezza 334 · Robespierre, Maximilien de 243, 281 · Rouart, Jean-Marie 23, 24, 428 · Rouillan, Jean-Marc 88 · Royal, Clémence 71 · Royal, Flora 71 · Royal, Gérard 71 · Royal, Jacques 71 · Royal, Julien 71 · Royal, Ségolène 42, 58, 63, 64, 65, 66, 67, 69, 70, 71, 72, 73, 74, 75, 76, 77, 78, 79, 80, 81, 83, 84, 85, 88, 89, 90, 91, 92, 93, 95, 96, 111, 123, 128, 129, 131, 166, 170, 174, 184, 200, 206, 223, 234, 246, 248, 249, 250, 251, 285, 286, 287, 288, 289, 290, 302, 368, 426, 428 · Royal, Thomas 71 · Rykiel, Sonia 217

S　Saint-Laurent, Yves 217 · Saint-Martin, Emmanuel 23, 24, 427 · Sarkozy, Caroline 38 · Sarkozy, Cécilia 38, 39 · Sarközy de Nagy-Bosca, Pál 31, 32, 35, 36, 37, 38, 70, 71, 112, 442 · Sarkozy, François 38 · Sarkozy, Guillaume 38, 39, 63 · Sarközy de Nagy-Bosca, Gyorgi 36 · Sarkozy, Jean 114, 115 · Sarközy, Kottinka, geb. Csafordi Tott 36 · Sarkozy, Nicolas kein Einzelnachweis · Sarkozy, Petit-Louis 110, 111, 112 · Sarkozy, Pierre 114 · Sarkozy, Pierre-Olivier 38 · Sartre, Jean-Paul 39 · Sauzay, Brigitte 302 · Schäuble, Wolfgang 35, 146, 263 · Scheer, François 278 · Schmid, Klaus-Peter 280 · Schmidt, Helmut 32, 38, 50, 255 · Schröder, Gerhard 46, 152, 171, 236, 252, 255, 258, 261, 288, 291, 295, 296, 302 · Schwarzenegger, Arnold 32 · Schwarzer, Alice 68, 287 · Sebaoun, Jessica 115 · Séguéla, Jacques 215 · Senghor, Léopold Sédar 106 · Silberberg, Reinhart 311 · Sleimane, Michel 323, 328, 331, 332 · Solly, Laurent 103 · Sommer, Hans Peter 269, 284, 294, 296, 342 · Späth, Lothar 188 · Spengler, Oswald 235 · Squarcini, Bernard 150 · Stalin, Josef 253, 281 · Stanger, Ted 183 · Stauffenberg, Claus Graf Schenk von 284 · Steinbrück, Peer 300 · Steinmeier, Frank-Walter 266, 275, 327, 338 · Steul, Willi 26 · Strauß, Franz Josef 289 · Strauss-Kahn, Dominique 66, 68, 129, 139 · Strummer, Joe 218

T　Thibault, Bernard 141, 142, 178, 190 · Thomann, General Jean-Claude 357 · Thomas, Isabelle 71, 193 · Thuram, Liliam 231 · Toynbee, Arnold 235 · Tribalat, Michèle 371 · Trierweiler, Valérie 64 · Trump, Donald 218

U　Uthmann, Jörg von 289

V　Védrine, Hubert 256, 259 · Veiel, Axel 232 · Veil, Simone 78, 105 · Vernerey, Laurent 229 · Villepin, Dominique de 38, 41, 53, 54, 57, 58, 59, 60, 61, 63, 74, 75, 84, 89, 98, 166, 270, 290, 350 · Villiers, Philippe de 77, 201 · Vinocur, John 103 · Voss, Klaus D. 326 · Voynet, Dominique 68, 80, 86, 87, 285, 332

W Wajsman, Patrick 27 · Wauquiez, Laurent 191, 371 · Weber, Max 44 · Wickert, Ulrich 280 · Wiegel, Michaela 376, 377 · Wieviorka, Michel 232 · Woerth, Eric 98, 354, 366

Y Yade, Rama 37, 105, 106, 185, 257, 337 · Yade-Zimet, Ramatoulaye, genannt Rama Yade 106

Z Zimet, Joseph 106

Malstatter Beiträge
aus Gesellschaft, Wissenschaft, Politik und Kultur

In der Reihe „Malstatter Beiträge – aus Gesellschaft, Wissenschaft, Politik und Kultur" präsentiert die Union Stiftung ausgewählte Ergebnisse ihrer Bildungsveranstaltungen, wissenschaftliche Arbeiten saarländischer Hochschulabsolventen, Forschungsergebnisse zur Regionalgeschichte sowie literarische Arbeiten aus dem Saar-Lor-Lux-Raum und europäischen Nachbarländern.

Die Herausgeber der Reihe, Franz Schlehofer (†), Prof. Rudolf Warnking und Dr. Markus Gestier, wollen mit den „Malstatter Beiträgen" Anregungen zur Auseinandersetzung mit Themen und Literatur unserer Zeit und unserer Geschichte bieten. Sie wünschen den Leserinnen und Lesern die zur Lektüre erforderliche Muße.